교육적 사유와 안목을 넓히기 위한

교육학개론

이명기 · 홍재호 · 이영재 · 한승록 · 이달우 · 임연기
양병찬 · 이병승 · 이재규 · 최준렬 · 우종하 · 김영복 공저

학지사

이 책은 공주대학교 교직부와 교육연구소의 공동 연구로 이루어졌음

머리말

'교육의 질은 교사의 질을 넘지 못한다.'는 말은 진부한 표현 같지만, 이 말은 여전히 어떤 중요한 교육적 진실을 담고 있다. 왜냐하면, 이 말은 교사의 자질이 교육의 질을 결정하는 가장 중요한 요인이라는 점을 가장 집약적으로 표현한 언명이기 때문이다. 이처럼 교사의 자질이 교육의 질을 결정하는 가장 중요한 요인이라고 할 때 교사의 자질을 어떻게 기를 것인가 하는 것은 교사 교육자들에게 무엇보다도 중요한 화두가 아닐 수 없다.

사범대학을 비롯한 교사교육기관의 존재 근거는 우수한 자질을 갖춘 교사를 양성하는 것이다. 여기서 우수한 자질을 갖춘 교사란 교육을 바라보는 관점에 따라 다양하게 정의될 수 있지만, 대체로 '훌륭한 교사' 혹은 '좋은 교사'라고 할 수 있을 것이다. 그렇다면 훌륭한 교사란 어떤 자질을 갖춘 교사를 말하는가? 지금까지 교사 교육 연구자들은 이러한 질문에 대해 여러 가지 답을 제시한 바 있다. 어떤 연구자들은 훌륭한 교사란 무엇보다 잘 가르쳐야 한다는 점에서 교과지도 자질을 강조하기도 하고, 어떤 연구자들은 훌륭한 교사란 인간다운 품성을 갖추어야 한다는 점에서 인성 혹은 도덕적 자질을 강조하기도 한다. 그리고 또 어떤 연구자들은 훌륭한 교사란 학생을 잘 인도하고 이끌어 갈 수 있는 리더십을 발휘할 수 있어야 한다는 점에서 지도적 자질을 강조한다.

일반적으로 교사 연구자들은 훌륭한 교사가 갖추어야 할 자질을 조금씩 다르게 제시하기는 하지만, 훌륭한 교사란 적어도 교과 자질, 인성 자질, 지도적 자질을 골고루 겸비해야 한다는 점에 대해서는 큰 의견 차이를 보이지 않는다. 또한 연구자들은 인성 자질과 지도적 자질이 중요하기는 하지만 교과 자질이 무엇보다도 중요하다고 생각한다는 점에서도 큰 의견 차이를 보이지 않는다. 이유인즉, 교사는 일단 교과를 잘 가르치는 능력을 갖추어야 하기 때문이다. 실제로 교사가 유능한 교과 자질을 갖추지 않고서는 그의 인성 자질과 지도적 자질은 위력을 발휘하기 어렵다. 그렇다면 교과 자질 혹은 교과 전문성을 가지기 위해서는 어떻게 해야 하는가?

일반적으로 교과 자질 혹은 교과 전문성이란 자신이 담당하고 있는 교과 내용을 잘 숙지하고 있을 뿐만 아니라, 그것을 학생에게 효과적으로 전달하는 능력을 가지고 있다는 것을 의미한다. 그러나 문제는 이러한 능력만 가지고 있다고 해서 훌륭한 교사가 될 수 있는가 하는 점이다. 이러한 자질은 훌륭한 교사가 갖춘 필요조건은 될지언정 충분조건이라고 보기는 어렵다.

그렇다면 훌륭한 교사가 갖추어야 할 또 다른 조건은 무엇인가? 그것은 바로 교육학적 지식과 안목이다. 교사교육기관에 개설된 교과목들이란 바로 장차 교사가 될 예비교사들에게 교육학적 지식을 전수함으로써 그들의 교육적 안목을 넓히기 위해 마련된 것이다. 여기서 교육적 안목이란 교육 현상과 교육 문제를 바라보는 포괄적인 관점을 의미한다. 그렇다면 왜 이 같은 안목을 넓혀야 하는가? 우리 주변에는 안목이 좁은 교육행정가, 교장, 교사들이 얼마든지 존재한다. 이들은 교육 사태를 바라보는 시야가 좁아 교육정책을 졸속으로 입안하거나 학교와 학급을 권위주의적인 방식으로 운영하고 있다. 오늘날 학교와 학급에서 생겨나는 문제들 중 상당 부분은 학교 경영자와 교사의 안목 결여에서 비롯되었다고 해도 지나친 표현은 아닐 것이다. 따라서 교사의 교육에 대한 안목 혹은 시야를 넓혀 주는 일이야말로 교사 또는 교육자의 중요한 과업이 아닐 수 없다.

이 책은 장차 교단에 설 예비교사들에게 이러한 교육학적 지식과 안목을 넓혀 주기 위해 집필되었다. 좀 더 정확하게 말하자면, 예비교사들에게 교육학적 지식을 전수함으로써 교육 현상 및 교육 문제를 보다 넓은 안목을 가지고 바라볼 수 있는 능력을 기르도록 하기 위해 쓰였다. 이 책을 집필하기 전에 필자들은 기존의 교육학 개론서와는 차별화되는 책이 필요하다는 점에 대해 전적으로 공감하면서도 집필을 망설일 수밖에 없었다. 왜냐하면, 이미 여러 종류의 교육학 개론서 및 교육학 입문서가 출간되어 있을 뿐만 아니라, 차별화된 교재가 아닌 이상 이러한 집필이 별반 의미를 가지지 않는다는 생각을 가졌기 때문이다. 또한 여러 사람이 공동으로 집필할 경우 문체와 스타일의 불일치 및 논리적 일관성이 결여되어 정작 전달해야 할 것을 제대로 전달하지 못하는 우를 범하지는 않을까 하는 불안감이 있었기 때문이다.

그럼에도 불구하고 필자들은 용기를 내어 새로운 교육학 개론서를 출간하기로 결정하였다. 우선 필자들은 기존의 교육학 개론서 및 입문서의 내용을 비판적으로 검토하였으며, 이러한 검토를 바탕으로 기존의 교재들이 가진 한계와 약점을 발견하게 되었다. 기존의 교육학 개론서들은 하나같이 개론서 혹은 입문서의 수준을 넘어 지나치게 구체적인 교육학 내용을 소개하거나 특정 지식을 장황하게 나열하고 있다는 점 그리고 이들 책에 담긴 많은 내용이 특정 교직과목에서 다루는 내용과 중복되어 있다는 점을 발견하게 되었다. 따라서 필자들은 교육학을 처음 접하는 학생들이 교육학의 세계에 제대로 입문할 수 있도록 다음과 같은 몇 가지 원칙에 따라 집필하였다.

첫째, 필자들은 예비교사들이 왜 교육학을 배워야 하는가에 초점을 맞추어 집필하였다. 특히, 교육학의 세부 영역에 대한 지식을 단순히 소개하기보다 그러한 지식을 왜 배우고 익혀야 하는가에 초점을 맞추어 서술하였다. 둘째, 필자들은 교육학이 어떤 학문인지를 소개하기 위해 교육학이 타 학문과 어떻게 다른지를 부각시키려고 노력하였다. 특히, 교육학만이 가지는 독특한 학문적 성격과 특성이 무엇인지를 소개하였으며, 교육학의 하위 학문들의 성격과 구조를 소개하였다. 셋째, 필자들은 교육학의 최근 동향을 소개함으로써 점차 확장되어 가는 교육학의 세계를 이해하기 쉽도록 집필하였다. 이것은 최근 급변하고 있는 교육 세계와 그것을 반영하고 있는 교육학의 현실을 이해하도록 하기 위함이다.

아무쪼록 이 책이 예비교사들의 교육 및 교육학에 대한 안목을 넓히는 데 도움이 되기를 기대하며, 나아가 훌륭한 교사가 되려고 노력하는 분들께 좋은 안내서가 되기를 바란다. 미흡하고 부족한 부분들은 앞으로 계속해서 보완해 나가도록 하겠다. 독자들의 주저 없는 지적과 날카로운 비판이 있기를 바랄 뿐이다. 끝으로, 이 책이 출판되어 나오기까지 새로운 아이디어를 제공해 주고 힘을 북돋워 준 공주대학교 교육연구소의 연구위원들과 BK21의 참여 교수님들 그리고 이 책이 출간되기까지 원고를 꼼꼼히 읽고 문맥을 다듬어 준 분들에게 감사 드린다. 아울러 이 책의 출판을 기꺼이 맡아 준 학지사 김진환 사장님과 보다 좋은 책을 만들기 위해 수고를 아끼지 않은 출판사 관계자 여러분에게 진심 어린 감사의 마음을 전한다.

2011년 8월

저자 일동

차 례

제1장

교육과 역사의식

1. 교육사란 무엇인가
2. 왜 교육사를 공부해야 하는가
3. 교육사는 어떻게 공부해야 하는가

제1장 교육과 역사의식

인간(人間)은 '사람 사이'라는 말 그대로 홀로 살아가는 존재가 아니고 더불어 살아가는 사회적 존재다. 사회가 개인이나 집단 간의 갈등과 충돌을 조절하면서 존속해 나가려면 여러 가지 기능이 필요하다. 사회가 그 자체의 생명을 유지하기 위해서 요구되는 여러 기능 중 가장 근원적인 처방은 교육이다. 교육을 통해서 인간은 새로운 환경에 적응하여 자신의 삶을 영위할 수 있고, 사회 또한 그렇다. 그런 의미에서 인간은 '교육적 존재'라 할 수 있다. 개인이나 사회의 발전과 퇴보에 관련된 사실이나 그 사실에 대한 기록은 역사로 남게 된다. 교육사는 인간과 사회의 발전과 퇴보에 관련된 사실이나 기록에 대해서 교육의 측면에서 이해하고 탐구하는 학문이다.

이 장에서는 그러한 교육사의 개념적 실체에 대한 정의와 그 의미, 교육사를 공부하는 이유와 관련된 역사의식 그리고 교육사를 어떻게 공부할 것인가 하는 방법론에 대해 살펴보고자 한다.

1. 교육사란 무엇인가

오랜 세월이 흐른 다음
나는 한숨지으며 이야기할 것입니다.
'두 갈래 길이 숲 속으로 나 있었다.
그래서 나는 사람이 덜 밟은 길을 택했고,
그것이 내 운명을 바꾸어 놓았다.'라고.
– 프로스트(Robert Lee Frost), '가지 않은 길' –

1) 교육의 개념

교육에 종사하거나 관련된 사람이라면 누구든 교육이라는 개념이 가지고 있는 의미의 실체를 확인하고자 한다. 교육이라는 개념의 의미를 제대로 모르고서 그 일을 이해하거나 실천할 수는 없기 때문이다. 어떤 개념의 의미를 구체적으로 밝히고자 할 경우 우리는 흔히 정의의 방식을 사용한다. 정의(definition)는 어떤 낱말이나 개념 등의 의미를 구체적으로 밝히는 것으로서 일종의 약속이기 때문에 그 자체로서는 진위를 판별할 수 없다. 수많은 정의 중에서 어떤 것이 옳고 어떤 것이 그르다고 할 수 없다. 게다가 정의를 통해 교육의 개념적 실체를 여실하게 드러내는 것 또한 결코 쉬운 일이 아니다.

그러나 교육의 개념을 정의하는 것은 교육의 제 현상을 이해 · 연구 · 실천하는 데 있어서 필수적인 과정이기도 하다. 그렇기 때문에 지금까지 많은 학자들이 부단히 교육의 개념에 대한 정의를 시도하였고, 그만큼 다양한 정의가 존재하게 되었다. 교육에 대한 이와 같이 다양한 관점을 참작(參酌)함으로써 교육의 개념적 실체의 파악에 보다 근접할 수 있다. 교육에 대한 정의는 대개 기능적 정의, 규범적 정의, 조작적 정의 등 세 가지로 구분할 수 있다.

(1) 어원으로 본 교육의 의미

교육이란 말은 한글로는 '가르치고(敎) 기른다(育)'는 의미를 내포하고 있으며, 가르치고 기르는 일로서의 교육은 학습자의 심신(心身)의 성장과 변화에 관련되는 일이라고 할 수 있다.

'가르치다'는 '가르다'와 '치다'의 합성어인데, 이 말 속에는 교육을 이해하는 주형적(鑄型的) 관점이 잘 드러나 있다. '가르다'는 '가리다' '갈다' 등과 같이 고어(古語)인 '골다'에서 변한 것이다. '가르다'와 '가리다'는 '나누다' '쪼개다' '고르다'는 의미를 가지고 있으며, '갈다'는 '부수다' '연마하다' '경작하다' '바꾸다' 등의 의미를 가지고 있다. '치다'는 '때리다' '기르다' '먹이다' '베다' 등의 의미를 가지고 있다. 따라서 '가르치다'라는 말은 주로 학습자의 정신적 측면과 관련하여 연마하고 단련하도록 함으로써 분별, 선별, 판단 등의 능력을 갖도록 변화시키는 일이라는 의미로 볼 수 있다.

'기르다'라는 말 속에는 교육을 성장으로 이해하는 관점이 잘 드러나 있다. '기르다'는 '길게 하다' '길들이다' '크게 하다' '자라나게 하다' 등의 의미를 가지고 있으며, 길들이거나 자라나게 할 경우 제 길(道)을 벗어나지 않아야 한다는 의미도 내포하고 있다. 따라서 '기르다'라는 말은 주로 학습자의 신체적 측면과 관련하여 그의 잠재적 가능성이나 소질을 성장하도록 돕는 일이라는 의미로 이해될 수 있다. 물론 이때 학습자의 성장과 변화는 사회적 질서의 범위 안에 있어야 한다.

동양 문화권에서 교육이란 용어가 처음 사용되기 시작한 것은 『맹자(孟子)』 진심편(盡心篇)의 군자삼락장(君子三樂章)이라고 한다.

'교(敎)' 자는 '본받는다'는 뜻을 지닌 '효(爻)', 아이를 뜻하는 '자(子)'와 '글' 또는 '때리다'의 뜻으로 사용되는 '복(攵)'으로 구성되었다. 복(攵)은 '복(攴)'과 같은 것이며, '점을 친다'는 뜻의 '복(卜)'과도 그 의미가 통한다. 효(爻)는 경우에 따라서 어른을 뜻하는 '노(老)'로 쓰이기도 한다.

'육(育)' 자는 '아이'를 뜻하는 '자(子)'와 '몸'을 뜻하는 '육(月)'으로 구성되었다. 육(月)은 '육(肉)'과 같은 의미다.

『설문해자(說文解字)』에서는 '교(敎)' 자는 '윗사람(경험자)이 베푼 것을 아랫사람(미경험자)이 본받는(上所施下所效)' 것으로, '육(育)' 자는 '아이를 길러서 착하게 만드는(養子使作善)' 것으로 풀이하고 있다.

한자어로서 교육이 가지는 의미 또한 인간의 심신과 영육(靈肉)의 성장과 변화에 해당되는 일이며, '교(敎)' 자에는 흔히 교육의 3요소로 알려진 교사와 학생 그리고 그 상호작용의 매개체가 되는 교육 내용에 상응하는 의미가 고루 포함되어 있다.

구미(歐美)에서는 교육을 뜻하는 용어로 'pedagogy' 'education' 'Erziehung' 등이 사용되고 있다. pedagogy는 그리스 시대의 노예 교사였던 'paidagogos'에서 유래한 말이다. 이 말은 'paidos(어린이)'와 'agogos(이끌다, 인도하다)'의 합성어로 '어린이를 이끄는 교육자'라는 의미다. education은 학습자의 내적 성장 잠재력을 '밖으로(e) 이끌어 낸다(deucare, decere)'는 의미를 지닌 라틴어의 'educare' 'educere' 등에서 유래한 것이다. 독일어의 Erziehung도 무엇인가를 밖으로(er) '이끌어 낸다(ziehen)'는 의미를 뜻하는 점에서 education과 같은 어원을 가진 말이다.

(2) 기능적 정의

교육의 개념을 기능적으로 정의하는 사람들은 대체로 교육이 무엇인가를 위한 수단이라고 보고 있다. 교육이 기여할 대상에 따라 수많은 교육의 정의가 가능하다. 교육이 정치, 경제 및 사회 등 국가의 발전에 어떻게 공헌하는가에 관심을 가지는 발전교육론의 입장이 대표적인 예다. 교육이 정치적 사회화(political socialization), 정치적 충원(political recruitment), 정치적 통합(political integration) 등을 통해 정치 발전에 기여한다고 보는 콜먼(J. S. Coleman)의 주장이 이에 속한다. 그러나 발전교육론과 같이 교육의 도구적 가치를 중시하여 기능적으로 정의할 경우 교육의 본질적인 가치와 내재적인 가치를 등한시하는 과오를 범할 수 있다.

(3) 규범적 정의

규범적 정의는 교육의 개념을 그 본질적 가치와 목적에 비추어 규정한다는 점에서 기능적 정의와 대조적인 입장이다. 이 관점에서는 교육을 인격의 완성이나 자아실현이라고 하는 내재적 가치나 진리를 추구하는 과정으로 본다. 교육은 그 어떤 것보다 가치 지향적인 활동이라는 점에서 규범적 정의는 교육의 개념이 가지는 본질적 측면을 이해하는 데 유용하다. 교육의 개념을 교육 그 자체에 내재하고 있는 의미를 중심으로 정의하고 있는 피터스(R. S. Peters)의 정의가 대표적인 예다.

피터스는 교육은 그 개념 안에 붙박여 있는 세 가지 기준을 충족시키는 방향으로 가치 있는 활동 또는 사고와 행동 양식으로 사람들을 입문시키는 성년식이라고 보았다. 한 개인이 그가 속한 사회의 언어, 개념, 신념, 규칙 등에 담겨 있는 공적 전통(public tradition)에 입문함으로써 의식과 사고가 발생한다고 보았던 것이다.

교육의 개념을 정의하기 위해 고심하던 피터스는 교육의 개념적 실체를 확인하는 데 유용한 세 가지 준거를 생각해 냈다. 규범적 준거는 교육은 사람들에게 가치 있는 일을 전달함으로써 그것에 헌신하도록 한다는 것이다. 인지적 준거는 교육은 지식과 이해, 지적 안목을 배양하는 것이며, 무기력한 지식을 제외하고 있다. 과정적(절차적) 준거는 교육은 학습자의 의식과 자발성을 전제로 한다는 점에서 세뇌, 조건화, 훈련 등은 교육이라고 볼 수 없다는 입장이다.

(4) 조작적 정의

조작적(操作的) 정의는 정의의 대상이 되는 개념의 내용과 활동의 조건이나 절차 등을 명료하게 드러내고자 한다. 이 관점에서는 구체적으로 조작할 수 없는 정의는 무의미하다고 본다. 그렇기 때문에 교육의 개념을 조작적으로 정의한다는 것은 교육활동에 포함되는 기본적인 요소와 그 요소들이 작용하는 실제적인 과정과 방법을 효과적으로 보여 줄 수 있도록 규정하는 것이다. 교육을 '인간 행동의 계획적인 변화'라고 규정하는 정범모의 정의가 대표적인 예다.

정범모의 정의는 교육과정에 포함되는 기본적인 요소를 인간 행동, 계획, 변화로 보고, 그 의미를 구체적으로 규정하고 있다. 교육이란 인간 행동을 대상으로 하는 활동이며, 그러한 활동은 일정한 계획과 방법을 거쳐 행동의 변화를 가져와야 한다는 것이다. 이 정의는 엄밀한 과학적인 통제 가능성을 전제로 하는 정의이기 때문에 교육 현상을 기술(記述)하거나 연구하는 데 특히 유용하다. 그러나 잠재적 교육과정과 같은 비의도적 교육을 제외할 수밖에 없다는 점에서 교육의 개념을 협소하게 규정한다는 단점이 있다.

(5) 까마귀 모형의 교육관

교육학을 강의하는 사람으로서 가장 어려운 것이 교육이 무엇인지 간명하게 대답해 달라는 단도직입적인 질문이다. 흔히 교육을 '학교에서 가르치고 배우는 일' 정도로 생각하는 경우가 많다. 그러나 이러한 답변은 교육의 개념을 충분하게 정의한 것으로 보기 어렵다. 교육은 물론이고 어떤 분야든지 그 학문을 지칭하는 이름으로 사용되는 종합적인 개념의 실체를 한두 마디의 말로 표현한다는 것은 불가능하다. 그러나 이런 물음이 당혹스럽다고 해서 답변을 포기할 수도 없는 일이다. 대개 이런 경우 대표적인 학자들의 정의를 소개하고, 그것에 자신의 견해나 소신을 조금 덧붙이기도 한다. 그러다 보면, 간단명료하게 그 개념의 의미를 알고 싶은 질문자의 요구를 만족시킬 수 없게 된다.

상식적인 질문자의 요구를 만족시킬 수 있는 답변은 어떤 것인가? 오랜 고심 끝에 여러 학자들의 정의를 집약하여 교육은 '인간의 의식과 행동의 성장과 변화를 통한 사회화 과정'이라고 일단 정의해 보았다. 그리고 이러한 교육과정을 거쳐 인간은 소아(小我), 즉 '작은 나'의 좁은 울타리를 넘어서서 대아(大我), 즉 '큰 나'의 넓은 세상으로 삶의 지평을 확장시킬 수 있게 되는 것이다. 이 정의는 공작새를 부러워하는 까마귀의 우화에서 나오는 것처럼 까마귀가 여러 새의 깃털을 모았던 것과 같은 방법을 모방한 것이다.

이처럼 까마귀 모형으로 교육의 개념을 정의할 경우, 지금까지 여러 학자들에 의해서 거론되었던 교육의 기본적인 요소들이 거의 포함된다. 우선 교육은 인간을 대상으로 한다는 점에 대해서는 이론의 여지가 없다. 교육이 인간의 심신, 즉 몸과 마음에 관련된다는 점에 있어서는 피터스의 정의에서 말하는 의식과 사고를 참고한 것이다. 그렇게 함으로써 교육을 인간 행동의 계획적인 변화로 보는 정범모의 조작적 정의에서 제외된 정신적 측면까지 포함시킬 수 있다. 정범모의 정의에서도 정신적 측면을 완전히 배제하지는 않았다. 그러나 정신적 측면이 과소평가될 여지가 없지 않은 것만은 분명하다. 이를테면, '진취적 정신 자세'라는 특성을 과학적으로 의미 있게 파악하지 못한다면, 그것에 관한 교육이론과 교육실천은 결국 허구와 구호에 불과할 뿐이라는 것이다. 이는 인간의 어떤 심리적 특성도 과학적으로 측정 · 통제할 수 있는 행동이나 행동형(行動型)으로 정의할 수 있는 것만 받아들인다는 것을 의미하기 때문이다.

성장과 변화는 누가, 어떻게 교육을 정의하는 경우에도 부정하기 어려운 것으로 교육의 목표 지향적 측면을 나타내는 것인 만큼, 교육의 개념적 의미를 규정할 때 결코 빠뜨릴 수 없는 것이다. 사회화 과정을 포함시킨 것은 교육을 체계적인 사회화로 정의하는 뒤르켐(E. Durkheim)의 교육관을 반영한 것이다.

교육의 가치 지향적 측면은 개념의 정의에는 명시적으로 드러나지 않았지만, 교육의 개념적 본질 속에는 이미 가치 지향이 내재하고 있다는 점에서 교육의 개념을 정의하는 어떤 학자도 다른 견해를 보이지 않는다고 본다. 그리고 교육의 개념을 기능적으로 정의하는 사람들이 강조하는 교육의 수단적 가치나 외재적 가치는 명시적으로 언표하지 않아도 된다. 그것은 교육활동 이후의 결과물로서 자연스럽게 수반되는 것이기 때문이다.

이와 같이 교육의 개념을 정의하는 것은 여러 학자들의 교육의 개념에 대한 다양한 관점들을 골고루 모았다는 점에서 공작새를 부러워하는 까마귀를 닮았다. 온갖 새들의 깃털을 모아 치장한 까마귀의 본색이 드러난 것은 까마귀의 목소리 때문이었다. 그 실체를 확인하기 어려운 교육의 개념을 탐구하고 정의하는 것이 공작새를 부러워하는 까마귀를 닮았다면, 우리는 부단히 다양한 새들의 깃털을 모아야 한다. 그리고 아직 세련되지 않은 자신의 목소리도 더욱 가다듬어야 할 것이다.

2) 역사의 개념

역사는 과거에 있었던 인간의 삶과 관련된 제 현상을 대상으로 하는 학문이다. 인간은 현재라는 삶의 무대에 서서 발돋움하여 미래를 지향하는 존재다. 미래를 지향하지만 어느 누구도 아직 오지 않은 내일을 명료하게 알 수는 없다. 내일은 어느 누구도 살아 본 적이 없는 영원한 미지의 세계로, 언제나 내일일 뿐이다. 인간은 미래를 지향하고 있기 때문에 현재를 밟고 있으면서도 늘 오지 않은 내일의 세계가 궁금하지 않을 수 없다. 그리하여 오늘을 사는 인간들은 이미 지나간 어제로 돌아가서 오지 않은 내일을 준비하는 삶의 지혜를 찾고자 한다. 미지의 세계를 이해하기 위해서 기지(旣知)의 세계 속에 남겨진 자료를 뒤적이는 것이 역사학이다. 이런 의미에서 역사학은 미래학의 차선학인 셈이다.

(1) 어원으로 본 역사의 의미

역사는 독일어로는 'Geschichte'다. 이 말은 '일어나다' '발생하다' 등의 의미를 가진 동사 'geschehen'의 과거분사인 'geschichte'가 명사로 전용된 것이다. 따라서 어원으로 보았을 때, 역사는 과거에 일어났던 사건이나 그 사건에 대한 지식 또는 기록으로서의 의미를 지닌 것이다.

과거에 일어났던 사건은 흔히 객관적 사실로서의 역사를 말하는 것이고, 과거의 사건에 대한 지식이나 기록은 주관적 의미의 역사를 말하는 것이다. 주관적 기록으로서의 역사는 어떤 역사적 사실에 대한 단순한 인지만을 뜻하는 것이 아니다. 오히려 그러한 사실들의 전후 관계나 인과관계 등에 대한 지식이나 탐구라는 의미가 강하다.

(2) 역사의 정의

역사의 개념에 대한 정의도 교육의 개념 못지않게 수많은 사람들에 의해서 규정되었다. 그중에서도 역사 또는 역사학의 학문적 성격을 가장 간명하게 보여 주는 것은 콜링우드(R. G. Collingwood)의 정의다. 콜링우드는 역사를 무지(無知)에 대한 인식으로부터 출발한다는 점에서 여타의 여러 과학과 같은 성격의 학문이라고 보았다. 다만 모든 것에 대한 무지가 아니라 의회의 기원, 암의 원인, 태양의 화학적 성분 등과 같이 구체적인 문제에 대한 무지로부터 출발하는 과학이라는 것이다.

콜링우드에 의하면, 역사는 과거에 행해진 인간의 행동을 대상으로 하여 그러한 질문에 대답하려는 학문이며, 역사의 진행 또는 방법은 증거(documents)의 해석을 통해 이루어지는 것으로 보고 있다. 다시 말하면, 콜링우드는 역사를 과거에 행해진 인간의 행동을 대상으로 증거의 해석을 통해 어떤 문제에 대한 답변을 찾고자 하는 과학으로 본 것이다.

콜링우드는 이러한 역사의 목적으로 인간의 자기인식(self-knowledge)을 말하고 있다. 자기에 대해 안다는 것은 다른 사람과 구별되는 개인적 특수성을 아는 것뿐만 아니라, 인간으로서 자신의 본성을 알아야 한다는 것을 의미한다. 이때 자기인식은, 첫째 인간은 무엇인가, 둘째 자신은 어떤 종류의 인간인가, 셋째 다른 사람과 구별되는 자신은 어떤 존재인가를 안다는 것을 의미한다.

인간의 자기인식은 무엇을 할 수 있는가를 아는 것과 같은 것이며, 무엇을 할 수 있는가의 여부는 직접 해 보기 전에는 아무도 모르는 것이다. 그러므로 무엇을 할 수 있는가의 유일한 단서는 인간이 무엇을 했는가 하는 점일 수밖에 없다. 결국 역사의 가치는 인간이 무엇을 했으며, 또 그가 어떤 존재인가를 가르쳐 주는 데 있다는 것이다.

이상에서 콜링우드가 규정하고 있는 역사의 정의는 '과거에 행해진 인간의 행동을 대상으로 하여 증거의 해석이라는 연구방법을 구사(驅使)하는 인간의 자기인식을 목적으로 삼는 과학'이라고 할 수 있다.

(3) 사관과 역사적 의미

과거에 일어났던 일이라고 해서 모두 역사적 사실이 되는 것은 아니다. 과거에 일어났던 일 중에서 역사를 기록하는 사관(史官)이나 역사가의 선택을 받은 것만이 역사적 사실이 된다. 이때 역사가는 역사적 사실을 창조하는 것이 아니며, 단지 과거에 있었던 사실을 재확인하는 것이다. 역사가가 수많은 과거의 사실 중에서 역사적 사실을 선택하는 과정에는 그의 이해관계나 편견, 신념 등 현재적 관심과 함께 사관이 작용하게 마련이다. 그렇기 때문에 객관적 역사와 역사가가 재생한 역사가 반드시 일치하는 것은 아니다.

사관은 역사를 어떻게 인식하는가에 관련된 역사가의 입장이나 사상을 말하는 것이다. 역사의 발전과정(historical process)에 대해서도 직선사관(直線史觀), 순환사관(循環史觀), 우연사관(偶然史觀)을 주장하는 등 역사가의 관점에 따라 서로 다르게 나타난다. 이런 점에서 사관은 역사적 사실이나 현상에 특정한 의미나 가치를 부여하여 그 내면적 · 근원적 의미를 탐구하는 역사철학과 밀접하게 관련된다.

일반적으로 역사학은 구체적인 역사 현상에 관심을 갖고 그 발생에서부터 전개과정과 결과에 이르기까지 고찰하게 된다. 그러나 이와 같이 외형적인 역사 현상을 다루는 것만으로 역사적인 문제들이 해결되는 것은 아니기 때문에, 사관이나 역사철학과 같은 역사의 형이상학이 요청되는 것이다.

어떤 역사가가 역사적 사실을 선택 · 재생할 경우, 거기에는 증거의 해석이나 사료(史料) 비판과 같은 작업 과정에서 끊임없이 역사적 판단이 작용한다. 그러한 역사가의 판단은 과거의 사실이 가지는 역사적 의미에 따라 좌우되게 마련이다. 이때 역사적 판단 과정에 작용하는 역사적 의미란 어떤 특정한 사실이 지금 우리에게 각별한 관심을 받게 되는가를 정당화하는 이유나 근거가 되는 것이다.

역사를 돌아보면 수많은 국가의 흥망성쇠와 함께 다양한 제도와 기구의 변천과정을 비롯하여 여러 가지 문화적 소산(所産)이 명멸하고 있다. 이러한 모든 역사적 사실들은 나름대로 지금의 우리에게 관심을 불러일으키기도 하고 연구의 대상이 되기도 하는 존재 이유를 가지고 있다.

역사적 의미에는 당대적인 것과 지속적인 것이 있다. 당대적인 의미는 어떤 역사적 사실이나 사건이 발생한 당시에는 그 사회에 주는 영향과 파장이 컸지만, 시간이 경과하면서 그 영향력이 점차 소멸되어 의미를 상실하게 되는 경우에 해당된다. 지속적인 의미는 어떤 역사적 사실이 먼 후대에 이르기까지 지속적으로 영향을 미치는 경우를 말한다. 단군신화나 한글 창제, 공맹(孔孟)의 유학, 석가모니의 불교, 고대 그리스의 철학, 서양 중세의 기독교 등이 역사적 사실이 가지는 지속적 의미를 알려 주는 전형적인 것들이다.

(4) 역사와 현재적 관심

역사는 과거에 행해진 인간의 행동을 대상으로 하는 학문이지만, 역사를 대하는 궁극적인 관심은 현재와 현재 이후에 전개되는 미래에 두지 않을 수 없다. 어떤 경우에도 역사가는 그가 살고 있는 당대의 현실을 뛰어넘을 수 없다. 역사가 과거를 대상으로 한다고 해서 죽은 사람이 역사를 쓰거나 연구할 수는 없기 때문이다. 역사가는 과거의 사실 그 자체로 하여금 말하도록 할 뿐이라는 19세기의 역사주의를 대표하는 랑케(L. von Ranke)조차 결코 과거로 돌아가서 살거나 역사를 연구할 수는 없다. 그렇기 때문에 역사가가 대상으로 삼는 과거의 역사적 사실은 어떤 경우에도 '죽은 과거'가 될 수 없으며, 언제든지 '살아 있는 현재'일 뿐이다.

크로체(B. Croce)가 '모든 역사는 현재의 역사'라고 정의한 것도 바로 역사가 면할 수 없는 현실세계와의 관련성을 직시하였던 것이다. 카(E. H. Carr)가 역사란 '역사가와 사실 사이의 상호작용의 부단한 과정이며, 현재와 과거와의 사이에서 일어나는 끊임없는 대화'라고 한 것도 같은 맥락의 정의다.

매로우(H. I. Marrow)는 역사와 현재적 관심 사이의 관계를 보다 극명하게 논하고 있다. 매로우는 역사를 $h=p/p'$라는 수식(數式)으로 표현하였는데, 다시 말하면 그는 역사를 현재분(現在分)의 과거로 보았던 것이다. 이때 h는 인간의 과거에 관한 지식, p는 살아 있는 과거, p'는 과거의 재현(再現)이 전개되고 있는 현재를 가리키는 것이다. 이어서 그는 역사에 대한 역사가 개개인의 지식은 같을 수 없다고 보고, 그 결과 $h=p+p'$라는 공식이 성립된다고 하였다. 이때 p'는 역사가의 재능을 가리키는 것이므로, 결국 역사는 과거 더하기 역사가의 재능으로 이해할 수도 있다는 것이다.

매로우의 수식에서 현재를 나눔수(除數)로 하여 나뉨수(被除數)인 과거를 나누게 되면, 응분(應分)의 몫과 나머지가 생기게 된다. 과거를 현재로 나눈다는 것은 과거를 그 자체로만 보지 않고, 현재적 관점에서 본다는 의미다. 결국 역사란 현재적 관점에서 과거를 이해하고 연구하는 것이며, 거기에서 취사선택할 몫과 나머지가 발생하는 학문으로 인식하고 있는 것이다.

3) 교육사의 개념

앞에서 우리는 교육의 개념을 '인간의 의식과 행동의 성장과 변화를 통한 사회화 과정'이며, 이러한 교육의 과정을 거쳐 인간은 소아(小我), 즉 '작은 나'의 좁은 울타리를 넘어서서 대아(大我), 즉 '큰 나'의 넓은 세상으로 삶의 지평을 확장시켜 나간다고 보았다.

이러한 교육의 기능을 통해 개인이나 사회가 그 생명을 지속·발전해 왔다는 점에서 인간은 교육적 존재다. 율곡(栗谷)이 "인간은 배우지 않고서는 인간이 될 수 없다(人生斯世 非學問 無以爲人)."라고 한 것도 바로 인간이 교육적 존재임을 강조한 것이다. '저절로 자라거나 태어나는 나무나 말과 달리 인간은 도야되어야 함'을 강조한 에라스무스(D. Erasmus)나 '인간은 단지 교육에 의해 만들어진 존재에 불과하며, 인간만이 교육을 필요로 하는 유일한 존재'라고 한 칸트(I. Kant)도 같은 생각이었던 것이다.

인간을 인간으로 만드는 교육의 기능은 한 개인이 속한 사회의 존속과 발전을 위해 필요하다는 점에서 인간은 사회적 존재이기도 하다. 사실 인류가 지구상에 발을 붙이고 살기 시작한 이래로 오늘날에 이르기까지 장구한 세월에 걸친 인류 역사의 전개 과정을 보면, 인류의 공간적 활동 무대가 되는 사회 속에는 온갖 영욕(榮辱)과 부침(浮沈)의 자취가 파노라마처럼 펼쳐지고 있다.

인간 사회의 성공과 실패의 파노라마를 시간 차원에서 다루는 것이 역사다. 역사의 개념에 대해서는 '과거에 행해진 인간의 행동(res gestae)을 대상으로 하여 증거의 해석이라는 연구방법을 구사하는 인간의 자기인식을 목적으로 삼는 과학'으로 규정하고 있는 콜링우드의 정의를 살펴보았다. 동시에 역사를 다루는 역사가의 사관이나 현재적 관심 그리고 역사적 사실이 가지는 의미 등에 대해서도 생각해 보았다.

만약에 인류 사회에서 인간이 오랜 세월에 걸쳐 이룩한 문명의 여러 유산과 그것들을 다루는 역사를 제외한다면, 인간은 정체성을 잃고 방황하게 될 뿐만 아니라 더 이상 삶의 풍요를 기대하기 어려울 것이다. 역사의 문맥(文脈) 속에 있거나 또는 역사를 의식하고 살아갈 경우에 한하여 인간과 사회는 성장과 발전을 기할 수 있다는 의미에서 인간은 역사적 존재이기도 하다.

교육사는 교육의 역사이므로 교육이라는 특정 분야의 범위 안에서 일어난 인간활동의 다양한 스펙트럼을 대상으로 그 역사적 의미와 가치를 찾고 손익을 따져봐야 한다. 그러기 위해서 교육사는 무엇이며, 어떤 일을 하는 것인가에 대한 명확한 개념의 정립이 필요하다. 교육과 역사의 개념에 대한 정의를 조합하여 보면, 교육사는 대체로 '현재와의 관련 속에서 과거에 행해진 교육활동이나 사실이 가지는 역사적 의미를 밝혀내고, 그것이 사회와 교육의 현재 또는 미래에 어떠한 방향으로 작용할 것인지를 연구하는 학문'이라고 할 수 있다.

2. 왜 교육사를 공부해야 하는가

온 길은 이미 잊었고
갈 길은 아직 모르고
–이달우, '어디로 가야 하나'–

1) 교육사를 공부하는 이유

흔히 '역사에 밝으면 현명하다.'고 하는데, 좀 더 양보해서 말하면 미련하지 않다는 의미라고 하겠다. 비록 속설이기는 하지만 역사의 가치를 참으로 간명하게 표현한 말이다. 이 말은 역사에 대해 잘 알고 있는 사람은 성공을 예약해 놓은 것이라고 말하기는 어려울지 몰라도 적어도 실패할 확률이 낮아진다는 뜻으로 이해할 수 있다. 역사는 우리가 외면하지만 않는다면, 언제든지 반성의 계기와 유익한 교훈을 제공하기 때문이다.

『시경(詩經)』 문왕편(文王篇)에 "은나라가 민중을 잃지 않았을 때는 능히 하늘의 뜻에 어긋나지 않았었다. 마땅히 은나라를 거울로 삼을지어다. 천명(天命)을 지키는 것이 쉽지 않다."라는 말이 나온다. 이는 역사의 반성적(反省的) 성격을 지칭한 것이다. 역사가 현재에 이루어지고 있는 인간 행위의 적부(適否)를 판단하는 귀감(龜鑑)을 제공한다는 이러한 반성적 역사의식은 아주 오래전부터 존재해 왔던 것이다. 동아시아 문화권의 역사서의 이름에 '감(鑑)' 자가 많이 사용된 것도 다 이런 이유에서 비롯된 것이다.

'역사에 밝으면 현명해진다.'는 말이 반성적 역사의식의 긍정적 표현이라면, '전철(前轍)을 밟지 않는다.'는 말은 과거의 인간과 사회가 저질렀던 잘못을 반복하지 않는다는 부정적인 관점에서 반성적 역사의식을 드러낸 것이다. 전철부답(前轍不踏)의 반성적 역사의식을 갖게 되면, 프로스트처럼 '가지 않은 길'을 선택한 뒤에 한숨지을 일이 없을 것이다.

한기언은 교육사를 공부하는 이유로 교육적 예지(叡智)를 얻을 수 있다는 점과 교육 현실에 대한 본질적 이해가 가능하게 된다는 점, 현대문화에 대한 비판과 미래 사회의 발전에 대한 지남(指南)을 얻을 수 있다는 점 등을 들고 있다. 이홍우는 교육사가 인간이 그 자신을 이해하는 일에 속한다는 점과 교육이론의 시대적 표현을 보여 준다는 점 등 두 가지를 교육사를 공부해야 하는 이유로 요약하고 있다.

사실 어떤 사상가나 이론가가 교육사상이나 교육이론을 정립한다는 것은 이때까지 전혀 실천된 적이 없는 새로운 교육원리를 창안하는 것이 아니라, 교육의 실제에서 이미 실천되고 있는 원리를 그 자신의 사상이나 이론에 비추어 설명하고 정당화하는 것으로 보아야 한다. 역사적 사실 자체는 일회적이라고 하더라도 그 사실이 가지는 모종의 경향성은 반복되는 것이기 때문이다.

역사의 저장고에는 인간과 사회의 삶의 원리와 방식은 물론이고 구체적인 사례에 이르기까지 무수한 자료가 쌓여 있다. 그렇기 때문에 우리는 언제든지 교육사 서적의 낡은 지면을 넘겨 보지 않을 수 없는 것이다.

2) 역사의식

교육사를 공부해야 하는 이유는 내재적(內在的)으로 정당화할 수도 있고, 외재적(外在的)으로 정당화할 수도 있다. 앞에서 살펴본 것처럼 교육적 예지를 얻는다든지 교육 현실에 대한 본질적인 이해가 가능하게 된다는 것 등은 역사 공부의 가치를 외재적으로 보는 것이다. 내재적 관점에서 교육사를 공부해야 하는 이유는 역사의식과 관련된다. 실제로 역사 교육은 역사의식의 형성을 목적으로 삼고 있다. 따라서 역사 공부의 외재적 가치를 부정하는 것은 아니지만, 역사의식의 형성과 적용이 우리가 교육사를 공부해야 하는 보다 근본적인 이유가 되는 것이다.

역사의식은 말 그대로 역사를 의식하는 것이다. 역사를 의식하는 사람은 함부로 행동하지 않는다. 『맹자』 등문공 하편(騰文公 下篇)에 "공자가 춘추를 완성하자 난신적자들이 두려워하였다."라고 하였다. 보통 사람도 아닌 난신적자(亂臣賊子)까지 역사를 의식하고 있음을 알 수 있다. 따라서 '역사에 밝은 사람은 현명하다.'는 말은 그가 역사를 의식하고 있다는 점에서 '역사의식이 있는 사람은 현명하다.'고 바꾸어 말해야 그 의미가 보다 분명해진다. 일반인들은 말할 것도 없거니와 사실을 토대로 하여 그 인과관계 등에 대해 기록하거나 연구하는 역사가들의 경우에는 역사의식의 중요성을 아무리 강조해도 지나치지 않을 것이다.

역사의식에 대한 사전적 정의는 '어떠한 사회현상을 역사적 관점이나 시간의 흐름에 따라 파악하고, 그 변화 과정에 주체적으로 관계를 가지려는 의식'이다. 이러한 역사의식의 개념적 의미에 대한 보다 적확(的確)한 이해를 위해 몇 가지 더 검토할 필요가 있다.

우선, 역사의식은 역사인식(歷史認識)을 전제로 한다. 역사인식이란 역사적 사실을 정확하게 인지하는 것을 말한다. 역사의식이 정립된 뒤에는 다시 그 역사의식이 올바른 역사인식의 길잡이가 되는 것이다. 물론 역사의식은 역사적 사실에 대한 인식만으로 형성되는 것은 아니다. 인식하는 역사적 사실에 대한 반성적 성찰, 즉 비판적 사고가 함께해야 한다. 비판적 사고가 가능할 때 역사의식이 제 기능을 다할 수 있게 된다. 역사적 사실의 인식이 정확하지 않은 상태에서의 비판의식은 역사 왜곡이나 날조가 이루어질 소지가 많고, 비판의식이 작용하지 않은 역사적 사실에 대한 인식은 잡다한 단편 지식으로 끝나고 말게 된다.

역사의식을 비판의식으로 볼 경우에는 무엇보다도 역사를 보는 사람의 안목이 각성된 상태에 있어야 한다. 이 경우의 역사의식은 역사적 존재로서의 자각을 의미하는 것이다. 이처럼 역사적 사실에 대해 비판의식을 가지고 성찰하기 때문에, 이때의 역사의식은 역사적 사명감이나 위기의식(危機意識) 또는 우환의식(憂患意識)의 형태로 나타나게 된다.

다음으로, 역사의식은 시간의식(時間意識)과 관련된다. 시간의식은 과거·현재·미래라고 하는 시간의 3차원에 따라 역사적 사실을 인식하고 비판하는 것이다. 시간 차원에 따라 역사를 의식할 때, 과거가 단순히 '죽은 과거'로 끝나지 않고 '살아 있는 현재'로 이어질 수 있는 것이다.

요컨대, 역사의식은 시간 차원에서 역사적 사실을 비판적으로 인식하고 성찰하는 역사적 안목 또는 각성된 상태의 의식을 말하는 것이라 할 수 있다. 대체로 이러한 역사의식은 획기적인 사회적 변화나 사건 등을 계기로 하여 나타나게 마련이다.

공자는 백가쟁명(百家爭鳴) 하는 춘추시대 혼란기에 당대의 사회적 질서와 명분을 확인하기 위해 『춘추(春秋)』를 저술하였다. 고려 때의 『삼국사』 편찬이나 조선 때의 『고려사』 편찬사업 등도 새 왕조의 창업 명분을 확보하고, 새로운 국가 시책의 방향 설정 등을 위해 필요한 일이었다. 일연(一然)은 고려 말기의 난세(亂世)를 맞이하여 민족사의 연원을 밝힘으로써 민족의 구심점을 확보하기 위해 『삼국유사』를 저술하였다.

신채호의 민족주의 사관은 왜적(倭賊)의 침략으로 국가와 민족이 신음하던 시기에 민족의식을 고취하고 자주독립을 쟁취하고자 고심했던 역사의식의 소산이었다. 신채호의 『조선상고사』 첫머리에 실린 역사의 정의를 읽으면서 그야말로 '역사란 무엇인가?' 하는 결코 가볍지 않은 화두에 침잠하지 않을 수 없다. 역사를 '아(我)'와 '비아(非我)'의 투쟁으로 보았던 신채호의 정의는 역사의 개념적 의미를 보여 주기보다 오히려 그의 비장한 역사의식으로 인해 우리를 절절한 반성의 자리에 부복(俯伏)하라고 한다.

"역사란 무엇이뇨? 인류 사회의 '아(我)'와 '비아(非我)'의 투쟁이 시간으로부터 발전하며 공간으로부터 확대하는 심적(心的) 활동의 상태의 기록이니, 세계사라 하면 세계 인류의 그리 되어 온 상태의 기록이며, 조선사라 하면 조선 민족의 그리 되어 온 상태의 기록이니라."

3. 교육사는 어떻게 공부해야 하는가

호지무화초(胡地無花草)
춘래불사춘(春來不似春)
-동방규(東方虯), '소군원(昭君怨)'-

1) 교육사의 연구 영역

사상사적(思想史的) 연구와 제도사적(制度史的) 연구가 전통적으로 교육사 연구의 2대 핵심 분야를 이루어 왔으며, 이 외에도 내용·방법사적 연구, 사회경제사적 연구, 문제사적 연구, 교육문화사, 교육학사 등이 있다.

교육의 사상사적 연구는 어떤 시대의 교육에 대하여 그 시대의 사회사상의 흐름이나 시대정신 속에서, 특정 교육가나 교육이론가의 교육사업이나 그의 교육정신 또는 교육사상 속에서 교육적 의의와 가치를 찾고자 하는 연구다. 교육사상사 연구는 교육의 사조사적(思潮史的) 연구와 교육가에 대한 열전적(列傳的) 연구로 구분할 수 있다. 교육사상사 연구는 교육에 관한 문화사적 연구, 정신사적 연구, 인물사적 연구와 동일시되거나 깊은 관련을 갖기도 한다.

교육의 제도사적 연구는 교육조직·교육기구·교육제도 등의 역사적 발전 과정을 추적하여 교육의 의의와 가치를 해명하려는 연구다. 이는 학교제도의 발달에 관한 연구가 중심을 이루고 있으며, 학교발달사 연구, 교육행정사 연구, 교육재정사 연구, 교육정책사 연구, 교육개혁의 역사적 연구 등이 여기에 포함된다.

교육의 내용·방법사적 연구는 학습자에게 어떤 교육 내용이 어떤 방법으로 전달되고 수용되었는가에 관심을 가지고 역사적으로 고찰하는 연구다. 교육내용사 연구라 할 수 있는 교육과정사 연구, 교과서사(教科書史) 연구와 교육기술사 연구, 교육방법사 연구 등이 포함된다.

교육의 사회경제사적 연구는 교육을 어떤 사회 구성체의 전체 구조 속에서 발전하는 하나의 객관적 사회현상으로 간주하고, 사회구조와 그 발전에 따라 교육현상도 상호작용하면서 변화·발전한다는 입장을 가지는 연구다.

교육의 문제사적 연구는 현재 당면하고 있는 교육의 제 문제에 초점을 맞추고 역사적으로 고찰하여 그 해결의 실마리를 찾으려는 입장의 연구다.

기타 교육문화사는 교육사가 독립된 학문 영역으로 분화되기 이전에 교육사를 문화사와 같은 맥락에서 파악하려는 것이며, 교육학의 학문적 변천 과정을 연구하는 교육학사(教育學史)는 교육학 연구의 중심 주제와 경향 및 성과가 어떻게 변천해 왔는가에 일차적인 관심을 두는 것이다.

2) 교육사 이해의 개념 모형

교육사는 '현재와의 관련 속에서 과거에 행해진 교육활동이나 사실이 가지는 역사적 의미를 밝혀내고, 그것이 사회와 교육의 현재 또는 미래에 어떠한 방향으로 작용할 것인지를 연구하는 학문'이다.

그런 만큼 교육사 공부를 효과적으로 하기 위해서는 각 시대별로 역사의 현장

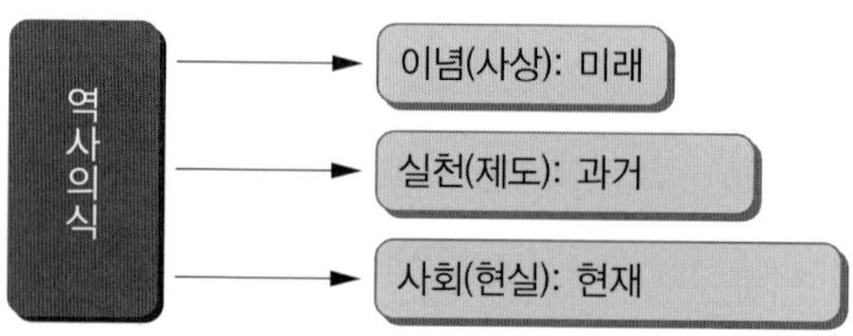

[그림 1-1] 교육사 이해의 개념 모형

이 되었던 사회가 어떤 상태에 있었는지 정치·경제·사회·문화 등 다양한 사회적 배경과 그 역동을 이해해야 한다. 또한 그러한 사회적 조건하에서 그 사회의 구성원으로서 개인들의 삶의 조건이나 상태는 어떠했는지에 대해서도 관심을 가져야 한다. 이러한 역사적 사실을 인식하고 해석할 경우에도 당대인(當代人)의 현재적 관점과 현대의 우리가 갖고 있는 현재적 관심을 모두 고려하여 접근하는 것이 역사적 의미를 판단하고 결정하는 데 도움이 된다.

그다음에는 그 시대를 살았던 개인들의 꿈과 이상은 무엇이었는지, 사회적 이념이나 사상은 어떠했는지에 대해 검토해야 한다. 당대인들이 꿈꾸던 미래는 어떤 것이었으며, 그들의 꿈과 이상으로부터 현대의 우리가 참조할 수 있는 것은 무엇인가에 대해 생각해 봐야 한다. 대체로 교육사상사는 이러한 관심을 가지고 수행되는 교육사 연구의 주 영역이다.

그리고 우리가 공부하고자 하는 과거의 어떤 한 시대의 개인이나 사회가 그들의 꿈과 이상을 실현하기 위해서 어떤 노력을 하였는지, 그들은 노력의 대가로 어떤 보상을 받았는지에 대해 정확한 사실 인식과 해석을 할 수 있어야 한다. 이러한 관점에서 교육사를 연구하는 것은 주로 교육제도사의 영역에 속한다.

역사의 시간 차원에서 보면, 한 시대의 사회적 역동은 주로 현재에, 이념적 지향은 미래에, 실천적 노력이나 그 결과물은 과거에 관련된다. 그리고 어떤 시간 차원에 관련된 공부나 연구라고 하더라도 그 바탕에는 정확한 역사적 사실에 대한 인식과 비판적 역사의식이 자리 잡고 있어야 할 것이다.

참고문헌

金鳳鎬 역(1985). 西洋史學史. 서울: 탐구당.

吉玄謨 역(1982). 歷史란 무엇인가. 서울: 탐구당.

朴成壽(1984). 歷史學槪論. 서울: 삼영사.

成百曉 역주(1991). 懸吐完譯 孟子集註. 전통문화연구회.

成百曉 역주(1992). 懸吐完譯 大學 · 中庸集註. 전통문화연구회.

李烘雨(1991). 教育의 概念. 서울: 문음사.

李烘雨 역(1981). 倫理學과 教育. 서울: 교육과학사.

李烘雨 역(1994). 西洋教育史. 서울: 교육과학사.

張璨翊 역(1989). 칸트의 教育思想. 서울: 배영사.

鄭範謨(2000). 教育과 教育學. 서울: 배영사.

鄭在哲(1982). "韓國教育史研究의 諸領域". 韓國教育史研究會(편). 韓國教育史研究의 새 方向. 서울: 집문당.

車河淳 역(1974). 歷史의 理解. 서울: 탐구당.

申采浩(1980). 朝鮮上古史(上). 서울: 삼성미술문화재단.

韓基彦(1980). 教育史學. 서울: 세광공사.

韓國精神文化研究院(1988). 國譯 栗谷全書VI(擊蒙要訣). 서울: 고려원.

Collingwood, R. G. (1973). *The Idea of History*. Oxford: Oxford University Press.

추천도서

교육사학회 역(2010). 와타나베의 한국교육사. 서울: 문음사.

노태준 역(2007). 목민심서. 서울: 홍신문화사.

유교문화연구소 역(2007). 대학 중용(유교경전번역총서 3). 서울: 성균관대학교 출판부.

최현 역(2006). 국가. 서울: 집문당.

황병국 역(2011). 도덕경. 서울: 범우사.

제2장

교육철학의 특성과 탐구 의의

1. 교육철학의 학문적 특성
2. 교육철학의 정의
3. 교육철학의 탐구 의의
4. 교육철학의 탐구방법

제2장

교육철학의 특성과 탐구 의의

교육이란 무엇인가? 교육이 실현하고자 하는 목적은 무엇인가? 교육이 지향해야 할 바람직한 방향은 무엇인가? 왜 교육을 받아야 하는가? 이러한 질문은 지극히 일상적이고 일반적인 질문처럼 보이지만 사실은 본질적이고 근원적인 질문이다. 이것이 본질적이고 근원적인 질문이라는 말은 이러한 질문이 교육에 관련된 다른 질문들, 예컨대 무엇을 어떻게 가르칠 것인가 하는 교육 내용 및 방법에 관한 질문 이전에 답해야 할 질문이라는 것이다. 교육 목적에 대한 논의 없이 어떻게 교육과정과 교육방법을 논의할 수 있겠는가? 교육철학(philosophy of education)은 기본적으로 이러한 본질적이고 근원적인 질문들에 대한 답을 찾으려는 학문 분야다. 교육철학이 교육의 본질적인 질문 혹은 문제에 대한 답을 찾는 데 관심을 가진다는 점에서 교육과학과 구별될 수밖에 없다. 교육과학이 경험적이고 실증적인 방법으로 교육 문제를 다룬다면 교육철학은 분석적 · 비판적 · 규범적 방법으로 교육 문제를 다룬다. 우리가 교육 문제나 현상을 철학적으로 이해하거나 실제로 그것을 철학적으로 정립해 나가기 위해서는 교육철학 일반에 관한 이해가 필요하다. 따라서 이 장에서는 교육철학의 학문적 특성, 교육철학의 정의, 교육철학 탐구의 의의, 교육철학의 탐구방법 등을 소개함으로써 왜 교육철학을 탐구해야 하고, 어떻게 탐구해야 하는지를 살펴보고자 한다.

1. 교육철학의 학문적 특성

역사적으로 교육철학은 한편으로 일반 철학으로부터 도움을 받으면서, 다른 한편으로는 교육과학과의 상호 협력을 통해 학문적 지위와 정체성을 확보해 왔다. 따라서 교육철학의 학문적 특징 및 구조를 바르게 이해하기 위해서는 먼저 교육철학이 일반 철학과 어떤 관계를 맺고 있는가를 밝히고, 다음으로 그것이 교육과학과 어떤 관계를 맺고 있는가를 살펴볼 필요가 있다.

1) 철학과 교육철학의 관계

교육철학은 일반 철학에 비해 역사가 일천하고, 일반 철학으로부터 직접적 혹은 간접적으로 영향을 받으며 성장해 온 학문이다. 20세기에 접어들면서 교육철학은 듀이(J. Dewey)와 피터스(R. S. Peters)의 노력으로 일반 철학과 어깨를 나란히 할 수 있는 학문으로 발전하기는 하였지만, 그것은 어디까지나 일반 철학의 도움을 기반으로 이루어졌다는 점에서 일반 철학과의 관계를 살펴보는 일은 교육철학의 성격을 밝히는 첩경이라고 할 수 있다. 일반적으로 교육철학과 일반 철학은 다루는 주제와 대상이 반드시 일치하지 않는다는 점에서 상이한 점이 있기는 하지만 다음과 같은 점에서는 공유하는 부분이 많다(이병승 외, 2008: 109-110).

첫째, 일반 철학이 실재(實在)를 가장 일반적인 개념, 예컨대 개념, 의미, 진리, 범주, 가설 등을 사용하여 설명하듯이, 교육철학은 교육활동과 교육 현상을 일반적인 개념, 즉 교육 목적, 교육 원리, 교육방법, 교육 내용, 교육받은 사람 등과 같은 일반적인 개념으로 설명하고자 한다. 이러한 점에서 철학과 교육철학은 특수한 개념을 사용하여 특정의 사실을 설명하려는 과학적 접근과는 다르다고 할 수 있다.

둘째, 일반 철학이 사물, 인간, 자연을 통합적으로 이해하려고 하듯이, 교육철학도 개별 교육과학의 연구 결과들을 종합적으로 이해하려고 한다. 예컨대, 교육심리학, 교육사회학, 교육공학, 교육행정학 등 개별 학문의 연구 결과를 분석 · 비판 · 평가함으로써 종합적인 이해를 도모하고자 한다. 이러한 점에서 교육철학은 보다 종합적이고 총체적이며 포괄적인 성격을 띤 학문이라고 할 수 있다.

셋째, 일반 철학이 단순히 존재하는 인간과 사회를 연구하는 것이 아니라 존재해야 할 인간과 사회를 연구하듯이, 교육철학 역시 존재해야 할 인간과 사회를 연구한다. 우리 눈앞에서 전개되고 있는 교육적 현상을 단지 기술(記述)하는 것이 아니라, 실현되고 성취되어야 할 무엇인가를 찾아 제시하려고 한다는 점에서 이 두 철학은 규범적(規範的)이고 당위적(當爲的)인 성격이 강한 학문이다.

이러한 관점에 비추어 볼 때 일반 철학과 교육철학은 차이점보다는 공통점이 더 많다고 할 수 있으며, 이 둘 사이에 차이가 있다면 그것은 연구방법상의 차이라기보다는 연구 대상의 차이라고 할 수 있을 것이다. 즉, 일반 철학자들이 인간, 사회, 자연, 우주, 세계 등 다양한 분야를 철학적인 방법으로 연구한다면, 교육철학자는 교육활동과 교육 현상을 철학적인 방법으로 연구한다는 점에서 차이가 있을 뿐이다.

2) 교육과학과 교육철학의 관계

교육철학의 학문적 성격을 밝히는 데 필요한 또 다른 작업은 교육과학과의 관계를 살펴보는 일이다. 흔히 교육학은 크게 다음 두 가지 분야로 나누어진다. 하나는 교육과학(educational science)이요, 다른 하나는 교육철학(philosophy of education)이다.

일반적으로 교육과학이란 교육 현상이나 교육 문제를 과학적인 관점이나 방법으로 탐구하려는 분야로, 주로 교육심리학, 교육사회학, 교육행정학, 교육공학 등이 여기에 속한다. 이들 학문은 주로 교육 현상이나 교육 문제를 하나의 사실로 간주하고, 이를 관찰하고 실험한 후에 그 결과를 정확하게 기술하고 설명하며 예언하는 데 관심을 가지고 있다. 이러한 접근 방식은 현재 학교 안에서 일어나고 있는 교육 문제 혹은 우리 눈앞에서 전개되고 있는 교육 현상을 정확하게 이해하도록 하는 데 큰 도움을 준다. 이러한 과학적 이해가 전제되지 않고서는 실현하고자 하는 교육 목적을 달성하거나 좋은 교육 내용을 구성하기 어렵다는 점에서 교육과학은 매우 중요한 역할을 담당하고 있다고 할 수 있다.

그러나 여기서 우리는 교육 현상이나 교육 문제를 바르게 이해하는 데 과학적인 노력만으로 충분하다고 할 수 있는가 하는 의문을 가지게 된다. 그도 그럴 것이 과학적인 연구가 교육적 사실을 정확하게 기술하고 일어날 결과를 미리 예언하는 데 기여한다고 할지라도 그것이 곧 교육이 마땅히 추구해야 하고 실현해야 할 것을 말해 주지는 않기 때문이다. 따라서 과학적인 관점에서만 교육 현상이나 교육 문제를 바라보는 것은 자칫 교육 현상의 외양, 즉 겉모습만을 바라보게 되는 그릇된 생각을 낳게 할 수 있다. 나아가 이러한 태도는 교육에 대한 편협하고 편향된 시각을 갖게 할 수 있다는 점에서 위험하기도 하다.

이러한 표면적이고 편향적인 관점에서 벗어나기 위해서는 어떤 관점이 필요한가? 그것은 바로 교육 현상이나 교육 문제를 철학적인 관점에서 바라보는 태도다. 전통적으로 철학은 사실(fact)을 문제 삼기보다는 가치(value)를 문제 삼아 온 학문이다. 즉, 존재하는 사실을 있는 그대로 기술하는 데 관심을 가지기보다 존재해야 할 인간과 사회에 대해 탐색해 왔다. 예컨대, 플라톤(Platon)은 그 당시 아테네 민주사회를 비판하고 존재해야 할 이상사회를 제시하였으며, 루소(J. J. Rousseau)를 비롯한 사회사상가들 역시 세습군주제를 비판하고 사회계약에 의한 국가 설립의 필요성을 역설하였다. 교육철학도 근본적으로 존재해야 할 인간과 사회, 실현해야 할 규범과 가치에 관심을 가지고 있다. 이러한 점에서 교육철학은 기본적으로 비판적이고, 규범적이며, 당위적인 성격이 강한 학문이라고 할 수 있다.

2. 교육철학의 정의

앞 절에서 교육철학이란 어떤 학문인가를 밝히기 위해 그것이 일반 철학 및 교육과학과 어떤 관계를 맺고 있는가를 살펴보았다. 그러나 이것만 가지고는 교육철학에 대한 학문적 특징을 충분하게 설명하기는 어렵다. 따라서 여기서는 뉴섬(Newsome)의 관점을 참고로 교육철학에 대한 전통적 정의와 현대적 정의를 보다 구체적으로 살펴보고자 한다(Newsome, 1969: 162).

1) 전통적 정의

(1) 교육관으로서의 교육철학

이것은 교육철학을 '교육에 대한 관점 혹은 견해'로 바라보는 입장을 말한다. 사실 우리는 교육철학이라는 학문을 체계적으로 공부하지 않고도 누구든지 우리 교육 현실에 대해 이런저런 관점과 견해를 말할 수 있다. 예컨대, 누군가가 '우리나라 입시정책은 근본적으로 바뀌어야 한다.'든가 '학교교육이 정상화되어야 한다.' '교사는 체벌을 해서는 안 된다.'라고 하는 견해를 자유롭게 말할 수 있다. 하지만 이러한 관점이나 견해를 곧바로 교육철학이라고 말할 수는 없다. 왜냐하면, 이러한 관점이 '교육철학'이라는 교과목을 이수하지 않았거나 전공하지 않은 사람에게서 제시되었기 때문이 아니라, '교육에 대한 일관되고 체계적인 관점'이 결여되어 있기 때문이다. 흔히 사람들이 가진 관점이나 견해는 어디까지나 상식에 기초하고 있다는 점에서 논리, 체계, 일관성 등이 약하며, 따라서 설득력이 약하다고 할 수 있다. 이러한 의미에서 교육관으로서의 교육철학은 전문적인 정의 혹은 학문적인 정의로 받아들이기 어렵다.

(2) 응용철학으로서의 교육철학

전통적으로 많은 이들이 교육철학을 '일반 철학의 응용철학'으로 이해하고 있다. 즉, 교육철학이란 일반 철학에서 다루고 있는 존재론(存在論), 인식론(認識論), 가치론(價值論)을 교육에 적용시켜 이론화하고 체계화한 것이라고 생각하고 있다. 실제로 인간 존재에 대한 철학적 연구 결과는 이상적인 인간상을 정립하는 데 도움을 주며, 인식론에 대한 연구 결과는 교수이론 및 학습이론을 수립하는 데 도움을 준다. 또 가치론에 대한 철학적 연구 결과는 가치 있는 지식이 무엇이며, 왜 그러한 것을 가르쳐야 하는가를 정당화하기 위한 논리를 세우는 데 도움을 준다. 이 같은 맥락에서 교육철학을 바라보는 경향은 1930~1970년대 주로 미국 교육철학계에서 두드러지게 나타났다.

(3) 교육의 일반이론으로서의 교육철학

듀이는 자신의 주저인 『민주주의와 교육(*Democracy and Education*)』에서 교육철학을 '교육의 일반이론'으로 규정한 바 있다(Dewey, 1980: 338). 그에 의하면, 교육학 이론은 크게 교육의 특수이론(special theory)과 일반이론(general theory)으로 구분된다. 여기서 특수이론이란 주로 교육과학에 속하는 이론, 예컨대 교육심리학 이론, 교육사회학 이론, 교육과정 이론, 교육행정학 이론을 가리키며, 일반이론이란 특수이론의 기초가 되는 이론으로서 교육목적론 등이 여기에 속한다. 그에 의하면, 어떤 특수한 교육이론을 수립하려는 교육학자는 교육의 일반이론, 즉 교육철학을 먼저 고려하지 않을 수 없다. 말하자면, 교육을 통해 실현하고자 하는 것이 무엇인가를 체계적으로 논한 교육목적론을 숙고하지 않고서는 좋은 교육과정론, 교수이론 및 학습이론 등을 정립할 수 없다. 이러한 의미에서 교육철학은 교육과학 이론의 기반이요, 토대가 된다는 점에서 교육의 일반이론이라고 할 수 있다.

2) 현대적 정의

20세기 중반 분석철학의 영향을 받은 현대 분석교육 철학자들은 전통적인 교육철학관과는 전혀 다른 관점에서 교육철학을 다음과 같이 바라보고 있다.

(1) 교육언어 분석으로서의 교육철학

분석 교육철학자들은 교육철학이란 교육언어를 분석하는 활동으로 규정한다. 그들은 교육철학이란 교육관이나 지식의 체계가 아니라, 기존의 교육사상가들과 교육이론가들이 자신의 사상을 전개하기 위해 사용했던 교육언어(educational languages)가 가지는 애매모호함을 제거하고 그 의미를 명료화하는 활동으로 설명하였다. 예컨대, 우리가 흔히 사용하고 있는 '교육' '교수' '학습' '훈련' '훈육' 등의 개념이 가지는 의미를 분명하게 해 나가는 활동을 교육철학으로 이해한다. 이렇게 교육철학을 교육언어 분석으로 바라보려는 경향은 주로 영국의 피터스(1966)와 미국의 셰플러(Scheffler, 1958, 1960) 등과 같은 영미 교육철학자들에게서 두드러지게 나타난다.

(2) 이차 질서 학문으로서의 교육철학

분석 교육철학자들은 교육철학을 '이차 질서 학문(second-ordered discipline)'이라고 생각한다. 왜냐하면, 교육철학이란 교육에 대한 새로운 아이디어나 거창한 이념을 제시하는 학문이 아니라 이미 교육사상가들이나 교육이론가들에 의해 저술된 기록에 담긴 다양한 교육언어의 의미를 명료화하는 일에 관심을 가지기 때문이다. 예컨대, 플라톤이 『국가(*Republic*)』를 저술하고, 루소가 『에밀(*Emile*)』을 저술한 것은 일차적인 활동인 데 반해, 이러한 기록 안에 담긴 이러저러한 개념, 명제, 슬로건, 비유 등이 가진 의미를 밝혀내는 일은 이차적인 것이다. 이러한 의미에서 교육철학은 일차적인 활동이 아니라 이차적인 활동이라는 것이다.

(3) 방법론으로서의 교육철학

분석 교육철학자들은 교육철학을 거대한 지식의 체계나 '주의(~ism)'가 아니라 교육언어를 다루는 하나의 방법론(methodology)에 지나지 않는다고 주장한다. 방법론으로서 교육철학의 주된 연구 대상은 교육사상가들이 체계화한 지식이 아니라 이미 언명되고 서술된 교육언어다. 교육철학을 이렇게 이해할 경우, 교육철학은 특정한 주제만을 다루는 것이 아니라 교육과 관련된 모든 언어를 분석의 대상으로 삼게 된다. 예컨대, 교육과학자, 아동교육자, 성인교육자, 예술교육자, 심지어 환경교육자의 교육적 언명을 분석의 대상으로 삼을 수 있다. 따라서 교육철학을 하나의 방법론으로 바라볼 경우 탐구 영역은 끝없이 확장될 수 있다.

3. 교육철학의 탐구 의의

앞서 살펴본 바와 같이 교육철학을 바라보는 관점이 서로 다르기는 하지만 그것은 교육 현상 및 교육 문제를 철학적인 방법으로 탐구하는 활동임에는 틀림없다. 그렇다면 우리는 왜 많은 시간을 들여 교육철학을 가르치고 배우려고 하는가? 교육과학과 더불어 교육철학을 탐구하고 공부해야 하는 까닭은 무엇인가? 교육철학을 공부함으로써 얻을 수 있는 긍정적인 효과는 무엇인가? 이 절에서는 이러한 질문에 대한 몇 가지 일반적인 답을 찾아보고자 한다.

1) 교육의 본질에 대한 사고 능력의 습득

우리가 교육철학을 공부해야 하는 이유 중의 하나는 그것을 통해 교육의 본질에 대한 근원적 사고와 통찰을 해 나갈 수 있는 능력을 기를 수 있기 때문이다. 전통적으로 교육철학자들은 일반 철학자들과 마찬가지로 교육의 본질적인 질문들에 대해 관심을 기울여 왔으며, 그러한 질문들에 대한 답을 찾는 데 심혈을 기울여 왔다. 이러한 이유로 오사다(長田新)와 같은 학자는 교육철학을 '교육본질학' 혹은 '교육근본학'이라고 부른 바 있다(강선보, 김정환, 1998: 25). 교육철학을 이렇게 부르는 것은 교육철학이 기본적으로 교육의 본질을 탐구할 뿐만 아니라 교육에 관련된 근본적인 문제를 제기한다는 점에서 그러하다. 교육철학은 교육에 관련된 여러 가지 질문 중에서도 다음과 같은 질문들에 대해 관심을 가지고 있다. 교육의 대상인 인간이란 어떤 존재인가? 교육을 통해 실현하고자 하는 목적이란 무엇인가? 교육을 통해 전달하고자 하는 가치 있는 지식이란 무엇인가? 교육을 통해 길러 내고자 하는 이상적인 인간상은 무엇인가? 교육을 통해 실현하고자 하는 사회는 어떤 사회인가?

인간의 본성, 교육 목적, 지식의 속성, 이상적인 인간상 및 사회상 등은 전통적으로 철학자 혹은 교육철학자들이 관심을 가졌던 공통된 주제였다. 이들은 이러한 주제들을 관찰과 실험을 통해서가 아니라 합리적 추론(reasoning)을 통해 탐색하고자 하였다. 이런 점에서 이들의 접근법은 과학자들의 경험적이고 실증적인 접근법과 다르다고 할 수 있다. 이들은 인간의 행동을 어떻게 바꿀 것이냐에 관심을 가지기보다는 인간이란 어떤 존재인가를 탐색하였으며, 지식을 어떻게 가르칠 것이냐를 탐색하기보다는 지식이란 무엇인가를 탐색하였다.

고대로부터 현대에 이르기까지 철학자들은 소위 사변적 활동(speculative activity)을 통해 인간, 지식, 가치, 사회, 자연에 대한 근원적 탐구를 해 왔다. 여기서 '사변적'이라는 말은 '사색적' 혹은 '사고하는'이라는 말로 바꾸어도 큰 무리는 없을 것이다. 이들은 인간이란 이성을 가진 존재로서 사물, 인간, 사회를 이치에 맞도록 생각할 수 있는 능력을 가지고 있다고 전제한 후에, 인간이 이치에 맞도록 사고해 간다면 언젠가는 진리 혹은 실재(實在)에 도달할 것이라고 믿었다. 이들은 사변적 활동을 통해 새로운 아이디어를 만들어 내기도 하고, 이미 주어진 아이디어나 현상을 비판함으로써 왜곡된 진실을 들추어내기도 했다. 이러한 점에서 철학자들의 활동은 근원적이며, 창조적이고, 비판적이다.

우리가 교육철학을 배우려는 것은 교육철학자들이 교육의 본질을 사변적인 활동을 통해 탐색하였듯이, 교육을 본질적으로 혹은 근원적으로 탐색하는 능력을 기르기 위해서다. 소크라테스(Socrates)가 그랬듯이, 철학 함은 질문하는 것으로부터 시작된다. '왜 그러한가?'라는 질문을 던지고 그 질문에 답을 구하기 위해 노력할 때 인간의 철학적 사고는 깊어지고 심원해지며 예리해진다.

2) 교육언어의 명료화 능력 습득

우리가 교육철학을 공부해야 하는 또 다른 이유는 교육언어를 명료화할 수 있는 능력을 기르기 위해서다. 과거로부터 오늘날에 이르기까지 많은 교육이론가들이 새로운 교육언어를 창조해 냈으며, 교육실천가들은 이러한 언어를 사용하여 학생을 가르치거나 지도하고 있다. 그러나 문제는 이들이 만들어 내거나 사용하고 있는 교육언어가 애매하거나 모호하다는 점이다. 여기서 '애매하다'는 것은 '하나의 문장이나 주장 안에 두 가지 이상의 의미가 담겨 있다.'는 것을 의미하며, '모호하다'는 것은 '어떤 문장이나 주장이 아무런 기준이 없이 사용된다.'는 것을 의미한다. 실제로 교육사상가들이 저술한 책의 내용을 살펴보면 이처럼 애매하거나 모호한 표현들이 무수히 많다. 이러한 이유로 우리는 교육사상가들의 주장을 잘 이해하지 못하거나 오해하는 경우가 종종 있다. 교육이론 및 실천 분야에서 생겨나는 문제들 중 상당 부분은 이러한 언어의 애매함과 모호함에서 생겨난 것이라고 할 수 있다.

앞에서 소개한 바 있는 분석 교육철학자들이 규정한 바 있듯이, 교육철학이란 애매모호한 교육언어를 분석하여 명료화하는 일과 관련이 있다. 실제로 우리 주변에서 쓰이고 있는 교육언어, 예컨대 '교육' '교수' '학습' '훈육' '훈련' 등은 너무 다의적이어서 정확히 '교육'이 무엇인지 이해하기 어려운 경우가 많다. 따라서 피터스와 셰플러 같은 분석 교육철학자들이 이러한 언어들을 명료화하는 것이야말로 교육철학자들이 행해야 할 중요한 역할이라고 주장한 것은 그럴 만한 충분한 이유가 있는 것이라고 할 수 있다.

언어를 명료화하는 것은 단지 불분명한 언어를 명료하게 하는 데 목적이 있는 것이 아니라 우리의 교육적 사고를 확장시키고 보다 진전된 논의를 하기 위한 것이다. 인간은 언어를 통해 사고하고, 사고는 언어발달을 촉진시킨다는 점을 고려해 볼 때 애매하거나 모호한 언어의 사용은 지적 사고를 가로막고 지적 혼란(intellectual confusion)을 불러일으킬 수 있다. 따라서 교육 연구 혹은 교육활동이 원만하게 이루어지기 위해서는 교육언어가 먼저 명료화되어야 하고, 그 용법에 대한 합의가 이루어져야 한다. 또한 좋은 교육정책을 입안하고 시행하기 위해서도 교육언어가 먼저 정리되고 체계화되어야 한다.

물론 교육언어를 분석하는 일은 교육을 철학 해 나가는 하나의 방법에 지나지 않는다. 하지만 교육언어의 명료화가 이루어지지 않고서는 교육에 대한 합리적이고 비판적인 사고를 해 나가기 어려우며, 수준 높은 교육적 논의 역시 어려워진다는 점을 고려해 볼 때 교육언어 분석 능력은 교육활동의 기초로서 중요성을 가지고 있다.

3) 교육활동에 대한 비판의식의 배양

우리가 교육철학을 공부해야 하는 또 다른 이유는 현행 교육활동에 대한 비판의식 혹은 비판적 사고를 고양시키기 위해서다. 역사적으로 철학자들은 존재하는 인간과 사회에 대해 하나같이 비판적이었다. 예컨대, 플라톤은 『국가』에서 그 당시 당연한 것으로 받아들여졌던 '민주제'를 신랄하게 비판하면서 철인군주제를 제안하였으며, 마르크스(K. Marx)는 '자본주의 체제'가 역사적 발달단계에서 필연적으로 붕괴할 것임을 예언하면서 사회주의 사회를 이상적인 사회로 천명한 바 있다. 또한 루소 역시 『에밀』에서 '사회인'을 타락한 존재로 파악한 후 '자연인'을 이상적인 인간상으로 제시한 바 있다. 이들 철학자가 제시한 군주제, 사회주의, 자연인은 존재하는 사회와 인간에 대한 강한 불만과 비판의 산물이다. 즉, 이들의 사회철학 혹은 정치철학은 현존하는 사회와 인간에 대한 강한 비판의 결과라고 할 수 있다.

이와 마찬가지로 교육철학자들도 자신이 몸담고 있는 교육체제에 대한 강한 불만과 비판으로부터 교육을 논의한다. 어느 사회이건 간에 현재 이루어지고 있는 교육이 만족스럽고 바람직한 것이라면 구태여 교육 현실을 비판적으로 논의하고 담금질할 필요가 없을 것이다. 하지만 교육철학자들에게 비친 현재의 교육행위는 만족스럽지도 바람직하지도 않다. 오히려 현재의 교육 현실은 교육 본질에서 일탈하여 본래 모습을 잃어 가고 있다. 이러한 이유로 교육철학자들은 현행 교육(교육정책, 교육제도, 학교교육, 교육 내용, 교육방법 등)에 대한 문제점을 비판하고 지금보다 좀 더 가치 있고 바람직한 교육을 희구하게 된다.

앞에서 언급한 바 있듯이, 비판적 활동은 교육철학의 중요한 활동 중 하나다.

비판이란 어디까지나 왜곡된 사실과 은닉된 허위의식을 들추어냄으로써 현재의 상황을 보다 개선해 보려는 의도에서 시작되는 반추적(反芻的) 작업이라고 할 수 있다. 우리는 비판적 활동을 다음과 같은 방향으로 전개해 나갈 수 있을 것이다. 하나는 자신이 몸담고 있는 교육체제 및 제도를 비판하는 일이며, 다른 하나는 자기 자신을 비판하는 일이다. 전자는 소위 거시적 비판으로서 이것은 주로 교육체제 및 제도가 교육 현장에서 가르치고 있는 주체들의 삶에 주는 긍정적 혹은 부정적 영향을 담금질하는 작업이요, 후자는 미시적 비판으로서 이것은 교육 주체 개개인의 심리 및 행동이 그의 교육행위에 어떤 영향을 미치는지를 철저하게 검증하고자 하는 소위 자기반성적 작업이다. 전자의 비판 능력과 후자의 비판 능력은 어느 것이 더 중요하다고 단정하기 어렵지만 후자의 비판 능력이 전자의 비판 능력보다 우선하는 것이 바람직하다고 할 수 있다. 왜냐하면, 후자의 비판을 전제로 하지 않는 체제 비판이란 자칫 잘못하면 맹목적이며 때론 위험할 수 있기 때문이다.

결국 우리가 교육철학을 탐구하는 이유는 교육을 담당하고 있는 주체로서 자기비판과 체제 비판을 할 수 있는 능력을 기르기 위한 것이다. 자기비판은 자신을 새롭게 탈각(脫却)해 가는 과정이며, 체제 비판은 사회개혁에 참여하는 과정이다. 이러한 점에서 비판은 교육철학에 대한 공부를 통해 획득해야 할 중요한 목표 중 하나로 받아들여져야 한다.

4) 교육활동의 정당화 능력 습득

우리가 교육철학을 배워야 하는 또 다른 이유는 자신의 교육활동을 정당화할 수 있는 능력을 기르기 위한 것이다. 여기서 정당화(justification)란 어떤 활동의 합리적 이유 혹은 근거를 제시하는 작업이다(Bailey, 1984: 11). 과거로부터 오늘에 이르기까지 교육철학자들은 교육활동에 대해 합리적인 이유를 제시하는 일에 관심을 기울여 왔다. 특히, 현대 교육철학자들은 이 문제에 대해 비상한 관심을 가지고 있다. 왜냐하면, 교육을 바라보는 관점이 다양하고 이해관계가 복잡하게 얽혀 있는 학교 사회 안에서 합리적인 의사결정을 내리고, 그 결정에 대한 근거를 제시하는 일이 무엇보다도 중요한 시대가 되었다고 판단되기 때문이다. 사실 오늘날 일선 학교의 교사들은 끊임없이 의사결정과 선택을 해야 하는 상황에 처해 있으며, 자신들의 교육행위에 대해 책임져야 할 의무를 갖도록 요구받고 있다.

교육 사태에서 정당화를 필요로 하는 경우는 다양하다. 즉, 교육이론과 관련된 문제로부터 교육의 실제적인 현안 문제에 이르기까지 다양한 종류의 정당화가 요구되고 있다. 예컨대, 왜 수학을 배워야 하는가, 왜 교양교육을 받아야 하는가, 혹은 왜 교육에서 자유가 중요한가 하는 이론적인 문제로부터 왜 체벌을 해서는 안 되는가, 왜 교복을 입어야 하는가 하는 질문에 이르기까지 다양한 질문들이 제기되고 있다. 대체로 이 질문들은 왜 그러한가를 밝히는 것에 초점이 맞추어져 있다. 즉, 정당화를 요구하는 질문이다. 이러한 사태에서 교사는 이 같은 질문을 제기한 학부모나 학생에게 합리적인 이유와 타당한 근거를 제시할 수 있어야 한다. 물론 가르치는 교사가 정당화해야 할 질문이나 문제는 한두 가지가 아니다. 하지만 교사는 무엇보다 가르치는 소임을 맡은 사람으로서 자신이 추구하는 교육 목적, 자신이 가르치는 교육 내용, 그 자신이 구사하는 교육방법 등에 대해 합리적인 근거를 제시할 수 있는 준비가 되어 있어야 한다.

우선 우리는 교육 목적을 내재적으로 정당화하는 방법을 배워야 한다. 오늘날 현장의 교사들은 '교육을 받는 목적이 무엇인가?'라는 질문을 종종 받게 되는데, 이러한 질문에 대해 정당화가 가지는 본래 의미를 충분히 이해하고 있는 교사라면, 외재적 혹은 도구적인 이유를 들어 답할 것이 아니라 내재적 혹은 비도구적인 이유를 들어 답할 수 있어야 한다. 그러나 안타깝게도 많은 교사들이 이러한 질문에 대해 답을 회피하거나 기껏해야 도구적인 답을 제시하고 있다. 예컨대, '좋은 대학에 진학하기 위해서'라든가 아니면 '좋은 직업을 구하기 위해서'라든가 하는 식의 이유를 제시하고 있다. 이러한 외재적 정당화가 교육계를 지배하게 된 것은 교사 스스로가 자신의 교육활동을 철저하게 반추해 보지 않았기 때문이다.

다음으로, 철학적 안목을 가진 교사는 자신이 가르치는 교육 내용 및 방법을 정당화할 수 있는 능력을 가지고 있어야 한다. '왜 선생님은 A가 아닌 B의 내용을 가르치나요?' 혹은 '왜 선생님은 X가 아닌 Y의 방법으로 가르치나요?'라고 질문이 제기될 경우, 교과지도 교사는 이러한 질문들에 대해 합리적인 이유를 제시하거나 설득력 있는 답변을 해 주어야 한다. 그렇지 못할 경우 가르치는 교사로서의 전문성을 의심받을 수 있으며, 결국 직위상의 권위마저 흔들리게 된다. 현장에서 가르치는 교사들은 수학 교과가 오락게임보다 왜 더 가치가 있는지, 또 자유로운 토론식 수업이 강제적인 주입식 수업보다 왜 더 교육적인지 그 이유를 제시할 수 있어야 한다. 이 경우에도 교사는 도구적인 이유보다는 비도구적인 이유를 제시할 수 있어야 한다. 즉, 교육의 본질에 비추어 교육 내용과 방법을 정당화할 수 있어야 한다. 이러한 정당화의 기술은 하루아침에 터득할 수 있는 것이 아니라 오랜 기간 동안의 철학적 훈련을 통해 획득될 수 있다.

오늘날 교단에 선 많은 교사들이 정당화의 중요성을 간과하고 있으며, 실제로 정당화하는 방법을 모르고 있다. 따라서 합리적인 이유와 근거를 제시해야 할 상황에서 어쩔 줄을 모르고 우왕좌왕하고 있다. 정당화 능력을 상실하는 순간 교사의 지적 혹은 도덕적 권위도 흔들리게 된다. 따라서 오늘날 교사들이 철학적인 활동을 통해 정당화 능력을 끊임없이 길러야 하는 이유가 바로 여기에 있는 것이다.

4. 교육철학의 탐구방법

앞 절에서 살펴본 바와 같이 교육철학을 탐구하는 목적은 교육 현상 및 교육 문제를 철학적으로 다룰 수 있는 능력을 기르는 것이다. 그렇다면 우리는 이러한 능력을 어떻게 기를 수 있는가? 아마도 손쉬운 방법은 이미 교육 현상 및 교육 문제를 심원하게 다루어 온 교육철학자들의 탐구방법 및 절차를 따라가 보는 일일 것이다. 모르기는 해도 이러한 일을 해 나가는 동안 우리도 자연히 교육을 철학적으로 다루어 나가는 방법을 배울 수 있을 것이다. 따라서 이 절에서는 오늘날 비교적 영향력이 크다고 여겨지는 몇 가지 탐구방법, 즉 분석적 방법, 현상학적 방법, 비판적 방법 그리고 해석학적 방법을 살펴보고자 한다.

해하는 데 부가되는 부담이지 작가에게 부담이 되는 것은 아니다.

- 특정한 텍스트를 이해하는 데 있어서 그 작가의 전체 저작과의 관계가 도움을 줄 수 있다. 즉, 작가의 다른 저작들을 찾아보고 해석하고자 하는 텍스트의 위치를 작가의 사상 전체에 견주어 고려하는 것이다.
- 완전한 이해를 위해서는 되도록 작가의 의식적 · 무의식적 가정을 드러내야 한다. 예컨대, 작가의 정치적 · 종교적 입장이나 동시대 다른 작가들과의 일치점 또한 대립점이 이에 속한다.
- 밝혀진 텍스트의 의미를 이해 주체의 세계라는 관점에서 번역해 보거나 구체적인 교육 상황이라는 관점에서 구체화해 보면 도움이 된다. 하지만 여기서 작가와 해석자의 상황의 차이를 무시해서는 안 된다.
- 이해의 의미 관계 및 영향력 관계는 가설로 표현되어야 하며, 그러한 것으로 표명되어야 한다. 그러한 가설들은 계속해서 확증되거나 수정되어야 한다.

단너가 지적한 바와 같이, 이상과 같은 해석의 규칙은 절대적인 것도, 완벽한 것도 아니다. 목록의 수 역시 임의적인 것으로 10개보다 많을 수도 있고, 적을 수도 있다. 또한 이러한 규칙들은 고정된 순서를 가진 것도 아니며, 서로 중복된 부분도 있다. 우리에게 중요한 것은 이러한 해석의 원칙을 따름으로써 과거에 쓰인 교육 문헌을 탐구하는 진지하고 성실한 태도를 배울 수 있다는 점이다. 예컨대, 인내, 겸손, 작가에 대한 관용, 자기비판, 새롭고 낯선 것에 대한 개방적 태도, 기꺼이 배우려는 자세 등을 배울 수 있다는 것이다(조상식 역, 2004: 158).

(2) 비문헌적 텍스트의 해석

해석학적 교육학자들이 관심을 가지는 또 다른 해석의 대상은 넓은 의미의 교육 텍스트, 즉 교육 현실이다. 딜타이를 비롯한 철학자들이 강조하였듯이, 교육 현실은 우리의 삶과 분리될 수 없다. 이러한 점에서 교육 현실은 삶이라는 광의의 교육 텍스트의 일종이다. 왜냐하면, 삶이나 교육은 비록 언어적으로 고정된 기록물은 아닐지라도 우리 인간의 의식과 의지를 표현해 낸 구성물임이 분명하기 때문이다.

그렇다면 해석의 대상이 되는 교육 현실, 즉 비문헌적 텍스트에는 어떠한 것들이 있으며, 그것을 어떻게 해석해 나가야 할 것인가? 교육 주체와 객체 사이에서 일어나는 다양한 반응들, 교실과 학교 안팎에서 일어나는 모든 사건과 행위는 교사들이 이해해야 할 중요한 텍스트다. 말하자면, 교사와 학습자가 드러내는 인간 행위의 모든 측면, 즉 삶의 표현 전부가 교육학적 '이해'의 대상이 된다. 이상오(2008: 69-74)는 교육 현실 속에서 발견할 수 있는 교육 텍스트로서, 학생 개개인의 행동, 교사와 학생의 만남, 학생과 환경과의 관계 등을 예로 든 바 있다.

우선, 교실 현실에 대한 해석은 학생의 행동에 대한 바른 이해에 기초해야 한다. 따라서 교육자는 학생의 행동, 감정, 말 등을 먼저 이해해야 한다. 왜냐하면, 거기에는 학생의 언어, 몸짓, 가치관, 의도, 동기 등이 내재되어 있기 때문이다. 하지만 이러한 이해만으로는 학생을 충분히 이해했다고 할 수 없다. 이것은 해석학자들이 말하는 초보적인 수준의 이해에 불과하기 때문이다. 따라서 학생을 바르게 이해하기 위해서는, ① 연령에 따른 학생 개인의 고유한 세계를 이해해야 하며, ② 학생의 역사성(歷史性)을 이해해야 한다. ①과 관련하여 교육자는 학생의 고유한 세계를 들여다보고 그 속에서 빠져나와 이것을 이해할 때 비로소 학생에게 도움을 줄 수 있다. 성공적인 수업을 하지 못하는 것은 바로 이러한 이해의 부족에서 기인하는 것이다. ②와 관련하여 교사는 개인으로서 학생을 이해한다는 것은 그가 자라 온 역사를 해석하는 일이다. 교육자가 학생의 역사성을 이해하게 될 때 교사의 태도는 달라질 수밖에 없다. 즉, 학생을 시간과 공간 안에서 주체적인 삶을 이끌어 온 자율적인 존재임을 인정하게 된다. 이러한 과정 속에서 교육자의 학생 이해의 수준이 초보적인 단계에서 고차원적인 단계로 발전하게 된다.

다음으로, 교육 현실에 대한 이해는 교사와 학생 간의 만남에 대한 해석을 기초로 해야 한다. 일찍이 실존주의자들은 '만남이 교육에 앞선다.'고 주장한 바 있으며, 해석학자들은 만남을 역사적 사건으로 이해한다. 교육다운 교육이 이루어지기 위해서는 인격적인 만남이 전제되어야 하며, 따라서 만남의 현상에 대한 해석과 이해가 있어야 한다. 만남이 교육의 전제조건이라면, 교육자는 만남을 어떻게 해석해야 하는가? 우선 만남을 역사적인 사건으로 이해해야 한다. 이렇게 해석할 때 비로소 학생이 인격적이고 주체적인 존재로서 시야에 들어온다. 또한 만남을 수평적 관계로 이해해야 한다. 이렇게 할 때 교육자와 학생의 참된 대화가 가능하다. 더불어 만남은 교육적인 것으로 이해되어야 한다. 이렇게 할 때 만남의 가치가 빛을 발한다.

끝으로, 교육 현실에 대한 해석은 학생과 교육 환경과의 관계에 대한 이해에 기초해야 한다. 즉, 교육자는 학생이 처한 환경이 어떠한가 하는 점에 대해 수준 높은 이해를 해야 할 필요가 있다. 앞서 지적한 학생의 행위와 만남의 관계에 대한 이해가 부족할 경우 좋은 교육을 실천해 나가기 어렵듯이, 학생이 처한 환경에 대한 이해가 부족할 경우 성공적인 교육을 해 나갈 수 없다.

그렇다면 학생과 환경과의 관계를 어떻게 해석해야 하는가? 첫째, 학생이 처한 환경이 어떠한지에 대한 이해가 필요하다. 그것이 인적 환경인지, 물적 환경인지를 정확하게 파악할 필요가 있다. 둘째, 외부 환경이 학생의 심성과 행동에 미치는 영향에 대한 이해가 필요하다. 셋째, 학생이 주위 환경에 대해 어떤 반응을 하는지에 대한 이해가 필요하다. 특히, 교육자에게 이 세 번째의 이해가 중요하다. 대체로 학생은 주위 환경에 대해 다양한 체험을 하고, 그것을 외부로 표현하며, 그것을 다시 체험의 자료로 사용하면서 지식의 폭을 넓히고 이해의 지평을 확장해 간다. 이러한 관점에서 볼 때 학생에게 좋은 환경을 마련해 주는 것이 무엇보다도 중요하다고 할 수 있다.

참고문헌

강선보, 김정환(1998). 교육철학. 서울: 박영사.

김귀성, 노상우(2001). 현대교육사상. 서울: 학지사.

박이문(1977). 철학이란 무엇인가. 서울: 일조각.

손승남(2001). 교육해석학. 서울: 교육과학사.

신득렬, 이병승, 우영효, 김회용(2007). 쉽게 풀어쓴 교육철학 및 교육사(2판). 서울: 양서원.

신득렬(1983). 교육철학(3판). 서울: 학문사.

신득렬(2003). 현대교육철학. 서울: 학지사.

이병승, 우영효, 배제현(2008). 쉽게 풀어쓴 교육학(2판). 서울: 학지사.

이상오(2008). 교육해석학: 이론과 적용. 서울: 학지사.

조상식 역(2004). 독일교육학의 이해. 서울: 문음사.

Bailey, C. (1984). *Beyond the Practitioner and the Present: A Theory of Liberal Education*. London: Routledge and Kegan Paul.

Dewey, J. (1980). *Democracy and Education*. J. A. Boydston (ed.), *John Dewey: The Middle Works, 1899-1924*, Vol. 9. Carbondale: Southern Illinois University Press.

Newsome, G. L. (1969). Educational Philosophy and The Educational Philosopher. C. J. Lucas (ed.), *What is Philosophy of Education*. N.Y.: The Macmillan.

Peters, R. S. (1965). Educational as Initiation. R. D. Archambault (ed.), *Philosophical Analysis and Education*. London: RKP.

Peters, R. S. (1966). *Ethics and Education*. London: George Allen & Unwin Ltd.

Scheffler, I. (ed.) (1958). *Philosophy of Education*. Boston: Allyn and Bacon, Inc.

Scheffler, I. (1960). *The Language of Education*. Springfield Illinois: Charles C. Thomas. Publisher.

Schofield, H. (1972). *The Philosophy of Education: An Introduction*. London: Routledge and Kegan Paul.

추천도서

강선보, 고미숙, 권명옥, 김성봉, 김희선, 심승환, 장윤경, 정훈, 조우진(2009). 현대교육철학의 다양한 흐름 I. 서울: 학지사.

박이문(1979). 현상학과 분석철학. 서울: 일조각.

박찬영 역(2010). 넬 나딩스의 교육철학(2판). 서울: 아카데미프레스.

백승균(1996). 해석학과 현대철학. 서울: 철학과 현실사.

오인탁(1990). 현대교육철학. 서울: 서광사.

유재봉(2002). 현대 교육철학 탐구. 서울: 교육과학사.

이명준 역(2001). 분석적 교육철학(2판). 서울: 원미사.

정희숙 역(1990). 교육철학이란 무엇인가(2판). 서울: 서광사.

제3장

학생의 심리적 특성 이해

1. 교육심리학의 학문적 성격
2. 학습자의 지적 특성
3. 학습자의 정의적 특성

제3장 학생의 심리적 특성 이해

내가 가르치고자 하는 학생은 어떠한 사람인가? 우리는 학생을 가르치고자 하는 교육의 실천에 앞서 학생을 이해해야 한다. 학생을 이해한다는 것은 바로 그들의 심리적 특성을 이해하는 것이며, 따라서 교육하는 사람은 교육에 대한 심리학적 접근, 즉 교육심리학을 필요로 하게 된다.

이 장에서는 우선 교육심리학이 어떠한 학문인지에 대하여 살펴보고자 한다. 하나의 학문이 독립된 학문으로 인정받기 위해서는 고유한 연구 대상과 연구방법 그리고 이론체계가 확립되어 있어야 한다. 따라서 우리는 교육심리학의 학문적 성격을 고찰함에 있어서 교육심리학의 연구 대상, 연구방법 그리고 이론체계에 대하여 살펴보고자 한다.

그다음으로 우리는 학생들의 심리적 특성을 이해하기 위한 이론적인 틀을 살펴보아야 한다. 심리학에서는 개인의 심리적 특성을 지적 특성과 정의적 특성으로 나누어 고찰하는 전통을 지니고 있다. 이를 자동차에 비유하면, 지적 특성은 자동차의 엔진과 같은 것이며, 정의적 특성은 에너지와 같은 역할을 한다. 학생은 지적 특성이 우수하고 정의적 특성이 활발하여야 잘 기능할 수 있다.

학생들을 교육(敎育)한다는 것은 글자 그대로 '가르치고 기르는 일'이다. 우리는 통상적으로 가르치는 일을 '학습지도'라 하고, 기르는 일을 '생활지도'라 한다. 학습지도의 선행조건으로서 우리는 앞에서 언급한 학생들의 지적 특성과 정의적 특성을 이해해야 한다. 그러나 생활지도에 있어서도 학생들의 지적 특성과 정의적 특성을 이해하지 않으면 안 된다.

이러한 맥락에서 이 장의 제1절에서는 교육심리학의 학문적 성격을 살펴보고, 제2절에서는 학생들의 지적 특성을 살펴보고자 한다. 그리고 제3절에서는 학생의 정의적 특성을 이해하기 위한 심리학의 여러 가지 이론들을 살펴보고자 한다.

1. 교육심리학의 학문적 성격

이 절에서는 교육심리학의 학문적 성격으로서, 교육심리학의 연구 대상, 연구방법, 이론체계에 대하여 살펴보고자 한다. 이러한 작업에 앞서 교육심리학의 개념을 간단히 살펴보자.

1) 교육심리학의 개념

교육심리학의 개념은 근래에 이르러 변화하고 있음을 알 수 있다. 과거에는 교육심리학이 일반 심리학에서 발견한 원리를 교육에 적용하는 것으로 개념화되었으나, 근래에 이르러 교육심리학은 점차 독자적인 개념체계와 연구방법을 확립하려는 방향으로 발전해 가고 있다.

한국교육심리학회(2000)에서 편찬한 『교육심리학 용어사전』에서는 교육심리학을 "교육에 내재되어 있는 심리적 현상을 과학적으로 연구하여 교육방법의 이론적 근거를 제공하고, 이를 토대로 교육실천의 과정을 지원하려는 학문이다."라고 정의하고 있다. 이러한 정의 속에 담겨 있는 교육심리학의 개념은 다음과 같이 네 가지로 정리할 수 있다.

첫째, 교육심리학은 교육에 내재되어 있는 심리적 현상을 연구하는 학문이다. 교육에 내재되어 있는 심리적 현상이라는 것은 학습자의 심리적 특성, 발달적 특성, 학습 특성, 성격 특성, 생활 특성 등을 말한다.

둘째, 교육심리학은 이러한 심리적 현상을 과학적 방법으로 연구하는 학문이다. 여기서 과학적 방법이란, 경험을 종합해서 지식을 찾아내는 방법을 말한다. 우리가 지식을 찾아내는 방법에는 두 가지가 있다. 하나는 이미 있는 지식을 논리적으로 분석해서 지식을 찾아내는 것으로, 이는 '철학적 방법'이라 한다. 다른 하나는 경험을 종합해서 지식을 찾아내는 것으로, 이를 '과학적 방법'이라 한다.

셋째, 교육심리학은 교육방법의 이론적 근거를 제공하는 학문이다. 교육에 관한 중요한 탐구 영역은 세 가지—왜 교육하는가? 무엇을 교육하는가? 어떻게 교육하는가?—로 나누어 볼 수 있다. 이러한 탐구 영역 중에서 교육심리학은 어떻게 교육하는가, 즉 교육방법에 관한 이론적 근거를 제공한다. 교육심리학은 교육목적이나 교육 내용과 무관한 것은 아니지만 무엇보다도 교육방법과 깊은 관계를 맺고 있다.

넷째, 교육심리학은 교육실천의 과정을 지원하는 학문이다. 교육은 하나의 실천 과정으로서 교육이라는 실천이 잘 이루어지기 위해서는 여러 가지 분야로부터 지원을 받아야 한다. 교육실천의 가장 핵심부에 교육과정 및 교육방법이 있고, 이러한 실천이 잘 이루어지기 위해서는 교육철학, 교육심리학, 교육사회학, 교육행정학으로부터의 지원이 필요하다.

2) 교육심리학의 연구 대상

교육심리학의 연구 대상은 '교육에 내재되어 있는 심리적 현상'이다. 여기서 '교육'이라는 개념은 학교교육에 국한되는 것이 아니고, 가정교육, 학교교육, 종교기관의 교육, 기업체의 교육, 성인교육, 노인교육, 사회교육 등을 포함하는, 글자 그대로 평생교육에 해당되는 개념이다.

교육심리학은 교육 그 자체보다는 교육에 내재되어 있는 심리적 현상에 관심을 갖는다. 교육에 내재되어 있는 심리적 현상에는 학습자의 심리적 특성, 인간의 발달적 특성, 학습 현상, 인간의 성격, 생활지도 및 상담 등이 포함된다.

교육은 우선 학생들이 지니고 있는 심리적 속성을 이해하는 데서 출발해야 한다. 따라서 교육에 내재되어 있는 심리적 현상으로, 첫째로 언급해야 하는 것은 학습자가 지니고 있는 심리적 속성이다. 이러한 심리적 속성에는 많은 것이 있지만, 교육심리학에서는 전통적으로 지적 특성과 정의적 특성으로 구분하여 탐구하고 있다.

둘째로, 개인이 지니고 있는 속성은 현재의 상태가 어떠하냐 하는 정태적 관점에서 파악할 수 있지만, 과거에는 어떠했고, 현재에는 어떠하며, 미래에는 어떠해야 한다는 동태적 관점에서 파악하는 것이 보다 중요하다. 교육심리학에서는 개인의 심리적 속성이 발달하는 현상에 관심을 가지며, 특히 지적 발달, 언어발달, 도덕성 발달, 성격발달에 관심을 갖는다.

셋째로, 교육심리학은 교육방법에 관한 이론적 근거를 제공하는 학문이기 때문에 학습이라는 현상에 관심을 갖는다. 교육심리학은 이러한 학습 현상으로서 행동 학습, 인지 학습, 인간 됨의 학습 등에 대하여 관심을 갖는다.

넷째로, 교육심리학은 개인의 심리적 속성의 총체로서, 또는 심리적 속성의 배후에 있는 보다 근본적인 실체인 개인의 성격에 대하여 관심을 갖는다. 교육심리학은 인간의 성격을 이해하기 위해서 성격의 구조와 기능, 성격의 발달, 성격의 유형, 건강한 성격 등에 관한 문제를 탐구한다.

끝으로, 교육심리학은 학습지도에 관심을 가지고 있을 뿐 아니라, 생활지도에도 관심을 둔다. 교육심리학은 생활지도의 기본 방향이나 원리, 주요활동, 상담의 원리와 절차 및 기법, 상담자가 갖추어야 할 자질 등에도 관심을 갖는다.

3) 교육심리학의 연구방법

앞에서 교육심리학의 개념을 정의할 때 교육심리학의 연구방법이 과학적 방법임을 제시하였다. 과학적 연구방법이 어떠한 것인지 알아보기 위해서 과학적 연구가 어떤 의미와 특징을 지니는지를 먼저 살펴보자.

과학은 크게 두 가지 의미로 사용된다. 하나는 과학을 하나의 상태라는 관점에서 보는 것으로, 체계적인 이론 자체를 과학이라고 한다. 다른 하나는 과학을 하나의 활동이라는 관점에서 보는 것으로 경험을 종합하여 지식을 찾아내는 방법을 말한다. 이러한 과학의 두 가지 의미 중에서 '과학적 연구'라는 표현에서의 과학의 의미는 두 번째 의미를 말한다.

과학적 방법은 경험을 종합해서 지식을 찾아내는 방법이다. 이러한 과학적 연구를 통해서 찾아낸 지식을 '종합적 지식'이라고 한다. 이에 대하여 철학이나 수학에서는 기존의 지식을 논리적으로 분석하여 지식을 찾아내는데, 이러한 방법으로 찾아낸 지식을 '분석적 지식'이라 한다.

과학적 연구의 특징으로는 검증 가능성, 객관성, 자체 수정을 들고 있다. 검증 가능성(verifiability)이란 과학적 지식이 옳은 지식이 되기 위해서는 현상이 오관을 통하여 관찰되고 검증될 수 있어야 함을 의미한다. 과학에서는 관찰·검증되지 않은 지식은 '형이상학적 지식'이라 하여 배격한다. 객관성(objectivity)이란 어떤 지식이 옳다고 믿을 수 있는 증거가 연구자의 밖에 있어서 누구나 관찰·검증할 수 있음을 의미한다. 연구자 내면의 직관이나 이성적 판단에 근거를 두고 있을 때는 그것만으로 지식으로 받아들이지 않는다. 자체 수정(self correction)이란 과학적 지식이 반복적으로 관찰·검증되어 그것이 밖으로 드러날 가능성을 항상 수용하고, 밖으로 드러난 경우에는 그 지식이 수정된다는 것을 의미한다. 과학적 지식은 이러한 자체 수정의 과정을 거치면서 신뢰할 만한 지식이 되었다.

(1) 과학적 연구의 패러다임

과학적 연구는 경험을 종합해서 지식을 발견하는 과정으로서, 이는 크게 양적 연구와 질적 연구로 구분된다. 이러한 연구의 유형은 근본적으로 어떠한 연구 패러다임에 기초를 두고 있느냐에 달려 있다. 양적 연구는 근본적으로 실증주의 패러다임에 기초를 두고 있으며, 질적 연구는 후기 실증주의나 구성주의 그리고 비판주의 패러다임에 기초를 두고 있다(Ponterotto, 2005). 이들에 관하여 간단히 살펴보자.

실증주의(positivism)는 절대적으로 옳은 실재가 있으며, 이는 과학적 방법으로 밝힐 수 있다는 신념에 기초를 두고 있다. 연구자와 참여자는 서로 독립적이고, 연구 주제는 연구자의 편견이 배제된 상태에서 탐구되어야 한다. 연구자의 가치관이 개입되어서는 안 되기 때문에 표준화된 조사방법을 사용한다. 또한 엄격한 과학적 방법과 절차를 따라야 하며, 연구에서 사용되는 언어가 정확하고 객관적인 방식으로 제시되어야 한다.

후기 실증주의(post-positivism)는 하나의 옳은 실재가 있으나 이는 불완전하게 파악되고 측정될 뿐이라는 신념에 기초를 두고 있다. 연구자와 참여자의 독립은 중요하지만, 연구자가 참여자에게 영향을 미칠 수 있음을 인정한다. 연구자는 진정한 대화를 위해 가치관이 필요하지만 이로부터 자유로워야 한다. 실증주의에서와 마찬가지로 엄격한 과학적 방법과 절차를 따르려 하며, 연구에서 사용되는 언어가 정확하고 객관적인 방식으로 제시되어야 한다.

구성주의[constructivism 또는 해석주의(interpretivism)]는 실재가 개인의 마음에서 구성되는 것이기 때문에 여러 개의 이해 가능한 타당한 실재가 있을 수 있다는 신념에 기초를 두고 있다. 연구자와 참여자의 역동적인 상호작용이 참여자의 경험 세계를 파악하는 데 필요하며, 참여자의 세계에 장기간 들어가야 하므로 자연주의적 설계를 이용하는 것이 보통이다. 연구에서 사용되는 언어가 주관적이고 개인화되어 제시된다.

비판주의(criticism)는 실재가 역사적 · 사회적 상황에 기초한 권력관계에 의해 구성되므로, 연구는 해방과 평등을 위한 사회질서를 모색해야 한다는 신념에 기초를 두고 있다. 연구자와 참여자는 호혜적이며 압제로부터의 해방과 임파워먼트(empowerment)를 참여자에게 자극하고, 연구자의 가치관이 연구에 영향을 미치도록 기대한다. 구성주의와 마찬가지로 참여자의 세계에 장기간 들어가야 하므로 자연주의적 설계를 이용하는 것이 보통이다. 연구에서 사용되는 언어가 주관적이고 개인화되어 제시된다.

(2) 양적 연구와 질적 연구

앞에서 제시한 연구 패러다임에 기초를 두고 과학적 연구는 크게 양적 연구와 질적 연구로 구분된다. 양적 연구와 질적 연구는 연구의 맥락, 연구자와 연구 대상의 관계, 객관성과 주관성, 일반화 문제, 이론과 가설이라는 점에서 차이가 있다(조용한, 2000).

첫째, 양적 연구는 탈맥락적이고 질적 연구는 맥락적이다. 연구의 맥락이라 함은 연구 대상이 되는 복잡한 현상을 어느 정도 단순화하고 한계를 설정하는가 하는 정도를 말한다. 양적 연구는 연구의 대상이 되는 현상을 맥락 속에서 분리하여 조작적으로 단순화한다. 이에 대하여 질적 연구는 실생활의 맥락에서 모든 변인을 최대한 포착하려 한다.

둘째, 양적 연구에서는 연구 대상의 주관을 배제하고, 질적 연구에서는 연구 대상의 주관을 존중한다. 양적 연구에서는 연구 대상의 주관을 배제하기 때문에 연구 대상을 한 개인으로서 존중하지 않고 '피험자' '응답자'라는 명칭을 사용한다. 이에 대하여 질적 연구에서는 연구 대상의 주관을 중시하기 때문에 연구 대상을 한 개인으로서 존중하고, '참여자' '제보자' '현지인' 등의 명칭을 사용한다.

셋째, 양적 연구에서는 객관성을 중시하고, 질적 연구에서는 객관성을 별로 중시하지 않는다. 양적 연구에서는 누가 보아도 옳다고 생각하는 객관적인 지식을 객관적인 방법으로 찾으려고 한다. 그러나 객관적인 방법으로 찾은 지식은 피상적인 지식에 불과하며, 보다 깊이 있는 의미를 찾기 위해서는 주관을 거치지 않으면 안 된다는 경험에 기초하여, 질적 연구에서는 과학적 연구에서 요구되는 객관성을 다소 희생하고 주관을 중시하게 되는 것이다.

넷째, 양적 연구에서는 법칙을 정립하려 하기 때문에 일반화를 중시하는데, 질적 연구에서는 개별적으로 기술하는 것이 목적이므로 일반화를 별로 중시하지 않는다. 일반화의 문제는 연구 결과를 어느 정도 넓은 범위까지 적용할 수 있느냐의 문제로서, 이는 양적 연구에서 중시하는 문제다. 그러나 질적 연구는 소수 사례에 대한 심층적 연구이므로 일반화의 문제가 제기될 수 있다. 이를 해결하기 위한 방법은 질적 연구가 연구의 폭보다 깊이를 중시한다는 점, 참여자를 목적적으로 선택하는 방법 등에 의해 보완될 수 있다.

다섯째, 양적 연구에서는 검증할 가설을 세우고, 질적 연구에서는 가설을 세우지 않는다. 양적 연구는 이론으로부터 가설을 연역하고 이를 입증하는 자료를 구함으로써 이론을 확인하는 이론에 기반을 둔 연구(top-down process)다. 이에 대하여 질적 연구는 선행 이론이 없는 무지의 상태에서 현상을 관찰하여 새로운 이론을 발견하는 자료에 기반을 둔 연구(down-up process)다. 또한 양적 연구는 중심부 세계를 이해하려는 것이고, 질적 연구는 주변부 세계를 이해하려는 것이다. 따라서 양적 연구는 예기치 않은 현상을 회피하려 하고, 질적 연구는 예기치 않은 현상을 수용하려 한다.

(3) 양적 연구의 유형

양적 연구는 앞에서 제시한 바와 같이 실증주의 패러다임에 기초를 두고 있는 연구로서, 이는 조사연구, 상관연구, 실험연구로 나누어 볼 수 있다.

양적 연구는 새로운 지식, 즉 법칙을 정립하기 위해서 수행된다. 법칙의 논리적 형식은 'If A, then B'로서, 이는 A라는 개념(변인)과 B라는 개념(변인)의 규칙적인 관계를 말한다. 여기서 A라는 변인이 어떤 성질의 것이냐에 따라 연구의 유형은 일반적으로 조사연구, 상관연구, 실험연구로 구분된다.

조사연구(survey research)는 A 변인이 일반적으로 사회적 변인(성별, 지역별, 인종별, 종교별 등)인 경우를 말한다. 예를 들면, 성별 간에 어휘력의 차이를 밝히거나, 지역별 의견의 차이를 밝히는 것 등이 조사연구에 해당된다.

상관연구(correlational study)는 A 변인이 이론 내에 있는 자연 상태의 변인인 경우다. '이론 내에 있는 변인'이라는 것은 일반적인 사회적 변인이 아니라 그 이론 안에서 중시되는 변인을 말하고, '자연 상태의 변인'이라는 것은 연구자에 의해서 조작된 변인이 아니라 있는 그대로의 변인이라는 의미다. 예를 들면, 지능과 성적의 관계를 밝히거나, 성격 유형과 스트레스 대처 능력의 관계를 밝히는 것 등이 상관연구에 해당된다.

실험연구(experimental study)는 A 변인이 이론 내에 있으며, 연구자에 의해서 조작된 경우를 말한다. 예를 들면, 지능향상 프로그램이 성적에 미치는 영향을 밝히거나, 스트레스 대처훈련이 학교 적응에 미치는 영향을 밝히는 것 등이 실험연구에 해당된다. 실험연구에서는 변인을 통제하는 일이 실험의 타당성을 보장하는 데 매우 중요하다. 변인을 통제하는 방법은 실험 변인을 극대화하고, 오차 변인을 극소화하며, 외부 변인을 통제하는 것이다.

이러한 양적 연구의 유형 중에서 조사연구는 B 변인만 측정하면 되기 때문에 연구를 수행하기가 용이하다. 그러나 상관연구는 A 변인과 B 변인을 측정해야 하기 때문에 연구를 수행하는 데 비교적 많은 노력을 해야 한다. 역시 실험연구는 B 변인을 측정하고 A 변인을 장기간에 걸쳐 실험 처치해야 하기 때문에 연구를 수행하는 데 많은 노력이 필요하다.

양적 연구의 방법들을 비교함에 있어서 또 하나의 문제는, 이러한 양적 연구의 결과를 교육 현상을 개선하는 데 얼마나 직접적으로 활용할 수 있는가 하는 것이다. 조사연구는 연구 결과를 교육 현상의 개선에 활용하는 것에 별로 기여하지 않는다. 예를 들어, 조사연구의 결과로 도시 학생들이 농촌 학생들보다 읽기를 잘한다고 하자. 이러한 연구 결과는 읽기를 향상시키기 위해 어떻게 하자는 방안을 (적어도 교육학이나 심리학 내에서) 제시하지 못한다.

상관연구는 연구 결과를 교육 현상의 개선에 활용하는 것에 간접적으로 기여한다. 예를 들어, 상관연구의 결과로 지능이 높은 학생들이 지능이 낮은 학생들보다 읽기를 잘한다고 하자. 이러한 연구 결과는 읽기를 향상시키기 위해 어떻게 하자는 방안, 즉 지능을 발달시키면 된다는 방안을 제시하지만 이는 지능을 향상시키는 방안에 대한 별도의 연구를 필요로 한다.

실험연구는 연구 결과를 교육 현상의 개선에 활용하는 것에 직접 기여한다. 예를 들어, 실험연구의 결과로 어떤 프로그램이 학생들의 읽기를 향상시킨다고 하자. 이러한 연구 결과는 읽기를 향상시키기 위해 그 프로그램을 투입하면 되므로 읽기 향상 방안을 직접적으로 제시한다. 요약하면, 조사연구는 연구 결과가 교육 현상의 개선에 별로 기여하지 못하고, 상관연구는 간접적으로 기여하며, 실험연구는 직접적으로 기여한다.

(4) 질적 연구의 유형

질적 연구의 유형으로는 여러 가지가 제안되고 있는데, 이는 앞에서 제시한 바와 같이 어떠한 패러다임에 기초를 두고 있느냐에 따라, 후기 실증주의적 연구방법, 해석주의적 연구방법, 비판주의적 연구방법으로 대별해 볼 수 있다(Ponterotto, 2005).

후기 실증주의 패러다임에 기초를 두고 있는 질적 연구방법은 질적 연구이면서도 양적 연구의 요건을 어느 정도 충족시키고자 하는 연구방법으로서, 여기에는 근거이론, 합의적 질적 연구 등이 포함된다. 근거이론(Grounded Theory: GT)은 참여자와의 대화나 면접을 통해 수집된 자료로부터 어떤 의미를 개념화하고 이를 기초로 새로운 이론을 구성하는 것에 초점을 두고 있는 질적 연구방법이다. 의미를 찾아 개념화하는 단계에는 개방 코딩(open coding)과 축 코딩(axial coding)이 있고, 이론을 생성하는 단계에는 선택적 코딩(selective coding)이 있다. 합의적 질적 연구(Consensual Qualitative Research: CQR)는 근거이론의 방법과 마찬가지로 참여자와의 대화나 면접을 통해 수집된 자료를 활용한다. 다만 의미 단위를 추출함에 있어서 연구팀이 합의하는 과정에 초점을 두고 있다. 연구팀의 합의에 따라 일반적인 의견, 다수의 의견, 소수의 의견으로 구분되고, 이를 기초로 새로운 이론을 생성한다.

해석주의 패러다임에 기초를 두고 있는 질적 연구방법에는 현상학적 연구와 문화기술적 연구가 포함된다. 현상학적 연구(Phenomenological Research: PR)는 연구 대상의 내면에 나타난 모습(現象)에 초점을 두는 질적 연구방법으로서, 여기에는 판단 중지, 본질적 환원, 초험적 환원, 대상의 형성 및 간주관성 등 현상학적 기법이 중시된다. 문화기술적 연구(Ethnographic Research: ER)는 문화인류학의 연구방법으로 등장하였는데, 이는 어떤 종족이나 집단의 문화를 기술하는 것이 목적인 연구로서, 구성원에 대한 관찰이나 면접 등을 통하여 자료를 수집하는 질적 연구방법이다. 문화기술적 연구에서는 장기간에 걸친 참여 관찰이 중시된다.

비판주의 패러다임에 기초를 두고 있는 질적 연구방법에는 참여적 실천연구

(Participatory Action Research: PAR)가 있다. 참여적 실천연구는 특정한 공동체에 관한 참여적 실천을 통하여 그 공동체에 유용한 지식과 행위를 산출하고, 의식의 진작을 통해 임파워먼트를 부여하는 것을 목표로 연구가 수행된다. 참여적 실천연구의 기본적 요소로서 개인이나 집단에 대한 이해와 관여, 개인이나 집단의 성장을 촉진하는 과정 그리고 보다 큰 구조적 수준에서의 해방적 변화 등을 중시하고 있다. 참여적 실천연구의 특징은 행위양식이 행위와 반성 간의 변증법적 이동을 통하여 형성되고, 공동체의 임파워먼트를 중시한다는 데 있다.

이상에서 우리는 양적 연구와 질적 연구의 여러 가지 유형에 대하여 살펴보았다. 그러나 양적 연구와 질적 연구의 구분은 연구 논리상의 차이임을 알아야 한다. 연구 기법에 있어서는 양적 연구도 어느 정도 질적 분석을 포함하고, 질적 연구도 어느 정도 양적 분석을 포함한다.

조용한(2000)은 이러한 두 가지 접근의 공존 문제에 관하여 한 연구자가 두 접근을 자유롭게 복합적으로 활용하는 방법, 하나의 공동 연구에 질적 연구자와 양적 연구자가 각자의 방식으로 참여하는 방법, 연구 논리상으로는 양자가 화합할 수 없으나 연구 기법상으로 양자를 통합적으로 활용하는 방법, 양자가 서로 이질성을 유지하면서 보완관계를 맺는 방법 등을 제안하고 있다.

4) 교육심리학의 이론체계

교육심리학의 이론체계를 알아보기 위하여 교육심리학의 개념을 다시 한번 살펴볼 필요가 있다. 앞에서 교육심리학의 개념을 고찰할 때, '교육에 내재되어 있는 심리적 현상을 과학적으로 연구하여 교육방법의 이론적 근거를 제공하고, 이를 토대로 교육실천의 과정을 지원하려는 학문'이라는 정의를 인용하였다. 이러한 정의 속에서 교육심리학은 교육실천 과정을 지원하는 학문으로서, 특히 교육방법을 이론적으로 지원하는 학문임을 알 수 있다.

교육실천에 관련된 몇 가지 중요한 탐구는 '왜 교육하느냐(교육 목적)' '무엇을 교육하느냐(교육 내용)' '어떻게 교육하느냐(교육방법)'의 세 가지 탐구 영역으로 나누어 볼 수 있다. 이 중에서 교육심리학은 '어떻게 교육할 것인가' 하는 교육방법에 대한 이론적 근거를 제공한다.

교육심리학의 이론체계는 전술한 교육심리학의 연구 대상에 따라 다음과 같이 구분하여 고찰하는 것이 보통이다. 첫째, 교육심리학은 학생들의 심리적 특성을 이해하기 위하여 지적 특성에 관한 이론과 정의적 특성에 관한 이론을 필요로 한다. 지적 특성에 관한 이론으로는 지능, 창의력, 기억력, 전이력 등에 관한 이론이 포함되고, 정의적 특성에 관한 이론으로는 자기개념, 성취동기, 귀인 성향 등에 관한 이론이 포함된다.

둘째, 교육심리학은 학생들의 발달적 특성을 이해하기 위하여 발달에 관한 이론을 필요로 한다. 이러한 발달에 관한 이론으로는 지적 발달이론, 언어발달이론, 도덕성 발달이론, 성격발달이론 등이 중시되고 있다.

셋째, 교육심리학은 학습에 관한 이론을 필요로 한다. 학습에 관한 이론은 무엇을 학습하느냐에 따라서 행동주의 학습이론, 인지주의 학습이론, 인본주의 학습이론 등이 포함된다.

넷째, 교육심리학은 학생들의 성격을 이해하기 위하여 성격에 관한 이론을 필요로 한다. 이러한 성격이론으로는 정신역동이론, 특질론적 성격이론, 인지주의 성격이론, 인본주의 성격이론 등이 포함된다.

다섯째, 교육심리학은 생활지도의 실제적인 측면을 지원하기 위하여 생활지도에 관한 이론을 필요로 한다. 교육심리학은 생활지도의 기본 방향이나 원리, 주요 활동, 상담의 원리와 절차 및 기법, 상담자가 갖추어야 할 자질 등에 관하여 연구하며, 이를 통하여 생활지도의 보다 바람직하고 원활한 운영에 도움을 주고자 한다. 이러한 생활지도 과정에서 가장 중요한 것은 상담활동이기 때문에 상담에 대한 여러 가지 이론들이 중시되고 있다.

2. 학습자의 지적 특성

학습자의 지적 특성은 학습하는 데 필요한 지적인 능력을 말하는 것으로서, 지적 능력이 우수한 학생은 학습을 잘하고, 지적 능력이 열등한 학생은 학습을 잘하지 못할 가능성이 높다. 교육심리학에서는 학습자의 지적 능력으로서 전통적으로 지능, 창의력, 기억력, 전이력 등을 중시하여 왔다.

1) 지 능

지능(intelligence)은 지적인 문제를 해결하는 능력으로서, 지능을 보는 관점에는 두 가지가 있다. 하나는 지능을 좁게 보아 고등정신 능력만 지능에 포함시키는 입장(고등정신 능력설)이고, 다른 하나는 지능을 넓게 보아 모든 지적 적응 능력을 지능에 포함시키는 입장(적응 능력설)이다. 전자는 유전을 중시하여 지능이 생득적 소질이라고 주장하고, 후자는 환경을 중시하여 지능이 학습된 능력이라고 간주한다.

지능에 관한 이론에는 전통적으로 지능이 어떤 요소로 구성되어 있는지를 밝히려는 구조적 접근이 있어 왔으나, 근래에 이르러 지능이 작용하는 과정을 밝히려는 과정적 접근이 주장되었고, 최근에는 신경생리학에 근거를 둔 PASS 이론과 지능의 범주를 확대시키고자 하는 다중지능이론이 등장하였다.

(1) 지능에 대한 구조적 접근

구조적 접근은 지능을 구성하는 요소를 밝히고자 하는 접근으로서, 여기에는 위계적 구조모형과 비위계적 구조모형이 있다. 위계적 구조모형은 지능을 구성하는 요소들이 상하 관계(상위 요소가 하위 요소를 포함하는 관계)가 있는 것으로 나타내는 것이고, 비위계적 구조모형은 지능을 구성하는 요소들이 서로 독립적인 대등한 요소로 나타내는 것이다.

위계적 구조모형 중 하나로 일찍이 스피어먼(Spearman, 1927)은 지능이 일반요인과 특수요인으로 구성되어 있다는 2요인 이론을 주장하였는데, 전자는 모든 지적 문제해결에 일반적으로 적용되는 요인이므로 '일반지능'이라 할 수 있고, 후자는 특수한 영역의 문제해결에 적용되는 요인이므로 '적성'이라 할 수 있다. 스피어먼의 제자 버논(Vernon, 1960)은 지능을 구성하는 요소로서, 일반요인, 주요인, 부요인, 특수요인이 위계적으로 구성되어 있는 것으로 모형화하고 있다.

비위계적 구조모형으로서 서스톤(Thurstone, 1938)은 지능을 구성하는 요소가 서로 독립적인 언어 유창성, 언어 이해, 수, 공간, 지각, 기억, 추리의 7개 요인임을 밝히면서, 이를 기본정신능력이라 하였다. 이와는 달리 길퍼드(Guilford, 1959)는 지능을 내용 차원(5개 요소), 조작 차원(5개 요소), 산출 차원(6개 요소)의 조합에 의해 작용하는 150개 요소로 구성된 3차원적 구조모형을 제시하였다.

위계적 구조모형에서는 지능을 구성하는 하위 요소들이 집약되어 상위 요소를 나타내므로 측정된 지능은 단 하나의 값으로 나타낸다. 이에 대하여 비위계적 구조모형에서는 지능을 구성하는 요소들이 상하 관계가 없이 독립적이므로 지능은 여러 개의 값으로 나타낼 수 있다.

(2) 지능에 대한 과정적 접근

과정적 접근은 지능이 작용하는 과정을 밝히려는 접근으로서, 여기에는 스턴버그(Sternberg, 1985)가 제시한 삼원적 지능이론과 보르코브스키(Borkovski, 1985)가 제시한 정보처리적 지능이론이 포함된다.

삼원적 지능이론(Triarchic Theory of Intelligence)은 지능이 작용하는 과정을 세 가지 측면에서 연구해야 한다는 이론이다. 여기에는 상황적 하위이론, 경험적 하위이론, 요소적 하위이론이 포함된다.

상황적 하위이론은 지적 행동이 어떻게 사회적·문화적 상황에서 나타나는지를 설명하고 있으며, 언제, 어떤 행동을 하는 것이 지적인 행동인지를 밝히려 한다. 경험적 하위이론은 과제의 해결 과정에서 보여 준 지능과 경험의 관계를 밝히려 하며, 개인의 지능은 생소한 과제에 당면했을 때 잘 나타나고, 익숙한 과제는 수행이 자동화되어 문제해결의 상위 수준에 주의를 집중할 수 있어서 높은 성취를 달성할 수 있다고 한다. 요소적 하위이론은 지능을 개인의 내부 세계와 관련지어 지적 행동이 어떻게 창출되는지를 밝히려 한다. 지적 행동은 상위 요소, 수행 요소, 지식 습득 요소를 포함하는데, 특히 상위 요소는 개인의 정보처리를 계획하고, 탐지하며, 평가하는 등의 통제 과정을 말한다.

정보처리적 지능이론(Information Processing Theory of Intelligence)은 지능이 작용하는 과정을 컴퓨터의 정보처리 과정으로 설명하려는 접근으로서, 여기에는 하드웨어적 접근과 소프트웨어적 접근이 있다.

하드웨어적 접근은 정보처리의 구조체제에 관한 설명으로서 정보처리에 필요한 기본적 질을 밝히는 이론체계다. 정보가 투입되면 이는 잠시 '감각기억 장치'에 저장되는데, 이 중에서 주의를 집중한 정보는 '단기기억 장치'에 들어오고, 이는 암송이나 체제화에 의해 '장기기억 장치'로 들어오게 된다. 문제를 해결하려면 단기기억 장치에 들어온 지각 정보와 장기기억 장치에 들어온 기억 정보가 '작동기억 장치'에서 연합되어 정보를 조작하고, 조작된 정보가 산출되어야 하는 것이다.

소프트웨어적 접근은 정보처리의 집행체제와 관련된다. 집행체제는 단기기억이나 장기기억으로부터 정보를 인출하여 문제해결을 중재하는 곳으로서, 네 가지 요소, 즉 지식 기반, 도식, 통제 과정 및 상위인지로 구성된다. 지식 기반(knowledge base)은 지각에 정보를 제공하고, 과거의 기억체제 속에 새로운 기억을 위한 처소를 제공하며, 복잡한 문제해결 상황에서 인지적 처리 절차와 전략을 알려 준다. 도식(schema)은 피아제(J. Piaget)에게서 빌려 온 개념으로서, 정신 단위에 의해 표상된 유사한 행동이나 사고를 포섭하는 인지구조를 말한다. 이때 정보가 들어와서 도식에 포섭된다고 가정하면 상향적 처리의 입장이고, 도식이 나가서 정보를 구성한다고 가정하면 하향적 처리의 입장이다. 통제 과정(control process)은 주어진 조건에서 출발하여 목표에 도달하는 과정, 즉 문제해결을 집행하는 과정이다. 이 과정은 다음에 기술되는 상위인지의 영향을 받는다. 상위인지(metacognition)는 개인의 사고 과정이나 전략에 대한 개인의 인식과 이러한 인식에 의한 통제 과정의 점검 및 조정 기능을 말한다. 전자는 인지에 대한 인지를 의미하며, 후자는 인지 과정을 지배하는 과정(metaprocess)을 의미한다.

(3) 최근의 지능이론

비교적 최근에 등장한 지능이론에는 신경생리학에 근거를 두고 전개된 PASS 지능이론과 지능의 범주를 크게 확대시킨 다중지능이론이 있다.

PASS 지능이론은 러시아의 신경심리학자 루리아(Luria, 1966, 1973)의 뇌의 기능적 체제이론(Theory of Functional System)에 근거를 두고 있다. 루리아는 교육적으로 중요한 인지 기능으로서 다음과 같은 세 가지 기능 단위를 포함시키고 있다.

제1의 기능 단위는 각성 기능(arousal function)으로서, 이는 정신적 활동의 활기성이나 에너지 수준을 말한다. 제2의 기능 단위는 부호화 기능(coding function)으로서, 이는 정보를 부호화하고, 과제의 요구에 따라 재부호화하며, 추후의 사용을 위하여 정보를 저장하는 기능을 말한다. 제3의 기능 단위는 계획 기능(planning function)으로서, 이는 계획을 세우고, 집행하며, 조정하는 기능을 말한다.

이러한 뇌의 기능적 체제이론에 근거하여 네글리에리와 다스(Naglieri & Das, 1990)는 PASS 모형을 정립하였는데, 여기서 PASS는 지능의 근저에 있는 인지 과정 요인으로서 계획 기능(planning), 주의 집중(attention), 동시적 처리(simultaneous process) 및 연속적 처리(successive process)를 나타내는 두문자의 조합을 의미한다.

계획 기능은 일반적으로 문제해결이나 목표 달성을 위해 개인이 채택하고 수정하는 일련의 의사결정이나 전략을 말하며, 이는 주의 집중, 동시적 처리, 연속적 처리에 대한 상위 과정이다.

각성은 일반적인 깨어 있음의 상태를 말하는 생리학적 개념인 데 반하여, 주의 집중은 특수한 깨어 있음의 상태를 말하는 심리학적 개념이다. 이는 문제해결 및 학습과 밀접하게 관련된 인지 과정 요인으로서, 학습에서는 특히 선택적 주의 집중이 중요한데, 이는 특정한 정보에 주의를 집중하고 다른 것에는 주의를 배제해야 함을 필요로 한다.

부호화 과정은 정보를 처리하는 양식에 따라 동시적 처리와 연속적 처리로 구분된다. 동시적 처리와 연속적 처리는 부호화 기능으로서, 정보를 받아들이고, 통합하며, 변형시키는 일을 수행하는 정보처리의 핵심 기능을 하며, 좀 더 구체적으로 동시적 처리는 공간적으로 널려 있는 정보들을 일시에 통합하여 처리하는 기능이고, 연속적 처리는 시간적으로 들어오는 정보들을 연속적으로 통합하여 처리하는 기능이다.

이러한 네 가지 인지 과정 요인을 측정하기 위해서 다스와 그의 동료들(Das et al., 1994)은 인지사정 체제(Cognitive Assessment System: CAS)를 개발하였는데, 이는 우리나라에서 문수백 등(2007)에 의해서 『종합 인지기능 진단검사』로 번안하여 표준화되었다.

다중지능이론은 가드너(Gardner, 1983, 1993)에 의해서 지능의 개념을 크게 확대시킨 이론이다. 가드너는 지금까지의 지능의 개념이 언어적 능력이나 논리적 능력만 포함시킨 협소한 개념이며, 이러한 지능은 개인의 성공을 20%밖에 설명하지 못한다고 하면서, 지금까지 고려되지 않았던 광범위한 자료를 수집 · 분석하여 보다 폭넓고 보편적인 능력을 지능에 포함시키고 있다.

그는 지능을 "하나 이상의 문화나 공동체의 상황에서 가치가 있는 문제를 해결하거나 산출하는 능력"이라고 정의하면서, 여기에 언어적 지능, 논리-수학적 지능, 공간적 지능, 음악적 지능, 신체-운동적 지능, 개인 내적 지능, 대인적 지능 등 7개의 지능 영역으로 확대시키고 있다(최근에 자연적 지능을 더 포함시킴). 특히, 개인 내적 지능과 대인적 지능을 포함하여 '개인적 지능'이라고 개념화하고 있는데, 이는 정서지능의 이론적 기초가 되고 있다.

가드너는 이러한 7개의 지능이 서로 독립적이라는 사실과 개인 내에서 이들 간에 질적 차이가 있다는 사실을 발견하였다. 또한 모든 개인은 하나 이상의 영역에서 재능이 있으며, 모든 영역에서 재능이 있을 수는 없다고 주장하였다. 모든 개인은 어떤 지능에서는 강점을 보이고, 어떤 지능에서는 약점을 보인다. 따라서 각 개인은 이러한 강약을 나타내는 지능 프로파일상에서 개인 간의 질적 차이를 나타낸다.

각 개인은 어떠한 지적 잠재력을 가지고 태어난다. 개인이 지니고 있는 잠재력을 발견하여 교육적 · 문화적으로 특별한 지원을 해 주면, 지능은 '지능-재능-비범성-전문성-창조성-천재성'의 과정을 거쳐서 발달될 수 있다. 이와 같이 지능이 발달됨에 있어서, 가드너는 개인이 지니고 있는 약점을 보완하기 위한 교육보다는 강점을 더욱 발달시키는 교육적 · 문화적 지원을 강조하고 있다.

2) 창의력

(1) 창의력의 의미와 속성

창의성(creativity)은 새로운 아이디어를 생산해 내는 속성으로서, 이를 능력이라는 입장에서 보았을 때 창의력이라 한다. 오늘날 국가 간 경쟁, 조직 간 경쟁, 개인 간 경쟁은 아이디어 경쟁이라고 해고 과언이 아니다. 학자들은 창의력을 구성하고 있는 속성으로서 독창성, 유창성, 융통성, 면밀성 등을 들고 있다.

독창성이란 다른 사람들이 찾아내지 못하는 기발한 아이디어를 생산하는 속성을 말하고, 유창성은 주어진 시간 내에 얼마나 많은 아이디어를 생산하느냐를 말한다. 또 융통성은 어떠한 아이디어에서 조건이 달라짐에 따라 다른 아이디어로 전환하는 속성을 말하고, 면밀성은 여러 가지 가능한 조건을 설정하면서 각 조건에 맞는 아이디어를 생산할 수 있는 속성을 말한다.

창의력을 방해하는 요소로서 기능적 고착이 있다. 이는 어떤 문제를 해결할 때, 특정한 접근방법에 고착되어 문제해결이 잘 안 되는 현상을 말한다. 이러한 경우에는 문제해결 상황에서 벗어나서 다른 일에 몰두했다가 다시 문제해결 상황으로 돌아옴으로써 새로운 접근방법을 발견할 수 있다.

(2) 창의력 향상 방안

창의력을 향상시키는 데 도움이 되는 학급 분위기에 관하여 토랜스(Torrance, 1964)는 다음과 같이 제시하였다.

첫째, 창의적 사고(독창성, 유창성, 융통성, 면밀성)가 무엇인지 알게 할 것, 둘째 이러한 지식에 기초하여 새로운 아이디어나 창의적인 활동을 보상할 것, 셋째 교사 자신의 문제해결 방식을 학생들에게 강요하지 말 것, 넷째 학생들의 모순된 생각을 격려하고 개방적인 숙제를 내줄 것, 다섯째 학생들로 하여금 창의적인 예술가나 발명가를 굉장한 존재로 생각하게 하지 말 것, 여섯째 학생들로 하여금 노트나 카드를 이용하여 자신의 아이디어를 추적하게 할 것 등이다.

3) 기억과 전이

(1) 기억에 관한 이론

기억은 정보를 기명하고, 저장하며, 인출하는 과정이다. 정보처리이론에서는 기억을 담당하는 구조로서 감각기억 장치, 단기기억 장치, 장기기억 장치, 작동기억 장치 등을 설정하고 있는데, 전통적인 기억이론에서는 장기기억 장치에 국한하여 기억을 말한다. 기억을 잘하지 못하는 기억장애는 기명장애, 저장장애, 인출장애로 나누어 볼 수 있는데, 일반적으로 저장장애가 많으며 이를 '망각'이라고 한다. 망각을 설명하는 이론에는 소멸설과 간섭설이 있다. 소멸설은 시간이 경과하면 정보가 저절로 사라진다는 이론이고, 간섭설은 다른 정보가 간섭함으로써 정보가 사라진다는 이론이다.

정보를 장기기억에 저장할 때 사용하는 의도적이고 계획적인 활동을 기억술 또는 기억전략이라고 한다. 기억술은 학습 내용에 존재하지 않는 연합을 만들어 부호화하는 것, 즉 새로운 것과 기존의 것 사이에 인위적인 고리를 만들어 주는 것이다. 잘 알려진 기억술로는 기억하려는 것을 반복 연습하는 시연, 집단화하고 유목화하는 조직화, 머릿속에 그림을 그리며 이미지를 떠올리는 심상 만들기, 기억의 단서를 이용하는 인출전략 등이 있다.

(2) 전이에 관한 이론

학습의 궁극적 목적은 기존의 학습이 새로운 학습에 도움을 주어야 한다는 데 있다. 예를 들어, 덧셈의 학습은 그 이후의 뺄셈, 곱셈, 나눗셈을 하는 데 도움이 되어야 한다. 이와 같이 선행학습과 후행학습 사이의 관계를 설명하는 것이 전이(transfer)의 문제다. 선행학습이 후행학습에 도움을 주는 전이 현상을 '정적 전이'라 하고, 선행학습이 후행학습을 방해하는 전이 현상을 '부적 전이'라 한다.

전이를 설명하는 이론으로는 형식도야설, 동일요소설, 일반화설, 형태이조설 등이 있다. 형식도야설은 형식(기본정신 능력)을 도야시키면 이러한 능력이 발달하여 다른 것을 학습하는 데 도움이 된다는 것이다. 동일요소설은 기존의 학습 상황과 동일한 요소가 많은 새로운 학습 상황에서 전이가 잘 일어난다는 것이다. 일반화설은 선행학습과 후행학습 사이에 있는 원리를 학습자 스스로가 경험을 통하여 일반화함으로써 후행학습에 영향을 미치는 것으로 설명한다. 형태이조설은 선행학습과 후행학습 간의 단편적인 요소나 원리의 공통성에 의하여 전이가 일어나는 것이 아니라, 이해의 형태나 관계성에 의해서 전이 현상을 파악하려는 입장이다.

4) 지적 특성의 발달

인간의 지적 발달에 대해 설명한 이론으로는 피아제의 인지발달이론이 있다. 우리가 지금까지 사용한 '지능'이라는 용어는 지적 능력을 말하는 데 반해, '인지(cognition)'라는 용어는 지적 특성을 나타내는 말이다. 여기서는 피아제가 제시한 인지발달이론의 기본 개념을 살펴보고, 그가 제시하는 인지 발달단계를 소개하고자 한다.

(1) 인지발달의 기본 개념

피아제는 특정 연령에서 특정한 인지 기능이 출현한다는 발생론적 인식론의 입장에서 인지발달이론을 주장하였다. 그는 인지(또는 지능)가 두 가지 기능을 하는데, 하나는 외부에 대하여 적응하게 하는 것이요, 다른 하나는 내부적으로 구조화하는 기능이다. 지능이 높은 사람은 외부적으로 잘 적응하고, 자기가 경험한 것을 잘 조직한다.

적응(adaptation)은 감각 경험과 인지구조를 일치시켜 나가는 과정을 의미한다. 이 두 가지가 일치할 때는 지적 평형상태에서 적응상의 문제가 없으나, 이 두 가지가 불일치할 때는 지적 불평형상태에서 적응상의 문제가 발생한다. 이러한 불평형상태를 평형화하는 것, 즉 적응하는 방법에는 동화와 조절이 있다. 동화(assimilation)는 감각 경험을 조정하여 인지구조에 포함시키는 것이고, 조절(accommodation)은 인지구조를 수정하는 것이다. 적응에 있어서 이 두 가지는 항상 함께 발생하는데, 동화와 조절이 반반씩 나타날 때 가장 잘 적응하는 것이 된다.

구조화(organization)는 개인이 경험한 것을 개인의 인지구조 속에 잘 정리해 넣는 것, 즉 체제화하는 것을 말한다. 피아제는 인지구조를 감각 · 운동적 스키마와 개념적 스키마로 구분하면서, 어렸을 때는 감각 · 운동적 스키마가 발달하고, 연령이 증가함에 따라 개념적 스키마가 발달한다고 하였다. 개인이 지니고 있는 인지구조, 특히 개념적 스키마를 최근에는 지식 기반이라고 하는데, 지식 기반이 잘 체제화된 개인은 지각이나 기억을 잘하고 문제해결력이 우수하다.

(2) 인지 발달단계

피아제는 자신의 세 명의 자녀가 성장 · 발달하는 과정을 심리학적으로 면밀하게 관찰하여, 인지 발달단계를 네 단계—감각운동기, 전조작기, 구체적 조작기, 형식적 조작기—로 구분하였다.

감각운동기(0~2세)는 개인이 감각을 느낀 대로 반응하는 단계로서 감각과 반응 사이에 아직 사고가 없는 단계다. 이때 여러 가지 감각 · 운동적 스키마가 발달하는데, 감각적 스키마는 시각 · 청각 · 촉각 등의 감각적 경험을 인지하는 데 필요한 구조를 말하고, 운동적 스키마는 빨기 · 밀기 · 끌기 · 치기 등의 동작을 자동적 · 습관적으로 생산하는 구조를 말하며, 이는 여러 가지 순환반응의 기초가 된다. 유아가 10~12개월쯤 되면 항존성의 개념을 획득하는데, 이는 어떤 존재는 그것이 감각적으로 느껴지지 않더라도 항상 존재한다는 사실을 아는 것이다(예: 어머니가 보이지 않아도 그녀가 항상 존재한다는 것을 알고 있음).

전조작기(2~7세)는 아직 조작(논리적 사고)을 하지 못하는 단계로서 조작에 필요한 제 조건이 형성되는 단계를 말한다. 전조작기의 아동은 언어가 발달하면서 언어의 사용이 급증하는데, 초기의 언어 사용은 자기중심적(아동은 언어의 사용이 재미있고 신기해서 언어를 사용함)이고, 점차적으로 의사소통을 목적으로 언어를 사용하게 된다. 이때는 개념적 스키마가 발달하기 시작하는데, 자신의 경험을 기초로 여러 가지 개념을 형성한다. 초기의 개념 형성은 매우 주관적이며 아직은 개념과 개념 간의 관계(내포와 외연)에 대하여 잘 알지 못하는데, 이를 '전개념(preconcept)'이라 한다. 전조작기 말에 보존 개념이 획득되기 시작하는데, 이는 형태가 변해도 길이 · 크기 · 부피 · 무게 등의 본질은 변하지 않음을 알게 되는 것이다. 예를 들면, 밑넓이가 넓은 컵과 좁은 컵에 똑같은 양의 물을 부었을 때, 7세 이전의 아동들은 좁은 컵의 물이 더 많다고 하지만, 7세 이후의 아동들은 두 컵의 물의 양이 같다고 한다. 이는 7세 이전의 아동들은 물의 높이만 보고 물의 양을 판단하지만, 7세 이후의 아동들은 물의 높이와 밑넓이를 아울러 고려하여 물의 양을 판단하기 때문이다. 이와 같이 하나의 차원만을 고려하는 것을 '중심화'라 하며, 한 차원에서 벗어나 여러 차원을 고려하는 것을 '탈중심화'라 한다. 따라서 보존 개념은 탈중심화에 의해서 획득되는 인지 기능이다.

구체적 조작기(7~11세)에 이르러 아동은 사물을 분류하고, 관계 개념을 이해하게 되며, 수, 양, 무게의 개념을 형성한다. 보존 개념은 양의 보존, 길이의 보존, 부피의 보존, 무게의 보존 순으로 발달한다. 구체적 조작기는 글자 그대로 구체적 상황에서 조작(논리적 사고)할 줄 알게 되는 시기다. 그러나 아직은 형식적 상황이나 가설적 상황에서 조작하지 못한다. 예를 들면, 구체적 조작기의 아동은 'A > B이고 B > C이면, A > C'라는 형식적 조작을 못하고, '만약 내가 남자(여자)라면…….'이라는 가설적 상황에서 조작을 못한다.

형식적 조작기(11~15세)에는 전술한 형식적 상황이나 가설적 상황에서 조작할 줄 알게 된다. 또한 변인을 통제하는 기능이나 조합적 사고가 발달하여 인지 기능이 완비되는 셈이다. 변인 통제는 여러 가지 변인이 상호작용하는 상황에서 특정한 변인을 상수로 놓고, 나머지 변인 간의 관계를 이해하는 인지 기능이다. 조합적 사고는 어떤 현상의 원인이 될 만한 모든 가능한 요소들을 설정하고, 이러한 요소들의 다양한 조합을 고려하여 현상을 이해하려는 인지 기능을 말한다.

신피아제주의자들에 의하면, 인지 기능은 피아제가 제시한 바와 같이 15세에 완성되는 것이 아니라 그 이후에도 계속 발달된다고 한다. 우리나라의 중학교 3학년 학생들의 형식적 조작 기능은 22%밖에 발달하지 않았으며, 고등학생은 물론 대학생이 되어서도 계속 발달한다고 한다.

3. 학습자의 정의적 특성

지금까지 공부한 지적 특성을 자동차의 엔진에 비유한다면, 정의적 특성은 에너지에 비유할 수 있다. 학생들이 지니고 있는 정의적 특성은 그들의 지적 특성을 활발하게 기능하도록 해 준다. 또 지적 특성은 비교적 고정된 것이지만, 정의적 특성은 보다 가변적이다. 학생들의 정의적 특성을 바람직하게 변화시키기는 비교적 쉽기 때문에 교육에 있어서 학생들의 정의적 특성을 중요하게 고려해야 한다. 학습자의 정의적 특성으로는 자기개념, 성취동기, 귀인 성향 등이 중시되고 있다.

1) 자기개념

개인은 여러 가지 개념을 지니고 있다. 이러한 개념들 중에서 자기(self)에 대한 개념을 자기개념(self concept)이라고 한다. 여기서는 자기개념의 의미와 속성 그리고 자기개념과 밀접한 관계를 지니고 있는 자아정체감과 자기존중감에 대하여 살펴보고자 한다.

(1) 자기개념의 의미와 속성

자기개념은 자기에 대한 지각의 총체로서, 개인의 기본 성질, 고유한 특질 및 전형적 행동에 관한 신념의 집합체다. 이는 자기에 대한 관찰, 타인의 평가 및 문화적 기대에 의해 형성된다. 자기개념이 긍정적인 학생이 있고 부정적인 학생도 있다. 학교생활을 비롯한 일반적인 생활에 적응함에 있어서 긍정적인 자기개념을 지니는 것이 바람직하다.

자기개념을 구성하고 있는 요소들은 위계적 구조를 이루고 있는데, 셰벨슨과 그의 동료들(Shavelson et al., 1976)에 의하면, 이 구조의 최상부에 일반적 자기개념(수준 1)이 있고, 그 하부에 학문적 자기개념과 비학문적 자기개념(수준 2)이 있다. 학문적 자기개념은 다시 과목별 자기개념으로 구분되고, 비학문적 자기개념은 친구 · 데이트 · 운동 · 용모 등의 자기개념(수준 3)으로 구분된다. 이러한 자기개념의 요소들은 위로 올라갈수록 변화되기 어렵다.

자기개념은 자기에 대한 지각의 총체로서, 현재의 상태를 나타내는 실제적 자기(actual self), 자기가 꿈꾸는 이상적인 상태를 나타내는 이상적 자기(ideal self), 도덕적으로 마땅히 도달해야 하는 상태를 나타내는 당위적 자기(ought self)로 구분된다. 이러한 자기개념이 서로 불일치할 때 자기모순에 빠지게 되는데, 실제적 자기와 이상적 자기 간에 불일치가 심할 때 실망, 낙담, 슬픔 등의 위축성 정서가 뒤따르고, 실제적 자기와 당위적 자기 간에 불일치가 심할 때 불안, 초조, 죄의식 등의 방어성 정서가 수반된다.

(2) 자아정체감

자아정체감(ego identity)은 자아가 어떤 존재인지에 대한 분명한 인식을 지니고 있는 상태를 말하는 것으로 자기개념과 유사한 개념이다. 여기서 잠깐 자아와 자기를 비교해 보자. 자아(ego)는 프로이트(S. Freud)에 의해서 상정된 개념으로, 개인의 의식 세계에 있으며, 개인의 행동과 사고를 주관하는 현상적인 정신의 요소다. 이에 반하여 자기(self)는 융(C. G. Jung)에 의해 상정된 개념으로, 개인의 무의식 세계에 있으며, 자아의 방향을 제시하고 감독하며 평가하는 본질적인 정신의 요소다. 자아에 관한 이론을 전개한 학자들은 자기에 관하여 말할 때, '자아정체(자아의 진정한 모습, 즉 자기)'라는 말을 사용해야 하며, 이를 알고 있는 상태를 나타내는 말로 '자아정체감'이라는 용어를 사용하는 것이다.

에릭슨(E. H. Erickson)에 의하면 모든 인간은 청소년기에 자아의 정체에 대해서 고민한다고 한다. 이때 자아에 대한 고유성과 동일성을 인식하게 되면 자아정체감이 형성되고, 그렇지 못하면 자아정체에 관하여 갈피를 잡지 못하게 되는데, 이를 '정체 혼돈'이라 한다. 특히, 청소년들이 부정적인 자아정체감을 형성했을 때 문제가 된다. 마르시아(Marcia, 1980)에 의하면 청소년들의 자아정체감이 형성되는 과정은 '정체감 혼돈'에서 '정체감 조숙'과 '정체감 유예'의 수준을 거쳐 '정체감 성취'의 수준으로 발달한다고 한다.

(3) 자기존중감

자기개념은 자기를 긍정적으로 지각하느냐 부정적으로 지각하느냐에 따라서 긍정적 자기개념과 부정적 자기개념의 양상으로 작용한다. 예를 들어, 스스로가 공부를 잘하는 학생이라고 생각한다든지, 다른 아이들이 자신을 공부를 잘하는 학생이라고 생각하는 것 같다고 보는 경우에는 긍정적 자기개념을 형성하게 된다. 반면에 부정적 자기개념을 지닌 학생은 어떤 일에서 성공을 해도 성공을 부정하는 경향이 있다. 그러나 성공이 지속적으로 나타나면, 자기개념이 긍정적으로 변화한다.

긍정적 자기개념이 비교적 안정적이어서 자기 가치에 대한 긍정적인 평가를 할 수 있을 때, 자기존중감(self-esteem)이 높다고 한다. 그러나 자기존중감이 낮으면 자기에 대하여 부정적인 기대를 하게 되고, 실패와 비난의 악순환에 빠지게 되며, 정서적으로 문제가 되고, 사회성도 떨어지게 된다. 자기존중감을 능력이라는 측면에서 볼 때 '자기효능감(self-efficacy)'이라고도 한다. 성공 경험은 자기능률감을 향상시키고, 실패 경험은 자기효능감을 감소시킨다.

2) 성취동기

학생들이 학습을 잘하기 위해서는 열심히 공부해야 하는데, 이를 설명하는 개념으로 심리학자들은 '동기(motivation)'라는 용어를 사용한다. 여기서는 동기의 개념과 동기에 관한 이론을 알아보고, 학습에서 필요한 성취동기에 관하여 살펴보기로 한다.

(1) 동기의 개념

동기란 개인을 활성화하여 행동에 이르게 하는 것으로서 방향과 강도를 지니고 있는 개념이다. 학습 동기를 지니고 있는 학생은 다른 행동보다 학습하는 행동을 선택할 것이고(방향), 강한 학습 동기를 지니고 있는 학생은 약한 학습 동기를 지니고 있는 학생보다 열심히 학습할 것이다. 동기는 목표를 지향하게 하고, 행동을 활성화시키며, 어떤 행동을 지속적으로 하도록 함으로써 성취를 높여 준다. 또한 무엇이 강화인(reinforcer)이 되는지를 결정해 준다.

동기에는 개인의 내적 욕구(need)로부터 우러나오는 내적 동기가 있고, 외부 환경이 자극하여 유인(incentive)되는 외적 동기가 있다. 배가 고파서 음식을 먹고 싶어 할 때가 전자의 경우이고, 맛있는 냄새 때문에 음식을 먹고 싶어 할 때가 후자의 경우다. 학습과 관련하여 외적 동기보다는 내적 동기에 의해 열심히 학습하는 것이 바람직하다.

(2) 동기에 관한 이론

동기이론은 내적 동기와 외적 동기에 관한 이론으로 구분하여 살펴볼 필요가 있다. 동기이론은 내적 동기를 일으키는 근본적인 요소를 어떻게 설정하느냐에 따라 단일동기이론, 이중동기이론, 다중동기이론으로 나눌 수 있다. 단일동기는 프로이트의 리비도(libido)나 로저스(C. Rogers)의 실현 경향성 등이 해당되고, 이중동기는 남성과 여성, 선과 악, 음과 양, 지성과 사랑 등 서로 대립되는 경향성이 해당되며, 다중동기는 매슬로(A. H. Maslow)의 위계적 모형(생리적 욕구, 안전 욕구, 사랑 및 소속의 욕구, 자기존중 욕구, 자기실현 욕구)이나 머레이(Murray, 1938)의 비위계적 모형(3개의 생리적 욕구와 28개의 심리적 욕구) 등이 해당된다.

외적 동기이론은 행동주의자들이 주장하는 강화이론을 들 수 있다. 유기체는 어떤 강화물을 얻기 위하여 행동을 하기 때문에, 행동은 강화를 얻기 위한 수단이나 도구가 된다. 내가 열심히 공부하는 것은 외부에서 제시된 그 어떤 것(강화물)을 얻기 위해서 열심히 하는 것이다.

(3) 성취동기

성취동기는 머레이(1938)가 제시한 28개의 심리적 욕구 중 하나로서, 성공을 이루기 위해서 최선을 다하고자 하는 동기를 말한다. 예를 들면, 머리를 다 자른 뒤에도 열심히 다듬어 주는 이발사는 성취동기가 강한 것이다. 성취동기는 머레이가 개발한 주제통각검사(Thematic Apperception Test: TAT)로 측정할 수 있다.

성취동기는 학습의 수행을 향상시키는데, 이는 적절한 난이도를 지닌 문제를 선택하게 하고, 과제의 지속성을 강하게 하며, 중단한 과제를 다시 시작하게 하고, 실패를 노력의 부족으로 인식하게 함으로써 생산성을 촉진시켜 준다.

3) 귀인 성향

귀인(attribution)이란 어떤 행위의 성공이나 실패의 원인을 그 무엇으로 돌리는 현상을 말한다. 인간은 항상 원인이나 이유를 따지려는 존재이기 때문에 어떤 행위가 왜 성공했는지, 또는 왜 실패했는지를 추론하려고 한다. 개인은 이와 같이 귀인할 때 특정한 성향을 지니는데, 이를 귀인 성향이라 한다.

(1) 귀인 요인

귀인이론을 처음으로 제시한 사회심리학자 하이더(Heider, 1958)는 귀인 요인으로서 네 가지—능력, 노력, 과제 곤란도, 행운—를 설정하였다. 즉, 어떤 일에 성공하였을 경우에 '능력이 있어서 성공한 거야.' '노력을 많이 해서 성공한 거야.' '과제가 쉬워서 성공한 거야.' '운이 좋아서 성공한 거야.' 등으로 귀인할 수 있다. 실패하였을 경우에도 이러한 귀인은 가능하다.

교육심리학자 와이너(Weiner, 1977)는 학교가 계속적인 성공 혹은 실패의 상황을 제공하므로, 귀인이론은 교육심리학에서 중시되어야 한다고 강조하면서 여러 가지 유형의 귀인을 3차원적으로 분류하였다.

내적-외적 차원은 성공 혹은 실패의 원인이 개인 내부에 있느냐 외부에 있느냐 하는 차원이고, 안정-불안정 차원은 그 원인이 안정적이냐 변하느냐의 차원이며, 통제 가능-통제 불가능 차원은 그 원인을 개인이 통제할 수 있느냐 없느냐의 차원이다. 근래에 이르러 학습된 무력감(learned helplessness)을 귀인이론으로 설명하기도 한다.

	내적		외적	
	안정	불안정	안정	불안정
통제 불가능	능력	기분	과제 곤란	행운
통제 가능	지속적 노력	일시적 노력	교사의 편향	타인의 조력

(2) 학습된 무력감

학습된 무력감은 셀리그먼(Seligman, 1974)에 의해서 개를 대상으로 한 실험을 통하여 상정된 개념이다. 그는 개에게 전기 쇼크를 주고 개로 하여금 전기 쇼크를 중단하게끔 학습시킨 후에, 실험적 조작에 의해서 그 개가 전기 쇼크를 도저히 중단시키지 못하는 상황을 만들었을 때 개는 무력감에 빠지게 되는데, 이는 학습된 것이기 때문에 '학습된 무력감'이라고 하였다.

학습된 무력감은 자기의 행동과 행동의 결과가 무관하다는 지각(인지적 특성)에 기초하여 문제를 해결하려는 노력을 포기하고(동기적 특성), 막연한 불안감에 휩싸이는(정서적 특성) 특징을 지닌다. 공부를 못하는 학생은 열심히 공부해도 성적이 오르지 않아 노력을 중단하고 불안감에 휩싸여서, 결국 학습된 무력감에 빠지게 된다.

최근에 학습된 무력감을 귀인이론으로 설명하려는 접근이 시도되고 있는데, 이는 실패를 많이 경험한 학생이 모처럼의 성공을 외적으로 귀인하고 실패를 능력 부족으로 귀인할 때 학습된 무력감에 빠진다는 것으로 설명하는 접근이다.

4) 정의적 특성의 발달

학생의 정의적 특성의 발달과 관련하여, 교육심리학에서는 도덕성과 성격의 발달이 중시되고 있다. 여기서는 도덕성의 발달은 콜버그(L. Kohlberg)의 이론을 중심으로 살펴보고, 성격의 발달은 프로이트와 에릭슨의 이론을 중심으로 살펴보고자 한다.

(1) 도덕성의 발달

도덕성(morality)은 심리학 학파에 따라 정의하는 개념이 각각 다르다. 프로이트의 정신분석이론에서는 부모의 가치관이 내재되어서 발달하는 초자아(superego)를 말하고, 행동주의에서는 다른 사람들의 행동이 집약된 관례를 준수하는 행위를 말한다. 또 인지주의에서는 도덕적 판단 능력 및 판단의 근거를 제시하는 능력을 말하고, 인본주의에서는 자기실현이나 자기초월 같은 실존의 양상을 '도덕성'이라 한다. 도덕성 발달에 관한 이론은 인지주의 이론에서 전개되었다.

인지발달이론을 상정한 피아제는 도덕성의 발달과 관련하여 10세 이전의 도덕적 절대주의와 10에 이후의 도덕적 상대주의로 나누어 제시하였다. 도덕적 절대주의 단계에서는 규범을 반드시 지켜야 한다고 생각하고, 행위의 결과에 기초를 두고 도덕적 판단이 이루어진다. 그러나 도덕적 상대주의에서는 규범이 상황에 따라 다르며, 행위의 동기나 의도에 기초를 두고 도덕적 판단이 이루어진다.

① 콜버그의 도덕성 발달이론

콜버그(Kohlberg, 1958)는 시카고에 있는 10~16세 소년들을 대상으로 이들에게 도덕적 딜레마 상황을 부여하고, 이러한 상황에서 어떠한 도덕적 판단 및 판단의 근거를 제시하는지를 면접을 통해 알아보았는데, 도덕성은 대체로 연령이 증가함에 따라 다음과 같은 6단계를 거쳐서 발달하는 것으로 제시하였다.

제1단계(초등 저학년생)는 '복종과 처벌의 단계'로서, 이 단계의 아동들은 법은 반드시 지켜야 하며, 법을 어긴 사람은 반드시 처벌받아야 한다고 주장하는데, 이를 '도덕적 절대주의' 라고도 한다. 제2단계(초등 고학년생)는 '상대적 쾌락주의 단계' 로서, 보상을 얻기 위하여 규범을 준수해야 하며, 규범의 준수는 보는 사람의 입장에 따라 다른데, 이를 '도덕적 상대주의' 라고도 한다. 제3단계(중학생)는 '선을 추구하는 단계' 로서, 다른 사람으로부터 선하게 보이기 위해서 규범을 준수하는데, 이를 '도덕적 선행주의' 라고도 한다.

제4단계(고등학생)는 '사회질서를 유지하려는 단계' 로서, 사회질서를 유지하기 위해서 규범을 지켜야 하며 규범을 어긴 사람은 사회질서를 위해서 처벌받아야 한다고 생각하는데, 이를 '도덕적 현실주의' 라고도 한다. 제5단계(대학생)는 '민주질서를 모색하는 단계' 로서, 규범은 구성원의 합의에 의해 만들어지고 개정될 수 있는 것이며, 법의 개폐는 개인의 가치(자유, 정의, 행복 등)를 종합한 공익에 따르는데, 이를 '도덕적 공리주의' 라고도 한다. 제6단계(그 이후)는 '보편적 원리를 추구하는 단계' 로서, 모든 규범의 보편적 원리인 인간의 존엄성이나 생명에 대한 경외를 깨달으며 이를 실정법보다 중시하는데, 이를 '도덕적 이상주의' 라고도 한다.

여기서 제1단계와 제2단계를 관례 이전의 도덕성 수준이라고 하고, 제3단계와 제4단계를 관례적 도덕성 수준이라 하며, 제5단계와 제6단계를 관례 이후의 도덕성 수준이라 한다. 따라서 콜버그가 말한 도덕성의 발달은 '관례 이전 → 관례적 → 관례 이후' 의 수준으로 발달하는 것으로 요약할 수 있다.

② 도덕성의 발달과 비행

청소년들의 비행은 비도덕적인 데서 비롯되는 것이 아니라, 나름대로의 도덕성을 기초로 하여 '저질러진다' 는 점을 이해할 필요가 있다. 다만 특정한 수준의 도덕성을 강조한 나머지 이로 말미암아 유리된 도덕성이 무엇인지를 깨닫게 하고, 서로 상충되는 도덕성 중에서 어느 것이 더 중요한 것인지를 비교 · 판단할 수 있는 기회를 제공하는 것이 비행 청소년의 지도 방안이 될 수 있다.

(2) 성격의 발달

인간을 총체적으로 이해하기 위해서 심리학자들은 '성격'이라는 개념을 사용하는데, 이는 특히 생활지도나 상담에 있어서 중요한 개념이다. 학생들의 성격을 이해하지 못하면 생활지도나 상담을 성공적으로 할 수 없다. 인간이 성장하면서 성격이 어떻게 발달하는가에 대한 탐구는 프로이트와 에릭슨에 의해 이루어졌다.

① 프로이트의 성격발달이론

프로이트는 인간의 본능을 '삶의 본능'과 '죽음의 본능'으로 구분하고 삶의 본능, 특히 성적 본능에 작용하는 에너지를 '리비도(libido)'라 하였다. 프로이트는 리비도가 특정한 시기에 특정한 신체 부위로 몰린다고 하였는데, 이러한 신체 부위에 따른 발달단계를 다음과 같이 다섯 단계로 제시하였다.

제1단계는 구강기(0~1세)로서, 리비도가 구강으로 집중되는 단계다. 이 단계에서 유아는 빨고, 씹고, 삼키는 등의 행동을 통해 구강에 집중된 리비도를 방출하고, 이에 따라 쾌감을 느낀다. 발달이 각각의 단계에서 고착되면 발달지체 현상이 나타나는데, 구순에 고착되면 다른 사람의 말을 잘 듣고, 믿으며, 속기를 잘하는 수용적인 성격을 갖게 되고, 치아에 집착하면 다른 사람의 말을 비판하고, 의심을 잘하는 공격적인 성격을 갖게 된다.

제2단계는 항문기(1~3세)로서, 리비도가 항문으로 집중되는 단계다. 이 단계에서 유아는 배변을 통해 항문에 집중된 리비도를 방출하고, 이에 따라 쾌감을 느끼다. 부모가 배변 훈련을 어떻게 시키느냐에 따라 발달이 이 단계에 고착될 경우, 권장적인 변훈련은 자기를 내놓고 앞으로 나아가려는 진보적인 성격을 갖게 하고, 금지적인 변훈련은 자기를 현 상태로 지키고 고수하려는 보수적인 성격을 갖게 한다.

제3단계는 남근기(3~5세)로서, 리비도가 남근으로 집중되는 단계다. 이 단계에서 아동은 남근이나 음핵을 자극함으로써 남근에 집중된 에너지를 방출하고, 이에 따라 쾌감을 느낀다. 이 시기에 남아는 어머니를 사랑하는 오이디푸스콤플렉스를 경험하고, 여아는 아버지를 사랑하는 엘렉트라콤플렉스를 경험한다. 이때 남근이나 음핵을 얼마나 자극하느냐에 따라 발달이 이 단계에 고착될 경우, 자극이 과도하면 성적 충동이 강하고 성적으로 문란한 성격을 갖게 되고, 자극이 부족하면 불감증이나 신경증의 원인이 된다고 한다.

제4단계는 잠재기(6~11세)로서, 리비도가 두뇌로 집중되는 단계다. 이때는 성적 리비도가 잠적되고, 두뇌활동이 왕성하여 호기심이 많고, 지적활동에 몰두하게 된다.

제5단계는 성기기(12세 이후)로서, 리비도가 성기로 집중되는 단계다. 사춘기와 더불어 아동의 성기는 성인의 성기와 거의 같게 되면서, 이러한 성숙한 성기를 자극함으로써 이에 집중된 에너지를 방출하고 쾌감을 느끼는 단계다.

② 에릭슨의 자아발달이론

에릭슨(Erikson, 1956)은 프로이트가 제시한 정신분석이론에 기초하여 수십 년간 아동상담가로 활동하면서 자아발달이론을 제시하였다. 그는 프로이트가 제시한 리비도보다는 자아에 초점을 두고 성격의 발달단계를 제시하였으며, 전 생애에 걸친 발달단계를 제시하였다.

에릭슨은 특정한 단계에 이르면 아동은 심리적 · 사회적 위기에 부딪히는데, 이러한 위기를 어떻게 극복하느냐에 따라 잘 극복하면 긍정적 자아가 형성되고, 잘 극복하지 못하면 부정적 자아가 형성된다고 하였다. 그는 또한 개인의 특정한 자아가 모여 사회적으로 문화 형식을 구성하게 된 것이라고 설명하고 있다.

제1단계는 유아기(0~1세)로서, 신뢰성 형성 시기다. 이 단계의 유아는 부모의 보호가 적절하고 일관적이면 신뢰성이라는 긍정적 자아가 형성되고, 보호가 부적절하거나 일관적이지 못하면 불신감이라는 부정적 자아가 형성된다. 신뢰성이 적절하게 발달되면 희망이라는 미덕이 생기며, 개인의 신뢰성이 모여 종교라는 문화 형식을 구성한다.

제2단계는 아동 전기(1~3세)로서, 자율성 형성 시기다. 이 단계의 아동은 여러 가지 행동을 모험적으로 해 보는데, 이때 부모의 통제가 적절하고 일관적이면 부모의 통제를 내면화하여 자율성이라는 긍정적인 자아가 발달하고, 통제가 부적절하거나 일관적이지 못하면 수치감이라는 부정적 자아가 형성된다. 자율성이 적절하게 발달되면 의지라는 미덕이 생기며, 개인의 자율성이 사회적으로 모여서 규범이라는 문화 형식을 구성한다.

제3단계는 아동 중기(3~5세)로서, 주도성이 형성되는 시기다. 이 단계의 아동은 이웃에 사는 또래들과 만나 놀면서 누가 더 유능한지를 경쟁하게 된다. 이때 어려운 일에 도전해서 성공하는 아동은 주도성이라는 긍정적 자아가 발달하고, 잘 도전하지 못하고 실패를 많이 하는 아동은 오이디푸스콤플렉스 또는 엘렉트라콤플렉스를 잘 해소하지 못해서 죄의식이라는 부정적 자아를 형성하게 된다. 주도성이 적절하게 발달되면 목적이라는 미덕이 생긴다. 이때 아동은 여러 가지 놀이를 통하여 인생에는 쇼(show)가 있다는 것을 알게 되는데, 이러한 마음이 사회적으로 모여서 소설 · 연극 · 영화 등의 극적 문화 형식을 구성한다.

제4단계는 아동 후기(6~11세)로서, 근면성이 형성되는 시기다. 이 단계의 아동은 학교에서 여러 가지 형식을 배우게 되는데, 이러한 형식교육에 열심히 노력하고 좋은 성취를 이루는 아동은 근면성이라는 긍정적 자아가 형성되고, 열심히 노력하지 않고 좋지 않은 성취를 나타내는 아동은 열등감이라는 부정적 자아가 형성된다. 근면성이 적절하게 발달되면 능력이라는 미덕이 생기며, 이러한 형식에 대한 근면성이 사회적으로 모여서 형식적인 문화 형식을 구성한다.

제5단계는 청소년기(12~20세)로서, 자아정체감이 형성되는 시기다. 이 단계의 청소년은 세상에서 자신의 위치와 역할에 대해서 고민하게 되는데, 자신의 고유성과 동일성을 발견한 청소년은 자아정체감이라는 긍정적 자아가 형성되고, 이를 발견하지 못한 청소년은 정체 혼돈이라는 부정적 자아가 형성된다. 자아정체감이 적절하게 발달되면 충성이라는 미덕이 생기며, 이러한 개인의 정체감 및 역할감이 사회적으로 모여서 이데올로기라는 이념적 문화 형식을 구성한다.

제6단계는 성인 전기(20~25세)로서, 친밀감이 형성되는 시기다. 이 단계의 성인은 배우자가 될 사람을 만나거나 직장 동료들을 만나게 되는데, 자신의 정체를 부끄러움 없이 내보이면서 다른 사람을 만나는 개인은 친밀감이라는 긍정적 자아가 형성되고, 마음의 문을 닫고 세상을 대면하는 개인은 고립감이라는 부정적 자아가 형성된다. 친밀감이 적절하게 발달되면 사랑이라는 미덕이 생기며, 이러한 개인의 친밀감이 사회적으로 모여서 동창회나 계 같은 친화적 문화 형식을 구성한다.

제7단계는 성인 중기(25~65세)로서, 생산성이 형성되는 시기다. 이 단계의 성인은 자신의 후세(자녀나 제자)에 대하여 염려하는 심리적 · 사회적 위기를 경험하는데, 이때 후세를 위해서 뭔가를 만들어서 물려 주어야겠다고 생각하고 일하는 사람은 생산성이라는 긍정적 자아가 형성되고, 자신의 쾌락에만 몰두하는 사람은 침체성이라는 부정적 자아가 형성된다. 생산성이 적절하게 발달되면 보호라는 미덕이 생기며, 이러한 개인의 생산성이 사회적으로 모여서 생산적 문화 형식을 구성하는데, 그 대표적인 예가 교육이다.

제8단계는 노년기(65세 이후)로서, 통합성이 형성되는 시기다. 이 단계의 노인은 과거의 일들을 회상하게 된다. 이때 자신의 삶의 의미를 발견하고, 이를 중심으로 과거의 성공과 실패의 경험을 통합할 수 있는 사람은 통합성이라는 긍정적 자아가 형성되고, 그렇지 못한 사람은 절망감이라는 부정적 자아가 형성된다. 통합성이 적절하게 발달되면 지혜라는 미덕이 생기며, 이러한 개인의 통합성이 사회적으로 모여서 통합적인 문화 형식을 구성한다.

참고문헌

문수백, 이영재, 여광응, 조석희(2007). 종합인지기능 진단검사. 서울: 학지사심리검사연구소.

조용한(2000). 질적 연구: 방법과 사례. 서울: 교육과학사.

한국교육심리학회(2000). 교육심리학 용어사전. 서울: 학지사.

Borkovski, J. G. (1985). Signs of Intelligence: Strategy generalization and metacognition. S. R. Yussen (ed.), *The Growth of Reflection in Children*. Orlando, FL: Academic Press.

Das, J. P., Naglieri, J. A., & Kirby, J. R. (1994). *Assessment of Cognitive Processes: The PASS Theory of Intelligence*. Needham Heights, MA: Allyn & Bacon.

Erikson, E. H. (1956). The problem of ego identity. *Journal of American Psychoanalytic Association, 4,* 56-122.

Gardner, H. (1983). *Frame of Mind: The Theory of Multiple Intelligence*. New York: Basic Books.

Gardner, H. (1993). *Multiple Intelligences: The Theory in Practice*. New York: Basic Books.

Guilford, J. P. (1959). Three faces of intellect. *American Psychologist, 14,* 469-479.

Heider, F. (1958). *The Psychology of Interpersonal Relations*. New York: Willey.

Hill, C. E., Knox, S., Thompson, B. J., Williams, E. N., Hess, S. A., & Lanady, N. (2005) Consensual qualitative research. *Journal of Counseling Psychology, 52*(2), 196-205.

Kohlberg, L. (1958). *The Development of Modes of Moral Thinking and Choice in the Years 10 to 16*. Unpublished Doctoral Dissertation. Chicago: University of Chicago.

Luria, A. R. (1966). *Human Brain and Psychological Processes*. New York: Harper & Row.

Luria, A. R. (1973). *The Working Brain: An Introduction to Neuropsychology*. New York: Basic Books.

Marcia, J. E. (1980). Identity in adolescence. In J. Andelson (ed.), *Handbook of Adolescent Psychology*. N.Y.: Wiley.

Murray, H. A. (1938). *Explorations in Personality*. New York: Oxford University Press.

Naglieri, J. A., & Das, J. P. (1990). Planning, attention, simultaneous and successive (PASS) cognitive processes as a model for intelligence. *Journal of Psychoeducational Assessment, 8*, 303-337.

Ponterotto, J. G. (2005). Qualitative research in counseling psychology: A primer on research paradigm and philosophy of science. *Journal of Counseling Psychology, 52*(2), 126-136.

Seligman, M. P. H. (1974). Depression and learned helplessness. R. J. Friedman & M. M. Katz (ed.), *The Psychology of Depression: Contemporary Theory and Research*. New York: Freeman.

Shavelson, R. J., Hubner, J. J., & Stanton, G. C. (1976). Self-concept: Validation of construct interpretation. *Review of Educational Research, 46*, 407-411.

Spearman, C. (1927). *The Abilities of Man*. New York: Macmillan.

Sternberg, R. J. (1985). *Beyond IQ: A Triarchic Theory of Human Intelligence*. New York: Cambridge University Press.

Thurstone, L. L. (1938). Primary mental abilities. *Psychometric Monograph, 1*.

Torrance, E. P. (1964). *Guiding Creative Talent*. N.Y.: Prentice-Hall.

Vernon, P. E. (1960). *Intelligence and Attainment Tests*. London: University of London Press.

Weiner, B. (1977). An attributional approach for educational psychology. L. S. Shulman (ed.), *Review of Research in Education, 4*. Itasca, IL: F. E. Peacock.

추천도서

김정섭, 신경숙, 유순화 공역(2010). **스턴버그 교육심리학(2판)**. 서울: 시그마프레스.

신명희(2010). **교육심리학(2판)**. 서울: 학지사.

신희경, 김언루, 민현숙, 정찬우(2009). **학습자의 동기유발을 위한 교육심리학**. 서울: 신정.

이건인(2008). **교육심리학**. 서울: 학지사.

이성진(2009). **교육심리학 서설**. 서울: 교육과학사.

이영재 역(2007). **읽기곤란에서 난독증까지**. 서울: 학지사.

임규혁, 임웅(2007). **학교학습 효과를 위한 교육심리학(2판)**. 서울: 학지사.

제4장

교육의 사회·문화적 맥락

1. 교육의 사회적 맥락
2. 교육의 문화적 맥락
3. 교육에 대한 사회학적 사상
4. 교육의 사회학적 이론과 쟁점

제4장

교육의 사회 · 문화적 맥락

교육이란 특정한 사회와 문화를 배경으로 이루어진다. 예컨대, 교육은 작게는 가정이나 교우집단을 기초로 이루어지며, 크게는 지역사회, 국가와 같은 거대한 조직 혹은 문화 속에서 이루어진다. 따라서 교육을 바르게 이해하기 위해서는 그러한 교육이 이루어지는 사회 · 문화적 맥락을 이해할 필요가 있다. 이 장에서는 교육이 이루어지는 사회 · 문화적 맥락에 대한 이해가 왜 필요한지, 그리고 그러한 이해를 위해 어떠한 사회학적 사상과 이론을 공부해야 할 것인지를 살펴보고자 한다.

1. 교육의 사회적 맥락

1) 교육에 대한 사회적 이해의 필요성

우리가 교육을 관념적 혹은 사변적 수준에서 정의할 때는 시공을 초월해서 변하지 않는 정의를 내릴 수 있다. 즉, 각 개인의 잠재 능력을 최대로 계발하여 자아를 실현하고 행복한 삶을 영유하는 인간의 육성이라든가 혹은 자아를 실현하고 인격을 완성하며 조화로운 인간의 육성과 같은 개념이다.

이러한 교육에 대한 개념이나 정의는 어느 사회나 국가에서도 교육을 언급할 때는 본질적으로 그런 의미로 이해되고 있다. 그러나 교육의 실제에 있어서는 어디서도 앞에 언급한 것과 같은 교육이 똑같이 이루어지고 있지 않다. 각 나라와 사회마다 모두 다른 교육이 이루어지지만, 우리는 같은 교육이 이루어지는 것으로 착각한다. 따라서 우리가 교육을 제대로 이해하려면 그 교육이 이루어지고 있는 사회적 배경이나 맥락을 제대로 이해하지 않고는 불가능하다.

간단히 예를 한번 들어 보자. 인간이 제일 먼저 태어나는 곳은 어디인가? 황량한 들판이나 마구간이 아니라, 아버지와 어머니 그리고 형제자매가 있는 한 가정, 동시에 그 가정이 터하고 있는 지역이나 국가 속에서 태어나는 것이다. 어떤 사람은 학력이나 문화 수준이 높은 중상층 가정에서, 또 어떤 사람은 모든 면에서 소외된 열악한 가정에서 태어나게 된다. 이렇게 상이한 환경에서 아이들은 저마다 어떻게 성장하겠는가? 아마도 서로 다른 교육으로 인해 서로 다른 모습의 인간으로 성장할 것이다. 가문이나 계층적 배경에 따라 아이들에 대한 양육 방식이 모두 다를 것이다. 아이들에게 강조되는 가치관이나 덕목, 성공이나 행복의 조건도 매우 다양할 것이다. 이러한 다양한 환경 속에서 백지상태의 순진무구한 아이들이 각자 나름대로의 다양한 그림을 그릴 것이다. 그러한 성장 과정이나 교육과정은 가정의 여러 구성원들 간의 관계 속에서 일어난다. 그러니 어떤 부모를 혹은 어떤 형제자매를 만나느냐에 따라 한 사람의 인간적인 모습에 결정적인 영향을 받게 된다. 따라서 우리가 한 인간의 됨됨이나 교육적인 문제를 논하려면 그의 가정적인 배경이나 맥락을 이해하지 않고는 불가능하다.

교육이 어떤 국가에서 이루어지느냐 하는 것은 어떤 가정에서 이루어지느냐와 같은 맥락에서 역시 중요한 의미를 갖는다. 교육에는 반드시 길러야 할 인간상이나 도달해야 할 목표가 있다. 각 나라마다 지향하는 인간상도 다르다. 다시 말해, 국가가 표방하고 있는 사상이나 이념, 정체성의 성격에 따라 교육 목표나 내용, 성격이 전혀 상이하게 나타난다.

구공산주의 사회에서는 사회주의 이념에 따른 사회주의 인간상을, 민주주의를 표방하는 국가나 사회에서는 민주적인 인간상을 지향하며, 그에 따른 교육 내용과 방법을 구사하는 것을 볼 수 있다. 이렇듯 교육은 국가라는 현실을 떠나서는 성립될 수 없고, 이해될 수도 없다. 교육은 국가의 성격과 국가가 당면하고 있는 상황이나 조건에 절대적으로 영향을 받는다. 이러한 현상을 '교육의 사회화'(홍재호, 2003: 115)라고도 한다.

지금까지 가정과 국가라는 사회적 맥락에서 교육이 어떤 위치에 있는가를 살펴보았는데, 이처럼 교육은 그 교육이 이루어지는 사회를 기반으로 한다. 사회를 외면한 교육은 그 이념이 아무리 숭고하고 가치가 있더라도 의미가 없다. 즉, '누구를 위한 교육인가?'라는 질문에 답을 줄 수가 없기 때문이다. 교육은 그 이념이 아무리 숭고해도 결국은 한 사회가 지향하는 인간, 다시 말해 그 사회에 잘 적응해 나갈 수 있고, 사회가 요구하는 인간을 길러 내는 데 목적이 있다.

교육은 가정이나 국가 이외에도 교우집단이나 지역사회와 같은 사회적 기반을 중요시한다. 청소년기에 접어드는 학생들에게 있어서 가장 의미 있는 집단은 또래집단이다(Brookover & Gotllieb, 1964: 269). 이 시기에는 교사를 비롯한 성인의 어느 누구보다도 주변 친구들이 절대적인 영향을 미친다. 청소년 문제의 대부분이 여기서 비롯된다고 해도 과언이 아니다.

지역사회 역시 교육적인 관점에서 볼 때 매우 긴밀한 관계에 있는 집단이다. 현대사회에서보다는 과거로 거슬러 올라가 볼 때 지역사회는 하나의 거대한 학교이자, 교육의 장이었다. 지금도 제도적인 학교의 교육활동을 보면 지역사회의 여러 자원을 바탕으로 해서 특색 있게 이루어지고 있는 것을 볼 수 있다. 학교는 지역사회의 협조를 받아 교육이 이루어지며, 또 한편으로는 지역사회의 발전에 기여해야 할 책임을 진다. 이렇게 지역사회와 긴밀한 관계에서 교육이 이루어지는 학교를 '지역사회 학교'라고 한다(김영우, 1981: 215).

이렇게 교육이란 그것이 이루어지고 있는 가정이나 교우집단, 지역사회, 국가와 같은 사회적 맥락을 기초로 하지 않고는 성립되지 않으며 이해되지도 않는다. 즉, 교육은 그것이 이루어지고 있는 사회를 기초로 해서 성립된다.

2) 교육과 사회와의 관계

사실 사회의 교육 현상은 우리가 매일 접하는 일상적이고 주변적인 것이라 모두 알고 있는 것 같지만, 막상 구체적으로 들어가 보면 막연하고 상식적인 수준에 머물고 만다. 그것은 교육 현상이 너무 일상적이고 방대하며, 또 어느 정도는 모두가 전문가이거나 잘 알고 있는 것처럼 착각하기 때문이다.

교육이 사회와 불가분의 관계를 가지고 있는 면을 구체적으로 보면 정치, 경제, 문화, 종교 등 다양한 측면과 관련되어 이루어진다. 문화의 문제는 별도의 항에서 다루게 되므로 여기서는 정치, 경제, 종교와의 관계만을 다루어 보기로 한다.

교육이 사회적으로 가장 영향을 많이 받는 분야는 누가 뭐래도 정치적인 측면이다. 정치는 한 민족이나 국민의 갈등을 해소 또는 통합하여 국가를 이끌어 가는 과정으로, 정체(政體, regime)에 따라 정치 이념이 달라지고 국가의 목표나 방향도 달라진다. 이런 상황에서 교육이 아무리 숭고한 이념을 가지고 있다고 해도 국가의 통치 이념에 저항하거나 비껴갈 수는 없다. 또한 지금까지 그런 교육은 한 번도 이루어진 적이 없었다.

따라서 정치가 바뀌면 교육도 바뀌게 마련이다. 어느 나라나 정권이 바뀌면 그 정권이 추구하는 정책을 국민 모두에게 전파하여 영향력을 행사한다. 정권의 안정을 위해 교육을 이용하는 것이다. 즉, 교육을 통해 국민을 지배집단에 유리한 쪽으로 의식화한다. 이렇게 지배집단의 정치 이념이나 정책을 국민 모두에게 주입함으로써 동질화시켜 가는 과정을 '정치 사회화'라고 한다. 이는 정치적인 성향을 정향해 가는 과정 혹은 이입시켜 가는 과정(oriented)이라고도 한다(Hess & Torney, 1967: 1-5).

이렇게 교육이 정치적인 상황에 따라 직접적인 영향을 받는 일은 예나 지금이나 항상 일어나고 있는 일이다. 우리나라의 경우 '유신정권' 시절에 국민윤리 교과의 신설로 1972년 10월 유신의 정당성을 교육하거나, '국민의 정부' 시절에 남북 정상이 만나 체결했던 '평화적인 남북통일을 위한 기본 합의서'를 바탕으로 통일교육을 강화했던 사건은 좋은 예라 할 수 있다. 외국의 한 사례를 들어 본다면, 제2차 세계대전 당시 독일의 경우를 들 수 있다. 히틀러(A. Hitler)가 정권을 잡자마자 단행한 일은 모든 교육 자료와 교사 조직을 국가주의 정신을 강화할 수 있는 방향으로 전면 개편하는 것이었다(Jaros, 1973: 13). 이 엄청난 사실은 설명이 필요 없을 것이다. 이는 히틀러의 정강을 잘 따르는 교사들로 하여금 그가 하고자 하는 방향으로 2세 국민을 의식화하기 위한 조치였다.

교육의 경제적 측면에서의 사회적 관계를 보면 요즘처럼 물질이 지배하는 자본주의사회에서는 다른 사회와의 관계보다도 그 영향이 매우 크다 하겠다. 어떻게 보면 교육의 질은 그 나라의 경제 수준과 비례한다고 할 수 있다. 슐츠(Schultz, 1977: 313-324)의 인간자본론에서도 교육 수준이 높은 나라가 경제성장이 높고, 역으로 경제성장이 높은 나라가 교육 수준이 높다고 밝히고 있듯이, 한 나라의 교육은 그 나라의 경제 수준에 영향을 받지 않을 수 없다. 특히, 교육의 물리적인 환경은 경제적인 영향이 절대적이다. 첨단 교수-학습 기자재나 교사 일인당 학생 수, 학급당 학생 수 그리고 학생들이 다양한 활동을 할 수 있는 복합 건물 등 어느 하나 돈과 관련되지 않는 것이 없다. 특히, 교사 대 학생 수의 비는 다른 무엇보다도 창의성 교육에 있어서 매우 중요한 문제다(한국교육개발원, 2010: 34). 과밀 학급의 문제는 이전에 비해 많이 해소되기는 했지만, OECD 국가의 기준으로 보면 아직도 미흡한 상태다(한국교육신문, 2008. 9. 22).

경제 수준에 따라 교육의 실상이 현격하게 차이가 나는 현실은 필자의 경험에서도 볼 수 있듯이, 현장에서는 더욱더 실감하게 된다. 개발도상국인 인도 뉴델리

(New Delhi)의 외곽 시골 학교에 가 보면, 교실이 충분치 않아 교실 밖 정원에 책상을 놓고 야외에서 수업하거나, 초등학교 저학년 반의 경우 책상이나 교구 없이 맨바닥에 수십 명의 학생들이 그냥 앉아서 수업하는 것을 볼 수 있다. 최첨단 시설을 갖춘 선진국의 교실과는 너무나 대조적이다.

지금 선진국에서는 국가 경쟁력을 제고하기 위한 교육개혁이 한창이다. 교육의 부가가치를 높이기 위해 교육투자도 한창이다. 교육의 기회뿐 아니라 질을 보장하기 위해 다양한 정책을 펴고 있다. 또 한편으로는 소외된 학생들에게도 교육의 기회와 질 높은 교육을 제공하기 위하여 교육복지정책을 펴고 있다. 이러한 교육정책들은 그 나라의 경제적인 여건과 긴밀하게 관계되지 않을 수 없다. 우리나라에서 가장 현실적인 문제를 예로 든다면 무상급식이다. 신체 성장이 왕성하게 일어나는 초 · 중 · 고등학교 시기에 국가가 학생들을 무상으로 잘 먹여 건강한 사회인으로 키우면 국가의 큰 자산이 됨에는 틀림없다. 그러나 이것도 국가가 경제적인 여력이 있을 때 가능한 일이다.

다음으로 교육의 종교적인 관계를 보면, 우리 사회에서는 그렇게 큰 관련이 없는 것처럼 보인다. 그러나 역사적으로 볼 때, 중세나 하나의 종교가 국교로 정해진 나라 그리고 다양한 종교가 서로 공존하지 못하고 첨예하게 대립하고 있는 사회에서는 교육이 종교의 영향을 크게 받는다. 사회에 따라서는 교육이 종교에 예속되는 경우도 많이 볼 수 있다. 중세에는 교육이 전적으로 교회에 예속되어 교회나 수도원을 중심으로 이루어졌다. 오늘날에도 많은 사립학교들이 종교기관에서 설립한 학교들로 각 종파들의 교리와 무관할 수가 없다. 설립 목적 자체가 종교적 이념의 구현에 있기 때문에, 종교적 자유가 법적으로 보장되는 나라에서는 아무리 공교육이라고 하더라도 교육과정의 일정 부분은 이를 인정하지 않을 수 없다.

종교와 교육이 더 엄격하게 밀착되는 예는 유대교나 이슬람권 국가의 교육에서 찾아볼 수 있다. 유대인은 그들의 전통인 유대교 안에서 아이들을 철저하게 유대민족으로 키운다. 그들의 일상생활이 종교의식이자 종교교육이라고 할 수 있다. 종교를 떠난 생활이나 교육은 상상할 수 없는 것이다. 이슬람권 국가의 교육 또한 유대인 못지않게 종교적 영향이 강하다. 물론 종교적 신앙심에 따라 차이가 있겠지만, 대부분 이슬람의 종교적 율법에 따라 교육의 목적이나 내용, 방법 등이 영향을 받는다.

이러한 종교적인 문제는 지역 간, 국가 간 그리고 민족 간 심한 갈등과 대립의 원인이 되기도 한다. 또한 여러 종교가 다양한 종족과 더불어 혼재하는 사회에서도 종교적인 갈등으로 인해 국가가 해체되며, 잔혹한 살상과 내분을 겪는 것을 볼 수 있다. 그러나 이러한 종교적인 편향이 역사적으로 볼 때 결코 바람직한 것이 아니기 때문에, 오늘날 대부분의 국가에서는 종교적인 자유를 법적으로 보장하고 있고, 교육에서는 특정의 종교적인 교육을 배제하고 있다.

그럼에도 불구하고, 종교는 여전히 제도적인 공교육을 제외하면 개인의 교육에 다양한 측면에서 많은 영향을 미치고 있다고 하겠다. 특별한 종교가 없는 개인의 경우도 제도화되거나 조직화된 종교 형태는 아니더라도 샤머니즘과 같은 토속신앙의 형태로 인간의 삶과 교육에 많은 영향을 미칠 수 있다. 관습적인 의례와 같은 삶의 형태는 누구나 취하기 때문에 그것이 정형화된 종교라고는 할 수 없어도 원시적인 종교의 형태를 띠는 믿음이라고 할 수 있다. 물론 절대적인 무신론자도 있을 수 있다. 하지만 대부분의 경우 결국 인간은 불완전한 존재로서 어떤 형태로든 신에 해당하는 믿음의 대상을 갖게 되고, 그 믿음을 향한 의식과 교육이 있게 마련이다.

2. 교육의 문화적 맥락

1) 교육에 대한 문화적 이해의 필요성

지금까지 교육에 대한 사회적 이해의 필요성을 살펴보았다. 사회를 주로 이해하기 쉽게 '사람들이 모여 공동 생활을 하는 결합체'로 보고, 몇 가지 사회집단의 유형과 교육과의 관계를 살펴보았다. 그러나 사회의 개념을 좀 더 깊이 들여다보면, 단순한 집단이나 결합체의 문제가 아니라 구조적인 문제로 이해된다. 사람들이 사회나 집단과 같은 결합체를 만드는 것은 구성원들의 공동의 목적이나 이해관계가 있을 때 나타난다. 이때 한 사회나 집단의 목적은 반드시 달성되어야 할 당위성을 갖는데, 그러기 위해서는 목적 달성에 필요한 수단이나 방법, 다시 말해 기능이 요구된다. 이 기능은 그것을 수행하는 사람의 역할이 되며, 목적을 달성하는 데 필요한 하나의 위치 혹은 역할이 된다. 그리고 동일한 목적을 위해 모인 구성원 모두에게 필요한 기능들을 적재적소에 분배함으로써 개인과 집단의 목적이 달성되면서 삶이 영위되는 것이다. 결국 개인의 삶이나 목적 달성은 사회나 집단의 목적 달성과 절대적으로 관련된다. 이렇게 한 사회의 목적 달성에 필요한 기능을 체계적으로 분배해 놓은 사회적 틀을 '사회구조'라 한다(홍재호, 2003: 15). 사회구조는 사회가 형성됨과 동시에 나타난다. 사회구조를 달리 '사회제도' 혹은 '사회조직'이라고도 한다. 이는 사회라고 할 때 사용하는 유사한 개념들이다. 우리가 일반적으로 사회가 어떻다고 하면서 이야기할 때는 이와 같은 사회구조적인 측면에서 이해하는 차원이다. 이는 인간을 이해할 때 신체 각 기관으로 구성된 몸체(구조)에 대한 측면일 뿐 정신적인 측면을 이해하는 것은 아니다.

이렇게 볼 때 사회도 어떤 구조나 제도 혹은 조직적인 외형적 요인에 의해서만 작동하는 것은 아니다. 인간이 정신적인 작용에 의해 움직이듯이 사회도 아무리 제도나 구조가 잘 만들어져도 지금까지 사람들의 삶의 방식을 이끌어 오던 전통이나 관습에 영향을 받아 반드시 의도했던 대로만 움직이지 않는다. 이렇게 사회의 외형적인 구조나 제도가 아닌 내적으로 체질화된 전통이나 관습과 같이 한 민족이나 국민의 삶을 안내하는 방식이나 양식을 '문화'라고 한다(Broome & Selznick, 1970: 51). 따라서 우리의 실제 생활에서 보면 외적인 규범이나 제도보다도 보이지 않는 마음속에 공유하고 있는 기준을 더욱 중시한다. 어떻게 보면 사회는 껍데기에 불과하고, 문화가 진짜 알맹이라고 할 수 있다. 우리가 사회라고 할 때는 흔히 구조적인 면만을 생각하지만, 그 이면의 문화가 없이는 구조도 의미가 없으며, 사회도 존재할 수 없다. 이를 인간에 비유하면 영혼이 빠져나간 시체와 같은 것이다. 따라서 문화는 사회와 표리의 관계에 있는 밀접한 개념이다.

이런 점에서 교육의 이해도 마찬가지다. 문화에 대한 올바른 이해 없이는 교육에 대한 올바른 이해도 불가능하다. 교육의 제도나 구조 혹은 조직이 잘 갖추어져 있어도 그것을 운영하는 주체인 교사나 학생이 제대로 기능할 때 좋은 결과를 기대할 수 있다. 법을 아무리 잘 만들어도 잘 지키지 않으면 그 법은 무용지물이 되는 것과 같다. 물론 법과 같은 규범이나 제도, 구조도 문화의 범주에 포함시킬 수 있지만, 더욱 중요한 것은 사람들이 그것을 어떻게 지각하고 받아들여 실천하느냐 하는 내면에 공유하고 있는 인식체계나 기준이다.

교육의 3요소인 학생, 교사, 내용을 예로 들어 보자. 교육은 우선 학생에 대한 이해 없이는 불가능하다. 어떤 아이가 문제아건 모범생이건 간에 현재의 모습은 그 아이가 성장해 온 문화적 환경의 소산이다. 왜냐하면, 인간은 그가 접하는 문화적 환경에 의해 조형되기 때문이다. 물론 유전론적인 문제도 있겠지만, 생물학적인 선천적 요인을 제외하면 문화적 환경요인도 상당한 영향력이 있다. 만약에 선천적 요인에 의해서만 인간이 성장한다고 본다면, 사실 교육은 필요 없는 것이다. 왜냐하면, 교육은 후천적인 인간의 변화를 도모하는 과정이기 때문이다. 이렇게 학생을 올바로 이해한다는 것은 바로 문화적인 과정을 올바로 이해함을 전제로 한다.

교사의 경우도 마찬가지다. 교사는 정신적인 지도자이기도 하지만, 한편으로는 일반인과 똑같은 생물학적인 인간이기도 하다. 과거의 전통적인 스승이나 훈장과 같은 이미지의 교사는 오늘날 찾아보기 힘들다. 그 이유는 과거 스승들의 세계에는 물질보다는 정신적인 가치를 우위에 두는 선비문화가 지배적이었지만, 오늘날에는 자본이나 물질이 인간을 지배하는 사회이다 보니 요즘은 '교사도 인간이다.'라고 이야기한다. 교사도 세속적인 인간으로서 물질적 욕망에서 자유로울 수 없는 존재로 폄하한다. 따라서 우리는 교사들도 그들의 세계에서 자신들을 어떤 존재로 규정하고 있는지를 이해하지 않고, 과거의 스승상만을 외쳐 대서도 안 된다. 교사의 정체성은 무엇이며, 어디에 직업적인 자부심과 가치를 두고 있는지를 이해해야 한다. 이런 문제는 제도적인 것이 아니라 문화적인 문제다.

교육 내용의 문제도 문화적인 맥락을 떠나서는 이해하기 어렵다. 왜냐하면, 교육이 문화적인 과정이기 때문이다. 갓 태어난 아기가 가정이라는 사회집단에 태어나서 그 사회에서 통용되는 말을 배우고, 주거 생활을 익히며, 인간관계의 예법을 배우지 않는다면, 인간으로서 적응하여 살아갈 수 없기 때문에, 인간이라고 할 수 없다. 어린아이가 인간이 되기 위해 배우는 모든 것이 바로 문화다. 뿐만 아니라 어린아이가 양육되는 과정도 문화를 떠나서는 이해할 수 없다. 사회마다, 집단마다, 종족마다 어린아이를 양육하는 방식이 제각각 다르기 때문에, 그에 따라 개인의 성격이나 인성과 같은 정체성도 모두 다른 것이다. 이렇게 문화를 떠나서는 교육 자체가 성립되지 않으며, 교육에 대한 이해는 불가능하다.

2) 교육과 문화와의 관계

교육이 문화와 어떤 관계가 있는지는 이미 앞에 기술한 내용에서 어느 정도 언급되었다고 볼 수 있다. 그러나 교육과 문화의 보다 긴밀한 관계를 살펴보면 교육이나 사회현상에서 문화의 중요성을 한층 더 절실하게 인식하게 될 것이다.

우선 교육은 그 교육이 이루어지고 있는 사회의 문화로부터 교육의 목적이나 내용, 방법이 추출되어 이루어진다. 한 사회가 추구하는 가치나 이상, 사상 등이 교육의 목표나 추구하는 인간상으로 지향된다. 한 사회가 추구하는 가치나 이상은 종교나 전통에 따라 사회마다 다양하다. 그러나 그 교육이 어느 문화권에서 이루어지느냐에 따라 교육의 목표가 달라진다. 한 예로 플라톤(Platon)의 '이상국가론'에서 보면 고대 그리스 사회가 계급이 구분되는 신분사회이다 보니 인간은 태어날 때부터 불평등하다는 것을 당연시하고 있다(차석기, 1981: 28). 인간은 태어날 때 통치자 계급, 군인 계급 그리고 노동자 계급 중 하나로 태어나며, 각자 태어난 계급에 충실하도록 의식화(indoctrination)하는 것을 교육이라고 규정하고 있다. 민주주의의 씨앗을 뿌린 고대 그리스에서 학문의 대가로 추앙받는 대학자도 교육을 신분에 맞는 의식화 과정으로 정의하는 것은 놀라운 일이 아닐 수 없다. 이는 아마도 플라톤의 교육에 대한 인식이 그 시대적 문화의 영향을 받았기 때문이라고 할 수 있다.

유교 문화의 영향을 받은 조선왕조 시대에는 간략히 표현하면 수기치인(修己治

人)의 인간상을 교육의 목표로 삼았다고 할 수 있다(손인수, 1981: 184). 그러나 과학이 발달한 서구 사회는 합리적이고 이성적인 인간상을 교육의 이상으로 한다. 우리는 가족주의에 연연하는 소아적(小我的)인 인간상을 지향하지만, 보다 큰 사회와 인류의 행복에 가치를 두는 선진 국가의 교육은 인류에 대한 사랑과 세계시민 정신을 더 중요하게 여긴다.

교육의 내용을 보더라도 문화권마다 모두 다르게 나타난다. 특히, 교육의 내용은 그 사회의 문화를 전달하고 학습시킴으로써 사회를 유지해야 하므로 문화의 내용과 긴밀하게 관련되지 않을 수 없는데, 문화의 주변적 가치보다는 주도적 가치를 교육 내용으로 중요시할 수밖에 없다. 한 예로 미국 문화의 핵심 가치는 청교도 정신, 근면성, 개인주의, 성취 지향 그리고 미래지향 등이다(Pai, 1990: 26-27). 일본의 경우는 집단주의(groupism) 성향이 강하므로 다른 사람에게 폐가 되는 일은 절대로 해서는 안 된다. 그러므로 어려서부터 '기본생활 예절' 교육을 철저히 한다. 교과목에도 일본인의 혼이라고 할 수 있는 사무라이 정신을 살리기 위해 '무도(武道)'라는 과목을 개설하고 있다. 인도의 경우 그곳이 본향이 되고 있는 '요가'를 정식 교과목으로 개설해서 수업하는 것도 필자가 직접 경험한 사례다.

교육방법도 문화적인 전통에 따라 현격하게 차이가 난다. 토론 문화가 발달하지 않은 우리나라의 학교 수업은 어느 학교의 학급을 막론하고 강의중심 수업이 대세다. 창의력 신장을 위해 토론중심 수업이나 자기주도적 학습, 발표 수업, 세미나 수업 등 학생참여 수업을 유도하지만, 수업의 평가를 보면 여전히 강의 수업을 선호하는 것을 볼 수 있다. 교수-학습 방법을 아무리 개선하려고 하지만 우리의 전통적·문화적 체질은 많은 내용을 전달하고 암기하는 수업을 선호하고 있다. 그래서 학교 수업보다 학원 수업이 더 알차다고도 평가한다.

지금까지는 교육의 과정을 문화적 맥락과 관련지어 살펴보았지만, 이 과정을 더 큰 사회적 맥락에서 보면 사회의 존속과 유지에 관련된다. 교육이 아무런 의식 없이 당장 인간이 적응해 살아가는 데 필요하다고 해서 현재의 문화를 전달해 주는 것 같지만 이를 통해서 사회를 유지하는 데 공헌한다. 문화를 내면화하고 동질화하여 결과적으로 사회 통합을 이루고, 사회가 존속하게 되는 것이다. 이 과정을 인류학에서는 '문화전달(cultural transmission)' 혹은 '문화화(enculturation)'라고 한다. 이러한 문화 전달의 과정을 사회학에서는 '사회화(socialization)'라고 한다. 그러나 만일 전통적인 유산만 전달하고 새로운 문화를 창조하지 못한다면 사회는 머지않아 해체되거나 붕괴될 것이다. 사회는 항상 유동적이고 변화한다. 그것은 인간이 모여 살며 그들의 의식이 다양하게 살아 움직이기 때문이다. 따라서 인간은 항상 그들이 원하는 바(예: 가치나 이상)를 실현하기 위해 방법이나 도구를 개발해 낸다. 더 나아가 새로운 규범이나 질서, 제도를 창안해 낸다. 이것이 바로 문화의 변화 과정이며 문화 창달(文化暢達)의 과정이다. 새로운 문화를 창조하려면 아무것도 없는 곳에서는 불가능하다. 과거의 문화적인 기반이 있거나 외래의 새로운 문화를 받아들여 이를 바탕으로 해야만 가능하다. 그래서 학교교육은 우리의 전통적 문화유산만 중요시하는 것이 아니라 선진 외래문화의 내용도 많이 다루게 된다. 이렇게 두 가지 이상의 문화가 서로 접촉해서 새로운 문화로 변화되는 것을 '문화접변(acculturation)'이라고 한다. 교육은 문화화 혹은 문화 전달의 과정이자 문화 접변의 과정이다(홍재호, 2003: 142-143).

이 밖에도 문화와 교육과의 관계를 보면, 한 개인의 인성이나 자아정체감의 형성에 영향을 미치며, 사물에 대한 인식이나 지각, 가치, 신념, 행동의 절차와 방법의 표준을 제공하며, 문화를 학습함으로써 인간을 인간답게 만든다(김영우, 석태종, 1988: 184). 문화를 학습하지 않고는 결코 인간은 인간이 될 수 없으며 인간다워질 수가 없다. 이러한 과정이 바로 교육이며, 교육은 문화적 과정이다.

3. 교육에 대한 사회학적 사상

1) 교육에 대한 사회학적 사상의 대두

교육과 사회와의 관련성을 사상적으로 정립하고 발전시킨 학자는 그리 많지 않다. 이는 아마도 교육이 사회와 관련을 맺고 있는 것이 당연시되기 때문으로 볼 수 있다. 그럼에도 불구하고, 교육과 사회적 관계를 중요시한 대표적인 사상가는 나토르프(교육고전문헌연구회, 1979b: 8-14), 뒤르켐, 마르크스(한국교육사회철학회, 1967: 131-141) 세 사람을 들 수 있다.

(1) 나토르프의 교육사상

교육학자로서 나토르프(P. Natorp)는 플라톤과 페스탈로치(J. H. Pestalozzi)의 영향을 강하게 받고, 헤르바르트(J. F. Herbart)의 교육학을 비판하며, 새로운 사회적 교육학을 강조했다. 이것은 교육의 사회적 제약성을 조직적으로 인정한 최초의 체계화된 교육학이다. 그는 『사회적 교육학(*Sozial Pädagogik*)』(1899)을 통해서 교육의 사회성을 강조하는 사회적인 교육을 이론적으로 체계화하였다. 그의 또 다른 중요한 한 가지 저술은 1920년에 발표한 『사회적 이상주의(*Soziali-dealisnus*)』로서 그의 교육학은 사회적 교육학인 동시에 이상주의적 교육학이다. 이상주의와 사회주의는 합일될 수 있는 사상이고, 교육은 그러한 이상사회의 실현을 위해 공헌해야 한다는 것이 그의 주장이다.

인간 정신의 근본적 기능은 일반적으로 각 개인의 인식, 감정, 의욕에 있어서나 사회의 학문, 예술, 도덕에 있어서나 동일한 것이고, 이러한 근본적 기능의 통일성은 사회적인 문화나 인간성의 성격을 형성한다. 사회문화의 지도 이념은 개인을 교육하는 지도 이념과 동일하다. 그러므로 교육은 개인의 개성을 살려 가면서 사회문화를 중시해야 한다. 단적으로 말해서 교육은 개인적이면서 사회적인 것이다.

나토르프에게 있어서 교육이란 무질서에서 질서를 향해 가는 과정을 의미하는 도야(陶冶)다. 교육은 개인을 사회의 구성원으로만 취급할 뿐, 개별적 인간은 추상에 지나지 않는다. 인간은 사회를 통해서 인간이 되며, 교육은 사회를 구성하는 각 요소 안에 전적으로 작용한다. 사회 그 자체가 교육을 하는 것이고, 사회는 교육을 통해서 언제나 새롭게 형성된다. 사회는 교육의 목적인 동시에 수단이 된다. 교육은 사회 안에서, 사회를 통해서, 그리고 사회를 위해서 진행된다.

교육학은 의지 도야를 주요 과제로 하는데, 의지의 발전에는 세 단계가 있다고 보았다. 충동(衝動)과 의지(意志)와 이성 의지(理性意志)가 그것이다. 충동은 인간 행동의 가장 초보적인 단계로서 욕구나 욕망 같은 감성적인 것을 말한다. 충동에 의해 행동하는 것은 맹목적이거나 자유스럽지 못한 행동이다. 의지는 일정한 목적을 지향하고 있다는 점에서 충동과는 구별된다. 의지적 인간은 하나의 객관적 목적을 설정하고 대상과 대결하여 그것을 극복하는 활동을 한다. 따라서 의지는 목적 지향적이다. 최종 단계라고 할 수 있는 이성 의지는 자율의 법칙이 따르는 도덕적 의지다.

인간활동의 이러한 세 단계는 사회에서도 찾아볼 수 있다. 첫째, 가정교육은 충동적 생활을 규제하고 유덕(有德)한 인간의 형성에 관계한다. 둘째, 학교는 의지적 규제를 중심으로 하는 교육의 성격을 갖는다. 행위의 의지적 규제는 모든 사회조직의 기본 성격이다. 환언하면 학교는 사회질서에의 의식적 적응력을 기르는 것을 목적으로 한다. 셋째, 사회교육은 실천이성의 교육이며, 영원한 과제로서의 공동체적 이념을 향한 자유에의 교육이다. 즉, 성인들의 사회공동생활체에서의 자기교육의 근본 과제는 그들을 실천적 이성이 따르는 자율적 도덕성의 단계까지 끌어올리는 데 있다. 인간 교육의 완성은 사회에 의해서 조건화되고, 사회 지향적인 자아의식(Selbstbewuβtsein)의 심화를 통해서 가능하다. 결국 교육의 궁극적인 목표는 사회 지향적 인간의 육성에 있으며, 공동사회의 기초 위에 선 개인의 의지가 아닌 공동사회의 의지 도야에 있는 것이다.

(2) 뒤르켐의 교육사상

뒤르켐(E. Durkheim)은 교육사회학의 대표적인 학자로서 교육사회학의 창시자이자 아버지로 불린다. 따라서 그의 사상은 교육사회학의 학문적 성립 과정에서도 부분적으로 언급되기 때문에 여기서는 핵심적인 사상만 기술해 보고자 한다.

뒤르켐은 교육 현상을 하나의 객관적이며 사회적인 사실로 보고, 동서고금의 교육 현상을 분석해 봄으로써 놀라운 사실을 발견하였다. 고대 그리스에서부터 오늘에 이르기까지의 교육이나 프랑스를 비롯한 세계 여러 나라의 교육이 관념적 또는 추상적 수준의 교육의 관점에서 보면, 모두가 동일한 가치를 지니는 교육이 이루어지고 있다는 데 의문의 여지가 없었다. 그러나 그와 같은 사변적 수준이 아니라 객관적 사실로 보면 각 시대나 나라의 교육이 어느 하나라도 똑같이 이루어지는 것이 아니었다. 말로는 숭고한 교육을 한다고 하면서 실제로는 그 시대나 국가가 요구하는 인간을 추구하면서 교육을 한다고 했던 것이다. 여기서 아마도 뒤르켐은 엄청난 희열을 느꼈을 것이다. 말로는 교육을 한다고 하지만 그것은 실제로 교육다운 교육이 아니었다. 그러한 교육의 과정은 사변적 교육 개념의 인간 교육이 아니라 바로 사회화의 과정이었다. 객관적 사실에 비추어 보자면 교육은 사회화의 과정이다.

중세의 교육은 신학적인 인간상을 교육의 목표로 하였기 때문에 과학이나 체육 교육은 있을 수 없었다. 그러나 오늘날에는 과학이나 체육을 얼마나 중시하는가? 남북한이나 동서양의 교육을 보아도 서로 얼마나 다른가? 서로 상이한 교육을 하면서도 모두들 아주 이상적인 교육을 한다고 주장한다. 이에 뒤르켐은 교육을 실제 이루어지지도 않으면서 관념적인 수준에서 그럴듯한 구두선에 그치는 정의가 아닌 객관적인 사회화 과정으로 정의했다. 이를 통해 교육사회학의 학문적 성립이 가능했고, 교육학의 과학화에도 기여했다.

이렇게 어느 사회나 교육에서 사회화 기능을 중요시하는 것은 사회화를 통해서 구성원의 통합은 물론 더 나아가 사회를 유지할 수 있기 때문이다. 사회화 과정은 문화의 전달 과정이자 학습 과정이다. 그 문화가 좋건 나쁘건 간에 한 사회의 문화는 구성원 전체에게 학습되어 내면화된다. 개개인이 속한 구체적이고 특수한 집단의 문화보다 전체사회 문화의 내면화가 사회통합과 사회 유지에 우선적으로 필요한데, 전자를 '특수 사회화'라 한다면 후자를 '보편적 사회화'라 한다.

이러한 학문적 사고 과정에서 뒤르켐에게 가장 관심이 있던 문제는 사회학을 과학화하는 것이기도 했지만, 그 과정에서 사회가 깨질 것 같으면서도 유지되어 가는 현상이었다. 그것은 바로 어느 사회든지 그 사회가 지향하는 문화적 가치에 따라 사람들을 이끌어 가는 사회화의 기제가 있기 때문으로 보았다. 그것이 바로 도덕교육이요, 윤리교육이다. 그의 모든 저작물을 통해 시종일관 취급되고 있는 것은 교육과 도덕의 문제였다(교육고전문헌연구회, 1979a: 414). 그에 따르면 도덕의 기본 요소는, 첫째 기율(紀律) 정신, 둘째 희생 정신, 셋째 자치 정신으로, 이를 길러 주는 것이 조화로운 사회 건설의 첩경이라고 보았다.

(3) 마르크스의 교육사상

마르크스(K. Marx)의 교육학에 관한 저서는 없으나 교육에 대한 그의 관심은 지대했다. 교육에 관한 그의 사상은 '공산당 선언'에, 교육의 일반적인 이론과 방법에 관한 것은 『자본론(Das Kapital)』의 여기저기서 단편적으로 언급되고 있다. 마르크스의 공산주의 교육사상은 여러 공상적 사회주의자들의 교육사상과 특히 바이틀링(W. Weitling)의 공산주의 교육사상에 의한 영향이 크다. 또한 그의 독자적인 변증법적 사적 유물론의 세계관에 의한 바가 크다.

원래 공상적 사회주의는 이상사회를 건설하기 위한 방법으로 교육이나 계몽과 같은 온건한 태도를 취하고 있었다. 그러나 바이틀링은 그와는 달리 교육 만능의 공상설을 배격하고, 혁명을 가장 중요한 역사적 형성력으로 보고, 계몽은 혁명 후에 비로소 효과를 발휘한다고 하여 혁명의 교육적 기능을 강조하였다.

마르크스의 교육사상은 세 가지로 요약된다. 첫째, 교육의 계급성을 지적하고 있다. 마르크스는 계급사회는 지배층이 자신들의 계급적 이익에 봉사하게 하기 위하여 교육을 이용한다는 점에서, 계급사회에 있어서는 교육이 필연적으로 계급적 성격을 갖고 있다고 지적하였다. 또한 교육은 사회적 · 정치적 · 정신적 가치에 영향을 미치는 물질적 생활의 생산양식에 의해 규정된다. 즉, 물질적, 정치적으로 지배하고 있는 계급이 동시에 정신적, 이데올로기적으로 지배하고, 교육체제의 목적, 내용, 방법과 형태를 규정한다. 따라서 부르주아적 학교교육은 '대다수의 인간을 기계가 되도록 하는 교육'이라고 하여 교육의 계급성을 지적했다. 마르크스는 이러한 자본주의사회의 교육의 계급성을 일소하고, 노동자계급의 계급투쟁에 최강의 무기를 교육으로 보고, 인민 대중을 무장시키기 위하여 공교육과 무상교육, 아동의 공장 노동의 금지를 교육정책의 하나로 정하여 '공산당 선언'에 포함시켰다.

둘째, 사회현상으로서의 교육이다. 마르크스는 교육의 근본 기능을 교육과 생산과의 관계에서 규정하였다. 즉, 그의 『자본론』에서 "일반적인 인간의 천성을 변화시켜 일정한 노동 부문에서 기능과 숙련을 체득시켜 발달한 노동력이 되도록 하기 위해서는 일정한 양성 또는 교육이 필요하다."라고 지적하였다. 이렇게 교육은 노동력의 재생산뿐만 아니라, 생산을 더욱 발전시키고 개선 능력을 부여하여 사회 발전의 전제를 마련한다. 따라서 교육은 하나의 객관적인 사회화 과정이며, 사회 발전의 필수 불가결한 하나의 요소다. 이와 같이 마르크스는 교육을 사회 기능으로 중요시했을 뿐만 아니라, 경제 발전을 위해서도 중요한 역할을 하는 것으로 보았다. 그러나 교육은 근본적으로 경제적 토대나 조건에 의해 규정된다.

셋째, 인간 형성과 교육과의 관계다. 마르크스는 인간은 환경과 교육의 소산이며, 따라서 환경이 변하고 교육이 변하면 인간 그 자체도 변한다고 보았다. 또한 인간의 소질과 재능도 창조의 소산이 아니라 현실 사회 환경의 소산이며, 그것은 생득적으로 고정불변한 것이 아니라 환경에 의해 개변(改變)된다고 보았다. 또한 인간은 사회의 변혁적인 활동을 통하여 환경을 개변시킬 수 있다고 보았다. 환경의 창조자 또는 형성자로서의 인간은 동시에 자신의 창조자가 된다. 인간의 변혁적 활동의 근본적인 형태는 바로 노동이다. '자본론'에서 노동은 인간과 자연 간의 한 과정으로 규정한다. 인간은 노동에 의해 자연을 개변시키고 동시에 자기 자신도 변화시킨다.

2) 교육사회학의 학문적 성립과 성격

교육사회학이 하나의 학문으로 성립되기까지 기존의 여러 학문의 발전과 학자들의 학문적인 열정으로부터 가능했다고 하겠다. 교육사회학은 그 자체보다도 먼저 사회학의 학문적 성립이 선행한 뒤에 이루어진 학문이다. 먼저 사회학의 발전 과정을 보면 무엇보다 사회학을 창시한 최초의 사회학자이자 뒤르켐의 선배인 콩트(A. Comte)의 업적을 살펴보지 않을 수 없다. 콩트는 사회학을 학문다운 학문으로 만들기 위해 평생을 바쳤다. 학문이 학문답다는 것은 이론체계가 명확하고 정연하여 그것을 누가, 언제 똑같은 대상에 적용하더라도 똑같은 결론을 얻을 수 있음을 말한다. 주로 과학적인 분야가 이런 성격을 갖는다. 이때 과학이라고 하면 주로 자연과학을 말한다. 물리학이나 화학과 같은 자연과학은 그 이론체계가 이론의 여지없이 깔끔하다. 그래서 콩트는 제대로 학문적인 대접을 받으려면 모든 학문은 실증적인 자연과학과 같은 성격을 가져야 한다고 믿었다. 콩트가 이런 생각을 하게 된 배경은 다음과 같다. 천문학이나 물리학 같은 과학에는 과학적 명증성(明證性)이란 계율이 있기 때문에 개인의 자유로운 의견이 아무런 의미가 없는데, 모든 인간사에 있어서는 그렇지 못하다는 것이다(신용하, 박명규, 1982: 16). 사람들이 제멋대로의 권리나 독단적인 무한한 양심의 자유를 주장하게 되는데, 사회과학에서 이를 과학적인 명증성을 통해 학문적인 이론체계를 밝히면, 그런 현상은 없어지게 될 것이라고 보았기 때문이다.

콩트는 사회학이 학문적인 지위가 낮은 것은 바로 다른 자연과학 학문처럼 이론체계가 항상성, 다시 말해 객관성이 없기 때문으로 보았다. 사회학의 이론체계가 객관성이 없는 것은 연구 대상인 사회현상이 자연과학의 연구 대상인 자연현상처럼 언제나 재현시킬 수 있는 객관적 대상이 아니기 때문이다. 사회현상은 항상 유동적이며 가변적이다. 그것을 대상으로 한 이론이나 학설은 언제나 객관적인 이론체계가 아니라 개인적인 주의나 편견에 불과했다. 그래서 어떻게 하면 사회학을 실증과학으로 만들 수 있을지를 고심했으나 하나의 실증적 학문으로 완성시키지는 못했다.

콩트가 완성시키지 못한 학문으로서의 사회학을 그의 후배 사회학자인 뒤르켐이 완성시켰다. 뒤르켐 역시 사회학이 학문다운 학문이 되기 위해서는 과학이 되어야 한다고 생각했다. 즉, 다른 자연과학 학문처럼 실증적으로 되는 데 그 관건이 있다고 본 것이다. 사회학이 실증과학이 될 수 없는 것은 사회학의 대상인 사회현상이 자연과학의 대상인 자연현상처럼 항상 객관적으로 존재하지 않기 때문이다. 결국 연구 대상의 객관성에서 그 문제를 발견한 것이다. 그래서 뒤르켐은 사회현상을 자연현상의 그것처럼 하나의 구체적인 사회적 사실(social facts)로 보고, 이를 자연적 제 사실에 대한 연구 태도나 방법과 같이 외재적 사실로 파악하여 객관적이고 실증적으로 연구해 가면 된다는 사실을 깨닫게 된 것이다(교육고전문헌연구회, 1979a: 414). 다만 자연적 사실과 사회적 사실의 차이점은 자연적 사실은 객관적으로 불변하지만, 사회적 사실은 지금 이 순간에는 존재하지만 영원하지 않다는 것이다. 그러나 분명한 사실은 내일이면 없어질지라도 지금 하나의 사회적 사실이 객관적으로 존재하고 있다는 것이다. 지금 객관적으로 존재하고 있는 사회적 사실을 실증적으로 다루면 사회학도 하나의 과학이 될 수 있다고 본 것이다. 뒤르켐의 이처럼 비상한 발상에 힘입어 사회학도 하나의 학문으로서 위상을 확립하고 체계적인 발전을 할 수 있게 되었다.

뒤르켐은 교육 현상도 하나의 사회현상으로서 사회학과 마찬가지의 관점에서 학문적 이론체계를 구축함으로써, 교육사회학의 창시자이자 아버지라는 칭송을 받게 되었다. 교육을 객관적 사실로 보면 사변적인 관점에서 보는 교육과는 전혀 다를 수밖에 없다. 객관적 사실로 볼 때, 앞 절에서도 언급하였듯이 사회가 지향하는 인간상을 목적으로 하며, 사회를 위한 교육이 될 수밖에 없다. 따라서 뒤르켐은 사회학을 과학적인 학문으로 정립시키는 위업을 남겼지만, 본의 아니게 보수적인 기능주의자로 평가받게 되었다. 그가 진보와 혁신적인 측면을 전혀 도외시한 것은 아니었을 것이다. 그러나 사회는 객관적인 사실로 볼 때 보수적인 성향이 더 강한 것은 분명하다.

뒤르켐의 업적으로 탄생한 교육사회학은 역시 교육 현상을 객관적 사실로 보고 과학적으로 접근하는 학문이다. 교육학 자체가 어떻게 하면 교육을 잘할 수 있을까 하고 주변의 여러 학문을 다루어 응용하는 학문이다. 따라서 교육 현상을 순수하게 학문적으로, 있는 그대로 객관적으로 접근하는 데는 별로 관심이 없다. 그러나 교육사회학은 교육 현상을 객관적으로 접근하여 설명하고 이해할 수 있게 해 줌으로써, 교육학 중에서도 가장 학문다운 영역이라고 할 수 있다. 교육사회학은 교육 현장에서 활용하기 위한 기술이나 기교 같은 소양을 기르는 학문이 아니다. 교육 현상을 폭넓게 보고 이해하며 설명할 수 있는 능력을 기르도록 하는 데 그 목적이 있다.

4. 교육의 사회학적 이론과 쟁점

1) 교육의 사회학적 이론

모든 학문은 기본적인 개념과 법칙 그리고 이론으로 구성되어 있다. 교육사회학도 마찬가지다. 교육 현상에서 발견된 이론들로 교육 현상의 이면에서 교육을 이끌어 가는 원리나 법칙으로 체계화되어 있다. 따라서 이 이론체계는 교육 현상을 들여다보고 설명하며 이해할 수 있게 하는 안경과 같은 역할을 한다. 이러한 교육사회학의 이론에는 지금까지 많은 논의들이 있어 왔지만, 그중에서도 대표적인 몇 가지를 소개하면 다음과 같다(홍재호, 2003: 33-106).

(1) 기능이론과 갈등이론

기능이론과 갈등이론은 교육이나 사회현상을 설명하는 데 있어서 가장 대표적인 이론이라고 할 수 있다. 기능이론은 보수적인 이론으로 사회의 안정과 질서, 유지를 목적으로 하는 이론인 데 반해, 갈등이론은 진보적인 이론으로 사회 갈등으로 인한 변화에 관심이 있는 이론이다.

기능이론은 원래 생물학적인 유추에서 발전된 이론이다. 인간의 신체가 생명을 유지하기 위해 여러 기관들이 유기적으로 관련되어 기능하듯이, 사회도 사회의 목적을 달성하기 위해 여러 기관(역할이나 지위구조)이 유기적으로 관련되어 기능한다고 하는 스펜서(H. Spencer)의 사회유기체설로부터 유래한다. 그래서 기능주의를 '구조기능주의'라고도 한다. 기능주의 이론에서 보면 교육은 사회의 목적을 달성하기 위한 하나의 기능으로 본다. 이처럼 교육은 사회의 목적 달성에 필요한 인력을 양성하여 적재적소에 제공하거나, 사회의 안정과 질서를 위해 전통적인 문화를 전달하고 학습시키는 사회화 기능을 수행한다. 그래서 사회가 안정적으로 유지되고 존속할 수 있도록 한다.

이에 반해 갈등이론은 사회가 합의에 의해 안정되어 있는 것이 아니라, 물질적인 재화(財貨)의 불공평한 분배로 인해 항상 갈등과 대립으로 얼룩져 있다고 보는 것이다. 갈등이론에도 몇 가지 유형이 있지만, 대표적인 것은 마르크스의 사상에서 유래한 계급갈등론이다. 사회는 물질적인 재화나 생산 수단을 더 소유한 부르주아 집단과 물질로부터 소외된 프롤레타리아 집단으로 구분되는데, 이것이 소위 이야기하는 계급이며, 사회구조를 형성하는 바탕이 된다. 이처럼 물질적인 형이하학적인 사회구조의 토대 위에 정치, 문화, 교육, 종교 등의 형이상학적인 것들이 구속되거나 결정된다고 보는 이론이 갈등이론이다. 그래서 갈등이론을 '경제적 결정론' 혹은 그냥 '결정론'이라고도 한다. 갈등이론의 핵심은 물질이며 그와 관련된 계급이나 구조다. 따라서 갈등이론에서 보면 교육도 물질적인 사회구조에 의해 결정된다. 학교가 할 수 있는 것은 아무것도 없으며, 오로지 현존하는 사회체제인 지배구조에 맹목적으로 봉사하는 시녀에 불과하다. 다시 말해, 사회의 모순된 불평등 구조를 재생산하는 데 기여할 뿐이다. 갈등이론에서 보면, 학교가 자율적으로 할 수 있는 기능은 아무것도 없기 때문에 학교교육에 대한 관심은 거의 없다. 그래서 학교를 '암흑 상자(black box)'로 표현하기도 한다.

이렇게 사회나 교육을 보는 시각도 보는 관점에 따라 엄청난 차이가 있다. 그러나 앞의 사상가들의 사상에서도 보았듯이 교육이나 사회현상의 이론들은 그 대상이 객관적이지 못하기 때문에 이론 또한 절대적이거나 완벽하지 못하다. 따라서 우리가 사회과학의 학문이나 이론을 접할 때는 어느 한쪽에 경도되거나 맹신해서는 곤란하다.

(2) 신교육사회학 이론

갈등이론이 미국을 중심으로 발전한 사회의 구조적 모순에 초점을 둔 비판적 이론이라고 한다면, 신교육사회학 이론은 영국을 중심으로 발전한 학교 사회의 모순에 초점을 둔 비판적 이론이라고 할 수 있다. 갈등이론에서는 교육이 사회구조에 의해 결정되고 영향을 받아 불평등의 재생산에 기여하기 때문에, 이를 변화시키기 위해서는 현존하는 사회구조나 제도를 개혁하지 않으면 안 된다고 본다. 이러한 노력이 일어난 곳이 바로 영국이다. 영국은 복선형 학제의 개선 완화, 조기 선발제도의 폐기, 종합학교 제도의 실시, 보상교육 프로그램의 확충 등 획기적인 제도 개혁을 실시하였다. 그러나 이러한 노력에도 불구하고, 여전히 교육 불평등 현상은 해소되지 않았다. 이러한 현상은 미국에서도 마찬가지였다. 갈등론자들이 교육 불평등을 사회제도에 그 문제의 소재가 있다고 보는 반면, 영국에서는 교육 내부의 문제로 시선을 돌리게 되었다.

학교교육 내부의 문제는 크게 두 가지로 나누어 볼 수 있다. 바로 교육과정(지식)의 문제와 그것이 전수되는 교사와 학생 간의 상호작용이 그것이다. 교육과정에서 다루는 지식을 대부분의 사람들은 하나의 절대적인 진리로 믿고 있지만, 그 내면의 과정을 들여다보면 그렇지 않다는 것이다. 모든 지식은 상대적일 뿐이라는 것이다. 이러한 지식의 상대성을 주장하게 된 배경에는 지식사회학이라는 학문적 체계가 큰 영향을 미쳤다. 지식사회학은 많은 학자들 중에서도 마르크스의 사상에 영향을 받은 바가 크다. 마르크스는 인간의 의식이나 정신 작용이 그가 속해 있는 사회구조에 의해 영향을 받기 때문에, 정신의 산물인 지식도 사회구조나 계층과 같은 존재적 요인에 의해 결정된다는 것이다. 이렇게 볼 때 학교에서 가르치는 교육과정도 지배집단의 이데올로기로부터 자유로울 수 없는 것이다. 그래서 영(M. F. D. Young)은 "모든 지식은 사회적으로 구성되며, 변화에 종속된다."라고 하여 지식의 사회 구속성과 상대성을 명쾌하게 단언하였다.

교사와 학생 간의 상호작용의 불평등성도 신교육사회학의 중요한 연구 결과인데, 이는 새로운 질적 연구방법의 발전에 영향을 받은 바가 크다. 수업 현장에 직접 참여하여 관찰한 연구에 의하면, 교사가 무의식중에 학생들을 계열별 편 가르기(tracking 혹은 streaming) 역할을 한다는 것이다. 교사들도 학생들의 구조적인 요인인 가정의 계층 배경에 영향을 받는다. 교사라고 해서 절대로 공평무사한 존재가 아닌 것이다.

이렇게 학교교육에서도 교육과정뿐만 아니라 교사와 학생 간의 상호작용의 불평등에 의한 교육 불평등이 사회의 불평등으로 이어지는 것이다.

(3) 해석학적 이론

해석학적 이론은 다른 이론들과 달리 사회과학뿐만 아니라 타 학문 영역에서도 많은 인기를 끌고 있는 이론이다. 그것은 아마도 해석학의 학문적 성격에서 비롯된 것이라고 할 수 있다. 해석학적 이론은 학문적 · 법칙적 이론으로서의 성격도 있지만, 그것보다 연구방법인 접근이론으로서의 성격이 더 강하게 나타나고 있다. 그러나 어떤 관점에서건 간에 해석학의 기본 성격은 어떤 사물이나 현상의 본질을 중요시한다는 점이다. 즉, 사물의 의미나 규칙 그리고 원리의 이해와 해석에 관심이 있다. 그러므로 이러한 관점을 중요시할 경우에는 학문 영역을 불문하고 해석학적 관점이나 접근이론을 취하지 않을 수가 없다.

해석학이 이렇게 본질의 이해를 중요시하게 된 이유는 현상의 내면의 의미나 원리를 알지 못하면, 표면적인 현상의 이해만으로는 제대로 아는 것이 아니라는 관점에서다. 이러한 논의는 바로 방법론의 문제와 관련되는데, 실증과학적인 법칙적인 이해로는 인간에 대해 제대로 이해할 수 없다는 것이다. 결국 인간의 사회현상과 자연현상에 관한 이해의 문제가 된다. 자연현상은 법칙적인 원리대로 움직이지만, 인간은 법칙대로 움직이지 않는다. 자연현상은 의식이 없이 법칙적으로 작용하지만, 인간은 법칙이 있어도 의식의 변화에 따라 달리 움직인다. 따라서 인간은 자연의 대상처럼 환원시켜서 실증과학적으로 접근해서는 제대로 이해할 수 없는 존재다. 인간은 자연물이 아닌 의식이 있는 인간 그 자체이므로 통제하지 말고 전체적으로 접근해야 한다. 그래야 인간을 제대로 이해할 수 있다.

이러한 해석학적인 이론 중에서 학문적 이론의 성격이 강한 이론에는 해석학이나 상징적 상호작용 이론, 구성주의, 현상학 등이 이에 속하며, 문화기술법 같은 영역은 해석학적 접근이론에 해당한다고 볼 수 있다. 전자의 네 가지 학문적 이론은 사물의 대상이나 현상의 내면의 의미나 인식의 주관 작용을 중요시하는 학문 영역이며, 이러한 인식의 토대 위에서 접근하는 방법을 제시하는 방법론이 문화기술법이다.

지금까지 교육사회학의 이론들을 몇 가지 간단히 소개하였는데, 교육사회학에는 사회의 영역이 방대하듯이 이론 또한 다양하다. 이처럼 사회를 보는 기본적인 이론 외에도 사회현상의 각 이슈나 주제에 따라 이를 설명하고 이해하기 위한 이론들이 많이 있다. 예를 들면, 학업성취에 관한 이론, 학교의 팽창과 고학력 현상에 관한 이론, 사회변동 이론, 사회이동 및 선발 이론, 사회화 이론, 역할이론, 포스트모더니즘 그리고 청소년 비행이론 등이다.

2) 교육의 사회적 쟁점

사회의 수많은 기능 중 공통적인 관심사로 교육만큼 개인적 관심을 끄는 주제도 드물다. 그것은 교육을 개인의 성공과 출세의 수단으로 보는 데 이론의 여지가 없기 때문이다. 그러므로 교육 현상은 방대하게 이루어지며, 그에 따른 문제점이나 쟁점도 크게 나타날 수밖에 없다. 여기서는 이러한 교육의 사회적 쟁점의 문제를 교육의 목표, 내용, 방법 그리고 체제의 측면에서 생각해 보고자 한다.

첫째, 교육의 평등과 수월성의 문제를 들 수 있다(홍재호, 2003: 207). 이 두 문제는 서로 상반되는 개념으로 동시에 추구하기가 어려운 목표다. 평등주의를 지향하면 사회적 긴장감이나 인간적 자괴감의 상처는 덜할지 몰라도, 우수한 인재의 양성을 통한 사회적 발전이나 활력은 떨어질 것이다. 이는 지금 우리 교육의 가장 큰 고민거리라 할 수 있다.

둘째, 보수 대 진보의 교육 이념의 문제를 들 수 있다. 지난 2000년대에는 10년간 진보정권이 집권하면서 우리 사회는 그야말로 상상할 수 없을 정도로 이념적 갈등이 첨예화되고 표면화되었다. 무상급식이나 체벌 금지 등이 그 좋은 예다. 보수는 질서와 사회의 안정을 희구한다. 이에 반해 진보는 변화와 발전을 지향한다. 그러나 아무리 좋은 가치나 이상도 사회의 통합과 합의로 인한 안정 없이는 불가능하다. 통합과 합의를 이룰 수 있는 사회적 지혜와 교육의 기능이 무엇보다 요구된다고 하겠다.

셋째, 교육 내용의 적절성의 문제를 들 수 있다. 우리 사회는 고학력 사회로서 배움의 기간도 길고 배우는 내용도 많다. 정규 수업시간도 모자라 학교에서는 보충수업과 자율학습으로, 학교 밖에서는 학원교육으로 엄청난 양의 학습이 이루어진다. 그러나 학교나 학교 밖에서 배우고 있는 내용이 정말 개인적으로나 사회적으로 적절성(relevance)이 있는지는 의문이다. 학교가 제공하는 내용이 정말로 행복한 삶을 살 수 있는 인간의 육성은 물론 사회 발전에 도움이 되는 것인지, 대학은 사회나 기업이 요구하는 인재를 길러 내고 있는지에 대한 검토가 시급하다. 주기적으로 교육과정을 개정하고 있지만, 언제나 합의점을 도출하지 못하고 파행을 거듭하며 시행되는 것은 이러한 문제의 심각성을 단적으로 말해 준다고 하겠다.

넷째, 교실 붕괴와 교권 회복의 문제를 들 수 있다. 흔히들 '교육이 바로 서야 나라가 산다.'고 하듯이, '교육은 교사가 바로 서야 산다.'고 할 수 있다. 교육을 넓게 보면 교사가 반드시 있어야 하는 것은 아니지만, 그러나 아직 미숙한 아동이나 청소년을 대상으로 한 학교교육에서는 교사와의 상호작용이 필수적이다. 교사가 학생을 자율적으로 교육할 수 있는 권리(교권)가 보장되고 확립되지 않으면 어떻게 학생에게 영향을 미칠 수 있겠는가? 교사가 학생의 인권 문제의 시비에 휘말리지 않고 제대로 서기 위해서는 교사교육이 한층 더 강화되어야 하며, 사회적인 권위가 인정될 수 있도록 사회적이고 정책적인 배려가 시급하다.

다섯째, 교육 자치와 중앙집권화의 문제를 들 수 있다. 교육의 자치와 지방화는 세계적인 추세다. 우리도 교육 자치가 어느 정도 실현되어 가고 있는 중이지만, 중앙집권적인 경향은 여전하다. 교육의 국가적인 통일성을 기하고, 반드시 챙겨야 할 기본적인 사안은 정부가 수행하고, 기타의 모든 것은 학교에 맡겨야 한다. 중앙정부가 간섭을 하더라도 일관성이 있으면 모르는데, 수시로 교육정책이 바뀜으로 인해 교육 현장의 혼란이 가중되는 것이다. 프랑스가 교육개혁 과정에서 교육부의 구조를 4,000명에서 1,500명 수준으로 축소한 것을 보면(한국교육개발원, 1998: 55), 그 의도가 무엇이었는지를 알 것이다.

이 외에도 공교육에 대한 불신과 사교육의 팽창, 지식교육에 편중된 교육, 고학력과 청년 실업 그리고 교육복지의 확대 등과 같은 많은 문제들이 쟁점화되고 있다. 이러한 쟁점의 원인은 교육을 바라보는 사람들의 시각도 다양할 뿐만 아니라, 이를 설명하는 이론들도 완벽하지 못하고 서로 상충하며 모순되기 때문이다. 교육은 근본적으로 해결할 수 없는 모순을 안고 있는지도 모르겠다.

참고문헌

교육고전문헌연구회(1979a). **교육고전의 이해**. 서울: 이화여자대학교 출판부.

교육고전문헌연구회(1979b). **20세기 교육고전의 이해**. 서울: 이화여자대학교 출판부.

김영우(1981). **학교와 지역사회**. 서울: 창학사.

김영우, 석태종(1988). **교육사회**. 서울: 동문사.

손인수(1981). **한국교육문화의 이해**. 서울: 배영사.

신용하, 박명규 공역(1982). **사회사상사**. 서울: 일지사.

차석기(1981). **서양교육사**. 서울: 집문당.

한국교육개발원(1998). 선진국 교육개혁의 최근 동향. 연구자료 RM 98-2.

한국교육개발원(2010). 교육이 국가경쟁력에 미치는 영향 분석: IMD 지표를 중심으로. KEDI Position Paper 제7권 제6호(통권 제89호).

한국교육사회철학회(1967). **교육사상가 백선**. 서울: 서울대학교 출판부.

한국교육신문(2008. 9. 22). "공교육비 정부부담 여전히 낮은데 교육세마저 없앤다니……".

홍재호(2003). **교육사회학**. 대전: 대문사.

Brookover, W. B., & Gotllieb, D. (1964). *A Sociology of Education*. New York: American Book.

Broome, L., & Selznick, P. (1970). *Principles of Sociology*. New York: Harper & Row.

Hess, R., & Torney, J. (1967). *The Development of Political Attitude in Education*. Chicago: Aldine.

Jaros, D. (1973). *Socialization to Politics*. London: Thomas Nelson and Sons Ltd.

Pai, Y. (1990). *Cultural Foundation of Education*. New York: Mcmillan Publishing Company.

Schultz, T. W. (1977). Investment in human capital. J. Karabel & A. H. Halsey (eds.), *Power and Ideology in Education*. New York: Oxford University Press.

추천도서

김병성(1990). 교육사회학 관련이론. 서울: 양서원.
김신일(2009). 교육사회학. 서울: 교육과학사.
김영찬(1982). 생활 문화 교육. 서울: 교육과학사.
이종각 역(1981). 교육과 사회학. 서울: 배영사.
임영일 역(1983). 지식사회학. 서울: 한길사.
한국교육사교육철학회(1967). 교육사상가 백선. 서울: 서울대학교출판부.

제5장

교육과정의 본질

1. 교육과정과 교사
2. 교육 목적
3. 교육과정의 개념화
4. 교육과정의 구성

제5장

교육과정의 본질

어떤 지식이 가장 가치가 있는가? 그러한 지식은 왜 가치가 있는가? 그러한 지식은 어떻게 획득되고 형성되는가? 이들은 교육과정의 근본적인 세 가지 문제로서, 일반적으로 교육이론과 실천에 관련된 모든 활동의 초석이 된다. 교사는 이러한 근본적인 교육과정의 문제에 대하여 탐구하고 나름대로의 답을 추구해야만 교육에 관한 올바른 방향감과 실천력을 갖게 된다.

역사적으로 이들 세 가지 문제에 대해서 많은 학자들에 의해 다양한 논의들이 전개되어 왔다. 1990년대 초까지만 해도, 이러한 문제에 대하여 교육에서는 모더니즘적 접근을 취해 왔다. 전통적인 학문을 주요한 교육 내용으로 가르침으로써 학생들의 합리적 능력을 신장시켜 사회생활을 바르게 영위할 수 있다고 믿어 왔다. 그러나 1990년대 초를 기점으로, 이러한 모더니즘적 접근에 대하여 회의를 제기하는 사람들이 많아지고 있다. 소위 포스트모더니즘적 입장에 있는 학자들은 행복을 추구하기 위해서는 합리적 이성의 발달만으로는 한계가 있다고 하면서, 학교에서는 학문보다는 '사회적 실제(social practice)'가 주요 교육 내용이 되어야 한다고 주장한다(유재봉, 2001: 73-89). 사회적 실제의 구체적인 성격에 대해서는 활발한 논의가 진행 중이지만, 지금까지 절대적인 교육 내용으로 믿어 왔던 학문에 대한 회의가 일고 있는 셈이다. 이러한 근본적인 문제에 대한 논의 방식이 교육 현장에 미치는 영향은 심대하리라고 예상된다.

이러한 두 가지 접근 내에서도 아주 다양한 입장들이 제안되어 왔다. 그 다양한 입장 중 어느 하나를 택하고 나머지를 버릴 수는 없다. 각각의 관점이 모두 일리가 있고, 특정한 시대적 · 공간적 상황에서는 적절할 수 있기 때문이다. 본질상 이러한 논의들은 그 나름대로의 전제와 가치를 상정하고 있음을 확인하게 된다. 우리는 '장님과 코끼리'의 우화에서처럼 전체의 실상을 놓치는 우를 범해서는 안 된다. 교육과정의 의미를 포괄적으로 이해하려는 노력이 교사들에게 필요한 이유다.

1. 교육과정과 교사

앞에서 기술한 바와 같이 교육과정은 무엇을, 왜, 어떻게 가르칠 것인가에 대하여 체계적으로 탐구하는 분야다. 그러므로 학교에서 교사의 일상은 교육과정을 중심으로 수행된다고 말할 수 있다.

여기서 '교육과정'이란 용어는 학교가 제공하는 공식적인 교과목 목록뿐 아니라, 교사, 학생, 행정가들이 학교에서 실제로 만드는 다양한 교육 프로그램의 목적, 내용, 활동, 조직 모두를 가리킨다. 교사가 '연간 교육 계획서'를 만들고, 가르칠 내용을 결정하고, 가르칠 순서를 정하고, 가르칠 시간을 배당하는 행위는 교육과정을 설계하는 것이다. 교장이 학생들의 자원봉사 활동을 위하여 지역사회 프로그램을 개발하는 것도 학교 교육과정의 일부이며, 교사가 성적을 내기 위하여 시험 문제를 출제하고, 성적을 산출하는 일도 교육과정에 관한 일을 수행하는 것이다. 학생들이 교과목을 선택하고, 학생회 간부를 선출하거나 학생회 활동에 직접 참여할 때 그들은 학교의 교육과정 형성을 돕고 있는 것이다. 교육과정과 교수활동은 서로 밀접히 관련된 하나의 연속체라고 할 수 있다.

교육과정은 교육의 목적, 내용, 활동, 조직을 포함하는 포괄적인 개념이다. 물론 교육과정을 문서화할 수 있고, 사실상 모든 학교는 간략하게, 때로는 자세하게 문서로 기록된 공식적인 교육과정을 갖고 있는 것이 사실이다. 어쩌면 학부모에게 자녀들이 다니는 학교가 어떤 프로그램을 실시하고 있는지를 알 수 있도록 학교의 교육 목적, 주요 교과목, 교육철학 등을 간략히 소개하는 1~2쪽 정도의 자료가 제공될 수도 있을 것이다. 그러나 교사들이 참고할 문서에는 교육과정이 아주 자세하게 기록되어 있어야 한다. 교사는 이 문서로부터 교육의 목적, 내용, 활동, 조직에 관한 것을 아주 구체적으로 파악하게 된다.

그런데 교육과정이란 말 속에는 문서화된 것 이상의 의미가 담겨 있다. 예를 들어, 놀이터의 규칙에 관한 수업이 이루어지고 있다고 가정할 때, 한 교사는 놀이터에서 지켜야 할 규칙과 규칙을 어겼을 때의 벌칙을 학생들에게 알려 주면서, "우리 반 학생은 누구도 규칙을 어기지 말기를 바랍니다."라는 훈시로 수업을 이끌어 갈 수 있다. 그런데 또 다른 교사는 놀이터에서 필요한 규칙과 그것을 위반했을 때의 벌칙을 학생들로 하여금 토론하게 하고, 학생 자치활동의 일부로서 규칙을 투표로 정하도록 하는 수업을 했다고 하자. 두 경우에 비록 규칙의 내용은 동일할지라도, 그 수업의 목적과 학생들이 학습한 내용은 상당히 다를 수 있다. 전자는 학생들에게 규칙을 강요하고 경고를 가한 것이지만, 후자는 학생들 스스로 규칙을 이해하고 지키도록 교육한 것이다. 따라서 두 경우에 있어서 실제적인 교육과정은 상당히 달라지게 된다(허숙, 박승배 공역, 2006: 13).

다음은 교사가 관심을 두어야 할 교육과정에 관련된 문제를 구체적으로 예시한 것이다(손충기, 2006: 12-13). 교육과정의 문제의식이 다양하며, 교사활동의 핵심을 차지하고 있음을 확인할 수 있다.

- 교육의 목적은 무엇인가?
- 학생들에게 지식이나 학문을 가르치는 이유는 무엇인가?
- 어떤 교과목과 내용이 가장 가치 있는가?
- 학문 이외의 방법으로 교과 내용을 조직하는 방안은 무엇인가?

- 국어, 수학, 영어와 같은 교과 시간이 음악이나 미술 과목에 비해 많은 이유는 무엇인가?
- 특별활동의 가치는 무엇인가?
- 학교교육은 진로를 개척하고 직업을 준비시키는 데 성공하고 있는가?
- 교육과정의 효과성과 효율성은 어떻게 평가하는가?
- 어떻게 가르치는 교사가 잘 가르치는 교사인가?
- 가르쳐야 할 가치가 있음에도 불구하고, 가르치지 않고 있는 지식이나 내용이 있는가?
- 학교에서 의도적으로 가르치지 않는 것은 무엇인가?
- 학교교육을 계획하기 위한 모형이나 절차가 있는가?
- 교육은 학생 중심이어야 하는가, 사회 중심이어야 하는가, 아니면 학문(교과) 중심이어야 하는가?
- 어떤 사회적 · 정치적 힘이 교육과정에 작용하는가?
- 학생들이 학교에서 가르치는 것만을 배우는가?
- 학교에서 배우는 내용이 일상생활에서 얼마나 활용되는가?
- 교육과정에 관한 최종 결정 권한은 누구에게 있으며, 또 누구에게 있어야만 하는가?

2. 교육 목적

'교육의 목적은 무엇이어야만 하는가?' 이 질문에 대한 해답이 곧 교육과정의 의사결정과 설계 작업에 방향을 제공한다는 것은 두말할 필요도 없다. 교육의 목적은 무엇이며, 그 목적은 어디서 오는 것인가? 교육 목적은 교육 실제와 어떻게 관련되어 있으며, 교사는 일상적인 수업활동 속에서 언제나 교육의 목적을 가져야만 하는가?

이러한 질문에 답하기 전에 교육 목적의 본질에 대해 생각해 볼 필요가 있다.

예를 들어, 정의로운 사회, 민주국가의 건설, 비판적 사고력, 도덕적 행위, 책임감 있는 삶, 지적인 훈련 등이 교육을 통해서 성취되고, 또 성취되어야만 한다고 보는 개인이나 사회의 바람직한 모습이라면, 우리는 그것을 '교육의 목적'이라고 할 수 있다.

교사가 믿고 있는 교육의 목적은 교육활동의 동기를 유발하고 안내하는 역할을 한다. 교육 목적은 그 성격에 따라 추상적이고 장기적인 것일 수도 있고, 구체적이고 즉각적인 것일 수도 있다.

1) 이상적인 교육 목적

역사적으로 교육이란 무엇인가에 대해서 많은 사상가들이 관심을 가져 왔다. 그중에서도 오늘날 우리의 교육적 사고와 행위에 깊은 영향을 주고 있는 인물로 세 사람의 철학자를 들 수 있다.

B.C. 4세기에 『국가론(*Republic*)』에서 정의로운 사회의 건설을 위한 교육의 역할을 제안한 그리스의 철학자 플라톤(Platon), 18세기 자유교육의 주창서라고 할 수 있는 『에밀(*Emile*)』을 펴낸 프랑스의 정치철학자 루소(J. J. Rousseau) 그리고 『민주주의와 교육(*Democracy and Education*)』에서 개인의 성장과 민주사회의 건설이 교육의 궁극적 목적이라고 주장한 20세기 미국의 철학자 듀이(J. Dewey)가 그들이다(허숙 외, 2006: 31). 이들에게 있어서 교육이란 이상적인 상태를 실현하기 위한 도구로 여겨졌다. 그것은 플라톤에게는 정의로운 국가의 건설, 루소에게는 자유로운 개인의 성취 그리고 듀이에게는 참된 민주사회의 건설이었다. 그들은 우리에게 정의와 자유와 민주주의를 가치 있게 여기도록 말하고 있으며, 그것은 동시에 교육과정이 이러한 가치와 일관되게 이루어져야 함을 제안하는 것이다.

플라톤에게 교육적 이상은 개인을 가르쳐 그 사회가 필요로 하는 분야에서 봉사하도록 함으로써 균형 잡히고 정의로운 사회를 이룩하는 데 있다. 이에 반해 루소는 사람마다 다른 개성과 인간성의 성취를 위해서는, 교육에 있어서 자유가 중요하다고 여겼다. 이처럼 교육의 목적을 개인 혹은 사회의 어디에 두는가의 논쟁은 교육사에서 오랫동안 논란이 되어 온 주제였다.

듀이는 학교교육에서 이 두 가지 관점 중 그 어느 하나라도 일방적으로 무시되어서는 안 된다고 보았다. 즉, 교육은 사회의 요구를 충족시키기 위해 개인의 성장을 침해할 수 없으며, 또한 사회의 균형과 조화를 희생시켜 가며 개인의 자유를 추구해서도 안 된다는 것이다. 듀이는 특정 사회계층을 염두에 두고 사람을 길러내는 일을 교육의 핵심으로 삼는 플라톤의 관점이 편협하다고 지적하고 있다. 듀이는 루소 또한 학습의 사회적 측면을 지나치게 경시한다고 비판한다. 결국 듀이의 관점은 개인과 사회라는 서로 조화될 수 없을 것처럼 보이는 두 대상 간의 조화를 추구하는 일이라고 할 수 있다.

듀이는 학생들이 교사로부터 교과를 배우면서 학생들 상호 간의 협동 과정을 통해 인간 공동체의 한 구성원이 되는 법을 배우게 된다고 보았다.

교사는 전술한 바와 같은 이상적인 목적을 가져야만 하는가? 피터스(R. S. Peters)는 교육활동에 있어서 이처럼 이상적인 목적이 반드시 필요한 것은 아니라고 주장한다. 그것은 듣기에는 좋지만 실제로 성취될 수 없는 목적은 교육활동의 가치판단이나 실천 과정에 큰 도움을 주지 못한다는 것이다. 피터스에게 있어서 자유니 정의니 민주주의니 하는 것은 성취되어야 할 목적이라기보다는, 오히려 어떤 방식으로든 교육과정을 통하여 전수되어야 할 가치인 것이다(허숙 외, 2006: 32).

여러분은 이상적인 교육 목적에 대해서 어떻게 생각하는가? 만약 그러한 것이 있을 수 있다면, 그것이 교육활동 속에서 갖는 기능은 무엇이라고 보는가? 세 철학자의 이상적인 목적이 교사의 일상적인 가르침 속에서 어떠한 역할을 하는지 한번 생각해 보라. 그것은 교육의 구체적인 실천에 반드시 필요한 것인가? 아니면 실제 활동과는 아무런 관련이 없는 철학자의 지당한 담론에 불과한 것인가?

2) 진보적 관점과 전통적 관점

20세기 전반부는 전통주의자와 진보주의자 간의 치열한 논쟁의 시대였다. 전통주의자들은 지적으로 건전하고 문명화된 사회를 유지하는 데는 기본 교육과정이 필수적이라고 하였고, 진보주의자들은 교육과정을 이와는 다른 방식으로 보려고 하였다. 이러한 대립적인 관점들 간의 논쟁은, 특히 초·중등 교육의 실제에 많은 영향을 주었고, 교육과정이론에도 큰 영향을 미쳤다.

이러한 논쟁은 오늘날까지도 다양한 모습으로 계속되고 있다. 1970년대 영국에서 제기된 유아교육의 개혁을 위한 움직임이나, 그것의 미국식 적용이라 할 수 있는 열린교육운동(Open Education)은 진보주의적 개혁의 좋은 예이며, 1980년대에 있었던 기초교과운동(Back-to-Basics Reform)은 전통주의적 관점을 잘 반영한 것이다.

진보주의자들의 주장은 다양하나 그들이 공통적으로 배격하는 것은 교육에서의 맹목적인 암기나 반복 훈련, 엄격한 훈육, 고정된 교과 학습 등 아동의 생활과는 별로 관련이 없는 내용을 성인의 입장에서 일방적으로 가르치는 일이다.

진보주의자들은 변화를 선호한다. 그들은 현재는 언제나 불완전한 것이기에 개선되어야 한다고 믿는다. 전통주의자들은 변화에 대해 회의적이다. 전통주의자에게 보다 나은 미래는 과거의 성취를 바탕으로 할 때만 가능하다는 것이다.

진보주의자들은 역사를 역동적인 것으로 본다. 경제, 사회, 정치 등 모든 것이 계속 변화하기 때문에, 우리는 이러한 변화에 따라 우리의 생각과 행동을 변용해 나가는 방법을 배워야 한다. 반면에 전통주의자들에게 과거는 다음 세대로 전달해 주어야 하는 값진 유산으로서 존중되어야 한다.

진보주의자들은 자유를 훈육이나 질서보다 중요시한다. 자유로운 탐색만이 보다 나은 미래로 가는 길을 찾는 유일한 방법이라고 보기 때문이다. 반면 전통주의자들은 학문적인 교과의 탐구만이 인간의 정신을 단련시키고, 이를 통해 얻어지는 합리성과 지식이 인간의 문제를 해결하는 기초가 된다고 주장한다.

진보주의자들은 실제 생활 내용과 경험을 중시함으로써 아동의 풍요로운 삶을 지향한다. 이들은 구체적으로 시민으로서의 책임감, 직업 준비, 민주적 태도의 계발, 건강, 개인적 및 사회적 적응, 윤리적 가치 및 행동, 타인의 복지에 대한 관심 등을 목적으로서 강조한다.

그러나 전통주의자들은 인류의 보편적 문명을 전수함으로써 문명화된 사고방식을 일깨워 성숙한 개인의 성장을 지향한다. 이들은 구체적으로 문자 이해력, 기초 기능의 숙달, 주요 교과의 기본적 사실과 이론의 습득, 비판적 사고력, 문제해결력, 좋은 학습 기능과 학습 태도, 학습 의욕 등을 교육의 목적으로 강조하고 있다('부록' 참조).

플라톤, 루소, 듀이의 교육론에서 나타난 이상적인 목적이 우리의 교육활동에 직접적인 도움을 주든 그렇지 않든 간에, 또 교육의 목적과 과정에 대한 진보주의와 전통주의의 견해가 우리의 생각과 일치하든 그렇지 않든 간에, 교사는 이러한 문제에 항상 대면하여 반성적으로 사고하면서 교육을 실천해야 한다.

3. 교육과정의 개념화

이러한 교육의 목적을 달성하기 위해서 학생들이 배워야 할 내용은 무엇인가? 교육 내용은 어떤 성격과 특성을 지니는가? 어떤 것이 필수적인 내용이고, 어떤 것이 선택적인 내용인가? 그리고 목적 달성에 더 효과적이고 더 효율적인 내용은 무엇인가?

1) 교육 내용의 성격

라일(G. Ryle)은 지식의 개념을 분석하면서 '교육에서 가르치고 있는 것이 무엇인가?'라는 질문에 답을 주었다. 그는 우리가 '무엇을 할 줄 안다.'고 말할 때의 방법적 지식(knowing how)과 '무엇이 어떻다.'는 것을 안다고 할 때의 명제적 지식(knowing that) 사이에는 큰 차이가 있음을 밝히고 있다. 학생들은 '세종대왕이 훈민정음을 창제하였다.'는 사실을 배우기도 하고, '빛은 직진한다.'는 사실도 알게 되는데, 이러한 지식은 책을 읽거나 타인으로부터 전해 들음으로써 비교적 단기간 내에 알 수 있는 것들이다. 학교에서는 이러한 종류의 지식을 많이 다루고 있다.

또한 학생들은 학교에서 책을 읽는 법이나 과학적 실험방법 등을 배우는데, 이러한 것은 오랜 기간의 실습을 거쳐야만 익숙해진다. 이와 같이 학생의 학습을 두 가지 종류의 지식으로 개념화함으로써 교육과정 문제에 대하여 새로운 질문과 해답을 생각해 보도록 인도해 준다.

피닉스(P. H. Phenix)는 학교에서 가르치는 내용을 보다 포괄적으로 규정하고 있다. 그는 『의미의 영역(*Realms of Meaning*)』에서 교육 내용은 '의미(meaning)'라고 규정하고, 인간은 그 본성에 있어서 의미를 창조·발견·표현하는 동물이라고 본다. 그리고 현재 인간이 가지고 있는 의미는 역사를 통하여 우리가 발견하고 창조하며 표현한 의미의 총화다(이홍우, 2010: 134-135).

이제까지 많은 학자들이 인간의 본성을 '합리적 동물'로 규정해 왔으나, 피닉스는 '합리성'이나 '이성'이라는 것이 '논리적 사고 과정에만 관련되는 것'으로 너무 좁게 규정되어 왔다고 말한다. 여기에 비하여 '의미'는 좁은 의미에서의 합리성뿐만 아니라, 넓게는 감정, 양심, 사상 그리고 이성의 영역에서 제외되는 여러 가지 사고 과정을 포함한다.

피닉스는 의미를 관조와 성찰, 논리적 원칙, 선택적 정련 그리고 표현의 네 가지 특징으로 규정하고 있다. 즉, 의미는 인간이 관조와 성찰을 통해 얻게 된 내용을 논리적 원칙에 맞게 조직한 것이다. 이 의미는 학문적 전통에 의해 점차 선택적으로 정련되어 왔으며, 각각 적합한 상징적 형식에 의하여 표현되어 왔다. 이런 관점에서 '의미'는 넓은 의미에서의 '이성의 소산 전체'를 의미한다. 인간의 본성은 이러한 의미를 추구하고 전달하는 데 있으므로, 인간의 본성을 실현하기 위한 교육은 마땅히 그 의미를 내용으로 하지 않으면 안 된다는 것이다. 피닉스에 의하면 의미는 학문의 논리적 구조가 비슷한 것끼리, 즉 상징적 의미, 경험적 의미, 심미적 의미, 실존적 의미, 윤리적 의미, 총괄적 의미의 여섯 가지로 구분될 수 있다.

브라우디(H. S. Broudy), 스미스(B. O. Smith), 버넷(J. R. Burnett)은 『미국 중등교육에서의 민주주의와 수월성(*Democracy and Excellence in American Secondary Education*)』에서 학생들이 학교에서 배우는 내용에 대해 한 가지 좋은 아이디어를 소개하고 있다. 이 문제와 관련해서 그들의 관심은 학교에서 배운 내용을 학생들이 실제 생활에서 어떻게 활용하고 있는가 하는 점이다. 그들은 학교에서의 학습 결과의 활용을 네 가지 유형으로 구분하였는데, '재생적(replicative)' '연합적(associative)' '응용적(applicative)' '해석적(interpretive)' 활용이 그것이다(이홍우, 2010: 130-133).

우리가 학교에서 배운 내용을 그대로 반복해서 사용하는 경우가 지식의 재생적 활용이다. 대표적인 예가 구구단을 금방 암기할 수 있는 현상이다. 학교에서 배운 내용을 연합적으로 활용하는 경우는 며칠 전에 있었던 연주회에 대하여 친구와 이야기할 때, 연주 음악의 작곡자나 사용된 악기 그리고 음악의 형식 등 우리가 배운 지식을 서로 연결하여 사용하게 된다. 이는 배운 지식을 그대로 사용한다기보다는 우리의 마음속에 떠오르는 것들을 나름대로 연합해서 사용하는 것이다.

학교에서 배운 지식을 응용적으로 활용하는 경우는 배운 지식을 새로운 문제해결에 사용하는 것으로, 공학자들이 하고 있는 일 속에 잘 나타나 있다. 지식의 응용적 활용은 재생적 활용이나 연합적 활용보다 훨씬 어렵고, 여기에는 상당한 정도의 창의력과 유연성이 요구된다. 따라서 학생에게 배운 지식을 응용할 수 있도록 가르치기 위해서는 교사에게 특별한 자질이 요구된다. 지식의 해석적 활용은 어떤 의미에서는 지식을 응용하는 일이나, 이것은 질문에 답을 하거나 문제해결을 위한 것이 아니라, 상황을 이해하는 데 지식을 사용한다는 점이 다르다. 어떤 상황을 이해하고 해석하고자 할 때, 갖고 있는 지식을 직접적으로 적용시킬 필요는 없다. 단지 그것을 보는 안목으로서 전체적인 조망과 그것의 의미를 밝히는 일들이 요구된다.

블룸(B. S. Bloom)과 그의 동료들은 브라우디 등과 생각의 방향은 같으면서도 보는 측면을 달리하여 지식의 활용이라는 문제를 생각하였다. 블룸은 지적 학습의 수준이라는 측면에서 지식의 활용을 분류하였는데, 그 결과로 제시된 것이 '교육 목표 분류학'이다(임의도 외 공역, 1980: 3-12). 블룸 등의 제안은 교사에게는 물론 교육과정이나 평가 전문가에게도 많은 도움을 주는데, 그것은 교육의 인지적 측면을 서로 다른 수준으로 나누어 목표를 설정하고, 가르치며, 평가할 수 있도록 해 주기 때문이다. 그뿐만 아니라 그의 분류는 교육과정 현상의 개념화를 더욱 촉진시켜 주었고, 이에 대한 우리의 이해를 넓혀 주었다고 할 수 있다.

블룸 등이 제안한 지적 영역의 교육 목표 분류는 지식, 이해, 적용, 분석, 종합, 평가의 여섯 가지 유목으로 배열되어 있다. 각 유목 사이에는 정신적 작용과 지식의 활용이란 면에서 위계적 관계가 있어서 높은 수준의 단계로 갈수록 보다 복잡하고 추상적인 행동이 요구된다고 보았다.

교육 목표 분류학은 지적 영역 이외에도 정의적 영역과 운동 기능적 영역으로 구분되어 있는데, 이것은 교육과정의 여러 측면에서 다양하게 활용되고 있다. 즉, 교육과정의 설계나 개발의 단계에서 교육 목표의 모든 수준이 고르게 반영되어 있는가를 알아보는 데 이용될 수 있고, 평가 단계에서 목표 수준에 적절한 문항을 개발하고 선정하는 데 이용될 수 있다.

지금까지 살펴본 교육과정의 개념화 논의는 주로 전통적인 교과 속에 담긴 지식의 문제에 초점을 맞춘 것이다. 즉, 명제적 지식, 방법적 지식, 여섯 가지 의미영역, 재생적 · 연합적 · 응용적 · 해석적 활용, 교육 목표 분류학의 입장 등의 개념은 다소 전통적 교육과정의 입장을 반영하는 것이다. 그러나 이 문제에 대한 진보주의자들의 생각은 이와는 다르다. 진보주의자들은 학습자에게 의미 있는 학습 경험이 설계되어야 한다고 주장한다.

'일상생활을 영위하기 위해서 반드시 알아야 할 것은 무엇인가?'라는 질문을 받는다면, 대다수의 사람들은 역사학이나 물리학 등 전통적인 교과보다는 사람들과 어울리는 능력, 직장에서의 업무 능력, 건강의 유지, 여가 선용 등을 떠올린다. 따라서 우리의 관심은 지식이나 학문의 문제보다는 실제 생활에 도움을 주는 학습 경험이 무엇인가에 주어진다. 이러한 생각을 바탕으로 킬패트릭(W. H. Kilpatrick)은 구안법(project method)이라는 학습지도 방법을 제안하였다(허숙 외, 2006: 91).

구안법은 킬패트릭이 진보주의 교육운동의 기본 원리를 교육과정과 수업에 적용해 보고자 했던 그의 논문에서 유래된다. 그는 참다운 학습이란 강제로 이루어지는 것이 아니라, 일상생활 속에서 우리가 어떤 목적을 갖고 어떤 일을 하듯이, 그 일에 대한 경험을 통하여 자연스럽게 학습이 이루어진다고 본다. 따라서 학교

교육과정은 생활을 위한 준비가 아니라, 생활 그 자체로 보아야 한다는 것이다.

그에 따르면, 교육과정이란 교과가 아니라 바로 경험 그 자체인 것이다. 구안법을 활용할 때, 교사의 역할은 학생들의 자발적인 활동이 네 단계를 거쳐 이루어지도록 안내하는 일이다. 그 네 단계란 목적 설정 단계, 계획 단계, 실행 단계 그리고 평가 단계로서, 학생 스스로가 계획을 세워 수행해 가는 학습활동의 과정을 말한다. 킬패트릭에 따르면, 수업에 앞서 미리 마련된 교육과정이란 있을 수 없다. 교육과정은 언제나 수업이 이루어지는 현장에서 학생들이 필요로 하는 것과 목적에 따라 즉시적으로 구성되어야 한다. 이를 '현성 교육과정(Emerging Curriculum)'이라 한다.

여러분은 킬패트릭의 이러한 생각에 찬성하는가? 그의 생각을 교실에 적용하기 위해서 교사가 고려해야 할 점은 무엇인가? 학습 현장에서 구성하는 교육과정은 전통적인 학교가 추구해 오던 교육 목적과 갈등을 빚지는 않겠는가?

2) 교수과정의 논리

지식의 종류나 그 활용의 문제를 개념화하는 일이 교육과정의 이해에 어떻게 도움을 주는지를 살펴보았다. 그러나 그것은 교육과정의 고정적인 측면에 대한 논의였을 뿐, 교사에게는 학생과의 상호작용이나 교육과정의 전개와 같은 역동적 측면이 중요한 문제가 된다. 학교에서 학생들은 교육과정을 통해 다양한 주제와 활동을 계속적으로 경험하게 된다. 한마디로 교육은 역동적인 과정이다.

화이트헤드(A. N. Whitehead)는 '교육의 리듬'이라는 용어를 사용하여 역동적인 교수과정을 개념화하고 있다. 그는 지식을 학생들에게 의미 있도록 전달하고, 그들 스스로 자기 것으로 만들 수 있도록 가르쳐야 한다고 주장한다. 그것은 어떤 교과나 단원을 다루는 데도 적용될 수 있다고 보았다(이효현, 2006: 89-92).

그에 따르면, 교육의 리듬은 로맨스(romance), 집중(precision), 일반화(generalization)로 구성된다. 무엇보다도 교과를 가르칠 때, 그것에 매력을 느끼도록 로맨틱한 방식으로 제공되어야만 학생들에게 생동적이고 실제적인 의미를 주어 배울 가치가 있다고 느끼게 된다는 것이다. 집중 단계에 접어들면 그 교과를 더 깊고 자세하게 공부하게 되는데, 로맨틱한 홍미는 그대로 유지되어 학생 스스로 열심히 공부하도록 만드는 추진력이 되게 한다. 교과 내용에 대한 학습이 쌓여 가면서 학생들은 마지막으로 교과에 대한 전반적인 안목이 생기고, 그것을 일반화하는 것이 가능해지게 된다.

홍미를 갖고 교과를 공부해 본 적이 있는 사람이라면, 교육과정에 대한 이러한 비유적 설명에 쉽게 공감할 것이다. 화이트헤드는 모든 교육과정에서 이러한 로맨스와 집중 그리고 일반화의 세 단계가 역동적인 순환 관계를 이루면서 반복되어야 한다고 보았다.

듀이는 『아동과 교육과정(*Child and Curriculum*)』에서 전통주의 교육과 진보주의 교육 사이의 갈등을 지적하면서 '아동이 중요한가? 교육과정이 중요한가?'라는 질문에 대해 '두 가지 모두'라고 현명하게 대답한다(허숙 외, 2006: 86). 교육과정은 전통적인 지식을 포함하지만, 교수과정과 분리되어서는 안 되며 학습자와의 관련성 속에서만 의미 있는 지식이 될 수 있다고 보았다. 결국 교육의 핵심은 학습자의 홍미와 욕구를 중시하면서 학생들로 하여금 전통적 지식과 의미 있는 관련을 맺도록 유도하는 일이다. 이러한 일이 어떻게 이루어지는가에 대해, 듀이는 자신의 생각을 탐험가와 지도에 비유하여 설명하고 있다.

듀이에 의하면 학생에게 탐험가와 마찬가지로 교과 영역에서 자신만의 경험을 갖게 하고, 그것을 바탕으로 자신에게 의미 있는 지도를 그릴 수 있도록 하는 기회가 주어져야 한다. 물론 학생의 경험은 이미 그 지역을 잘 알고 있는 교사에 의해 신중하게 계획되고 안내되어야 한다.

그는 교과의 의미를 개념화하기 위해 '논리적(logical)'과 '심리적(psychological)'이란 용어를 사용하였다. 교과의 논리적 측면이란, 그 조직과 형식을 말하는 것으로서 탐험의 결과로 얻어지는 지도와 같이 교과 학습의 산물이다. 교사는 교수과정에서 학생들로 하여금 교과의 논리적 측면을 파악하도록 이끌게 되는데, 이는 화이트헤드의 일반화 단계에서 이루어지는 것과 유사하다. 교과의 심리적 측면이란, 학습자가 교과를 직접 경험하는 것을 말한다. 그것은 탐험가의 여행과 같은 것으로서, 학생들은 교과를 배워 가면서 관찰도 하고 기록도 하며 새로운 내용에 대한 느낌을 갖게 된다. 따라서 교사는 학생을 가르칠 때 교과가 갖는 논리적 구조를 그들에게 맞게 심리화해 주어야 한다. 즉, 교과의 논리적 구조를 학생들의 경험 수준에 맞게 변화시켜 주는 것이다.

브루너(J. S. Bruner)의 '지식의 구조'란 그 교과를 구성하는 기본적인 개념이나 원리, 일반적인 아이디어를 의미한다(이홍우 역, 1986: 74). 그에 따르면, 학생들 스스로가 교과의 구조를 발견할 수 있도록 교육과정 자료나 교수방법을 조직하는 일이다. 듀이가 말하는 탐험가의 지도 작성과 마찬가지로 적절한 자료와 교사의 안내만 주어진다면, 어떤 연령대의 학생이라도 주어진 교과의 구조에 대한 지도를 그려 낼 수 있다고 주장한다. 이와 같은 브루너의 생각은 화이트헤드의 일반화 단계나 듀이가 말하는 교과의 논리적 형식이라는 것과도 상통한다.

결국 이러한 제안들이 말해 주는 것은, 교과를 가르칠 때 그 교과의 내용을 범주화하는 기본적인 아이디어와 상호 관련성을 학생들 스스로 발견할 수 있도록 이끌어야 한다는 점이다. 학생들이 그러한 과정을 거쳐야만 교과를 내면화하여 자신의 생각이나 행동에 변화를 가져오는 산지식이 될 수 있기 때문이다.

4. 교육과정의 구성

지금까지 교육과정과 관련하여 '무엇'과 '왜'라는 질문에 대해 생각해 보았고, 여기서는 '어떻게'라는 문제로 관심을 돌려 보기로 한다. '무엇'을 '왜' 가르치는가와 같은 교육과정의 일차적인 질문도 중요하지만, 그 질문에 대해 대답할 수 있는 유용한 '방안'을 모색하는 일도 빼놓을 수 없는 일이다. 한 학교의 교육과정은 어떻게 구성되어야 하는가? 각 교과의 내용은 어떻게 마련되어야 하는가? 어떠한 절차와 방법에 따라 교육과정을 구성해야 하는가?

1) 교육과정 구성의 원천

교육과정의 구성에 관한 논의에 따르면, 교육과정은 교과, 학습자, 사회를 중심으로 구성될 수 있다. 미국 교육연합회의 '10인 위원회'가 제안했던 중등학교 교육과정은 전적으로 교과 중심의 관점으로 구성된 것이었다. 여기에는 교과 전문가들이 동원되고, 그들은 각 교과를 여러 단원으로 나누어 학년 수준에 맞게 계열화하는 일에 열중하였다. 예컨대, '10인 위원회'가 내놓은 역사 교육과정을 보면, 5학년과 6학년에서는 역사적 인물과 신화를 통해 역사를 소개하고, 7학년에서는 미국사를 다루며, 8학년에서는 그리스와 로마의 역사를, 그리고 12학년이 되면 문명에 대해서 가르치도록 되어 있다. 이렇게 배열된 내용들은 각각 다시 하위 단원들로 나뉘어 소개되었다(허숙 외, 2006: 103).

이와 달리 진보주의자들은 교육과정의 구성에 있어 학습자에게 초점을 두고자 하였다. 학습자의 요구를 받아들여 그에 필요한 활동과 자료들을 찾아 적절한 환경을 마련해 학습자 중심의 학습 경험을 제공해 주고자 하였다. 그들은 교육과정의 구성은 실제적인 학교나 학급 상황으로부터 도출되어야 한다고 생각하였다. 그러나 불행하게도 실제로 그들이 보여 준 노력은 과학적이고 조직적인 실험이라기보다 시행착오적인 면이 많았다.

그러나 20세기 초반 미국에서는 교육과정을 엄격한 과학적 절차에 따라 구성해 보고자 하는 노력이 있었다. 이러한 노력의 일환은 사회 중심 교육과정의 형태로 나타나, 그 사회의 규준과 실제를 교육과정의 구성에 반영하려 했다. 이에 따라 일상생활에서 가장 빈번히 사용되는 단어는 무엇이며, 성인들이 가장 많이 이용하는 산술적 기능은 무엇인가에 대한 과학적 연구를 통하여 교육과정의 개발을 시도하였다. 그리고 사회 중심의 교육과정 구성에는 이러한 자료 중심의 과학적 접근과는 다소 다르게 '목적 지향적'인 관점도 있었다. 이것은 교육철학자들이 조망하는 우리 사회의 바람직한 발전 방향을 설정하고, 이러한 목적을 성취할 수 있도록 교육과정을 설계하고자 하는 것이다. 예컨대, 이러한 목적으로 제안된 것을 보면, 민주적 사회라든가, 도덕적 인간, 행복한 시민과 같은 것이다. 앞에서 살펴본 브라우디 등의 저서는 이러한 목적 지향적인 접근을 택하고 있는 것으로 볼 수 있다. 여하튼 교육과정 구성에 대한 과학적 접근은 예나 지금이나 가장 큰 주류를 이루는 방식이라는 점에서 변함이 없다(허숙 외, 2006: 104).

교육과정 구성의 과학적 접근의 고전적인 예는 보비트(F. Bobbitt)가 1924년에 출판한 『교육과정 편성법(*How to Make a Curriculum*)』에서 찾아볼 수 있다. 그는 교육과정을 구성하기 위해서 당시 경영학의 과학적 관리법인 시간 · 동작 연구기법(time-and-action-study techniques)을 받아들여, 잘 교육받은 사람은 어떤 행동을 하는가를 분석하였다. 이것은 공장이나 회사에서 작업의 능률을 올리기 위해 그 일의 특성을 분석하는 방법이었다. 당시 효율적으로 행동하는 사람을 길러 내는 교육과정을 원했던 교사나 교육학자들에게 이는 유용한 방식으로 받아들여졌다. 그리고 1970년대에 있었던 성취중심(performance-based) 교육이나 능력중심(competency-based) 교사교육 운동도 이러한 교육과정 구성 방식의 재현이라 할 수 있다.

2) 타일러 모형

교육과정 구성방법에 대한 아이디어 중 가장 큰 영향력이 있는 것은 '타일러 모형(Tylerian Rationale)'이다. 타일러 모형은 교육과정의 설계에 대한 우리의 생각을 지배해 온 주된 패러다임이다. 타일러 모형에 대한 대안적 모형이 제안되고 있지만, 아직 그 세력을 능가하는 것은 없다고 본다.

1949년 타일러(R. W. Tyler)는 『교육과정과 수업의 기본원리』를 통해서 교육과정 개발 시 제기되어야 할 네 가지 기본적인 질문을 제시하였다.

- 학교는 어떤 교육 목표를 달성하고자 노력해야 하는가?
- 이러한 목표를 달성하기 위하여 어떤 학습 경험이 제공될 수 있는가?
- 이러한 학습 경험을 효과적으로 조직하는 방법은 무엇인가?
- 의도한 목표가 달성되었는지 아닌지를 판단하는 방법은 무엇인가?

타일러가 제시한 이 네 가지 질문은 결국 교육과정 구성 시 고려되어야 할 네 가지 요인을 의미한다. 그것은 교육의 목적이나 목표의 설정, 교과나 학습 경험의 선정, 학습 경험의 조직 그리고 결과의 평가로 요약된다.

타일러는 이 네 가지 질문에 대해서 설명하면서, 학교가 실제로 어떤 교육 목표를 추구해야 하는지에 대해서는 한마디도 언급하고 있지 않다. 다만 그는 학교가 자체적인 목표를 어떻게 설정하는가 하는 절차와 방법을 구체적으로 소개하고 있다. 그는 목표 설정의 원천으로서 학습자에 대한 연구, 현대의 사회생활에 대한 조사 그리고 교과 전문가의 견해, 교육철학, 학습심리학 등을 제시하고 있다. 타일러 모형의 이러한 성격으로 인해 이홍우는 타일러 모형을 '목표 모형'으로 규정하고 있다(이홍우, 2010: 26).

타일러의 모형은 어떠한 종류의 교육과정이든 그것을 종합적으로 구성할 수 있게 해 주는 합리적인 방법을 제시해 준다. 결국 타일러 모형의 이러한 특성은 20세기에 지배적인 과학적 사고방식에 따라, 교육과정의 구성에 있어 가치판단을 배제하고, 객관성과 공정성을 강조하는 입장을 반영한 것이라고 보아야 할 것이다.

3) 슈왑의 실제적 · 절충적 접근

슈왑(J. Schwab)은 교육과정론자들이 일상적이고 구체적인 교육과정 문제에 대한 해답을 추구하기보다, 교육과정 개발의 일반적 이론에만 열중한다고 비판한다. 그는 오늘날 교육과정 연구 분야가 빈사 상태에 놓여 있다고 비판하면서, 현재와 같은 원리나 방법으로는 교육의 발전에 전혀 기여할 수 없다고 주장한다. 그것은 지금까지 교육과정 연구가 검증되지도 않은 이론적인 것에만 집착해 온 때문이라는 것이다. 이제 교육과정 연구는 이론의 추구에서 벗어나 '실제적(practical)' '준실제적(quasi-practical)' 그리고 '절충적(eclectical)'이라는 세 방향을 향해 노력해야 한다고 주장한다. 그러나 이러한 그의 생각도 타일러의 논리와 근본적으로 대치되는 것은 아니며, 오히려 상호 보완적인 것임을 슈왑 자신도 인정하고 있다(허숙 외, 2006: 111).

그의 생각을 간단히 설명하기는 쉽지 않으나, 교육과정 연구란 근본적으로 특수한 상황에 따라 적절한 대안을 모색할 수 있도록 해야 한다는 것이다. 즉, 어떤 문제를 이해하고 설명하기 위해서는 그 문제가 발생한 특수한 상황과 관련된 여러 사실이나 지식에 바탕을 두고 해석되어야 하며, 일반적인 법칙이나 이론만으로 파악될 수 있는 것은 아니라는 것이다. 이러한 특수 상황에 대한 배려는 마치 배심원들이 주어진 여러 구체적인 증거들을 바탕으로 고심하여 판결을 내리듯이, '숙의(deliberation)'라고 하는 과정을 통하여 가능하다는 것이다.

실제로 교육과정을 개발하는 집단이 어떠한 과정을 거쳐 작업을 수행하는가를 살펴본 워커(D. Walker)는 그들이 타일러가 말하는 네 단계를 그대로 따르고 있지 않다는 사실을 보고하고 있다(허숙 외, 2006: 114). 많은 교육과정 개발 연구들은 전혀 목표를 진술하지 않거나 진술해도 작업의 초기에 교육과정 개발 기준으로 제시하기보다는, 교육과정이 개발된 후에 교사에게 그들의 의도를 설명하기 위한 방편으로 목표를 진술하는 경우가 많았다. 교육과정 개발자들이 작업에 임하면서 갖고 있는 것은 구체적으로 진술된 목표가 아니라, 그들이 학교나 학생, 학습, 교실, 사회 등에 대해 갖고 있는 신념과 좋은 교육 내용과 방법이 어떠한 것인지에 대해 막연히 갖는 관념이다.

슈왑의 교육과정 개발의 숙의적 방법은 타일러의 논리와 다르기는 하나 반드시 상충되는 것은 아니다. 예컨대, 슈왑의 제안은 타일러가 말하는 목표를 결정하는 한 가지 방식으로 볼 수 있다. 그러나 슈왑의 모형은 숙의나 판단, 특수한 상황에 대한 배려 등 타일러의 논리에서는 사소한 문제로 취급되었던 교육과정 개발의 과정적인 측면을 강조해 주는 것이다.

지금까지 우리는 '무엇을, 왜, 어떻게 가르칠 것인가?'라는 교육과정의 핵심적인 문제에 관해서 전문가들의 논의 내용을 간략하게 살펴보았다. 교사로서 우리는 이러한 문제의식에 대해 항상 열린 마음으로 다가가서 논의의 광장에 참여해야 한다. 그러한 과정을 통해서만이 참된 전문적인 교사로서 성장해 나갈 수 있다. 교사는 이러한 문제에 의문을 제기하고 해답을 추구하면서 자신의 교육관을 평생 재구성해 나간다.

[부록]

삶을 위한 교육

갑: 우리가 모든 것을 과거로부터만 배운다면, 우리는 어떻게 미래를 예측할 수 있을까? 예컨대, 20세기가 되기 전까지만 해도 원자를 다시 쪼갠다는 것은 불가능한 것이라고 생각하였고, 어느 누구도 핵전쟁이나 핵폐기물의 문제를 예상하지 못했어. 따라서 교육자들은 자라나는 학생들에게 지금 우리가 알고 있는 것만을 가르치는 것으로 만족해서는 안 될 것 같아. 우리 교육은 학생들에게 사고하는 방법과 문제해결력을 길러 줌으로써 그들로 하여금 미래에 대처할 수 있도록 해 주어야 해.

을: 물론 문제해결력도 중요하고 미래를 예측하기가 어렵다는 것도 사실이야. 그러나 알 수 없는 미래를 대처하는 가장 좋은 방법은 비판적 사고나 문제해결 기술을 배움으로써 찾아지는 것이 아니라, 지금까지 우리 인류가 쌓아 온 인간과 세계에 대한 풍부한 지식을 통해서 얻어질 수 있다고 생각해. 사실 비판적 사고력이란 것도 과학이나 철학 또는 예술과 같은 교과를 통해서 가장 잘 길러질 수 있잖아? 바로 이러한 전통적인 교과를 가르침으로써 우리 교육은 문화적인 유산 속에 담겨 있는 비판적 사고방식을 다음 세대로 전달해야 하지 않을까?

갑: 나는 그렇게 생각하지 않아. 비판적 사고력이나 문제해결력이란 것은 전통적 교과를 공부한다고 해서 저절로 학습되는 것이 아니라, 실제 생활 장면에서의 계속적인 실험과 성공적인 적응을 통해서 획득되는 것이라 생각해. 오늘날 우리의 학교교육이 실제적인 현실 세계와는 거리가 먼 전통을 지나치게 중요시하고 있는 것은 잘못이라고 봐. 학생들이 학교에서 배우는 내용과 실제적인 생활과는 별로 관계가 없다고 말하는 것은 당연한 일이야. 우리는 학생들의 학습을 의미 있도록 만들어 주어야 하고, 이를 위해서는 학생들이 그들의 생활과는 거리가 먼 내용을 억지로 배우도록 강요할 것이 아니라 그들의 삶과 관련 있는 내용을 공부할 수 있도록 해 주어야 하지 않을까?

을: 그렇지만 학생들은 스스로에게 무엇이 의미 있는 것인지를 판단하기에는 아직 어려. 지금 당장은 어렵고 의미 없어 보이는 고전교육이 얼마나 유익한 결과를 가져오는가 하는 것은 우리 성인들이 더 잘 알고 있지. 또 학생들이 갖는 흥미라는 것도 변하기 쉬운 것이야. 오늘날 그들에게 의미 있는 것도 내일이면 의미가 없어질지 몰라. 그러나 과거의 지혜는 언제나 우리에게 적절한 도움을 준다고 생각해.

갑: 그렇다면 본질적인 문제를 생각해 보자. 푸줏간에서 일하는 사람이나 이발사가 될 사람도 대수학이나 물리학을 반드시 알아야 할 필요가 있을까? 은행원이나 상점 주인이 화학이나 고대 역사를 배워야만 할까? 경찰관들은 모두 셰익스피어를 알아야 하고, 간호사들은 철학을 필수로 배워야 할까? 보통 사람들이 알아야 할 필요가 있는 것은 실제 생활의 문제를 어떻게 해결해야 하며, 어떻게 좋은 직업인이 되고, 좋은 부모가 되며, 선량한 시민이 될 것인가 하는 것이야. 네가 말하는 전통적인 교과 중심의 고전교육은 소수의 엘리트를 위한 교육일 뿐 다수의 선량한 보통 사람들을 위한 것은 아니라고 생각해.

을: 생각을 좀 더 깊게 해 봐. 유익하고 생산적인 삶을 살아가는 사람이란 단지 이것저것을 어떻게 할 것인가를 아는 사람이 아니라, 교육을 통하여 질 높은 삶을 영위하는 사람인 거야. 네가 보는 교육은 소위 실제적인 유용성이란 이름으로 학생들에게 마땅히 가르쳐야 할 의미 있는 지식을 외면하는 거야. 나는 학생들에게 우리의 풍부한 문화유산에 함께 동참하도록 권하고 싶어.

두 사람의 대화에 대하여 어떻게 생각하는가? 본래부터 가치 있는 교과라는 것이 존재하는가? 모든 학교는 비판적 사고력과 문제해결력을 길러 주어야 한다고 보는가? 어떻게 그것을 길러 줄 수 있는가? 진보주의 교육과 전통주의 교육 중 어느 것이 학생들의 삶에 보다 도움을 주는 것인가? 이 같은 논쟁을 계속해 보라(허숙 외 2006: 193-195).

참고문헌

손충기(2006). 교육과정과 교육평가. 서울: 태영출판사.

유재봉(2001). 허스트의 사회적 실제에 기반을 둔 교육. 교육철학, 25, 73-89.

이홍우 역(1986). 교육의 과정. 서울: 배영사.

이홍우(2010). 교육과정탐구(증보). 서울: 박영사.

이효현(2006). A. N. Whitehead의 리듬에 내재된 교육 내용 및 교육방법적 함의. 공주대학교 대학원 박사학위논문.

임의도, 고종렬, 신세호 공역(1980). 교육목표분류학(1), 지적 영역. 서울: 교육과학사.

허숙, 박승배 공역(2006). 교육과정과 목적. 서울: 교육과학사.

추천도서

김복영 역(1997). 교육과정과 포스트모더니즘의 시각. 서울: 교육과학사.

이홍우(2010). 지식의 구조와 교과. 서울: 박영사.

연세대학교 교육학과 교육과정연구회 역(1992). 교육과정이론. 서울: 양서원.

이홍우 역(1987). 민주주의와 교육. 서울: 교육과학사.

진영은 역(1996). 교육과정과 수업의 기본원리. 서울: 양서원.

Pinar, W. F. (2004). *What is Curriculum Theory?* Lawrence Erlbaum Association, Inc.

제6장

교수-학습 과정의 이해

1. 교수-학습 과정의 개념
2. 수업이론
3. 좋은 수업을 위한 수업이론의 적용

제6장

교수-학습 과정의 이해

교육은 가치 있는 무엇인가를 가르치고 배우는 과정이다. 흔히 가르치고 배우는 과정을 '교수-학습 과정'이라고 부른다. 그렇다면 교육 현장에서 교수-학습 과정이 중요시되는 까닭은 무엇인가? 그것은 아무리 좋은 교육 내용이 선정·조직된다고 하더라고 이것을 가르치는 방법이 미흡하다면 학습의 효과를 극대화할 수 없기 때문이다. 이런 이유로 교육학자들은 교수-학습 과정에 대해 비상한 관심을 가지고 교수-학습의 개념 및 교수-학습 이론 등을 탐색해 왔다. 이 장에서는 교수-학습 과정의 개념, 다양한 수업이론, 좋은 수업을 위한 수업이론의 적용 등을 중심으로 교수-학습 과정을 설명하고자 한다.

1. 교수-학습 과정의 개념

1) 교수-학습 과정

교수-학습 과정은 교육의 핵심부를 이루고 있다. 교수-학습 과정은 교사가 가르치는 것을 학생이 배우는 과정이다. 수업(instruction)의 개념과 유사한 개념이 '교수(teaching)'와 '학습(learning)'으로서, 때로는 '교수-학습 과정'이라는 말을 쓰기도 한다. 이들을 엄격히 구분하기는 어렵다. 그 이유는 이러한 용어들 속에는 공통적인 개념이 내포되어 있으며, 다만 강조점이 다를 뿐이기 때문이다. 누구를 교육의 주체로 보느냐 하는 관점에서 볼 때 수업과 교수는 교사가 가르치는 행동을 말하고, 학습은 학생이 배우는 행동을 말하며, 교수-학습 과정은 양자의 행동을 모두 포함한다고 볼 수 있다(이형행, 권영성, 2010: 221). 또한 학습지도(learning guidance)란 용어는 듀이(J. Dewey)의 진보주의 교육철학과 경험주의 교육과정이 대두되면서 학습자의 흥미와 개인차를 강조하면서 많이 쓰이게 되었다.

한편 영어의 'teaching'을 '교수'로, 'instruction'을 '수업'으로 구분해서 사용하기도 하지만, 많은 사람들이 반대로 번역해 사용하기도 하고, 교수와 수업을 혼용하기도 한다.

2) 수업과 학습의 차이점

수업은 학교 현장에서 교사활동의 핵심이며, 학습은 학생의 입장에서 교사가 가르치는 교과 내용을 배우는 과정이다. 수업과 학습의 차이점을 주요 관점별로 살펴보면 〈표 6-1〉과 같다.

수업과 학습의 차이점을 좀 더 구체적으로 설명하면, 첫째 수업은 독립변인이고, 학습은 종속변인이다. 예를 들어, 어떤 학생에게 7주간 읽기향상 프로그램(PASS Reading Enhancement Program: PREP)을 훈련하였더니 그 결과 읽기 성적

〈표 6-1〉 수업과 학습의 차이점

관 점	수 업	학 습
변 인	독립변인	종속변인
목 표	일정한 목표가 있어야 함	목표가 있을 수도 있음
의 의	일의적(一義的)	다의적(多義的)
연구 대상	교실 사태	동물
주안점	지적 체계	생활 경험
행동 변화방법	처방적	기술적

출처: 한상길 외(2010). p. 263.

이 향상되었다면, 여기서 PREP는 독립변인이고, 성적은 종속변인이 된다. 둘째, 수업은 일의적이지만 학습은 다의적이다. 그 이유는 교사가 가르치는 것은 하나이지만 학생은 제각기 다르게 배우기 때문이다. 셋째, 수업은 처방적이지만 학습은 기술적이다. 이 말은 수업은 학생의 문제점을 찾아내어 이를 수정하기 위한 처방적 행동이라 할 수 있으나, 학습은 학생의 변화된 행동을 그대로 기술할 뿐이라는 의미다(한상길 외, 2010: 265). 이때 학생에 대한 정확한 기술은 매우 중요하다. 왜냐하면, 정확한 기술을 근거로 해당 학생에게 적절한 수업전략을 처방할 수 있기 때문이다.

학습이론과 교수이론의 차이점에 대하여 브루너(Bruner, 1966)는 "학습이론은 학습의 과정에 초점을 맞추고 학습자에게 일어나는 것에 관심이 있는 반면, 교수이론은 교수방법에 초점을 맞추고 교수자가 행하는 것에 관심이 있다. 교수이론은 학습이론을 교육 실제에 적용하는 데 그 의의를 두기 때문에 일반적으로 처방적이지만, 학습이론은 교수이론에 비하여 서술적이고 간접적이다."라고 설명하고 있다.

지금까지 살펴본 교수, 수업, 학습, 교수-학습 과정, 교수방법의 용어를 정리하면 다음과 같다.

① 교수(teaching): 학습자의 학습 목표 달성을 위해 교사의 가르침을 전제로 한다.

② **수업**(instruction): 학습이 일어날 수 있도록 학습자의 내적 또는 외적 조건을 체계적으로 조정하는 과정이다. 수업은 목적성, 의도성, 계획성을 가진 활동이다. 교사와 학습자 간의 상호작용뿐 아니라 교수-학습 매체(media)를 이용한 프로그램에 의한 학습활동까지도 포함한다. 수업이 교수보다 포괄적인 개념이다.

③ **학습**(learning): 학습자의 입장에서 교사의 의도적 목적으로 일어나는 변화와 비의도적으로 일어나는 변화를 말한다.

④ **교수-학습**(teaching-learning) **과정**: 교사가 학생에게 교육 내용을 가르쳐서 학생 측에서 가르침을 받는 행위를 말한다.

⑤ **교수방법**(teaching methods): 교수 형태, 교수전략, 매체 선정 등 구체적이고 세부적인 교육방법을 의미한다.

3) 교사, 학생, 교과 내용의 상호작용

지금까지 살펴본 교수, 수업, 학습의 개념을 좀 더 쉽게 이해하기 위하여 교육의 3요소, 즉 교사(교수 · 수업), 학생(학습), 교과 내용(교육과정, 교육 내용, 교재)의 상호작용을 요약하여 도식화하면 [그림 6-1]과 같다. 교육 현장에서 교육적 가치

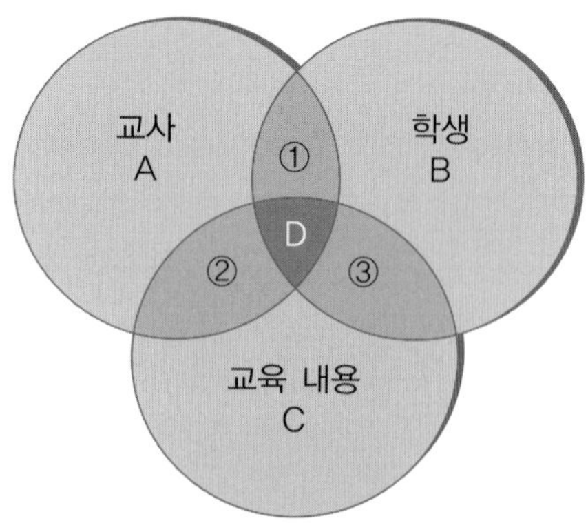

[그림 6-1] 교육의 3요소와 상호작용

는 D 영역이다. D 영역이 클수록 좋은 수업이다. 반대로 2번 영역이 넓으면 넓을수록 그 수업은 잘못된 수업이라 할 수 있다.

- A: 교사가 교과 내용에 없는 것을 수업했으며 학습이 안 됨
- B: 교과 내용에도 없고 수업도 안 했으나 학생은 학습함
- C: 교과 내용에 있으나 교사는 수업도 안 했고, 학생은 학습도 안 됨
- D: 교육적 가치가 있으며, 수업, 학습, 교과 내용이 일치함
- ①: 교사는 교과 내용에 없는 것을 수업했고, 학생은 그것을 학습함
- ②: 교사가 교과 내용을 수업했으나 학생은 학습하지 않음
- ③: 교사가 교과 내용을 수업하지 않았는데 학생은 학습함(자율학습, 자기주도학습)

[그림 6-1]에서 살펴보았듯이 교사는 교과 내용에 있는 것을 안 가르칠 수도 있으며, 반대로 교과 내용에 없는 것을 가르칠 수도 있다. 그 이유는 교사마다 개인의 가치관, 철학관, 인생관, 예술관, 윤리관이 다르기 때문이다.

예를 들어, 지리교과 내용에 스리랑카의 역사를 소개하는 다음과 같은 [사진 6-1]이 있을 때, A 교사는 이 벽화가 프레스코(Fresco) 기법을 사용한, 예술성이 뛰어난 작품이라고 강조할 수 있고, B 교사는 아버지를 살해하고 왕위에 오른 것은 '패륜아'라고 논평할 수도 있으며, C 교사는 인간의 심리에는 양가감정이 있는데 이 벽화는 이를 반영한 것이라고 해석할 수도 있다(Bandaranayake, 2007). 이렇듯 교사는 자신의 예술관, 윤리관, 심리학적 관점에 따라 하나의 대상에 대한 해석이 다를 수 있다.

[사진 6-1] 스리랑카 카사파 왕(AD 477~495)이 아버지의 혼령을 위로하기 위해 시기리야 요새 사자 바위에 그린 압사라 여신과 시종

대학은 교수마다 더 큰 차이를 갖는 해석을 한다. 대학교수들은 각자의 철학관과 교육관에 따라 한 가지 사실에 대해 다양한 진단을 내놓는다. 그러니 대학생은 여러 교수의 강의를 폭넓게 수강하여 자신만의 철학

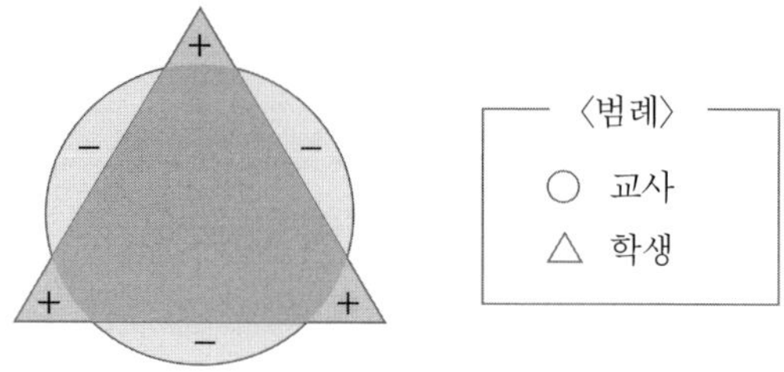

[그림 6-2] 정상적 의사소통에서의 불일치

관을 정립하여야 한다.

그렇다면 학교 현장에서 학생은 교사가 설명한 내용을 그대로 이해하는가? 그렇지 않다. 독일 철학자 뮐러(K. Muller)는 정상적 의사소통에서의 불일치를 [그림 6-2]와 같이 설명하고 있다. 여기서 + 부분은 학생이 교사가 말하지 않은 것을 자기 나름대로 첨가해서 들은 것이고, − 부분은 교사가 설명했지만 학생이 누락시킨 것이다. 즉, 결손학습이 일어난 것이다. 왜 이와 같은 현상이 일어나는가? 그 이유는 의사소통 시 장애요인이 있기 때문이다.

의사소통의 첫 번째 장애요인은 왜곡이다. 왜곡은 개인들 사이의 준거(frame of reference) 차이 때문에 생겨난다. 사람들은 자신들의 다양한 경험에 따라 동일한 의사소통 내용과 상황을 다르게 해석할 수 있다. 그렇기 때문에 교사는 수업 중 언어를 선택할 때 학생의 입장에서 이해할 수 있는 쉬운 단어를 선택해야 한다. 즉, 교사와 학생 모두 표현언어와 개념언어가 일치하는 단어를 사용해야 한다. 의사소통의 두 번째 장애요인은 누락이다. 이와 같은 현상은 수신자가 고의로 누락시키거나 또는 전체 메시지를 파악하지 못할 때 일어난다(우종하, 2010: 399).

4) 교사 역할의 변화

[그림 6-3]은 전통적 교육 환경에서 교사가 수업한 내용을 학습자가 학습하는 구조를 설명하고 있다. 그러나 21세기 지식 정보화 사회가 되면서 컴퓨터 매체와 같은 교육공학의 발달로 [그림 6-4]와 같이 학습자는 자신의 과제나 문제에 대한

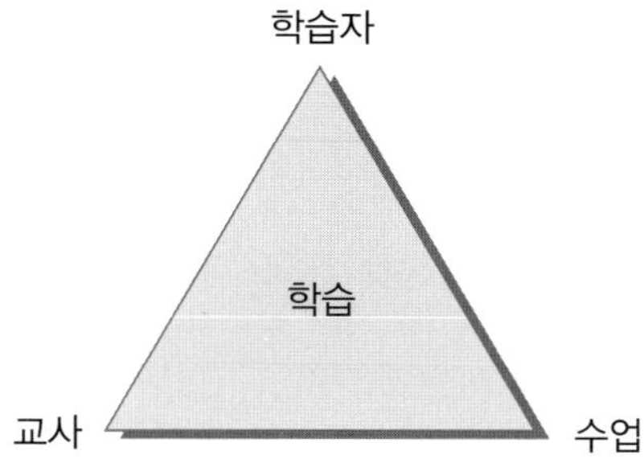

[그림 6-3] 수업과 학습의 관계

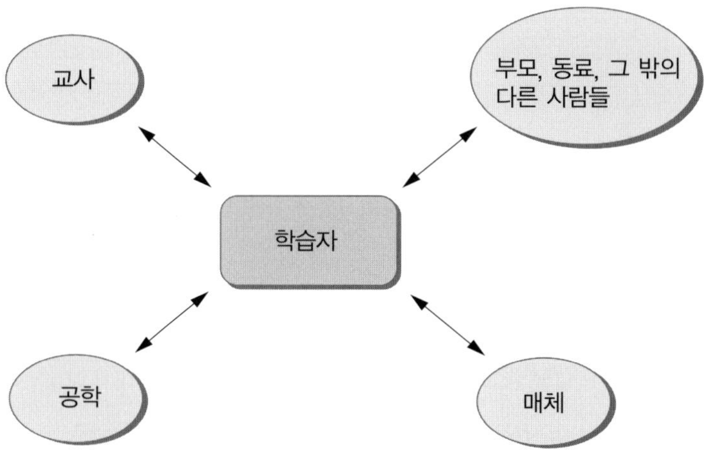

[그림 6-4] 학습자가 다양한 정보 원천에 몰두하는 구조

해결 방안을 찾으려고 다양한 정보 원천에 몰두하게 된다. 그러므로 교사의 역할은 학습자가 그들의 학습 목적을 달성하도록 안내하고 도와주는 것이다(Newby et al., 2000: 5-7).

컴퓨터와 공학의 발달로 교사와 학습자는 동시에 같은 정보를 쉽게 획득할 수 있게 되었다. 미국의 하버드 대학교 등 대부분의 대학교들이 교수들의 강의 내용을 실시간 동영상을 통해 중계하고 있다.

학습자는 하버드 대학교 홈페이지(http://www.harvard.edu)에 접속하면 24시간 강의 내용을 모니터할 수 있다. 주커버그(M. E. Zuckerberg)가 창시한 소셜 네트워크(social network)인 페이스북(Facebook)의 회원 5억 명은 하루 2시간씩 검색을 하고 있다. 심지어 폭로전문 사이트인 위키리크스(WikiLeaks)에 접속하면 그동안 비밀 문서였던 각국의 외교, 국방, 정치 등 각종 사건과 관련된 정보를 누구든지 쉽게 얻을 수 있다. 그러면 '교사는 학생에게 무엇을 가르칠 것인가?'라는 근본 문제에 직면하게 된다.

교사는 학생들에게 정보의 경중, 즉 중요한 가치가 있는 정보와 그렇지 않은 정보를 구분 및 판단할 수 있는 통찰력과 그 정보가 얼마나 정확한지, 그리고 그러한 정보들을 자신의 문제해결에 적용 및 종합할 수 있는 능력을 길러 주어야 한다.

2. 수업이론

학교교육의 핵심은 가르치고 배우는 활동이기 때문에 많은 교육학자들이 효과적으로 가르치는 원리를 연구하였다. 수업 장면을 과학적으로 분석하고, 수업에 영향을 미치는 학습자 변인, 과제의 특징, 수업 절차, 수업 형태, 수업 매체, 수업 시간 등 수업 변인을 체계적으로 통제·관리하려는 노력이 시작되었다. 글레이저(R. Glaser), 브루너(J. S. Bruner), 캐럴(J. B. Carroll), 가네(R. M. Gagné), 오스벨(D. P. Ausubel) 등 많은 학자들이 '수업심리학' 또는 '수업이론'이라는 제목으로 논문과 저술을 발표하기 시작하면서부터 수업이론의 정립에 기여하게 되었다(이경화 외, 2010: 350).

또한 공학의 발달은 수업에 많은 영향을 미쳤다. 공학을 적용한 수업이 수업 설계, 수업 실천, 교사와 학생 간 상호작용에 어떤 영향을 주었는지 검증하기 시작하였다. 학자들마다 학습 과정, 교재의 조직, 사회적 모델, 학습 동기 등 연구의 초점이 다양하다(Schunk, 2000: 401). 여기서는 글레이저, 브루너, 캐럴, 가네, 오스벨 등 다섯 명의 학자들의 수업이론을 소개하기로 한다.

1) 글레이저의 수업모형

글레이저(Glaser, 1962)의 수업모형만큼 수업 과정을 간단하면서도 알기 쉽게 설명한 교수이론은 없다. 글레이저는 학습 내용을 일종의 정보로 보고, 수업 과정을 많은 양의 정보를 신속 · 정확하게 처리하는 컴퓨터의 구조와 기능에 비유하였다. 그는 수업 과정을 하나의 체계(system)로 파악함으로써 수업의 한 단계는 다음 단계의 활동 내용을 결정하고, 각 단계는 피드백에 의해 유기적으로 상호 관련되어 있으며, 교수와 평가의 밀접한 관계를 강조하였다.

글레이저가 수업모형에서 사용하고 있는 용어를 살펴보면 다음과 같다.

① 수업 목표: 학생들이 수업을 통해 해낼 수 있게 된 것을 학습 성과로 진술한다. 수업 목표는 구체적이고 성취적인 용어로 진술되어야 한다. 예를 들면, '수학을 이해한다.' 보다는 '덧셈을 할 수 있다.' 든가 '미적분을 풀 수 있다.' 라고 진술된 목표가 더 구체적이고 명확하다.

② 투입 행동(entering behavior): 학생이 새로운 도착점 행동을 습득하기 전에 이미 습득했어야 할 행동, 즉 선수학습의 개념이다. '출발점 행동' 이라고도 한다. 교사는 현재 학생의 수준을 진단하고, 이로써 수업 목표는 수정될 수 있다.

③ 수업 절차: 교사가 수업 내용을 효과적으로 조직하여 학생들에게 가르치는 행동이다.

④ 평가: 수업이 끝나면 학습 성과를 평가한 뒤에 이를 수업 목표, 투입 행동, 수업 절차에 피드백하여 각 단계를 수정 · 보완한다.

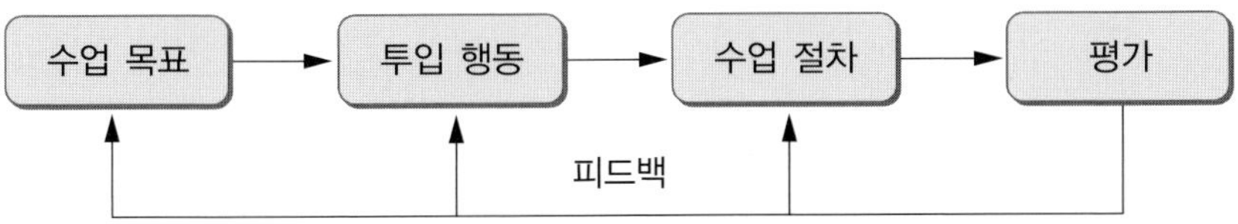

[그림 6-5] 글레이저의 수업모형

글레이저의 수업모형의 시사점은, 첫째 수업 과정을 계속적인 의사결정과 그것의 수정 과정으로 보고 있으며, 둘째 계속적인 피드백을 통해 각 단계 간의 유기적인 관계를 강조하고 있고, 셋째 교수공학적 접근을 전제로 학습자들 간의 개인차를 반영한 것이다.

글레이저의 수업모형에 기초하여 1970년대 이후 60여 개의 많은 수업설계모형이 개발되었으며, 대부분의 모형들은 분석(analysis), 설계(design), 개발(development), 실행(implementation), 평가(evaluation)의 다섯 단계로 구성되었다. 이 모형의 명칭은 각 단계의 두음을 따서 'ADDIE'라고 한다.

2) 브루너의 수업이론

(1) 기본 개념

브루너는 수업에 관한 인지이론적 접근의 대표자로서 교육의 실천에 많은 영향을 미쳤다. 그의 수업이론의 특징은 학습의 선행 경향성, 지식 구조, 학습 계열(sequence), 강화(reinforcement) 등이다.

① **학습의 선행 경향성**: 이는 글레이저의 '출발점 행동' 개념과 비슷하며, 학습하고자 하는 의욕, 동기 또는 경향을 뜻한다. 브루너는 학습 의욕을 고취시키기 위한 방법으로 학습자에게 탐구심과 호기심을 자극하는 수업방법과 교사와 학생 간의 상호작용을 강조하였다.

② **지식 구조**: 브루너는 모든 지식은 구조를 가지고 있다고 전제하고, 지식 구조란 '한 사물을 얽어매고 있는 요소로서 학문의 기저를 이루고 있는 일반적 아이디어, 기본 개념, 일반적 원리'라고 정의 내렸다. 구조화에 대해 브루너는 '어떤 과제(지식)라도 지적으로 옳은 형태로 조직하면, 어떤 발달단계에 있는 아동에게도 효과적으로 가르칠 수 있다.'는 나선형 교육과정(spiral curriculum)을 제안하였다. 그의 수업이론은 학습자가 한 영역의 지식을 가장 쉽게 학습할 수 있도록 구조화하는 구체적인 방식을 제시할 수 있어야 한

다고 제안하였다. 또한 브루너는 지식을 가장 적합한 말로 간결하게 요약해서 전달할 수 있는 경제적(economy) 표현양식을 강조하였다. 그는 또 어떠한 영역의 지식 구조도 동작적 표현(enactive representation, 유희), 영상적 표현(iconic representation, 그림, 동영상 등), 상징적 표현(symbolic representation, 언어, 기호, 숫자 등)으로 나타낼 수 있다고 보았다.

③ 학습 계열: 학생들이 학습 내용을 이해 · 변용 · 전이시키는 데 도움이 될 수 있도록 학습 과제를 순서대로 조직하는 것을 말한다. 모든 학습자에게 맞는 최적의 단일 계열은 있을 수 없고, 학습자의 이전 경험, 발달단계, 학습 과제의 성질, 학습자의 개인차 등 여러 요인에 따라 최적 계열이 달라진다.

④ 강화: 브루너는 보상과 벌을 대단히 중요하게 취급하고 있다. 그는 외적 강화보다 내적 강화가 더 효과적이라고 보았다.

브루너는 학습의 선행 경향성, 지식 구조, 학습 계열, 강화 등 네 가지 요소를 가장 이상적으로 조직할 수 있는 수업방법을 '발견학습(discovery learning)'이라고 하였다.

학습자에게 하나의 지식을 가르친다는 것은 단순히 학습자가 그 지식을 기억하게 하기 위한 것이 아니라, 학습자가 그 지식을 어떻게 이해하여 받아들일 것인가를 스스로 생각하게 하는 과정으로 이끄는 것이다. 따라서 브루너는 학습이란 지식 습득의 결과가 아니라 과정이라고 하였으며, 교사에게는 지식의 전달자가 아닌 안내자의 역할이 더 요구된다고 하였다.

이처럼 브루너의 발견학습은 학습의 결과보다도 과정과 방법을 중시한다. 그는 학습 과정을 지식의 생성 과정과 일치시키고자 하였다. 예를 들어, 아이와 어머니가 함께 떡을 만들면서 아이는 여러 가지 색상, 모양, 수의 개념을 배운다. 따라서 교사는 중간언어를 배제하고 학생 스스로 학습 과정과 방법을 체득하게 하여야 한다.

(2) 발견학습의 장점과 제한점

브루너의 발견학습은 다음과 같은 장점이 있다. 첫째, 학생들은 자신이 발견하는 행위 그 자체가 즐겁기 때문에 학습에 보다 적극적이고 능동적인 역할을 하게 되며, 둘째 발견학습은 기본 개념이나 일반 원리를 의미 있게 이해하는 데 도움이 되고, 셋째 현대인들이 추구하는 본질적인 인간 가치인 자기 발견이나 자아실현과 일치된다는 면에서 중요시되고 있다.

그러나 브루너의 발견학습은 다음과 같은 제한점이 있다. 첫째, 모든 지식을 학생 스스로 발견하기 어렵고, 둘째 유의미한 학습이 항상 직접적인 경험만을 통해 이루어지는 것은 아니다. 또한 오스벨은 브루너의 발견학습이 시간이 많이 걸리며 발견학습이 필요하다고 여겨지는 과제일지라도 설명적 교수방법으로 정보를 제공해 주면 학생들은 곧잘 만족스러운 정도로 숙달되고 빨리 학습한다고 주장하였다.

3) 캐럴의 학교학습모형

(1) 기본 개념

캐럴(Carroll, 1963)이 제시한 학습의 정도는 학습자가 하나의 과제를 학습하는 데 필요한 시간 양에 대해 실제로 사용한 시간의 비율에 의해 결정된다. 학습의 정도는 진술된 수업 목표에 실제로 도달한 정도를 뜻한다. 어떤 수업의 성패는 학습자가 목표치 또는 기준선에 어느 정도 도달했는가에 따라 평가될 수 있다.

학습에 필요한 시간은 주어진 학습 과제를 완전히 학습하여 수업 목표로 진술된 수준까지 도달하는 데 필요한 시간을 의미하며, 학습에 투입한 시간은 단순히 학습하는 데 사용한 시간의 양을 뜻하는 것이 아니라, 학습자가 적극적으로 학습 과제에 집중하면서 학습에 열중한 시간의 양을 의미한다. 이를 수식으로 표현하면 다음과 같다.

$$\text{학습의 정도} = f\left[\frac{\text{학습에 투입한 시간}}{\text{학습에 필요한 시간}}\right]$$

예를 들어, 한 학생이 '엘리제를 위하여'를 피아노로 완벽하게 연주하는 데 필요한 시간이 10시간인데 실제로 10시간을 투입했다면 그 학생의 학습의 정도는 100%가 될 것이며, 실제 투입한 시간이 8시간이라면 학습의 정도는 80%로 낮아진다. 이때 학습의 정도를 결정하는 변인 중 분모 '학습에 필요한 시간'을 결정하는 변인은 수업 이해력, 수업의 질, 적성이며, 분자 '학습에 투입한 시간'을 결정하는 변인은 학습 기회와 학습 지속력이다. 이를 다시 수식으로 표현하면 다음과 같다.

$$\text{학습의 정도} = f\left[\frac{\text{학습 기회} \times \text{학습 지속력}}{\text{수업 이해력} \times \text{수업의 질} \times \text{적성}}\right]$$

여기서 분모 '학습에 필요한 시간'은 그 학생의 수업 이해력, 적성 그리고 교사의 수업의 질에 의해 결정됨을 알 수 있다. 예를 들어, 영희는 피아노를 연주하는 데 다른 사람들보다 탁월한 재능과 적성이 있어 '엘리제를 위하여'를 피아노로 완벽하게 연주하는 데 필요한 시간은 10시간이지만, 반면 철수는 100시간이 필요할 수도 있다.

(2) 학습자 변인과 수업 변인

캐럴의 학교학습모형에서 변인은 학습자 변인과 수업 변인으로 나눌 수 있으며, 다시 학습자 변인은 적성, 수업 이해력, 학습 지속력으로, 수업 변인은 수업의 질과 학습 기회로 나눌 수 있다.

✤ 학습자 변인

① **적성**: 학습자의 특수한 능력으로서 스피어먼(C. E. Spearman)의 '지능 구조'에서 특수 요인(s-factor)에 해당된다. 적성은 개인마다 다를 수도 있고, 개인 내 변인으로 학습의 종류에 따라 다를 수도 있다. 예를 들어, 철수는 수학은 잘하지만 음악에는 적성이 없을 수도 있다. 적성 수준과 학습 조건을 개선하

여 학습에 필요한 시간을 줄일 수 있다.

② 수업 이해력: 수업 자료를 이해하는 데 필요한 일반적인 능력으로 일반지능과 언어 능력이 복합된 것이다. 학교 학습은 대부분 언어와 시각 매체를 통해 이루어지기 때문에 학습자의 학습 효과는 일반지능과 언어 능력에 크게 좌우된다. 스피어먼의 '지능 구조'에서 지능의 일반 요인(g-factor)에 해당된다. 학습자는 언어 능력을 향상시킴으로써 수업 이해력을 향상시킬 수 있다.

③ 학습 지속력: 학습자가 학습을 위해서 사용하려는 총 시간 양으로 학습자의 열성, 끈기, 동기 등이 포함된다. 캐럴의 학교학습모형에서 5개 변인 중 가장 중요한 변인이다. 예를 들어, 한 학생이 10시간이 필요한 과제에 실제 10시간을 투입하였지만, 동기가 0이면 학습의 정도는 놀랍게도 제로(0)가 된다. 학습자의 동기를 높이는 방안으로 교사는 학습 자료를 개개인에 맞게 조절하고, 학습 과정에서 잦은 피드백과 개별지도를 하며, 예시를 많이 제시함으로써 수업에 흥미를 갖게 할 수 있다.

✤ 수업 변인

① 수업의 질: 교사의 변인으로서 교사가 교과 내용을 효과적으로 조직하여 학습자가 빨리 학습할 수 있는 정도, 즉 학습 과제 제시방법의 적절성을 의미한다. 수업의 질을 높이려면 교사는 학습자 개개인의 이해력에 맞는 개별학습을 하도록 하며, 이해를 못한 학습부진아는 방과 후 개별학습을 하도록 한다. 또한 교사는 한 번 작성한 수업안을 한 교실에서 수업한 후에 학생들이 이해하지 못한 부분에 대해서는 수업안을 수정하여 다음 수업시간에는 학생들이 이해할 수 있도록 한다.

② 학습 기회: 주어진 과제의 학습을 위해서 실제 주어진 시간을 말한다. 즉, 학습자가 사용한 시간 혹은 투입한 시간이다. 투입 시간과 학업 성적이 반드시 정적 상관관계를 보이는 것은 아니며, 학습자가 할당 시간을 얼마나 동기를 갖고 유용하게 활용하느냐에 따라 완전학습이 결정된다.

(3) 시사점

캐럴의 학교학습모형의 시사점은, 첫째 분모를 줄이는 것이다. 분모 '학습에 필요한 시간'을 줄이려면 교사는 교과 내용을 체계적으로 조직하여야 한다. 그리고 학습자의 입장에서 쉽게 이해할 수 있는 예시를 많이 제시하여야 한다. 둘째, 무엇보다도 학습자의 동기가 매우 중요함을 알았다. 교사는 학생의 동기를 높일 수 있도록 정확하고 잦은 피드백을 하는 것이 중요하다. 셋째, 캐럴은 종래의 우수아와 열등아라는 학습자 관을 빠른 학습자와 느린 학습자로 변경시켰다. 이는 교사의 수업방법과 교재의 성질이 학생들의 학습 기회와 학습 동기에 큰 영향을 미칠 수 있음을 시사한 것이다.

4) 가네의 수업이론

(1) 기본 개념

가네(Gagné, 1974)는 인간의 학습은 그 종류와 수준에 따라 서로 다른 조건하에서 이루어지고, 아주 단순한 것에서 복잡한 것으로, 저차원에서 고차원으로 발전하는 위계를 이루고 있으며, 한 단계의 학습은 다음 단계의 학습에 필수적인 선행 요건이 된다는 학습 위계에 기초를 두고 있다.

가네는 학습에 영향을 미치는 주요 변인을 지적 기능, 언어 정보, 인지전략, 운동기능, 태도 등 다섯 영역으로 분류하였으며, 이들 각각이 교육을 통해 길러 주어야 할 목표가 된다고 하였다.

✤ 주요 변인

① 지적 기능(intellectual skills): 규칙, 절차, 개념을 포함한다. 방법적 지식 또는 절차적 지식으로 여러 가지 기호나 상징(숫자, 문자, 단어, 그림, 도표 등)을 사용하여 환경과 상호작용할 수 있는 능력이다. 이와 같은 지식은 말하고, 쓰고, 읽고, 수학 문제를 풀고, 문제에 과학적 원리를 적용할 수 있는 능력이

다. 즉, 지적 기능은 방법을 아는 것을 말하며, '절차 지식'이라고도 할 수 있다. 지적 기능이 5개 영역 중 위계가 가장 분명하다.

② 언어 정보(verbal information): 말하고 쓰는 데 언어로 표현할 수 있는 능력이다. 학습자의 행동 목적 중 하나는 정보에 대해 올바르게 진술하고 표현하는 것이다. 따라서 언어 정보는 학습에 있어서 매우 중요한 요소다. 예를 들면, 어떤 시에서 단어 또는 슬로건의 의미 등이 축어적으로 표현된 함의와 사건들이 조직된 구조(networks) 또는 도식을 아는 능력이다.

③ 인지전략(cognitive strategies): 집행적 통제 절차를 말한다. 즉, 개인의 학습, 기억, 사고, 행동을 지배하며, 내재적으로 조직된 기능으로서 개념과 규칙의 활용을 조정하고 점검해 주는 기능을 한다. 인지전략은 새로운 정보를 과거에 이미 획득한 정보와 종합하기, 정교화 그리고 장기기억의 재생전략과 같은 정보 취급 절차 능력이다.

④ 운동 기능(motor skills): 연습을 통해서 동작의 양이 점차 증가하는 것으로서 지적 기능은 갑작스럽게 획득되는 반면에 운동 기능은 점차적으로 획득된다. 운동 기능은 동일한 근육운동의 연습을 통해 획득된다. 단순한 운동 반응이 보다 더 복잡한 운동으로 통합되는 신체적 기능으로서 이것은 장기간의 반복 연습을 통해서 학습되며 파지에 미치는 영향도 크다.

⑤ 태도(attitudes): 개인 행동에 영향을 미치는 내적 신념, 즉 관대함, 정직함, 건강한 삶과 같은 특징에 영향을 미치는 내적 신념이다. 태도 또한 학습되지만 직접적인 방법으로 학습되지는 않는다. 교사는 지적 기능, 언어 정보, 인지전략, 운동 기능의 학습을 위해서 가장 좋은 조건들을 조직하고 배열할 수 있지만, 태도는 경험과 상징적 모델(드라마, 영화, 소설 등)을 통해서 간접적으로 배운다고 가네는 믿었다.

가네는 지적 기능의 학습 유형을 신호학습, 자극-반응 학습, 연쇄학습, 언어연합 학습, 변별학습, 개념학습, 법칙학습, 문제해결 학습 등 여덟 가지 유형으로 제시하였다.

✤ 지적 기능의 학습 유형

① 신호학습(signal learning): 자극이나 신호에 대해 정서적 반응을 하는 학습

② 자극-반응 학습(stimulus-response learning): 특정 자극에 대해 근육운동을 일으키는 학습

③ 연쇄학습(chain learning): 이전에 학습한 일련의 자극-반응의 결합이 연쇄적으로 이루어지는 학습

④ 언어연합 학습(verbal association learning): 연쇄학습의 한 종류로서 일련의 자극-반응 결합이 언어로 이루어진 경우에 발생하는 학습

⑤ 변별학습(discrimination learning): 서로 다른 자극들 각각에 적절한 반응을 할 수 있도록 서로 다른 자극을 구별하는 능력을 획득하는 학습

⑥ 개념학습(concept learning): 공통된 속성을 이해하고 그것을 기준으로 하여 사물을 분류하는 학습

⑦ 법칙학습(rule learning): 개념과 개념 간의 관계를 파악하는 능력을 획득하는 학습

⑧ 문제해결 학습(problem-solving learning): 여러 개의 법칙 중 주어진 문제해결에 가장 적합한 법칙을 선택하여 문제해결에 적용하는 학습

(2) 학습 사태와 수업 사태

가네는 수업이란 교사나 부모가 학습자의 내적 과정을 도와주는 기능을 수행하는 것이라고 하였다. 또한 학습 사태(events of learning)란 학습자 내부에서 정보가 처리되는 과정을 뜻한다. 가네(Gagné, 1985)는 학습 사태와 수업 사태의 관계를 〈표 6-2〉와 같이 설명하고 있다(Gagné & Driscoll, 1988: 73 재인용).

〈표 6-2〉 학습 사태와 수업 사태의 관계

특 징	학습 사태(학생)	수업 사태(교사)
학습을 위한 준비	• 주의 집중 • 기대 • 작동기억으로 재생	• 주의 획득 • 학습 목표 제시 • 선행학습 상기 자극
획득과 수행	• 선택적 지각 • 부호화: 장기기억으로 저장 • 재생과 반응 • 강화	• 자극 자료 제시 • 학습 안내 • 성취 · 수행 유도 • 피드백 제공
학습의 전이	• 재생을 위한 단서 제공 • 일반화	• 성취 · 수행 평가 • 파지 및 전이 촉진

출처: Schunk(2000). p. 407.

효과적인 수업을 위하여 슝크(Schunk, 2000)는 가네의 학습 사태별 교사활동의 예를 〈표 6-3〉과 같이 제시하였다.

〈표 6-3〉 학습 사태별 교사활동(예)

학습 사태	교사활동
주의 집중	학생들에게 수업의 시작을 알려라. 질문, 특별한 사건 또는 자극에 변화를 주어라.
기 대	학생들에게 수업 목표와 수행하여야 할 과제의 형태와 양을 알려라.
재 생	학생들에게 이전 시간에 배운 개념과 법칙을 질문하라.
선택적 지각	새로운 개념과 법칙에 대한 예시를 제시하라. 특별한 자극의 특징을 설명하라.
부호화	정보를 기억할 수 있는 단서를 제공하라.
재생과 반응	학생들에게 새로운 예제의 개념과 법칙을 적용하는 질문을 하라.
강 화	학생들에게 학습의 정확도를 확인하라.
재생을 위한 암시	새로운 과제에 대한 간단한 퀴즈를 내라.
일반화	특별한 검토(review)를 제공하라.

출처: Schunk(2000). p. 407.

(3) 가네의 공헌점과 제한점

가네의 수업이론의 공헌점은, 첫째 그의 학습 위계 개념은 어떤 학습 요소가 어느 단계에서 성취되었는지 또는 성취되지 않았는지 확인할 수 있는 정보를 제공해 주며, 둘째 학습 단계(학생)와 수업 사태(교사활동)의 관계를 설명함으로써 학업 성취를 성공적으로 이끌 수 있는 적절한 지침을 제시하고 있다.

그러나 가네의 수업이론은 학교 수업에 적용할 때 다음과 같은 제한점이 있다. 첫째, 그의 학습위계론은 논리적으로는 상당한 설득력을 갖고 있지만 실제로 교과 내용을 분석해 보면 그렇게 명료하게 학습 위계가 나타나지 않는 경우가 많으며, 둘째 수업이론에 대한 고도의 지식을 필요로 하기 때문에 전문적인 소양과 훈련 없이는 쉽게 수업 현장에 적용하기 어렵다(이경화 외, 2010: 364).

5) 오스벨의 유의미 언어학습이론

(1) 기본 개념

오스벨(Ausubel, 1963)은 교사의 수업 내용을 학생이 의미 있게 수용할 수 있도록 교사가 설명하는 방법을 체계화하였다. 교사의 언어적 설명은 학생이 의미 있게 이해할 수 있는 것이어야 한다. 그래서 그의 이론을 '유의미 언어학습(meaningful verbal learning)'이라고 한다.

오스벨은 학습자가 새로운 학습 과제를 단지 맹목적으로 암기하고 선행 지식과 관련시키려 하지 않는다면 기계적인 학습이 일어나므로 학습 과제를 선행 지식과 결부시켜 의미가 통하도록 그것을 기억하게 해야만 의미 있는 학습이 일어날 수 있다고 강조하였다. 이런 점에서 오스벨의 유의미 언어학습이론은 피아제(J. Piaget)의 동화 개념과 유사한 점이 있다.

오스벨은 유의미 언어학습의 전제 조건으로 학습자가 갖추어야 할 학습 사태에 대해 학습 태세, 관련 정착 지식, 유의미성 등 세 가지를 제시하였으며, 학습 과제는 실사성과 구속성이 있어야 한다고 하였다. 모든 학습 과제는 피라미드와 같이 위계적으로 조직되어 있어 위계의 상부로 올라갈수록 포괄성, 추상성, 일반성의 수준이 높고, 하부로 내려갈수록 구체성과 특수성이 높아진다.

(2) 학습자의 조건

① **학습 태세**(learning set): 특정한 학습방법을 통해서 학습 과제를 인지구조에 연결하려는 학습자의 의도를 말한다. 유의미한 학습 태세는 학습자가 새로운 학습 과제를 자신의 인지구조와 관련시키려는 학습자의 동기를 의미한다. 다시 말해서, 학습자가 학습 과제를 유의미하게 학습하려는 동기가 없다면 유의미한 학습은 일어나지 않는다. 그러므로 교사는 학습자의 내적 · 외적 동기를 높이도록 해야 한다.

② **관련 정착 지식**(relevant anchoring idea): 학습자의 인지구조에 이미 형성되어 있어 필요시 즉시 인출 가능한 개념, 원리, 이론 등으로 이루어진 학습자의 현재의 총체적인 지식체계를 뜻한다. 먼저 학습된 지식은 다음에 학습될 지식의 포섭자(subsumer) 역할을 하게 된다. 오스벨은 학습을 촉진하기 위해 학습을 시작하기 전에 의도적으로 제시하는 포섭자를 다른 말로는 '선행조직자(advanced organizer)'라고 하였다. 포섭(subsumption)이란 '새로운 명제나 아이디어가 학습자의 머릿속에 이미 조직되어 존재하는 포괄적인 인지구조 속으로 동화 또는 일체화되는 과정'을 의미한다. 여기서 기존에 획득한 개념과 아이디어를 '포섭자'라 한다.

③ **유의미성**(meaningfulness): 오스벨은 과제가 의미가 있다는 것을 실사성과 구속성을 지닌다고 표현하였다. 그리고 실사성과 구속성이 학습 과제의 조건이라고 보았다.

(3) 학습 과제의 조건

① **실사성**(substantiveness): 표현을 달리해도 그 관계나 의미가 변하지 않는 성질을 말한다. 즉, 어떤 명제를 어떻게 표현해도 그 명제의 의미가 변하지 않는 성질을 뜻한다. 즉, 단어의 표현이나 배열이 달라져도 의미가 변하지 않

는 것으로서, '실사성이 높다 또는 낮다.'로 표현한다. 예를 들면, '삼각형의 세 내각의 합은 180도다.'를 '세 내각의 합이 180도인 도형은 삼각형이다.' 라고 표현해도 근본적으로 의미에는 변화가 없다. 이때 실사성이 높은 과제라 한다. 그러나 '우종하는 우정민의 아버지다.'를 단어의 배열을 바꾸어 '우정민은 우종하의 아버지다.'라고 하면 전혀 다른 뜻이 되므로 실사성이 없다고 한다.

② **구속성**(nonarbitrainess): 새로운 과제와 인지구조 속에 있는 관련 지식 간의 관계가 구속적이어야 한다. 어떤 대상의 성질과 인지구조와의 관계가 확고하여 임의적으로 변경될 수 없는 성질을 말한다. 한 예로, '정삼각형의 내각의 합은 180도다.'라는 사실은 구속적이다. 그 이유는 '모든 삼각형은 내각의 합이 180도다.'라는 사실이 인지구조 틀 속에 있기 때문이다.

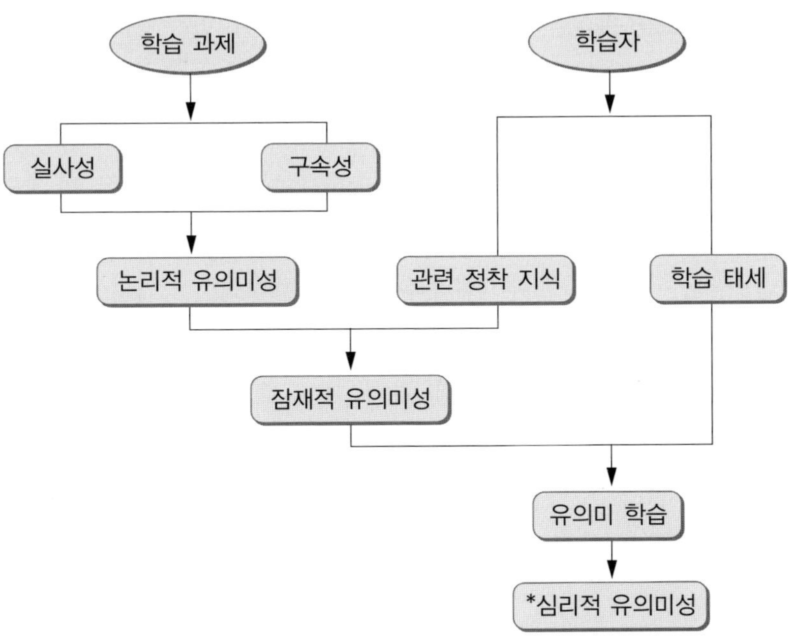

[그림 6-6] 오스벨의 유의미 언어학습 과정

*심리적 유의미성이란 한 개인이 깨달은 독특한 의미를 말함

오스벨은 브루너의 발견학습은 무의미하다고 비판하였다. 그 이유는 초등학교 시기 학생의 인지 발달단계에서는 구체적인 경험이 중요시되고 직관적 이해를 위한 발견학습이 중시될 수 있으나, 중학교 발달단계에서는 유의미 언어학습이 가장 많이 이루어지기 때문이라는 것이다. 이 시기의 인지구조는 의미 있는 이해를 위해서 반드시 구체적인 경험에 의존하지 않아도 될 만큼 발달되어 있다고 주장한다. 따라서 중·고등학교에서는 보다 추상적인 언어적 이해에 바탕을 둔 교육이 이루어져야 하며, 그것은 유의미 언어학습에 의해서 가능하다고 강조한다.

지금까지 설명한 오스벨의 유의미 언어학습 과정을 [그림 6-6]에 도식화하여 제시하였다.

(4) 유의미 언어학습이론의 공헌점과 제한점

오스벨의 이론은 교사가 지식을 제시하고 표현하는 방법을 강조하였다. 교사는 학습자가 새로운 지식을 기존의 지식과 조화시킬 수 있는 능력을 기르도록 도와주어야 한다. 또한 그의 이론은 학습 과제와 학습자의 인지구조와의 의미 있는 관계를 강조함으로써 오늘날 학습 과제와 인지 과정에 대한 연구를 활성화하는 데 공헌하였다. 유의미 언어학습은 학습자가 의미를 획득하는 데 용이한 방법이며, 한 번 획득한 지식은 장기간의 파지가 가능하다는 장점이 있다. 그러나 선행학습이 왜, 어떻게 중요한지에 관한 이론적 설득력이 약하다는 비판을 받고 있다.

이상에서 살펴본 글레이저, 브루너, 가네, 캐럴, 오스벨 등 다섯 명의 수업이론 이외에 뢰이겔루스(Reigeluth)의 정교화 수업이론이 있다. 그는 카메라의 줌 렌즈(zoom lens)에 비유하여 학습자가 교과 내용을 학습할 때 처음에는 전체 개요를 파악(zoom-out)한 후에 세부 내용을 파악(zoom-in)하면 학습 효과가 높다고 하였다.

3. 좋은 수업을 위한 수업이론의 적용

우리는 제1절에서 수업과 학습의 관계, 공학의 발달로 인한 교사와 학생 간의 의사소통 방법의 변화를, 그리고 제2절에서 글레이저, 브루너, 가네, 캐럴, 오스벨 등 다섯 명의 대표 학자들이 제시한 여러 수업이론을 살펴보았다. 여기서는 이들이 제시한 수업이론에 근거하여 학교 현장에서 좋은 수업을 위한 교수방법을 교사 입장과 학습자 입장으로 구분하여 제시하기로 한다.

1) 좋은 수업의 특징

좋은 수업이란 교수-학습 과정이 잘 이루어지도록 환경을 계획적으로 조작하는 과정이다. 한상길 등(2010)은 좋은 수업의 특징으로, 첫째 학습자에게 수업의 목표를 확인시키고, 둘째 지적 · 정서적 · 사회적 · 신체적 발달이 조화를 이룰 수

〈표 6-4〉 좋은 수업의 특징

교수-학습에서 줄어드는 현상	교수-학습에서 늘어나는 현상
• 교사-지시 중심 수업 • 수업시간에서의 학생의 수동성: 좌석에 앉아 있기, 정보 듣기, 정보 받기, 정보 외우기 • 수업시간에 침묵하기 • 학습지, 시험지, 연습지 위주의 수업시간과 교과서, 권장 도서를 읽는 데 시간 보내기 • 모든 교과 영역의 많은 학습 양을 교사가 간단히 다루기(수박 겉핥기식 수업) • 어떤 사실이나 사항을 단순 암기하기 • 성적, 학업 경쟁을 강조 • 능력별 집단 구성 • 표준화 검사에 의존하거나 사용하기	• 경험적 · 귀납적 · 실제적 학습 • 수업시간에서의 학생의 능동성 • 학습 과정(계획, 정리, 관찰, 평가 등)에 대한 학생의 책임 • 학습자 자신이 직접 책을 선택하거나, 짝을 정하거나, 연구 과제를 결정하기 • 협동활동 • 능력이 다양한 학생들을 같은 집단에 배치하여 그 속에서 개인의 요구를 충족시키는 활동하기 • 교사, 학부모, 학교 직원들의 다양하고 협동적인 역할 • 교사들의 관찰로 얻어진 질적 또는 기술적 평가 사용하기

출처: 이경화 외(2010). p. 347.

있도록 하며, 셋째 학습자의 창의성이 신장되도록 하고, 넷째 학습자의 개인차와 흥미에 기초하며, 다섯째 수업에 있어서의 협동 등을 들고 있다.

미국에서 교육 현장, 대학연구소, 교육 단체로부터 추천받은 좋은 수업의 특징은 〈표 6-4〉와 같다(이경화 외, 2010: 347).

2) 교수방법의 선정

21세기는 지식 정보화 시대다. 지식 정보화 시대의 특징은 사회가 매우 빠르게 변화한다는 것이다. 이에 따라 교육 환경도 매우 빠르게 변화하고 있다. 지식의 생성 및 쇠퇴 주기가 단축되어 지식의 양이 폭발적으로 증가하고 있다. 그래서 교육도 전통적인 지식 암기 위주에서 지식을 창조 및 재구성하는 교육이 요구된다. 학습방법, 자기주도적 학습, 창의력 증진 학습, 문제해결력 기르기 등 교육방법에 큰 변화가 일어나고 있다.

교수방법을 선정할 때는 교육 내용, 학습자, 조직의 기대, 교육 자원 등 네 가지 기준을 근거로 선택한다(Reay, 1994). [그림 6-7]은 교수방법의 선정 기준을 좀 더 구체적으로 설명한 것이다(한정선 외, 2010: 52).

1. 교육 내용	2. 학습자
• 지식, 기능, 태도 • 논쟁의 여지가 있는가? • 일반적 혹은 구체적	• 학습 스타일 • 학습자 수 • 지속적인 교육의 필요성 • 학습 기대치
3. 조직의 기대	**4. 교육 자원**
• 선호하는 교육방법 • 구체적인 학습 목표 • 구체적인 평가방법	• 교육기술과 전문성을 갖춘 전문가를 요청할 수 있는가? • 새로운 교육 자원의 개발 • 시간과 장소

[그림 6-7] 교수방법의 선정 기준

또한 지금까지 설명한 교수방법의 선정 기준을 적용한 교수-학습 상황에 따른 교수방법의 예시는 〈표 6-5〉와 같다(한정선 외, 2010: 54).

〈표 6-5〉 교수-학습 상황에 따른 교수방법(예)

교수-학습 상황	교수방법
• 개별학습 가능 • 학습 공간이 융통성 있음 • 교육 내용이 개념, 원리, 절차 학습임 • 새로운 지식 습득에 초점을 둠	개인교수, CAI, 웹기반 수업
• 학생 수 20명 이하 • 학습 공간이 융통성 있음 • 학습 내용이 개념 및 원리 학습임 • 새로운 지식의 습득, 문제해결에 초점을 둠	발견적 접근, 탐구학습
• 학생 수 20명 이하 • 학습 공간이 전통적임 • 교육 영역이 태도, 정의적 영역임 • 기존 지식의 이해와 적용에 초점을 둠	모의실험(시뮬레이션), 게임, 역할극, 토론
• 학생 수 30~40명, 소집단 구성 가능 • 학습 공간이 융통성 있음 • 교육 내용이 인지적 영역임 • 새로운 지식의 창출, 탐구, 문제해결에 초점을 둠	소집단 학습, 협동학습, 문제중심 학습, 사례연구, 프로젝트 기반 학습
• 학생 수 30~40명 • 학습 공간이 융통성 있음 • 교육 내용이 운동 기능, 신체적 영역임 • 새로운 지식 습득 및 숙달에 초점을 둠	시범, 실습, 동료 교수(학습)
• 학생 수 50명 이상 • 교실이 전통적임 • 교육 내용이 개념과 원리 학습임 • 새로운 지식 습득에 초점을 둠	강의법, 설명적 접근, 팀티칭

*교수방법은 이 외에도 상황에 따라 현장학습, 과제학습, 자율학습, 보고학습을 추가할 수 있음.
출처: 한정선 외(2010). p. 54 부분 발췌.

3) 수업전략의 수립

교수방법이 선정되면 교사는 수업전략을 수립하게 된다. 수업전략의 결정에는 교수-학습에 대한 교사의 철학, 학생 수, 통제의 중심(교사 주도, 학습자 주도, 혼합), 매체 선정 등이 포함된다. 먼저 가네의 수업이론에 근거한 학습자의 학습 단계(내적 인지 과정)별 교사의 수업 절차를 제시하면 〈표 6-6〉과 같다.

〈표 6-6〉 학습자의 학습 단계별 교사의 수업 절차

학습자의 학습 단계	교사의 수업 절차
1. 주의 집중 교사가 설명하는 중요한 정보에 주의를 기울인다.	1. 주의 획득 학습자의 주의를 획득해야만 후속 학습활동이 원만하게 이루어진다.
2. 기대 학생은 정보가 자신의 호기심을 만족시킬 것이라고 기대한다.	2. 학습 목표 제시 학습자의 수업에 대한 기대에 부응하기 위해서 학습 목표를 제시한다.
3. 작동기억으로 재생 학습자는 기존의 정보를 작동기억으로 재생한다.	3. 선행학습 상기 자극 이미 저장되어 있는 관련 정보를 상기시킨다. ex) m^2을 가르치기 위해 m의 개념을 고찰한다.
4. 선택적 지각 학생은 정보를 7±2개로 선택적으로 지각한다.	4. 자극 자료 제시 잘 조직된 자료가 무선적으로 제시된 자료보다 더 학습 효과가 높다.
5. 부호화: 장기기억 저장 새롭게 획득된 정보는 단기기억에서 연습과 부호화를 통하여 장기기억으로 전이된다.	5. 학습 안내 교사는 학생들을 안내할 수 있는 적절한 자료와 힌트를 제공한다.
6. 재생과 반응 학습자가 학습한 것을 재생하여 반응한다.	6. 성취 · 수행 유도 교사는 학생의 반응을 유도하기 위한 질문을 하거나 행동을 하도록 지시할 수 있다.
7. 강화 학생들은 자신이 수행한 것에 대해 피드백을 받아야 한다. 피드백은 성공적 수행에 대한 강화인으로 작용한다.	7. 피드백 제공 교사는 학생들의 반응이 맞았는지, 틀렸는지 알려 주어야 한다. 오답인 경우 틀린 이유를 설명해 준다.

8. 재생을 위한 단서 제공 학습자가 본시 수업에서 배운 내용을 다른 상황에 적용할 때 잘 수행할 수 있도록 회상을 위한 간단한 힌트나 질문 등을 제공한다.	8. 성취 · 수행 평가 교사는 학생이 학습 목표를 달성하였는지 확인한다.
9. 일반화 학습자가 새로운 사태에 이미 학습된 정보를 적용하는 것으로, '전이'라고도 한다.	9. 파지 및 전이 촉진 학습의 파지와 전이를 위해서 일정한 간격으로 복습하게 하는 것이 효과적이다. 그리고 선행학습한 정보와 연계시켜 주는 것이 바람직하다.

오두환(2010)은 중등학교에서 좋은 수업을 위한 교수-학습활동을 교사활동과 학생활동으로 구분하여 〈표 6-7〉과 같이 제시하였다.

〈표 6-7〉에서 교사활동 내용의 특징은 다양한 수업방법과 매체를 사용하고 있음을 볼 수 있다. 수업 실제에서 어떻게 가르치면 학생들의 성적을 향상시킬 수 있을까? 성적을 향상시킬 수 있는 효과적인 수업 절차에 대한 많은 연구가 진행되었다. 이들 연구는 특별한 수업 절차를 훈련받은 교사가 훈련받지 않은 교사보다 학생의 성적을 더 향상시켰다고 보고하고 있다. 로젠샤인과 스티븐스(Rosenshine

〈표 6-7〉 좋은 수업을 위한 교수-학습활동(예)

교사활동	학생활동
설명, 지시, 제시, 발문, 시범, 순회 • 창의성과 관련된 동영상을 보여 줌 • 각자 유인물 자료를 읽도록 하고 핵심 사항을 발문 • 빔 프로젝트로 르네상스기의 그림을 제시 • PPT로 전자기 유도 현상을 설명 • 산업혁명의 과정을 조별로 탐구하도록 지시 • 사진 2장을 제시하고 사진 속의 의미를 발표하도록 함 • 인터넷을 활용하여 '석회동굴'을 탐색하도록 지시 • 학생들의 실험 과정을 순회 확인 • 오버핸드 서브에 대한 시범	교사의 지시에 따른 활동, 예상되는 활동 • 영상 자료를 시청하면서 발표할 내용을 요약 • 심화학습지를 풀어 보고 정답을 확인 • 교과서를 읽고 학습지의 빈칸 채우기 • 탐구 결과를 탐구 보고서에 기록 • 조별 학습 과제 탐구 및 발표 • 모둠별 발표 내용을 경청하면서 주요 내용 정리 • 인터넷을 탐색하여 관련 자료를 요약 · 정리 • 교사의 조별 과제 평가를 경청 • 조별 오버핸드 서브 연습

〈표 6-8〉 교과 내용을 성공적으로 가르치기 위한 원칙

1. 전 시간에 배운 것을 간략하게 복습하는 것으로 수업을 시작하라.
2. 교과 목표를 간단한 진술문으로 제시하라.
3. 학생들에게 소단계별로 관련 자료를 제시하라.
4. 명확한 설명과 예를 들어라.
5. 새로운 학습에 대해 보다 많은 학생들에게 연습 기회를 주어라.
6. 모든 학생들에게 질문하고 이해하였는지 점검하라.
7. 실습하는 동안 학생들을 모니터하라.
8. 피드백을 제공하고, 가능한 한 개선된 수업을 하라.
9. 과제에 대해 명확한 방향을 제시하고, 가능한 한 모니터하라.

출처: Schunk(2000). p. 419.

& Stevens, 1986)는 〈표 6-8〉과 같이 교과 내용을 성공적으로 가르치기 위한 원칙을 정리하여 제시하였다(Schunk, 2000: 419 재인용).

4) 학습 효과를 높이기 위한 전략

지금까지 살펴본 내용을 토대로 학습 효과를 높이기 위한 전략을 교사의 입장에서는 열정을 가지고 칭찬과 비판을 적절히 사용하면서 가르치며 수업방법 개선 등 수업 절차 측면에서 살펴보고, 학습자 입장에서는 특히 이 책의 독자층이 대학생임을 감안하여 대학생들의 학습방법, 공부 스타일, 기억, 파지 등 학습 효과를 높일 수 있는 방안을 제시하였다. 먼저 교사의 입장에서 살펴보자.

(1) 교사 입장

첫째, 교사는 열정을 보여야 한다. 교사의 열정과 학생의 학업성취 간의 상관관계는 .37~.57이다(Gage & Berliner, 1984: 475). 이 실험에서는 두 집단을 대상으로 10분간 수업하였다. 첫 번째 집단은 원고를 그대로 정적으로 조용히 읽고, 최소한의 음의 고저만 유지했다. 몸동작과 눈 맞춤은 없었다. 그러나 훌륭한 말씨, 화법, 충분한 목소리의 크기를 사용하였다. 두 번째 집단은 역동적으로 원고를 외

워서 수업을 하였으며, 음의 고저, 몸동작, 눈 맞춤 등이 생기 있고, 활기차게 강의하였다. 실험 결과 역동적으로 교사가 열의를 보인 두 번째 집단의 학생들의 학업성취도가 정적으로 강의한 첫 번째 집단의 학생들에 비해 높았다.

[사진 6-2] 역동적으로 강의하는 전영주 영어 교사(SBS, 2007. 5. 21)

둘째, 교사는 칭찬과 비판을 적절히 사용하여야 한다. 특히, 비판은 일반적으로 좋은 방법이 아니다. 칭찬은 개괄적으로 하는 것보다 구체적으로 하는 것이 더 효과적이다. 예를 들어, 과제 수행에 대해 "철수는 숙제를 잘해 왔구나."라고 말하기보다 "철수는 오늘 수학 숙제를 하나도 안 틀리고 모두 맞혔구나. 풀이하는 과정도 정확했고, 아주 잘했어."라고 말한다. 비판을 사용할 때는 학생이 정서적으로 교사의 지적을 받아들일 마음의 자세가 되었는지 확인한 후에 잘한 점부터 말하고 고쳐야 할 점은 나중에 말하는 등 세심한 배려가 필요하다.

셋째, 교사는 자신의 수업방법을 부단히 개선해 나가야 한다. 교사는 자기장학, 동료장학, 학기 말 학생들의 강의 평가 등을 통하여 자신의 수업방법을 부단히 개선하여야 한다. 그런데 강의 평가 결과 동일한 수업활동에 대해 학생들의 평가가 상반되는 경우가 있다. 예를 들어, 수업 중 학생들의 발표에 대해 '좋다'는 반응과 '나쁘다'는 평가가 동시에 나올 때가 있다. 이럴 때는 왜 나쁘다고 생각하는지 그 이유를 구체적으로 파악해서 개선해야 한다. 조별 발표를 싫어하는 구체적인 이유는 '너무 많은 학생들이 발표해서 시끄럽고 어수선하다.'는 것과 '학생들이 자신의 발표에만 신경을 쓰고 다른 사람의 발표는 잘 경청하지 않는다.'는 이유였다. 그러면 다음 수업에서는 이와 같은 단점들이 보완되어야 한다.

(2) 학습자 입장

첫째, 첫 시간 강의는 반드시 듣도록 한다. 대학에서 한 학기 수업은 대부분 15주로 이루어지고 있다. 교수는 첫 시간 강의 시 해당 강좌에 대한 전체 윤곽과 15주간의 진행 일정 등 수업전략과 평가방법에 대해 설명한다. 교수마다 수업전략과 평가방법이 다를 수 있다. 첫 시간 강의를 들어야 학생은 그 과목에 대한 개요와 15주간의 수업전략을 알 수 있게 된다.

간혹 첫 수업을 들어 보고 강의 신청 여부를 결정하겠다는 학생이 있다. 이럴 경우 첫 시간 수업을 안 들은 과목을 수강 신청하게 될 수 있다. 개설된 강좌에 대해서는 이미 대학 홈페이지에 강의계획서가 게재되어 있으며, 담당 교수에 대한 강의 평가는 학생들이 운영하는 다음 카페, 트위터를 통해 사전에 알아볼 수 있다. 첫 수업을 안 들은 학생은 첫 수업을 들은 학생들보다 리포트 작성, 발표, 평가 등 여러 면에서 불리할 수밖에 없다.

둘째, 자신에게 맞는 공부방법을 찾도록 한다. 공부하는 방법은 사람마다 다르다. 책을 보면서 중요한 내용을 노트에 정리하면서 공부하는 학생, 요점을 포스트잇에 적어 해당 단원에 붙이는 학생, 월별 계획과 주간 계획을 세우는 학생 등 제각각 학습 스타일이 다양하다. 자신에게 맞는 최상의 학습방법을 찾아 실행하면 학습 효과를 높일 수 있다.

셋째, 스터디 그룹을 만들도록 한다. 21세기 지식기반사회에서는 학습자 스스로 지식을 창출해 나가야 한다. 학습자는 학습 과정에 능동적으로 참여해야 하며, 비판적 사고 능력과 문제해결 능력을 통해 지식을 스스로 축적해 나가야 한다. 그러기 위해서는 혼자 공부하는 것보다 스터디 그룹을 활용하는 것이 더 효과적이다. 스터디 그룹을 조직할 때 같은 전공학과 학생들로만 구성하는 것보다 다른 학과 학생들과 함께 4~5명 단위로 만드는 것이 효과적이다.

학습 효과를 높이기 위해 지금까지 살펴본 전략 이외에도 블렌디드 이러닝(Blended e-Learning) 교수전략, 초인지전략, 교사-학습 의사소통 기술, 시험 치르는 요령 등 여러 종류의 전략이 있을 수 있다. 교사와 학습자가 자신의 스타일과 상황에 맞는 수업전략과 공부방법을 찾아 실천에 옮긴다면 여러분은 이 장의 단원 목표를 이미 달성한 것이다.

참고문헌

박성익(1997). 교수-학습방법의 이론과 실제 (I), (II). 서울: 교육과학사.

우종하(2010). 생활 속의 인간심리. 서울: 교육과학사.

우종하(2010). 2011학년도 임용고사 가이드북. 공주: 공주대학교 사범대학 교직부.

이경화, 고진영, 최병연, 정미경, 박숙희(2010). 교육심리학. 서울: 교육과학사.

이형행, 권영성(2010). 교육학개론. 서울: 공동체.

이성호(2000). 교수방법론. 서울: 학지사.

이홍우(2001). 지식의 구조와 교과. 서울: 교육과학사.

주삼환, 김홍운, 이금화, 이명희(1999). 수업관찰과 분석. 서울: 원미사.

조벽(2002). 조벽 교수의 명강의 노하우. 서울: 해냄.

차갑부(2010). 명강의를 위한 40가지 이야기. 서울: 교육과학사.

한상길, 김응래, 박선환, 박숙희, 정미경, 조금주(2010). 교육학개론. 서울: 공동체.

한정선, 김영수, 조영주, 강명희, 정재삼, 박성희(2009). 교육방법 및 교육공학. 서울: 교육과학사.

오두환(2010). 수업실연과 면접준비 특강. 공주: 공주대학교.

Ausubel, D. P. (1963). *The Psychology of Meaningful Verbal Learning: An Introduction to School Learning*. New York: Grune & Stration.

Bandaranayake, S. (2007). *Sigiriya City, Palace and Royal Gardens*. Sri Lanka: Central Cultural Fund Publication.

Bruner, J. S. (1966). *Toward a Theory of Instruction*. Cambridge, MA: Belknap.

Carroll, J. B. (1963). A model of school learning. *Teachers College Records, 64*, 723-742.

Schunk D. H. (2000). *Learning Theories a Educational Perspective* (3rd ed.). New Jersey: Macmillan Publishing Company.

Gage, N. L., & Berliner, D. C. (1984) *Educational Psychology* (3rd ed.). Boston: Houghton Mifflin Company.

Gagné, R. M., & Briggs, L. J. (1979). *Principles of Instructional Design* (2nd ed.). NY: Holt, Rinehart & Winston.

Gagné, R. M., & Driscoll, M. P. (1988). *Essentials of Learning for Instruction Upper Saddle River*. NJ: Prentice Hall.

Gagné, R. M. (1974). *Essential of Learning for Instruction*. Hinsdale: Dryden Press.

Gagné, R. M. (1985). *The Conditions of Learning and Theory of Instruction* (4th ed). NY: Holt, Rinehart Winston.

Glaser, R. (1962). *Training Research and Education*. Pittsburgh: University of Pittsburgh Press.

Gredler M. E. (2001). *Learning and Instruction Theory into Practice* (4th ed.). USA: R. R. Donnelley & Sons Company.

Reay, D. (1994). *Selecting Fraing Methods*. London: Kogan Pase.

Rosenshine, B., & Stevens, R. (1986). Teaching functions. In M.C. Wittrock (ed.), *Handbook of Research on Teaching* (3rd ed) (pp. 376-391). New York: Macmillion.

Newby T. J., Stepich, D. A., Lehman, J. D., & Russel, J. D. (2000). *Instructional Technology for Teaching and Learning* (2nd ed.). New Jersey: Prentice-Hall. INC.

추천도서

박애선 역(2005). 신나는 학급, 행복한 학교. 서울: 시그마프레스.

성용구, 임청환, 정정진 공역(2007). 좋은 수업의 실제. 서울: 시그마프레스.

손승현, 강옥려, 이대식 공역(2010). 학습전략. 서울: 시그마프레스.

이신동, 이경화 공역(2010). 학습전략과 교육. 서울: 교육과학사.

이화여자대학교 교육공학과(2007). 21세기 교육방법 및 교육공학. 서울: 교육과학사.

이혜정(2008). Blended e-Learning 교수전략. 서울: 교육과학사.

장상호 역(2010). 교수, 학습 그리고 의사소통. 서울: 교육과학사.

제7장

교육공학의 이해

1. 교육공학의 탐구 의의
2. 교육공학적 접근의 특성
3. 교육공학의 주요 탐구 영역
4. 교육공학의 전망과 교육공학도의 과제

제7장 교육공학의 이해

오늘날 우리는 정보통신공학의 급격한 발달로 인해 과거에는 상상도 못했던 새로운 환경에서 살아가고 있다. 과거에는 지구촌이라는 말을 들어도 별로 실감이 나지 않았으나, 이제는 지구촌 곳곳의 정보가 바로 내 눈앞에서 펼쳐지고 있다. 사람들은 이와 같은 정보통신공학의 발달에 따른 삶의 변화에 당혹해하면서도 변화해 가는 세상에 발 빠르게 적응해 가고 있다. 정보통신공학의 발달은 우리 사회의 여러 분야와 마찬가지로 교육 분야에도 많은 변화를 요구하고 있다. 교육공학은 이와 같은 정보통신공학의 발달에 따른 교육 환경의 변화에 어떻게 대처하여야 할 것인가를 다루는 학문 분야다. 앞으로 교단에 서야 하는 사람들이라면 이와 같은 교육 환경의 변화에 현명하게 대처할 수 있어야 할 것이다.

이 장은 교육활동에 종사하고자 하는 사람들이라면 누구나 깊이 생각하고 가슴으로 느껴야만 할 이와 같은 문제, 즉 교육에 대한 교육공학적 접근에 대해서 논의하고자 한다.

1. 교육공학의 탐구 의의

1) 교육공학에 대한 안목의 필요성

교육공학이라는 말은 많은 사람들에게 비교적 생소한 말이다. 사람들은 '교육공학'이라는 말을 들으면 우선 '교육'이라는 말과 '공학'이라는 말이 합쳐진 의미로 받아들이게 된다. 그런데 교육이라는 말과 공학이라는 말이 도무지 잘 연결되지 않는다. 교육이라고 하면 누구나 학교 교실에서 수업하는 장면이 떠오르게 마련이고, 공학이라고 하면 항만을 건설한다든가, 다리를 놓는다든가 하는 작업 현장이 떠오르는 상황에서 교육이라는 말과 공학이라는 말은 잘 연결될 리가 없다.

이와 같은 현상은 그동안 우리가 공학이라고 하는 말을 단순히 무언가 결과물을 만들어 내는 것과 관련된 것으로만 생각해 왔기 때문이다. 기계공학, 자동차공학, 토목공학, 건축공학과 같은 말들은 그 말을 듣는 사람들에게 온갖 종류의 기계류, 자동차, 중장비 등의 이미지를 머릿속에 떠오르게 한다. 그렇다면 교육공학이란 말을 듣는 순간 우리 머릿속에는 무엇이 떠오르는가? 아직도 많은 사람들이 파워포인트, 교수-학습용 컴퓨터 프로그램, 실물화상기, OHP 등을 먼저 생각하는 것 같다. 어느 공장에서 특정한 기계로 생산품을 만들어 내는 것이 기계공학의 전부는 아닐 것이다. 불도저나 포클레인이 토목공학의 전부가 아닌 것처럼 말이다. 마찬가지로 파워포인트나 교육용 컴퓨터 프로그램이 교육공학의 전부는 아닌 것이다. 이는 마치 겉으로 드러난 결과적 현상만 보고 그 결과에 이르기까지의 내면적 과정은 들여다보지 못하기 때문일 것이다.

건축공학이란 초고층 건축물을 짓는 기술을 개발하기 위한 학문이 아니라, 우리 인간에게 유용한 건축물을 제공하기 위해서 어떻게 접근해야 하는가를 탐구하는 학문 영역인 것이다. 자동차공학은 튼튼한 자동차를 만드는 기술을 개발하기 위한 학문도 아니고, 연비를 적게 소비하는 자동차를 개발하기 위한 학문도 아니다. 우리 인간에게 유용한 자동차를 제공하기 위해서 자동차라는 탐구 대상에 어떻게 접근해야 하는가를 탐구하는 학문 영역인 것이다. 우리에게 유용한 건축물을 제공하기 위한 건축공학 분야의 연구 결과의 하나로서 지상 100층이 넘는 초고층 건물도 현실화될 수 있을 것이고, 우리에게 유용한 자동차를 제공하기 위한 자동차공학 분야의 연구 결과에 힘입어 보다 안전하고, 보다 연료 소모가 적은 경제적인 자동차가 현실화될 수 있을 것이다.

마찬가지로, 수업에서 활용할 수 있는 파워포인트를 만들어 낸다거나 전자칠판 시스템을 개발하기 위해서 교육공학이 필요한 것이 아니다. 교육공학은 시각장애 학생이나 청각장애 학생이 수업에서 사용할 수 있는 교구들을 개발하기 위한 학문은 아닌 것이다. 질 높은 우수한 파워포인트와 같은 교육매체들은 학생들의 학습에 유용한 학습 환경을 제공하기 위한 교육공학 분야의 연구 결과의 한 가지 산물인 것이다. 시각장애 학생이나 청각장애 학생을 위한 교구들은 교육공학적 연구 성과에 의해서 개발된 하나의 교구인 것이다.

이렇게 말하면, 사람들은 또 다른 의문을 가질 수 있다. 건축공학에 대해서 공부하지 않은 사람도 집을 잘 지을 수 있고, 교육공학을 공부하지 않은 사람도 파워포인트와 같은 교육매체를 잘 만들 수 있다. 오히려 건축학을 공부한 사람이나 교육공학을 공부한 사람보다도 집을 더 잘 지을 수도 있고, 교육매체를 더 잘 만들 수도 있다는 것이다. 오랫동안 건설 현장에서 건축 일을 경험한 사람이라면 구태여 건축공학에 관한 원리를 적용하지 않더라도 누구보다 집을 더 잘 지을 수 있고, 오랫동안 학생들을 가르쳐 본 경험이 있는 교사라면 교육공학에 관한 아이디어를 적용하지 않더라도 아주 우수한 교육매체를 만들어서 활용할 수 있다는 것이다.

그렇다, 틀린 말은 아니다. 우리는 주변에서 이런 사람들을 어렵지 않게 찾아볼 수 있다. 그들은 건축공학의 여러 원리에 대해서 별다른 안목이 없이도 누구보다 집을 잘 지을 수 있고, 교육공학의 여러 원리에 대해서 별다른 이해가 없어도 누구보다 우수한 교육매체를 개발하여 효과적으로 잘 활용할 수 있다. 그러나 그들이 이러한 경지에까지 도달하는 데 얼마나 많은 시간이 걸렸을지, 또 얼마나 많은 실패를 거듭했을지를 생각해 보아야 한다. 만일 그들이 조금 더 빨리 건축공학의 기본적인 원리를 알 수 있었다면, 만일에 그들이 교육공학적 원리를 좀 더 빨리 깨우칠 수 있었다면, 그러한 경지에까지 도달하는 데 그렇게 많은 시간이 걸리지 않았을 것이며, 그만큼 시행착오도 줄일 수 있지 않았을까? 만일 그들에게 '그 건축물을 왜 그렇게 지어야 한다고 생각했는가?'라고 묻는다면, 또 '교육매체를 왜 그렇게 만들어야 효과가 있을 것이라고 생각했는가?'라고 묻는다면, 그리고 그들이 건축공학이나 교육공학에 대한 풍부한 안목을 지니고 있다면, 그들은 자신의 작업 성과에 대하여 자신감을 가지고 논리 정연하게 그리고 무엇보다 신명 나게 사람들에게 설명할 수 있을 것이다. 그들은 자신들의 작업 분야에 대한 풍부한 안목과 오랫동안의 현장 경험을 바탕으로 늘 새롭고 창의적인 성과물을 만들어 갈 수 있을 것이다.

이처럼 교육공학이라는 말이 비교적 생소한 말이어서 사람들 중에는 교육공학을 어떤 특정한 교육매체를 만들어 내는 것을 목적으로 하는 학문으로 오해하는 경우가 있다. 특히, 컴퓨터의 등장 이후 교수-학습 과정에 컴퓨터를 어떻게 활용할 것인지를 연구하는 분야로 생각하는 사람들이 많다. 이제 우리는 장차 교육기관에서 학생들을 가르치기 위한 준비를 하는 예비교사로서 어떻게 하면 학생들에게 바람직한 교육 환경을 마련해 줄 수 있을 것인가에 대한 교육공학적 안목을 기름으로써 결과적으로 학생들에게 유용한 학습 환경을 제공해 주는 것은 물론, 장차 교직자로서 신명 나게 교직생활을 이끌어 갈 수 있게 될 것이다.

2) 교육공학의 개념

앞에서 언급한 것처럼 교육공학이라는 말을 교육과 공학이 합쳐진 말로 해석해야 한다면, 먼저 '교육'이라는 말과 '공학'이라는 말의 의미를 살펴보아야 할 것이다.

교육이라는 말은 '敎(가르칠 교)'와 '育(기를 육)'이라는 한문의 뜻이 그러하듯 학생들을 '가르치고 기르는' 일이다. 가르친다는 말은 학생들이 아직 습득하지 못한 새로운 것들을 학습할 수 있도록 한다는 의미이고, 기른다는 말은 학생들에게 이미 있는 어떤 것들이 잘 성장 · 발달하여 꽃피울 수 있도록 도와주고 이끌어 준다는 의미로 볼 수 있다. 학생들에게 우리 사회의 생활 규범이나 문화유산을 가르쳐야 한다는 뜻이나, 학생들이 자신의 소질을 계발하여 자아를 실현할 수 있도록 지도해야 한다는 뜻은 바로 이런 교육이라는 말 속에 담고 있는 두 가지 의미인 것이다. 영어에서도 교육에 해당하는 말로는 'education'과 'pedagogy'가 있다. 이 두 말을 '教育'에 적용한다면 education은 '育'에 해당하고, pedagogy는 '教'에 해당한다.

공학이라는 말도 두 가지 의미를 담고 있다. 공학을 의미하는 영어 단어로는 'engineering'과 'technology'가 있다. 'engineering'은 주로 공과대학에서 많이 사용되는 용어다. 예를 들어, 건축공학을 'construction engineering'이라고 부른다. 'engineering'이란 기계나 엔진 또는 교량이나 도로와 같은 구조물을 설계하거나 건설하는 일을 말하며, 또는 이와 같은 일을 하기 위해서 공부하는 학생들이 탐구하는 대상을 말한다. 이에 비하여 'technology'는 실제적이며 현실적인 목적을 달성하기 위해서 과학적 지식을 적용한 결과로 얻게 되는 방법이나 체제, 도구 등을 의미한다. 그래서 공학 또는 기술이 빠르게 변화하고 있다고 표현할 때는 'technology'를 사용한다.

이렇게 보면, 교육공학이란 'educational engineering'이라기보다는 'educational technology'라고 보아야 할 것이다. 즉, 교육이라는 말과 공학이라는 말이 합쳐진 의미로 교육공학을 이해한다면, 'educational technology'로 해석되고, 이는 학생들을 가르치고 기르는 일, 즉 교육을 잘할 수 있도록 과학적 지식을 적용하여 적합한 방법이나 체제, 도구를 제공하는 것으로 해석하는 것이 마땅하다.

이처럼 교육과 공학이라는 두 말이 합쳐진 의미로 교육공학을 정의한 사람으로는 뉴비와 그의 동료들(Newby et al., 2000)이 있다. 그들은 교육공학에 대한 정의를 할 때, 갤브레이스(Galbraith)의 공학에 대한 정의를 교육 상황에 응용하는 방식을 사용하였다. 즉, 갤브레이스는 공학을 '현실적 상황에서의 문제를 해결하기 위해 과학적 지식 또는 구조화된 지식을 체제적으로 응용하는 것'이라고 정의하였는데, 그들은 이와 같은 갤브레이스의 정의를 토대로 하여 교육공학이란 '교수-학습과 관련한 실제적 문제해결을 위하여 인간의 학습에 관한 과학적 지식을 적용하는 것'으로 정의하고 있다.

또한 미국 교육공학회에서 내린 교육공학의 정의를 살펴보면, 1994년에는 교육공학이란 '학습을 위한 과정과 자원의 설계, 개발, 활용, 관리 및 평가에 관한 이론과 실제'라고 정의하였으며, 10년이 지난 2004년에는 다시 교육공학이란 '적절한 공학적 과정 및 자원을 창출하고 활용하며 관리함으로써 학습을 촉진하고 수행을 개선하는 연구와 도덕적 실천'이라고 정의하였다(백영균 외, 2010). 1994년의 정의와 2004년의 정의에서 모두 교육공학의 학문적 탐구 대상은 학생들의 학습을 위한 과정과 자원이며, 교육공학은 이론과 실제를 모두 포함하고 있음을 강조하고 있다. 교육공학의 탐구활동으로는 1994년의 정의에서는 과정과 자원에 대한 설계, 개발, 활용, 관리 및 평가 등 5개 영역으로 구분하였으나, 2004년의 정의에서는 이를 창출, 활용, 관리 등 3개 영역으로 압축하였다. 또한 2004년의 연구에서는 수행 개선을 위한 연구와 도덕적 실천을 추가적으로 강조하였다.

이와 같은 학자들의 교육공학에 대한 정의와 미국 교육공학회의 정의를 분석해 보면, 교육공학이란 학생들의 학습을 촉진할 수 있는 학습 환경 및 교수-학습 활동을 개선하기 위하여 연구하고 실천하는 학문 분야인 것이다. 이를 위해서 교육공학은 교수-학습 전략으로서의 과정과 교수-학습의 내용 자료인 자원을 창의적으로 개발하고, 이를 교육 현장에서 어떻게 적절하게 활용하고 관리할 것인가를 연구하고 실천한다. 즉, 교육기관에 종사하는 교사가 수행하는 핵심 과업에 관련된 학문 영역인 것이다.

3) 교육공학의 탐구 과제

우리는 특정 학문 분야에서 탐구해야 할 대상이 무엇인가를 알아보기 위해서 일반적으로 해당 학문 분야의 연구사(硏究史)를 살펴본다. 이를 통해 해당 학문 분야가 어떻게 출발하게 되었으며, 시대적 상황의 변화에 따라 당시의 학자들이 주로 어떤 문제에 대하여 고민하였는지를 짐작할 수 있다. 초기에는 해당 학문 영역에서의 고유한 탐구 대상이 무엇이어야 하는가에 대한 정리도 되지 않은 상태로 이어져 내려오다가 어떤 특정한 사건이 계기가 되어 새로운 탐구 문제가 등장하기도 하고, 때로는 더 이상 관심을 끌지 않게 되기도 하면서 학문의 정체성이 갖추어지게 된다.

교육공학은 사진이나 영화, 라디오와 같은 시청각 매체가 발달하면서부터 관심을 얻게 되었다. 이들 매체는 학습자들에게 학습 내용을 보다 쉽게 이해할 수 있도록 하였을 뿐 아니라, 시간과 공간적인 제약에서 벗어나서 수많은 사람들에게 매우 경제적으로 교육을 실행할 수 있도록 해 주었다. 이 시기에 연구자들은 학습 보조물로서 시청각 자료의 효과에 대하여 주로 관심을 가졌다. 제2차 세계대전 당시에 전쟁에 임하는 군인들을 대상으로 한 군사교육에서 영화로 만든 교육 자료는 당시로서는 대단한 성과를 거두었고, 이것이 계기가 되어 교육공학이 종래의 시각교육 차원에서 시청각교육의 차원으로 한 단계 업그레이드되는 계기가 되었다. 영화라는 매체를 이용하여 교육 자료를 개발하기 위해서는 매체가 단순히 수업 보조 자료로서의 역할뿐 아니라 교육 프로그램 전반에 대한 교육 기획의 아이디어를 필요로 하게 되었고, 결과적으로 연구자들은 어떻게 하면 교육 프로그램을 보다 체계적으로 개발할 수 있을 것인가에 관심을 두기 시작하였다. 그 후 등장하게 된 텔레비전과 컴퓨터, 인터넷이라는 정보통신 기술은 교육 분야를 포함한 우리 사회의 모든 분야에 커다란 변화를 가져왔으며, 교육공학자들의 관심 분야를 비약적으로 확장시키는 계기가 되었다.

이와 같은 정보통신 기술의 변화는 새로운 정보통신 매체들을 우리 사회에 등장시켰을 뿐 아니라, 우리 사회의 삶의 패러다임에도 커다란 변화를 가져왔다. 교육공학이 발달하기 시작한 초기에는 산업사회의 과학적 패러다임을 기반으로 어떻게 하면 최소의 비용으로 최대의 교육적 효과를 얻을 수 있을 것인가에 관심을 두게 되었다. 주로 행동주의 심리학에 근거하여 교육 현상에 대한 객관적이고 분석적인 접근방법이 시도되었다. 행동주의적 접근에 기초한 프로그램 학습 등은 교육공학의 발전에 지대한 공헌을 하였다. 이 시기를 지나면서 통신이론, 교수개발이론, 체제이론 등이 교육공학에 접목되면서 교육공학이 학문 영역으로서의 정체성을 확립하는 계기가 되었다. 통신이론은 교수-학습 과정을 송신자와 수신자 사이의 통신 과정으로 간주한다. 교수개발이론은 수업에 대한 과학적이며 체계적인 접근전략이라 할 수 있다. 그리고 체제이론은 인간 유기체와 같이 체제를 구성하는 모든 구성요소들 간의 상호작용적 관계를 중시한다. 체제이론이 도입되면서 교육공학은 종래의 교육 현상에 대한 분석적 접근의 대안으로서 총체적 접근과 상호작용적 접근을 강조하게 되었다. 컴퓨터가 일반화되고 인터넷이 확장되면서 우리 사회의 전반적인 패러다임은 종래의 공급자 중심의 사회로부터 수요자 중심의 사회로 전환되어 가고 있다. 사회 패러다임의 변화에 따라 교육 패러다임도 종래의 행동주의적 학습관을 기반으로 하는 교육관으로부터 인지주의적 학습관, 구성주의적 학습관이 강조되는 패러다임으로 변화해 가고 있다.

최근에 교육공학은 이와 같은 구성주의적 학습관이 강조되는 교육 패러다임과 컴퓨터와 인터넷을 기반으로 하는 정보화된 교육 환경에서 체제적 접근방법을 적용하여 학생들의 학습을 촉진할 수 있는 학습 환경을 탐구하는 데 중점을 두고 있다. 교육공학에서 탐구해야 할 탐구 영역이 무엇인가에 대해서는 1994년에 미국 교육공학회에서 정의한 교육공학의 정의를 근거로 일반적으로 [그림 7-1]과 같이 제시하고 있다.

[그림 7-1]의 각 영역은 서로 밀접한 상호작용의 관계에 있다. 교육공학자들은

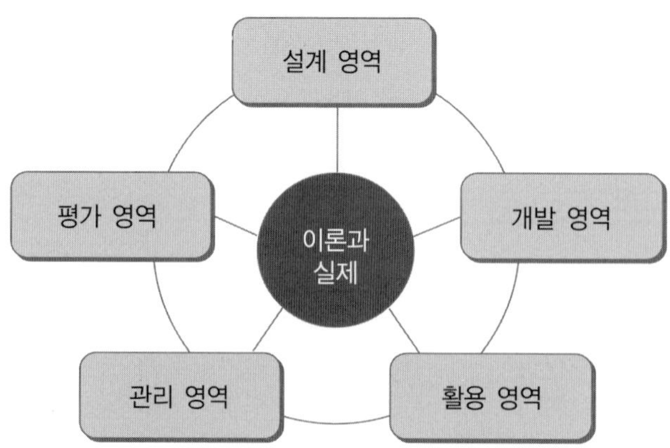

[그림 7-1] 교육공학의 탐구 영역

자신의 관심 영역에 따라 특정 영역을 보다 깊이 있게 연구할 수 있지만, 교육공학의 실제적 측면에서는 어느 영역이건 나머지 다른 영역들과의 밀접한 상호작용적 또는 통합적 접근이 수행된다. 이들 각 영역에 대하여 살펴보면 다음과 같다.

첫째, 교수 설계 영역이다. 교수 설계란 수업에 대한 종합적인 청사진을 의미한다. 일반적으로 교수 설계는 단원 수준 이상의 학습 내용을 대상으로 수행된다. 단원 수준 이상의 수업 기간 동안 수업에서 추구해야 할 교육 목표의 달성을 위해서 관련된 모든 요소들이 제 역량을 충분히 발휘할 수 있도록 설계되어야 한다. 수업 설계에서는 수업을 설계하는 사람의 창의적인 아이디어, 수업과 관련된 제반 관련 요소에 대한 치밀하고도 논리적인 접근, 수업이 실제로 시행되는 여러 가지 현실적인 여건에 대한 세심한 검토 등이 이루어져야 한다.

설계 영역의 탐구활동은 무엇보다 철학적 · 심리학적 기반이 필요하며, 접근전략으로서는 체제적 접근을 지향한다. 교수 설계란 결과적으로 학생들이 학습활동을 성공적으로 수행할 수 있도록 교수–학습 환경을 구축하는 일이다. 따라서 교수 설계의 바람직한 방향에 대한 교육철학적 검토가 필요하며, 구체적 교수–학습 활동에 대한 이론적 배경은 교육심리학에서 찾아야 한다. 또한 수업 상황의 모든 요소들이 제 역량을 충분히 발휘하도록 하기 위해서 체제적 접근이 요구된다.

둘째, 개발 영역이다. 개발은 설계 단계에서 완성한 청사진에 따라 건물을 짓는 것처럼, 설계 단계에서 산출된 설계도에 따라 교육 자료를 만드는 것을 말한다. 교육 자료의 제작은 인쇄매체, 시청각 매체, 컴퓨터 기반 매체 그리고 이들을 통합한 통합매체로 개발된다. 이러한 교육매체들은 수업에서 교사와 학생들 간에 또는 학생들 상호 간에 메시지를 담아서 전달하는 역할을 한다. 교과 내용이나 학습자 또는 수업 환경의 특성에 따라서 최적의 매체가 구안되고 개발되어 적절하게 활용되어야 한다. 교육매체 개발 영역은 정보통신공학의 발달과 직접적으로 관련된다. 나날이 발전하고 있는 다양한 최첨단 정보통신기기들은 과거에는 불가능한 것으로 여겨졌던 다양한 기능을 수업 장면에서 구현하고 있다. 특히, 이러한 첨단 교육매체의 발달은 과거에는 추상적인 수준에 머물던 평생학습의 개념을 현실화하는데도 크게 기여하였다. 첨단 교육매체의 개발은 학교교육뿐 아니라 학교 외 기업교육이나 사회교육 등 평생학습 분야에서도 핵심적인 기능을 수행한다.

셋째, 활용 영역이다. 활용이란 개발된 교수전략으로서의 과정(processes)과 자원(resources)을 교수-학습 상황에 사용하는 행위다. 예를 들면, 활용이란 학습자들에게 새로운 교육매체의 사용법을 익히게 하는 등 새로운 매체와 친밀해지도록 준비시키고, 수업에서 수행되는 다양한 활동을 새로운 교육매체를 이용하여 진행하며, 진행된 결과에 대하여 점검 또는 평가하고, 평가 결과에 따라 다른 여러 수업 상황에서도 이러한 매체를 지속적으로 사용할 수 있도록 체계화하는 등의 개념이다. 이처럼 활용이 잘되도록 하기 위해서는 새롭게 개발된 과정이나 자원의 품질이 우수해야 하며, 이들 과정이나 자원에 대한 사용자들의 인식이 긍정적으로 변화되고 확산되어야 한다. 이를 흔히 '혁신의 확산'이라고도 한다. 뿐만 아니라 이러한 혁신이 확산될 수 있도록 실행 환경이 조성되어야 한다. 담당 교사들은 개발된 교육 자료를 활용할 수 있도록 사전에 연수를 받아야 하며, 시설 및 환경도 갖추어져야 하고, 학생들에게도 해당 프로그램의 사용법 등에 대해서 알려 주어야 하는 것 등을 의미한다. 최종적으로 정책과 규제를 통하여 이러한 혁신이 안정성을 갖고 실행될 수 있도록 추진되어야 한다.

넷째, 관리 영역이다. 관리란 계획, 조직, 조정, 감독 등을 통하여 교육공학을 통제하는 것을 말한다(백영균 외, 2010). 즉, 교육공학의 탐구 영역에서 수행되는 제반 활동에 대하여 그러한 활동이 최상으로 실행될 수 있도록 관리하는 것을 말한다. 이 관리 영역에 포함된 내용으로는 프로젝트 관리, 자원관리, 전달체제 관리, 정보관리 등이 있다. 프로젝트 관리란 교육공학 분야에서 수행되는 다양한 프로젝트에 대하여 그 프로젝트가 최상의 성과를 낼 수 있도록 관리를 필요로 한다. 예컨대, 교수 설계 프로젝트나 교육매체 개발 프로젝트의 성공적인 수행을 위해서 프로젝트의 목적과 내용을 명확히 하고, 예산 및 인적자원과 개발 일정을 점검하며, 관련 기관이나 단체와 교섭하는 등의 역할을 수행한다. 자원관리란, 예를 들어 특정 교육기관에서 교육 프로그램을 운영하기 위하여 필요한 다양한 교육자원에 대한 체계적인 관리를 필요로 한다. 예산 · 시간 · 시설 및 기자재 등은 물론, 우수 교수 요원 등을 확보하고 체계적으로 관리함으로써 교육 프로그램의 효과를 높일 수 있다. 전달체제 관리란 개발된 교수 자료가 현장 교사나 학습자들에게 잘 전달되어 수업에서 효율적으로 활용될 수 있도록 관리하는 것으로서, 예를 들면 교수–학습 관련 안내 및 전달 사항의 관리, 학습 목표 및 학습 내용의 제시, 학습 과제의 제시 및 제출, 학습자들 상호 간의 협동활동 등 다양한 형태의 전달체제 관리가 요청된다. 정보관리는 교수–학습 프로그램의 운영과 관련된 여러 가지 정보를 관리하는 것을 말한다. 학습자, 교수자, 교수 자료, 학습 진행 과정 및 성과에 대한 정보 등 다양한 정보를 효율적으로 관리 · 운영함으로써 교육 프로그램의 질 관리에 효과적으로 활용될 수 있다.

다섯째, 평가 영역이다. 평가 영역은 교육공학의 제반 탐구 영역의 진행 과정 및 산출물에 대한 가치를 산정하는 영역이다. 평가는 현재 진행 중이거나 진행된 여러 가지 과정이나 자원에 대한 정보를 수집하여 해당 과정이나 자원의 개선 · 유지 · 재사용 등에 대한 의사결정의 자료로서 활용된다. 예를 들면, 현재 개발 중에 있는 교육 프로그램이나 교육매체가 애초에 기대했던 바와 같이 추구하는 교육 목표의 달성을 위하여 효과적으로 기능할 수 있을 것인가를 점검하여 방해되는 요소를 제거하고 이를 개선함으로써 교육 프로그램의 질적 향상을 추구하는 것이다. 평가방법으로는 전문가 검토, 일대일 평가, 소집단 평가, 현장 평가 등 다양한 방법을 활용한다.

2. 교육공학적 접근의 특성

과거에는 교육공학을 산업 분야에서 발달한 여러 가지 정보통신기기들을 수업에 어떻게 효율적으로 활용할 것인가를 연구하는 학문 분야로 생각해 왔다. 그러나 교육공학 분야에 의사소통이론, 체제접근이론, 교수개발이론 등이 도입되면서, 특히 여러 가지 학습심리학적 배경을 토대로 하여 하나의 학문 분야로 체계화되었다. 이제는 교육공학의 개념이 발달된 정보통신 기술을 활용하여 학생들의 학습을 지원하는 최적화된 학습 환경을 어떻게 제공할 것인가의 개념으로 발전하고 있다. 여기서는 교육공학이 이와 같이 학생들에게 최적의 학습 환경을 제공하기 위하여 기본적으로 어떻게 접근하고 있는가 하는 교육공학적 접근의 특성에 대하여 살펴보기로 한다.

1) 처방적 접근의 특성

우리는 자연현상과 사회현상에 대하여 여러 가지 궁금증을 해소하기 위하여 탐구활동을 수행한다. 사계절의 현상이 왜 생기는지도 궁금하고, 자동차 대리점에서 어떻게 하면 금년도 상반기 자동차 판매 실적을 획기적으로 높일 수 있을 것인가에 대하여 궁금해하기도 한다. 이처럼 우리는 궁금한 것들을 해소하기 위하여 탐구활동을 수행하는데, 우리가 궁금해하는 것이 무엇이냐에 따라 그 탐구활동의 성격이 달라진다. 사계절의 현상이 왜 발생하는지에 대한 궁금증을 해소하기 위해서 우리는 그러한 자연현상의 원인이 무엇인가를 밝힘으로써 그 궁금증을 해소하고자 한다. 이처럼 어떤 현상에 내재되어 있는 인과관계를 밝힘으로써 궁금증을 해소하고자 하는 탐구방법을 '기술적(記述的) 접근'이라 한다.

이에 반하여 어느 자동차 대리점에서 금년도 상반기 자동차 판매 실적을 획기적으로 높일 수 있는 방안은 그것이 어떤 확실한 인과관계에 의해서 지배되는 것이라고 볼 수 없기 때문에 그 인과관계를 밝히기는 어렵다. 이러한 경우는 해당 대리점이 위치하고 있는 지역적 특성에 따라 여러 가지 다양한 자동차 판매전략을 검토한 다음 그중 최선의 대안을 선택하는 방법을 사용할 수밖에 없다. 이러한 접근전략을 흔히 '처방적 접근'이라 한다. 마치 의사가 병원에 찾아온 감기 환자의 여러 가지 개인적 특성을 검토한 다음 수많은 감기약 중에서 그 환자의 특성에 적합한 최선의 감기약을 처방해 주는 것과 같은 이치다.

교육공학은 학생들에게 최선의 학습 환경을 제공하는 데 있어서 학생 개인이나 그가 속한 집단의 특성에 가장 적합한 학습 환경을 처방해 주는 학문 분야다. 교육공학은 인간의 학습을 탐구하는 학문 분야인데, 인간의 의지를 대상으로 하는 학문은 인과관계적으로 설명되기 어렵다. 그동안 연구된 교육공학과 관련된 수많은 연구 성과들은 인간의 학습 환경에 대하여 인과관계적으로 설명하기 위한 것이 아니라, 그 개인이나 집단에 대한 최선의 처방을 위한 자료로 활용되기 위한 것이다. 의사가 감기 환자에 대한 적합한 처방을 하기 위해서 그는 그동안 수행된 수많은 감기와 관련한 연구 성과에 대한 전문적 지식을 습득하고 있어야 한다. 만약에 그가 감기에 대한 그동안의 연구 성과에 대하여 무지하다면, 그는 감기 환자에 대한 적절한 처방을 내리지 못할 것이다.

마찬가지로 교육공학도는 그동안 수행된 교육공학 관련 연구 성과에 대하여 게을리하지 않음으로써 학습자 개인이나 그가 속한 학습 집단의 특성에 적합한 학습 환경을 처방할 수 있어야 한다. 학습자 개인이나 집단의 학습에 적합한 처방을 내리기 위해서는 무엇보다 학습에 영향을 미칠 수 있는 다양한 구성요소들에 대한 세밀하고도 종합적인 검토를 필요로 하며, 특히 인간의 학습에 대한 여러 과학적 지식은 이러한 처방의 든든한 자산이 될 것이다.

2) 체제적 접근의 특성

교육공학은 인간의 학습에 대한 적합한 처방을 내리기 위하여 체제적 접근의 특성을 지닌다. 체제적 접근이란 원래 생물학에서 유래된 개념으로서 유기체를 구성하고 있는 모든 구성요소들 간의 상호작용 관계를 의미하는 용어다. 즉, 모든 유기체는 하위 구성요소들로 구성되어 있으며, 이들 하위 구성요소들 간의 상호작용에 의해서 생명을 유지하고 존속해 나간다는 것이다. 따라서 체제란 '공통의 목적을 달성하기 위하여 협력하는 상호 관련된 구성요소들의 집합체'라고 정의할 수 있다. 체제에 대한 이러한 정의를 수용한다면, 체제적 접근이란 기대되는 목표를 달성하기 위하여 해당 체제를 구성하는 모든 구성요소들 간의 관계를 검토하고, 모든 구성요소들이 추구하는 공통의 목표를 명세화함으로써 조직 구성요소들 간에 소통을 명료하게 하며, 모든 구성요소가 각자의 위치와 역할에 적합한 과업을 원활하게 수행하도록 하고, 진행된 과정과 결과에 대한 평가를 통해 그 결과를 다시 체제적 과정에 피드백하는 절차로 진행된다.

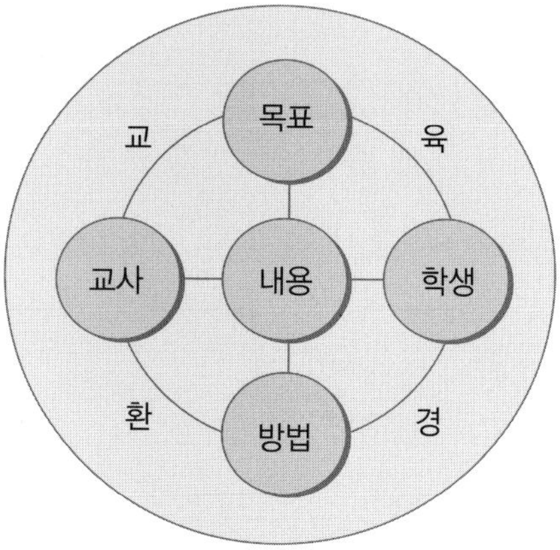

[그림 7-2] 교수-학습 체제

말하자면, 교육공학에서는 수업 상황을 하나의 체제로 간주한다는 것이다. 교수-학습 과정은 수업 목표, 교육 내용, 교사, 학생, 교육 자료 및 시설, 기자재 등 다양한 하위 구성요소들로 구성되어 있으며, 이들 구성요소는 수업 목표라는 공동의 목표를 달성하기 위해서 서로 적극적인 상호작용적 관계를 맺고 있다고 본다. [그림 7-2]는 이와 같은 교수-학습 체제의 구성요소들 간의 관계를 보여 준다. 교육공학에서는 훌륭한 수업이란 교사 한 사람만의 노력으로 이루어지는 것이 아니라 전반적인 수업 상황에 대한 체제적 접근을 통해서 처방되어야 한다고 본다.

[그림 7-2]의 교수-학습 체제의 구성요소 중에서 목표는 교수-학습 체제가 추구하는 공동의 목표다. 이는 수업을 통해서 학생들이 달성해야 할 것으로 기대되는 행동의 변화를 의미한다. 이 교육 목표는 교수-학습 체제가 지향해야 할 방향을 제시하며, 모든 구성요소들 간에 의사소통을 명료하게 해 주는 역할을 한다. 내용은 교육 목표가 무엇인가에 따라서 그 목표를 달성하기 위해 제공해야 하는 학습 경험을 말한다. 예컨대, 목표가 인류 문화유산을 전달하는 것이라면 적합한 내용은 교과서에서 주로 찾아야겠지만, 목표가 환경에 대한 적응 능력을 기르는 것이라면 적합한 내용은 학생들의 현실적 경험 속에서 찾는 것이 더 효율적일 것이다. 방법은 교육 목표의 달성을 위하여 교육 내용을 중심으로 교사와 학생 간에

이루어지는 의사소통 과정을 말한다. 마찬가지로 교육 목표가 무엇이며, 학습 내용은 어떤 성격의 것인가, 교사 및 학생은 어떤 특성을 지니고 있으며, 여러 가지 관련된 교육 환경은 충분히 갖추어져 있는가에 따라서 다양한 교육방법이 전개될 수 있다. 교사는 수업에서 수업 지도성(instructional leadership)을 충분히 발휘해야 한다. 그러기 위해서 교사는 자신이 담당하는 교과에 대한 전문성을 갖추고 있어야 하며, 동시에 해당 교과의 교수-학습 운영에 대한 전문성을 갖추고 있어야 한다. 아무리 훌륭한 교육 프로그램이 개발되었다고 하더라도 해당 프로그램을 이끌어 갈 교사의 능력이 부족하다면 훌륭한 성과를 기대하기 어렵다. 학생 또한 교육 프로그램을 준비하는 데 있어서 고려해야 할 중요한 요소다. 모든 교수-학습활동은 결과적으로 학생의 학업성취로 나타나야 한다. 학생이 무엇을 요구하며, 학생에게 요구되는 것은 무엇인가, 수업에서 고려해야 할 학생의 특성은 무엇인가 등이 수업의 체제적 접근에서 중요하게 고려되어야 한다. 교육 환경 또한 교육 프로그램의 운영에 필수적으로 중요한 구성요소다. 각종 시설이나 기자재 등 해당 교육 프로그램을 운영하는 데 필요한 여러 가지 인적 또는 물적 자원, 각종 제도나 법규, 학교장의 학교 경영 방침 등이 모두 여기에 해당한다.

이처럼 교육공학에서는 교수-학습 과정을 체제적 접근 과정으로 간주한다. 교육공학의 여러 연구 분야에서 이룩한 성과들은 대부분 체제적 접근 모형을 적용하고 있다. 앞 절에서 논의한 교육공학의 다섯 탐구 영역, 즉 설계 영역, 개발 영역, 활용 영역, 관리 영역, 평가 영역 모두 이와 같은 체제적 접근 모형에 따른 다양한 아이디어들이 탐구되고 있다.

3) 학습자 지향적 접근의 특성

학습자 지향적 접근이란 수업에서 학습자가 그만큼 중요시되어야 한다는 의미다. 이는 과거의 교육 패러다임을 공급자 중심의 교육으로 규정하고, 오늘날의 정보사회에서의 교육 패러다임은 수요자 중심의 교육으로 전환되어야 한다는 주장과 그 맥을 같이한다. 특히, 과거 학습에 대한 객관적 · 표준적 · 분석적 접근을 강조하였던 행동주의 학습관으로부터 주관적·맥락적·통합적 접근을 강조하는 구성주의 학습관이 부각된 것과 관련이 깊다. 구성주의 학습관은 원래 학습은 주관적인 것이며, 학습자 자신의 개별적 경험의 과정을 통해서 새로운 의미를 발견해 가는 것으로 본다. 따라서 이 입장에 따르면 수업은 학생들이 자신들의 주관적 의미를 발견할 수 있는 환경과 기회를 제공해 주어야 한다.

교육공학에서의 학습자 지향적 접근의 주요 특징은 달라진 학생과 교사의 역할에서 찾을 수 있다. 과거에는 수업에서 학생의 역할은 단지 교사가 어떤 지시를 내릴 때까지 수동적으로 기다리는 것뿐이었다. 학생들은 교사가 준비한 수업 계획에 따라 진도만 따라가면 되었다. 또한 학생들은 모르는 것이 있으면 교사에게 질문하였고, 교사는 이에 대한 궁금증을 해소해 줌으로써 학생들에게 백과사전으로 인식되었다.

그러나 학습자 중심의 학습 상황에서 학생들은 이제 더 이상 수동적인 학습자가 아니다. 학생들은 수업에서 어떤 자료가 필요하며, 어떤 학습 경험이 필요한지를 스스로 결정하고, 학습 문제를 해결하기 위해 여러 가지 아이디어를 생각해 내며, 그것을 실행하기 위한 계획을 세운다. 때로는 수업시간에 자신이 알고 있는 것들을 다른 학생들에게 전달하는 전달자로서의 역할도 수행한다. 교사에 대한 생각도 과거 백과사전에서 이제는 자신들의 학습을 지원하고 격려해 주는 안내자 또는 촉진자로 바뀌었다. 이처럼 학습자 중심 수업에서는 학생들이 주도적인 역할을 수행한다. 교사는 학생들이 수업에서 주도적인 역할을 잘 수행해 갈 수 있도록 지원하고 격려해 주는 역할을 한다.

이와 같은 학습자 중심의 수업 상황에서 교육공학의 주요 접근 방안은 다음의 세 가지로 요약될 수 있다. 즉, 학습자의 요구를 반영하는 학습 과정을 어떻게 지원할 것인가? 학습자의 특성을 반영하는 학습 과정은 또 어떻게 지원할 것인가? 학습자의 적극적인 참여를 유발하는 학습 과정은 어떻게 지원할 것인가? 이 세 가지 문제의식이 학습자 중심의 학습 환경에 대한 교육공학의 주요 접근 방안이다.

3. 교육공학의 주요 탐구 영역

교육공학은 앞에서도 언급한 것처럼 교육 현상에 대한 이론과 실제를 다루는 학문 분야다. 교육공학의 하위 탐구 영역은 1994년 미국 교육공학회의 교육공학에 대한 정의를 기준으로 설계 영역, 개발 영역, 활용 영역, 관리 영역, 평가 영역으로 나누고 있다. 그러나 이러한 영역 구분은 단지 개념상의 구분이며, 실제적 연구의 현실은 이러한 영역들이 상호 의존적이고 보완적인 관계로 수행된다. 여기서는 교육공학 분야에서 수행되는 대표적인 연구들이 주로 어디에 초점을 두고 있는가를 살펴보고자 한다.

1) 교수체제의 개발 분야

교수체제 개발 분야는 교육공학에서 매우 중요한 위치를 차지하고 있는 탐구 영역이다. 교수체제 개발이란 교수-학습 상황을 일종의 체제로 간주하고, 체제적 접근방법을 동원하여 적합한 교육 프로그램을 개발하는 것을 말한다. 앞에서 언급한 것처럼 체제적 접근이란 체제를 구성하는 모든 구성요소들 간의 관계를 검토하고, 목표를 명세화한 다음, 각 구성요소들이 각자의 과업을 수행하고, 그 결과를 목표에 비추어 평가한 내용을 각 관련 부분에 피드백하여 지속적으로 수정하고 개선해 가도록 하는 접근방법이다. 교수체제가 안고 있는 문제 상황은 학생들의 학습과 관련하여 기대되는 이상적 수준과 현실적 수준 간의 차이를 어떻게 좁힐 것이냐에 있다. 이 차이는 교육기관이 해결해야 할 문제 상황이며, 이 문제를 해결하기 위하여 교육공학은 체제적 접근방법을 동원하여 교육 프로그램을 개발하는 것이다.

교육 프로그램 개발의 체제적 접근은 학자들에 따라서 조금씩 차이는 있으나 일반적으로는 분석(analysis), 설계(design), 개발(development), 실행(implimentation), 평가(evaluation)의 다섯 단계를 기본으로 한다. 이를 이른바 'ADDIE 모형' 이라고 부른다.

분석 단계는 교육 프로그램을 개발하는 초기 단계로서 교육 프로그램 설계를 위한 기본 자료를 수집하는 단계다. 교육 프로그램 설계를 위한 자료를 얻기 위해서 학습자에 대한 요구분석, 학습 과제분석, 학습자 특성분석, 학습 환경분석 등을 수행해야 한다. 이러한 분석을 통하여 수집된 자료는 교육 프로그램을 개발하는 데 있어서 대단히 중요하다. 이 분석 단계에서 수집된 자료가 신뢰롭지 못하다면 결과적으로 산출된 교육 프로그램은 그만큼 유용성이 떨어질 수밖에 없다. 따라서 정확하고도 신뢰로운 자료를 수집하기 위해서 다양한 전략들이 고려되어야 한다. 교육 프로그램의 전체 개발 과정에서 이 단계가 가장 많은 시간이 소요되는 것은 바로 이처럼 문제 상황에 대한 정확한 분석을 통하여 신뢰로운 자료를 수집하는 것이 그만큼 중요하기 때문이다.

설계 단계는 분석 단계에서 수집된 자료를 토대로 하여 이에 대한 해결책으로서 종합적인 해결 방안을 도출하는 단계다. 분석 단계에서 추출된 자료를 토대로 수업에서 달성해야 할 교육 목표를 명확하게 설정하여야 하며, 교육 목표 달성도를 확인할 수 있는 평가도구를 개발해야 한다. 명료화된 교육 목표와 평가도구를 기반으로 해서 수업시간에 다루어야 할 교육 내용과 교육방법 그리고 사용할 여러 가지 교육매체 등에 대한 종합적인 설계 명세서를 작성하여야 한다.

개발 단계는 설계 단계에서 작성된 설계 명세서에 따라 실제로 수업 현장에서 사용할 수업 자료를 만드는 단계다. 수업 자료로는 교과서, 교사용 지도서, 학습 지침서, 교수-학습 프로그램, 각종 교수매체와 검사도구 등을 포함한다. 이러한 자료들이 종래에는 주로 인쇄매체의 형태로 제작되었으나, 최근에는 다양한 전자매체들이 개발되고 있다.

실행 단계는 개발된 다양한 교육 자료, 즉 교육 프로그램을 실제 교육 현장에서 사용하고 이를 통해서 교육 목표가 달성될 수 있도록 체계적으로 관리하고 지원하는 활동을 말한다. 예컨대, 교육 프로그램의 운영에 필요한 인적자원의 확보, 교육 프로그램 운영과 관련한 담당 교사의 연수, 교육 프로그램 운영을 위한 시설 및 기자재 확보 등 다양한 지원활동이 요청된다. 교육 프로그램의 운영 과정에서 발생되는 다양한 정보는 프로그램 개선을 위한 중요한 피드백 자료로 활용된다.

평가 단계는 교육 프로그램의 개발 과정으로부터 프로그램의 성과 및 평가방법에 이르기까지 전반적인 사항을 총체적으로 점검하여, 이를 기반으로 프로그램의 질을 사정하고, 필요한 부분에 대한 수정과 보완을 통하여 프로그램 개선을 위한 자료로 활용된다.

이처럼 교수체제의 개발은 교육 프로그램의 운영과 관련한 모든 사항에 대한 총체적 접근을 지향하며, 프로그램이 운영되는 상황적 특성을 고려한 맥락적 접근을 추구한다. 학교교육뿐 아니라 기업교육, 사회교육 등 여러 분야에서 수행되는 다양한 형태의 교육 프로그램 개발은 그것이 어떠한 이름으로 불리든 간에 이러한 체제적 접근을 기반으로 수행되는 교육공학의 중요한 연구 영역이다.

2) 교육매체의 개발과 활용

교육매체란 교수-학습 상황에서 수업 내용을 담아서 수업에 참여한 사람들에게 전달해 주는 하나의 도구다. 교육매체의 개발과 활용이 중요하게 대두되는 이유는 어느 수업 장면이든 매체는 반드시 필요하고, 이 매체의 활용 여하에 따라서 수업이 큰 영향을 받기 때문이다.

수업 상황에서 메시지를 전달하는 사람을 '송신자'라 하고, 메시지를 전달받는 사람을 '수신자'라고 한다. 송신자는 자신이 전달하고자 하는 메시지를 다양한 방법으로 표현할 수 있으며, 수신자 또한 다양한 방법으로 표현된 메시지를 전달받을 수 있다. 문제는 송신자가 전달하고자 하는 메시지를 수신자가 100% 전달받기 위해서 어떤 표현방법을 사용해야 하는가에 있다. 달리 말하면, 어떤 매체를, 어떻게 만들어서, 어떻게 사용하면 메시지 전달 과정에서의 누수를 최소화할 수 있느냐의 문제다.

교육매체의 종류는 정보통신 기술의 발달과 직접적으로 관련된다. 정보통신 기술의 발달에 따라 인쇄술, 카메라, 라디오, 텔레비전, 오디오, 컴퓨터, 인터넷, 휴대전화, 스마트폰 등이 등장하였고, 이들 매체를 교육 현장에 활용하고자 하는 노력이 계속되어 왔다. 과거 교실의 모습은 교실 앞쪽의 칠판과 선생님이 수업시간에 가지고 들어오는 괘도 외에는 이렇다 할 교육매체가 없었다. 그러나 오늘날의 교실 모습은 최첨단의 다양한 교육매체들이 갖추어져 있다.

이처럼 다양한 교육매체의 종류에 대해서는 여러 가지 방식으로 분류하고 있다. 해당 매체가 주로 활용하는 감각기관이 무엇이냐에 따라 시각매체, 청각매체, 시청각매체로 구분하기도 하고, 빛의 사용방법에 따라서 투사매체, 비투사매체로 구분하기도 한다. 매체가 처리하는 데이터의 성질에 따라 아날로그 매체, 디지털 매체로 분류하기도 하며, 매체가 등장한 시기에 따라 세대별[1)]로 구분하기도 한다(백영균 외, 2010). 또한 전자매체와 비전자매체로 분류하기도 한다.

교육공학 초창기에는 이러한 새로운 교육매체들이 등장할 때마다 새로운 교육매체가 기존의 교육매체에 비해서 학생들의 학습에 얼마나 더 효과적인가에 관심이 있었다. 이러한 유형의 연구를 흔히 '매체비교 연구'라고 한다. 그러나 이러한 연구들은 그 결과에서 일관성이 없었다. 즉, 어떤 연구에서는 특정 매체가 학습에 긍정적인 효과가 있었다고 보고하였으나, 다른 연구에서는 또 다른 결과가 보고되기도 하였다. 이러한 결과는 각기 다른 매체들이 나름대로 특성을 지니고 있다는 사실을 간과한 것이다. 예를 들면, 과거에는 교사가 칠판에 판서를 하면서 중간 중간에 학생들과 질의응답을 하는 등 상호작용을 하면서 수업을 진행하였다. 때로는 학생들을 앞으로 나오게 하여 칠판에 직접 글을 쓰거나 그림을 그리게 하면서 문제를 풀도록 하였다. 그러다가 다양한 형태의 표현방법을 활용할 수 있는 파워포인트가 등장하면서 수업의 많은 부분을 파워포인트가 대신하게 되었다. 그러나 최근에는 이러한 파워포인트에 대한 매력이 시들해져서 다시 과거처럼 칠판을 이용한 수업을 선호한다. 이는 담당 교사가 수업 전반을 칠판을 통해서만 진행한다든가, 아니면 반대로 파워포인트로만 수업을 진행한 결과가 아닌가 싶다. 칠

1) 1세대 매체: 칠판, 전시, 모형, 차트, 그림, 도표 등
2세대 매체: 교과서, 인쇄물 등 인쇄매체
3세대 매체: 슬라이드, 영화, 라디오, 녹음기, 텔레비전 등 대량 전달매체
4세대 매체: 프로그램 학습, 티칭머신, CAI 등 교육 자동화

판은 칠판 나름대로의 장점이 있고, 파워포인트는 파워포인트 나름대로의 장점이 있기 때문에 수업에서 칠판이 필요한 부분은 어떤 부분이고, 파워포인트가 필요한 부분은 어떤 부분인가를 세밀히 고려해서 적절한 때에 적절한 매체를 사용한다면 이러한 문제는 발생되지 않았을 것이라고 본다.

이처럼 어떤 수업매체가 다른 수업매체에 비하여 학습에 더 효과적인가를 탐구하는 매체비교 연구를 넘어서서 해당 매체의 어떠한 속성이 학습에 영향력을 발휘하는가에 대한 연구를 '매체속성 연구'라고 한다. 각 매체가 지니는 고유한 속성은 그 매체가 어떠한 상황에서 활용되느냐에 따라서 그 효과가 다르게 나타나기 때문이다. 예를 들면, 농구의 슈팅 자세를 가르치는 체육 수업인 경우에 정확한 슈팅 자세를 선보이는 프로농구 선수의 슈팅 동작을 녹화한 동영상 자료를 보여 주면 학생들의 학습에 많은 도움이 될 것이다. 그러나 학생들에게 논리적 사고가 요구되는 수학 수업에서 동영상 자료는 체육 수업만큼의 효과는 보지 못할 것이다. 또한 동일한 학습 내용이라고 하더라도 학생들의 특성에 따라서 선호하는 매체가 다를 수 있다. 어린 아동은 동작이나 그림과 같은 구체적 표현이 학습 효과를 높이는 데 유용하겠지만, 나이 든 학생들의 경우 논리적으로 진술된 문장 표현이 보다 유용할 수 있다.

이처럼 교육매체의 효과성은 그 매체가 활용되는 상황에 따라 달라질 수 있다. 따라서 교육매체를 개발하기 위해서는 관련된 사항들을 종합적으로 검토해서 교육매체를 설계하는 체제적인 접근이 요구된다. 교육매체의 개발을 왜 해야 하는가에 대한 분명한 목적을 갖고 특정 교육매체를 개발하기로 결정하였다면, 해당 매체가 사용될 상황에 대한 면밀한 분석 단계, 분석 단계에서 수집된 자료를 토대로 개발될 매체를 설계하는 단계, 설계된 청사진에 따라 실제로 매체를 개발하는 단계, 개발된 매체의 오류나 미비점을 검토해서 수정하고 보급판을 만드는 평가와 마스터링 단계 등을 거치게 된다.

다음으로 개발된 교육매체를 어떻게 선택해서, 어떻게 활용할 것인가의 문제 또한 교육공학에서 중요하게 다루어진다. 특히, 오늘날 많은 발전을 거듭하고 있는 다양한 멀티미디어 교육매체들은 추상적 학습이 이루어질 수밖에 없는 교실

상황에서 실제와 유사한 경험을 할 수 있는 기회를 제공해 줄 뿐 아니라, 풍부한 학습 자료와 자기주도적 학습 기회를 제공해 주며, 인터넷을 통해서 많은 사람들과의 협동적 상호작용을 가능하게 하는 등의 많은 장점들을 지니고 있다.

이처럼 다양한 장점을 지니고 있는 첨단 교육매체들을 수업에 잘 활용하기 위해서는 체제적 접근 과정이 필요하다. 첫 번째로, 교육매체를 활용할 학생들에 대하여 교육매체 활용과 관련한 특성을 분석하여야 한다. 해당 학생들에게 친밀한 매체는 무엇이며, 그들이 특정 매체를 다룰 수 있는가 등의 특성은 매우 중요한 고려 요인이다. 두 번째로, 해당 수업의 주요 목표를 구체화해야 한다. 수업 목표가 구체화되면 해당 수업의 목표 달성에 적합한 교육매체를 선정하기가 보다 용이하기 때문이다. 세 번째로, 해당 수업 목표를 달성하기 위한 적절한 수업 자료와 수업방법을 생각하고, 이러한 수업방법에 활용할 적합한 교육매체를 선택해야 한다. 네 번째로, 선택한 교육매체를 수업에서 잘 활용하기 위해서 우선 교사가 해당 매체의 활용방법을 익혀야 하며, 학생들에게도 해당 교육매체를 어떻게 활용할 것인가에 대해서 사전 준비를 시켜야 한다. 또 해당 교육매체를 활용하기 위한 시설 및 설비 등 환경에 대해서도 사전에 꼼꼼히 점검하여야 한다. 우리는 선생님들이 애써서 준비한 학습 자료들이 컴퓨터가 고장 났다거나 인터넷이 연결되지 않아서 수업시간을 낭비해 버리는 경험을 종종 한다. 다섯 번째로, 해당 교육매체를 활용하는 실제 수업시간에는 모든 학생들이 적극적으로 참여할 수 있도록 참여의 기회가 제공되고 또 장려되어야 한다. 마지막으로, 수업이 끝난 후에는 해당 교육매체의 효과와 영향에 대하여 평가하고 피드백함으로써 다음 수업 계획에 반영되어야 한다.

지금까지 교육공학의 중요한 탐구 영역인 교육매체의 개발과 활용에 대하여 교육매체의 종류 및 효과에 대한 연구, 교육매체의 개발 절차, 교육매체의 활용 등으로 구분하여 간략히 살펴보았다. 교육매체 개발과 활용 분야는 교육학 분야에서 다루어지는 제반 영역을 종합하여 학생들의 학습에 도움이 될 수 있는 최종적인 교육매체를 개발하고, 이를 수업 장면에서 효율적으로 활용하는 것이다. 즉, 모든 교육학적 사고의 최종 종착점이 되는 것이다. 여기서 교육매체가 의미하는 것은 단순히 파워포인트나 실물화상기와 같은 도구를 의미하는 협의의 개념이 아니라 교육 내용이나 교육 프로그램까지 포함하는 보다 광의의 개념을 뜻한다.

수업에서 어떤 교육매체를, 어떻게 개발하여, 어떻게 활용할 것인가의 문제는 교육의 핵심이다. 교육매체를 개발하기 위해서는 해당 교육매체가 다루어야 하는 교육 내용에 대한 교과 전문성, 교육매체의 설계와 관련한 교육공학적 전문성, 실제로 교육매체를 개발하기 위한 테크놀로지 등이 기본적으로 요구된다. 교육공학도는 교과 전문성이나 교육매체 개발을 위한 테크놀로지보다는 교육매체 설계에 대한 전문적 안목을 우선적으로 갖추어야 한다. 또한 건축설계사가 훌륭한 건축물을 설계하기 위해서는 새롭게 개발된 질 좋은 건축자재나 건축공법을 잘 알고 있어야 하듯이, 교육공학도도 우수한 교육매체를 설계하기 위해서는 교육매체 구현 기술, 예컨대 여러 가지 관련 컴퓨터 프로그램에 대한 안목을 갖추어야 한다. 새롭게 완성된 건축물의 예술성과 상품성은 해당 건축물을 짓는 건축기술자에 의해서가 아니라 해당 건축물에 대한 창의적 아이디어를 산출한 건축설계사의 손에 달려 있듯이, 훌륭한 수업은 무엇보다 수업설계자의 창의적 아이디어가 중요하다고 할 수 있다.

3) 이러닝과 교육공학

이러닝(e-Learning)이라는 말은 2000년을 전후로 하여 전자적 정부, 전자 상거래, 기업교육 등의 개념과 함께 등장한 새로운 개념으로서 '인터넷과 웹기반 기술을 이용하여 언제 어디서나 지식과 정보에 접근할 수 있는 학습 환경'을 뜻한다. 유사 개념으로는 '웹기반 교육' '사이버 교육' '온라인 교육' '가상교육' 등의 개념이 있다. 이러닝(e-Learning)에서 e의 의미는 전자적(electronic)이라는 의미 외에 학습 경험의 다양화, 학습 기회의 연장, 학습 공간의 확장 등의 의미를 갖고 있다.

이러닝에 대한 학자들의 정의를 종합해 보면, 이러닝은 네트워크를 기반으로 하는 학습 환경으로서 인터넷 표준기술을 활용하여 개별 학습자에게 정보를 제공하는, 단순히 전통적인 교육·훈련·연수 이상의 폭넓은 학습의 의미를 담고 있다(박성익 외, 2011). 즉, 이러닝은 인터넷과 같은 네트워크를 기반으로 하는 사이버 학습 환경에서 사용자들에게 학습 내용을 전달하는 것만이 아니라 학습자들의 학습을 운영하고 관리하는 시스템까지를 포함하는 개념이다.

이러닝은 이처럼 인터넷이라는 거대한 네트워크를 기반으로 하는 학습 환경이라는 측면에서 오늘날 지식기반사회의 학습 환경으로 크게 주목받고 있다. 지식기반사회란 조직의 지식 창출 능력이 조직의 경쟁력이 되는 사회를 말한다. 과거 산업사회에서는 무엇보다 자본과 기술을 중요하게 생각했지만, 지식기반사회에서는 기술이나 자본 자체보다는 고부가 가치를 창출할 수 있는 조직의 지식 창출 능력과 공유 능력이 중요하다. 따라서 각 조직은 구성원들의 지식 창출 능력과 공유 능력을 향상시키기 위한 전략을 필요로 하는데, 이러한 조직 구성원의 지식 창출 과정을 조직 차원에서 효과적으로 관리하여 조직의 경쟁력을 확보하는 전략을 '지식경영'이라고 한다.

과거에는 각 조직에서 학창 시절에 열심히 공부한 능력 있는 우수한 신입사원을 선발하여 그가 열심히 갈고닦은 실력을 회사에서 유감없이 발휘하도록 하는 것이 조직경영의 개념이었다. 즉, 교실에서 열심히 학습한 것을 직업 현장에서 활용하도록 하는 개념이다. 그러나 오늘날의 정보사회는 일과 학습을 하나로 통합해서 인식한다. 즉, 과거에 무엇을 배웠는가도 중요하지만 그보다는 개인이 특정 과제를 해결하기 위해서 학습한 내용을 현업(現業)에서 얼마나 잘 활용하여 어떤 성과를 거둘 수 있는가 하는 면이 더욱 강조된다. 과거에는 특정 분야에서 가장 표준적인 제품을 개발하여 이를 대량으로 생산함으로써 소비자에게 저렴하게 공급하는, 이른바 소품종 대량생산이 경영의 성공 요건이었지만, 오늘날의 사회는 소비자의 다양한 요구에 따라 다양한 제품을 생산하면서도 상황의 변화에 빠르게 대처할 수 있는 다품종 유연 생산체제가 아니면 소비자로부터 외면당하기 쉽다. 따라서 조직은 다품종 유연 생산체제에서 경쟁력을 확보하기 위하여 조직 구성원들이 창의적 지식 창출 능력을 발휘하도록 요구하는데, 이는 그가 과거에 무엇을, 얼마나 공부했느냐보다는 현재와 미래에 그가 어떤 창의적인 성과를 낼 수 있느냐를 의미한다. 이를 위해서 조직은 구성원들의 현재와 미래의 지식 창출 능력을 향상시키기 위한 다양한 지식경영 전략을 필요로 하는데, 이러닝은 이러한 지식경영 전략 가운데서도 핵심적인 위치를 차지하고 있다. 왜냐하면, 이러닝은 이러한 조직에서 요구하는 조직 구성원의 창의적 지식 창출 능력을 계발하기 위한 유용한 학습 환경으로 활용될 수 있기 때문이다.

지식기반사회에서 이러닝을 활용한 효과적인 학습전략으로는 온라인 학습공동체, 실행공동체, 학습조직 및 성찰학습 등을 대표적인 예로 들 수 있다(박종선, 2009).

첫째, 학습공동체(Communities of Learning: CoL)란 네트워크상에서 학습자들이 모여 서로 협동적으로 학습을 수행해 가는 것을 말한다. 말하자면, 각종 온라인 카페나 블로그, 위키 등을 말한다. 이 학습공동체는 구성원들이 공통의 목표를 달성하기 위하여 서로 간에 모종의 규칙이나 매너를 공유하면서 학습을 진행하며, 학습 진행 과정에서의 학습문화가 강조된다. 학습 참여자들은 서로 간에 학습 문제와 관련된 의견을 교환하고, 새로운 의견을 생성해 가면서 학습을 진행해 간다.

둘째, 실행공동체(Communities of Practice: CoP)란 기본적으로는 학습공동체의 일종이다. 공동체 구성원 간에 합의된 실천 사항을 공유하고, 그 실천활동에 실제적인 참여를 통해 전문성을 증진시키는 집단을 의미한다.

셋째, 학습조직(Learning Organization)이란 조직 내에서 조직 구성원들의 지식 창출 능력을 높이기 위한, 즉 조직의 학습 능력을 높이기 위한 시스템을 의미한다. 조직 구성원들의 개별학습이나 집단학습에 대한 의욕을 높이고, 조직 구조 및 보상 시스템은 조직의 학습문화 형성과 밀접히 관련된다.

넷째, 성찰학습(Action Learning)이란 직무 현장의 문제해결 학습과 관련된 개념이다. 학습 참가자들이 학습 팀을 구성하여 각자 자신의 과제 또는 팀 전체의 공통 과제에 대하여 학습 전문가인 러닝코치와 함께 학습 과정에서의 질문과 피드백, 성찰 과정을 통하여 지식을 습득하고 문제를 해결해 가는 과정이다. 즉, 성찰학습은 작업 현장에서 일어나는 실제적인 업무 과제에 대하여 자발적인 참여자로 구성된 학습자들이 주도하여 이를 학습과 연계하여 해결해 가는 과정이다. 성찰학습은 학습자들이 이를 수행하는 과정에서 문제해결을 위한 학습 내용과 최적의 해결 방안 모두를 습득할 수 있다는 이점과 특정 조직의 실제적인 문제를 해결할 수 있다는 장점이 있다(박종선, 2009).

이와 같은 이러닝을 실제적으로 운영하기 위해서는 기본적인 이러닝 운영 시스템을 구축하여야 한다. 우리나라는 세계 어느 나라보다 우수한 인터넷과 컴퓨터 활용 환경이 구축되어 있다. 이들 우수한 IT 환경은 우리나라에서 이러닝을 성공적으로 수행할 수 있는 기본 인프라가 된다. 실제로 이러닝을 운영하기 위해서는 기본적으로 학습관리 시스템(Learning Management System: LMS)과 학습내용관리 시스템(Learning Content Management System: LCMS)을 구축하여야 한다. 학습관리 시스템이란 학생들의 학습에 관한 이력, 등록, 진도, 출결 사항, 성적 등 제반 학습 사항에 대한 정보를 관리하는 시스템이며, 학습내용관리 시스템이란 학생들에게 네트워크를 통해서 학습 내용 및 평가 문제 등을 관리하는 시스템을 말한다.

이처럼 이러닝은 조직 구성원이 직무와 학습을 병행해야 하는 지식기반사회에서 조직 구성원들에게 자기주도적이면서도 업무 현장의 실제적인 문제해결과 직접 연계된 학습을 가능하게 한다. 지식기반사회의 평생학습 환경에서 조직 구성원들의 지식 창출 능력을 함양할 수 있는 이러닝 환경을 어떻게 구축하고 운영하여야 할 것인가의 문제 또한 교육공학도의 중요한 탐구 과제인 것이다. 이러닝이 등장함으로써 종래의 교육 개념이 학교 안은 물론 학교 밖으로까지 크게 확대되었으며, 교육학도 또는 교육공학도가 사회에 기여할 수 있는 기회도 그만큼 더 많아졌다고 할 수 있다.

4. 교육공학의 전망과 교육공학도의 과제

지금까지 살펴보았듯이 교육공학은 교수–학습 환경의 질적 개선을 추구하는 학문 분야다. 따라서 교육공학적 사고는 교육적 행위가 이루어지는 모든 상황에 적용된다. 모든 교육 상황에서 수행되는 교수-학습 환경의 질적 개선을 어떻게 이루어 갈 것인가의 문제가 교육공학의 관심사다. 이러한 문제에 대한 답을 찾기 위해서 교육공학자들은 교육 프로그램의 개발, 수업 설계 등을 포함한 교육체제 개발 분야, 교육매체 개발 및 활용 분야, 이러닝의 활성화 분야 등 교육의 실제에 대한 적절한 처방을 위해서 끊임없이 연구하고 있으며, 이러한 실천적 분야에 대한 이론적 배경으로서 교수-학습의 이론 및 모형에 관한 연구를 수행하고 있다.

이와 같은 교육공학을 탐구하는 교육공학도들은 먼저 교육학의 기본 이론, 교육철학 및 학습이론 등에 대한 안목을 길러야 한다. 오늘날 정보통신공학의 발달은 하루가 다르게 새로운 매체들을 쏟아 내고 있고, 사람들은 이렇게 첨단화된 새로운 매체들이 교육 현장에서 곧바로 활용되기를 기대한다. 따라서 교육공학은 교육학의 어느 다른 분야보다도 정보통신공학의 발달에 민감할 수밖에 없다. 그렇다고 첨단매체의 등장에 따른 시대적 인기에 영합하여 교육의 본질을 망각해서는 안 된다. 교육학의 기본 이론에 대한 안목은 이들 새로운 교육매체들이 교육 현장에 어떻게 접목되어야 하는가에 대한 방향타로서의 역할을 수행할 수 있기 때문이다.

또한 교육공학도는 끊임없이 변화 · 발전하고 있는 정보통신공학 분야에 대한 안목이 절대적으로 필요하다. 발달된 정보통신공학은 교수-학습 환경의 구축과 교육매체의 개발 및 활용에 많은 변화를 불러오고 있다. 정보통신 기술의 발달에 따른 교수-학습 환경은 종래 교실이라는 제한된 시공간적 환경을 인터넷이라는 매체를 이용해서 그 벽을 허물어 버렸고, 학교교육 중심의 교육 패러다임을 평생학습 패러다임으로 변화시켰다. 일과 학습이 별개였던 과거와 달리 일과 학습이 하나인 통합된 개념으로 변화됨으로써 교육의 문제는 이제 경영의 한 중요한 중심축으로 자리 잡게 되었다. 정보통신공학 분야에서 발달한 최첨단 기술은 과거와는 차원이 다른 새로운 교수-학습 환경을 구축하고 있다. 인터넷을 이용한 사이버공간에서 학습자들 간에 협동적으로 학습 문제를 해결할 수 있게 되었고, 가상현실 공간 속에서 마치 현실과 같은 유사한 학습 경험을 할 수도 있게 되었다. 최근에 유행하기 시작한 스마트폰은 앞으로 교수-학습 환경에 또 다른 새로운 도전을 가능하게 할 것으로 기대된다.

이와 같은 정보통신공학의 발달로 인한 새로운 교육 환경은 교육공학도들에게 새롭고 창의적인 교수-학습 환경을 구축하는 데 무한한 도전감을 갖도록 한다. 종래의 학교교육이라는 한정된 테두리에서 벗어나 사회 전반에 걸친 보다 폭넓은 공간으로 시야를 확대하고, 발달된 정보통신 기술을 동원하여 교수-학습의 질을 향상시키는 데 이바지할 수 있도록 노력하여야 한다.

참고문헌

박성익, 임철일, 이재경, 최정임(2011). 교육방법의 교육공학적 이해(제4판). 서울: 교육과학사.

박종선(2009). 사이버학습의 이해: 지식기반사회의 자기개발을 위한 학습전략. 서울: 교육과학사.

백영균, 박주성, 한승록, 김정겸, 최명숙, 변호승, 박정환, 강신천, 김보경(2010). 유비쿼터스 시대의 교육방법 및 교육공학(제3판). 서울: 학지사.

Newby. T., Stepich, D., Lehman, J., & Russell, J. (2000). *Instructional Technology for Teaching and Learning, Integrating Computers, and Using Media* (2nd ed.). Upper Saddle River, N. J.: Merrill.

추천도서

박성익, 임철일, 이재경, 최정임(2011). 교육방법의 교육공학적 이해(제4판). 서울: 교육과학사.

박종선(2009). 사이버학습의 이해: 지식기반사회의 자기개발을 위한 학습전략. 서울: 교육과학사.

백영균, 박주성, 한승록, 김정겸, 최명숙, 변호승, 박정환, 강신천, 김보경(2010). 유비쿼터스 시대의 교육방법 및 교육공학(제3판). 서울: 학지사.

변영계, 이상수(2003). 수업설계. 서울: 학지사.

한정선(2008). 미래사회를 위한 교육방법 및 교육공학. 서울: 교육과학사.

제8장

교육평가의 이해

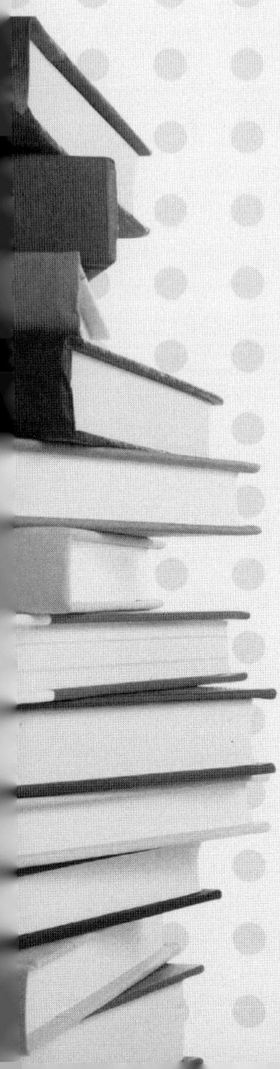

1. 교육평가의 기초
2. 교육평가의 유형
3. 평가도구의 조건
4. 교육평가의 최근 동향

제8장

교육평가의 이해

교사 또는 교사가 되고자 하는 사람은 교육평가에 대한 이해가 필수적이다. 왜냐하면, 교육의 과정과 성과에 관한 평가는 학생의 학습뿐만 아니라 교수 프로그램, 교육과정, 교수방법 등의 개선과 질관리에 절대적으로 필요한 것이기 때문이다. 따라서 타당하고 신뢰할 만한 평가를 하기 위해서는 교육평가와 관련된 다음과 같은 본질적인 문제들을 바르게 이해해야 한다.

첫째, 교육평가란 무엇이고, 어떻게 해야 하며, 그 결과는 어떻게 활용해야 하는가? 둘째, 교육평가에는 어떤 유형의 평가가 있으며, 각 유형의 평가는 어떤 특징을 갖고 있으며, 어떤 역할을 하는가? 셋째, 타당하고 신뢰성 있는 평가 결과를 얻기 위해서는 평가도구가 양호해야 하는데, 그 양호도 조건에는 어떤 것들이 있는가? 넷째, 어디에 초점을 맞추어 어떤 방향으로 평가해야 하는지를 결정하기 위해서는 교육평가의 최근 동향을 알아야 하는데, 그 동향은 어떠한가?

이 장에서는 이상과 같은 본질적인 문제들을 보다 넓고 깊게 이해하는 데 필요한 기본적인 내용을 개괄적으로 소개하고 이를 논의해 보고자 한다.

1. 교육평가의 기초

1) 교육평가의 개념

일반인들은 '교육평가'라고 하면 상식적으로 학생들의 학업성취도를 평가하는 것으로 인식하는 것 같다. 교육평가는 학생의 학업성취도를 포함하여 지능, 적성, 인성, 흥미, 근면성, 도덕성 등 다양한 행동발달을 평가하는 것을 포함한다. 뿐만 아니라 교육의 과정과 성과에 관한 평가 결과를 통하여 교수 프로그램, 교육과정, 교수방법 등의 효과와 가치 등을 판단하는 과정까지 포함하는 등 실로 그 범위가 상당히 넓다. 다시 말해, 모든 교육 관련 영역과 현상이 교육평가의 대상이 된다.

교육평가의 개념적 의미는, ① 학생들의 교수 목표 달성도를 확인하는 입장, ② 교수 프로그램의 장단점을 확인하여 그 프로그램의 가치를 판단하는 입장, ③ 의사결정에 필요한 평가 자료를 수집하여 제공하는 입장 등 세 가지 입장에서 정의할 수 있다. 각 입장의 대표적인 정의를 제시하면 다음과 같다.

- 평가 과정은 기본적으로 교육과정과 교수 프로그램에 의해 교육 목표가 실제적으로 성취된 범위를 결정하는 과정이다(Tyler, 1949: 69).
- 교육평가는 스크리븐(Scriven)과 스테이크(Stake)가 제안한 바와 같이 외재적 기준(교수 목표)에 초점을 두는 판단 구조로 기술될 수 있다(Popham, 1975: 25).
- 교육평가는 의사결정을 위해 유용한 정보를 기술하고, 획득하며, 제공하는 과정이다(Stufflebeam et al., 1971: 40).

이상 세 가지 정의는 그 의미가 구분되지만 서로 관련성이 깊다. 교수 목표 달성도를 확인하는 것만으로 평가가 끝나는 것이 아니라, 그에 근거하여 가치판단을 하고, 그 판단을 참조로 학습자, 교수 프로그램, 교육과정, 교수방법 등에 관한 의사결정을 하게 되는 것이다. 교수 목표 달성도에 비추어 특정 학생이 우수하다고 판단하거나, 심화 교육과정에 배치하거나, 특정 교수 프로그램이 효과적이라고 판단하여 채택하는 결정을 내릴 수 있다.

물론, 스테이크의 가치판단 모형이나 스터플빔(D. L. Stufflebeam) 등의 의사결정 모형 등 여러 평가모형에 따르면, 확장된 교육평가의 개념에는 교수 목표 달성도라는 교육의 성과뿐 아니라 교수 프로그램 또는 교육과정에 투입된 요소들이 적절한지, 그리고 교수 프로그램이나 교육과정이 효과적으로 실행되고 있는지를 평가하는 교육적 투입과 교육과정을 평가하는 과정까지 포함된다.

2) 교육평가의 영역과 기능

교육평가의 영역은 모든 교육 관련 영역과 현상을 포함한다. 학생평가 영역에는 학업성취도, 지능, 적성, 운동 기능, 측정 가능한 모든 정의적 특성 등 모든 행동 영역과 요인이 포함된다. 그리고 전체 학교 교육과정, 각 교과 교육과정, 특별활동, 재량활동, 교수방법, 각종 교육정책 등 모든 교육 영역이 교육평가 영역에 속한다. 이러한 교육평가의 기능은 다음과 같다(김대현, 김석우, 2006; 박도순, 홍후조, 2006; 이종숙 외, 2000).

① 학습 결과의 진단과 치료: 이것은 주로 학력평가에 관계된 기능이다. 학생들의 교수 목표 달성도를 확인하여 도달하지 못한 학생이 도달할 수 있도록 어떻게 지도할 것인지에 관한 정보를 제공한다.

② 생활지도와 상담을 위한 자료 제공: 지능, 적성, 인성, 가정 환경 등 학생에 관한 평가 자료는 진로지도, 심리상담 등 생활지도를 위한 자료로 활용된다.

③ 교수-학습의 개선: 학생들의 교수 목표 달성도 평가에 기초하여 교사는 자신의 수업을 반성하고 개선해 나갈 수 있고, 학생도 자신의 학습에서 잘못된 점을 찾아 교정할 수 있다.

④ 교육과정의 질관리: 일정 기간 동안 교육과정을 운영하면서 그 과정과 성과를 평가함으로써 교육과정을 개선하거나 새로운 교육과정을 개발하는 등 교육

과정의 질을 관리해 나갈 수 있다.

⑤ **국가 수준의 교육 관련 일반 정책과 교육정책 수립을 위한 정보 제공:** 국가 수준의 학력평가나 국제학력 비교평가는 국가의 현재 교육 문제가 무엇인지를 이해하고, 그 문제를 해결하기 위한 일반 정책과 교육정책을 수립하는 데 도움을 준다.

3) 교육평가의 절차

타당하고 신뢰할 만한 교육평가 결과를 얻기 위해서는 합리적이고 체계적인 평가 절차에 따라 평가를 실시해야 한다. 합리적이고 체계적인 평가 절차는 다음과 같다.

① **평가 목표의 설정:** 무엇을 평가할 것인지 그 목표를 설정해야 한다. 이는 대체로 학생들이 달성해야 할 교육 목표가 평가 목표가 된다. 학생들이 달성해야 할 교육 목표가 '이차방정식의 원리를 적용하여 문제를 푼다.'라면 이 목표를 얼마나 달성했는지를 평가하면 된다.

② **평가 장면의 선정:** 평가 목표에 포함된 행동을 가장 잘 나타내 주는 평가 장면을 선정한다. 이를 위해서는 먼저 평가방법을 결정한 이후에 그 방법을 통해 목표 행동을 가장 잘 나타내 주는 평가 장면을 정해야 한다. 예컨대, 관찰법을 사용하여 '협동 행동'을 평가하고자 한다면, 평가 장면을 '작업 장면'으로 정하는 것이다.

③ **평가도구의 선정 및 제작:** 평가 장면(지필검사나 면접법에서는 문항 내용)이 선정되면 그 장면이 포함된 평가도구를 선정하거나 제작한다. 타당하고 신뢰로운 평가 결과를 얻기 위해서는 평가도구가 양호해야 한다. 양호도 조건에는 타당도, 신뢰도, 객관도, 실용도가 포함된다.

④ **평가의 실시 및 결과 처리:** 양호한 평가도구가 마련되면 그 도구를 사용하여 평가를 실시한다. 실시의 시기, 횟수, 방법, 대상 등을 고려해서 실시하도록

하며, 수집한 자료를 채점하고, 필요한 통계분석을 하여 기록한다.

⑤ 평가 결과의 해석 및 활용: 평가는 어디까지나 그 결과를 활용하는 것이 목적이기 때문에 평가 결과를 가치기준에 따라 해석하여 올바르게 활용하여야 한다. 그리고 준거(교육 목표)나 규준(상대적 비교 기준)을 기준으로 해석하여 그 활용 목적에 적합하게 활용되어야 한다.

4) 교육평가 결과의 활용

여러 사회의 윤리적 가치기준에 따라 평가 결과를 해석하여 어떻게 활용할 것인가를 논의할 수 있겠지만, 그 논의 내용이 너무 방대하여 제한된 지면상 모두 논의하기에는 불가능하다. 따라서 평가 결과를 준거와 규준에 비추어 해석하여 어떻게 활용할 수 있는지를 간략하게 논의해 보고자 한다.

준거지향적 활용 방안을 들면 다음과 같다. 첫째, 준거지향 평가 결과는 교수과정의 각 단계에서 학습자의 진전 상태(교수 목표 달성도)를 진단 또는 확인하여 보충 · 심화 학습의 기회를 제공하고, 학습자에게 학습 동기를 부여하는 데 활용된다. 진단 · 형성 평가의 효과를 검증한 연구 결과들은 평가 결과와 더불어 그 원인과 수업적 대안을 제시할 때 효과적임을 입증하고 있다(박도순, 김영복, 1988).

둘째, 교수 프로그램의 개선을 위해 사용될 수 있다. 타일러(R. W. Tyler), 하몬드(R. L. Hammond) 등의 평가모형은 교수 목표(행동 목표)와 교수 프로그램 요소 간의 논리적인 연결을 통하여 평가 결과로 개선점을 강구하게 한다(박도순, 정택희, 김영복, 1985). 글레이저(Glaser, 1962)와 켐프(Kemp, 1981) 등의 교수모형도 교수 프로그램의 요소와 연결된 평가 결과의 피드백 체제를 제시하고 있다.

셋째, 목표 성취도 확인, 대안적 교수 프로그램의 선택, 교사의 책무성을 위해 활용된다. 준거지향 평가는 학생 개개인의 목표 성취도뿐만 아니라 누적적인 평가 결과를 통하여 개인 간 상대적 위치를 확인하는 데 사용될 수 있다(Biehler, 1979; Block, 1971). 준거지향 평가는 전후검사 통제집단 실험설계법 또는 반복측정 실험설계법을 이용하여 대안적인 프로그램 간 또는 현존 프로그램과 혁신 프로그램 간의 효과를 비교·검증하고, 효과적인 프로그램을 선택·결정하는 데 활용된다(Eisner, 1974; McNeil, 1981). 비교평가 연구는 책무성 평가에서도 이루어질 수 있다. 전후검사 통제집단 실험설계법을 사용하여 교육 프로그램의 효과를 검증하고 그 책무성을 평가할 수 있다. 비교 단위는 각 학교가 되며, 검사는 준거지향검사를 사용하는 것이 바람직하다(Ornstein & Talmage, 1977). 왜냐하면, 규준지향검사 점수는 지식, 능력, 기능 등의 아주 작은 문항 표집을 반영하고 있으므로, 전후검사 점수 간의 변화가 우연적 변량에 의해 설명될 가능성이 크기 때문이다. 반면 준거지향검사는 특정 행동 영역에 대한 구체적이고 충분한 문항 표집이 이루어져 있기 때문에 정확한 측정이 가능할 뿐만 아니라 학습자의 학습된 내용에 관한 신뢰로운 증거를 제시할 수 있다.

규준지향검사의 경우는 평가 결과를 예언·선발·분류하는 데 활용할 수 있다. 입학 성적으로 입학 후에 일정 기간이 지난 이후의 학업 성적을 예측한다든지, 입학시험 점수의 서열에 따라 일정 정원의 신입생을 선발한다든지, 학력검사 점수의 개인차에 따라 상·중·하 수준으로 분류하여 우수반, 일반반, 열등반으로 배치하여 그에 맞는 교육과정을 적용한다든지 하는 것이다.

규준지향적 평가도 대안적인 교수 프로그램 간의 효과를 비교하는 데 사용될 수 있다. 표준화 검사의 규준 점수는 전집에 적용되는 것이기 때문에 전집에 속하는 두 집단을 비교 집단으로 하여 적용한 두 교수 프로그램의 효과를 두 집단 간 평균 규준 점수의 차이로 비교·검증할 수 있다. 그러나 규준 점수는 전집에서의 개인 간 상대적 위치를 나타내는 점수이므로 학습자가 무엇을, 얼마나 학습했는지를 보여 주기는 어렵다.

2. 교육평가의 유형

교육평가는 평가기준에 따라 절대평가와 상대평가로, 평가 목적에 따라 진단평가와 형성평가 및 총합평가로 분류할 수 있다. 여기서는 이러한 각 유형의 평가와 최근 그 중요성이 강조되고 있는 수행평가와 정의적 평가에 관해서 논의하고자 한다.

1) 절대평가와 상대평가

(1) 절대평가

절대평가는 '준거지향 평가'라고도 하며, 준거가 교수 목표이기 때문에 '목표지향 평가'라고도 한다. 목표라는 절대기준에 따라 목표 달성도를 평가하기에 절대평가라 하는 것이다. 절대평가의 특징을 살펴보면 다음과 같다.

첫째, 학습자의 성장 가능성에 초점을 맞춘다. 좋은 교육 환경이 제공되면 거의 모든 학생들이 교육 목표를 달성하여 성장 · 발달해 갈 수 있다는 발달적 교육관에 기초하고 있다. 둘째, 거의 대부분의 학생들이 높은 점수를 받기 때문에 점수 빈도 분포가 부적 편포를 이룰 것이라 기대한다. 셋째, 각 학생이 다른 학생들과 경쟁하지 않고 오로지 교수 목표를 달성하는 데 노력을 기울이므로 고등정신 능력을 신장시킬 수 있고, 개별화 학습이나 협동학습을 조장한다. 이로 인해 학생들의 정신건강과 내재적 동기화를 고취시킨다. 넷째, 거의 모든 학생들이 높은 점수를 받기 때문에 개인차 변별이 어렵고, 정상분포를 이루지 않기 때문에 평가 자료의 통계분석이 어렵다. 다섯째, 내재적 동기화가 되어 있지 않은, 경쟁을 통해 외재적으로 동기화되는 성향의 학생들을 동기화하기가 어렵다.

(2) 상대평가

상대평가는 상대적 비교기준인 규준에 따라 평가하기 때문에 '규준지향 평가'라고도 한다. 상대평가의 특징을 살펴보면 다음과 같다.

첫째, 학생들의 능력에는 개인차가 있게 마련이고, 따라서 개인차를 변별해서 학생들을 선발 · 분류하여 그에 맞는 교육을 해야 한다는 선발적 교육관에 기반을 두고 있다. 둘째, 개인차 변별이 용이하고, 점수의 빈도 분포가 정상분포를 이루기 때문에 평가 자료의 통계분석을 효율적으로 할 수 있다. 셋째, 경쟁을 선호하는 학생들의 외재적 동기화를 기할 수 있다. 그러나 심한 경쟁은 높은 긴장과 불안을 야기하여 학생들의 정신건강을 해칠 수 있다. 그리고 높은 긴장과 불안, 학생들 간의 알력은 고등정신 능력의 발달에 방해가 된다.

(3) 절대평가와 상대평가의 비교

절대평가와 상대평가를 비교하면 다음과 같다(Ebel, 1978; 황정규, 1985). 첫째, 교육적 신념에서 차이가 있다. 상대평가는 선발적 교육관에, 절대평가는 발달적 교육관에 기반을 두고 있다.

둘째, 개인차를 보는 시각에서 차이가 난다. 상대평가관은 개인차가 있게 마련이고, 이는 검사 점수를 통해 간략히 요약될 수 있다고 본다. 반면에 절대평가관은 개인차는 교육의 누적된 실패에서 오는 것으로 교육의 작용과 노력에 의해 해소될 수 있다고 본다.

셋째, 검사 문항의 표집에서 차이가 있다. 상대평가는 학습자 간의 상대적 위치 및 개인 간 변량에 관심을 두고, 각 문항이 각 성취 측면을 개별적이고 독립적으로 나타내도록 검사 문항을 표집한다. 반면에 절대평가는 학습자의 교수 목표 달성도에 관심을 두기 때문에 검사 문항을 군집으로 기술하고, 각 문항 군집이 하나의 구체적인 교수 목표를 나타내도록 표집한다.

넷째, 측정하고자 하는 성취 수준의 범위에서 차이가 있다. 상대평가는 아주 탁월한 수준에서 아주 열등한 수준에 이르는 넓은 성취 수준의 범위를 나타내고자 하는 반면에 절대평가는 우선적으로 모든 학습자에 대하여 하나의 성취 표준을 설정하고 있다.

다섯째, 이상과 같은 각 평가의 특징에 비추어 일차적으로 상대평가는 총합평가에, 절대평가는 진단평가와 형성평가에 적합한 것으로 간주된다.

2) 진단평가, 형성평가, 총합평가

(1) 진단평가

진단평가는 다음의 두 가지 목적에서 실시된다. 첫째, 학년 초, 학기 초, 단원 초, 차시별 수업 초의 선수학습 조건, 자아개념, 학습 동기, 학습 태세 등 출발점 행동을 진단하고, 출발점 행동이 갖추어지지 않았을 때 학생들이 출발점 행동을 갖추도록 지도하기 위해 진단평가를 실시한다. 예컨대, '이차방정식의 원리를 적용한다.'라는 교수 목표를 달성하기 위한 교수를 실시하기 전에 그 선수학습 조건인 '일차방정식의 원리를 적용한다.'라는 능력을 갖추고 있는지 진단하여, 그렇지 않을 경우 교정학습을 실시하는 것이다. 둘째, 학습 부진의 원인을 진단하여 지도하기 위해 진단평가를 실시한다. 학습 부진의 원인이 가정 환경, 교우 관계 등 환경 때문인지, 해당 학생의 심리적 문제 때문인지를 진단하여 부모상담, 심리상담 등 해결 방안을 강구하기 위한 것이다.

(2) 형성평가

형성평가는 단원 교수과정에서 학생들이 각 차시별 교수 목표를 달성하고 있는지를 확인하기 위해 실시한다. 이 평가의 목적은 다음과 같다. 첫째, 학습 곤란점을 확인하여 보충학습을 실시하기 위한 것이다. 학습 곤란점은 학생 개인이나 집단이 달성하지 못한 교수 목표를 의미한다. 둘째, 학생들의 학습 속도를 조절하는 기능을 한다. 평균적인 학생들보다 교수 목표를 빨리 달성하는 학생들은 심화학습을 하고, 뒤처진 학생들은 보충학습을 하여 교수 목표를 달성하도록 한다. 보충학습을 통하여 교수 목표를 달성해 가면 얼마 가지 않아 정상 학생들의 학습 속도를 따라갈 수 있다(Bloom, 1968). 셋째, 학생들의 학습을 강화한다. 교수 목표를 달성한 학생들은 형성평가를 통한 피드백을 받음으로써 자신의 학습을 강화하게 된다. 넷째, 교수의 개선을 기한다. 학생들이 교수 목표를 달성하지 못한 부분이 있다면, 왜 그런지 교사 자신의 교수과정과 연계하여 반성하고, 효과적인 교수방법이나 전략을 강구하는 등 교수과정을 개선할 수 있다.

(3) 총합평가

총합평가는 학기 말이나 학년 말에 실시한다. 총합평가의 목적에 따라 절대평가나 상대평가를 실시한다. 예컨대, 자격 인정에는 절대평가, 선발 · 분류에는 상대평가, 교육과정이나 교수 프로그램에 관한 의사결정을 위해서는 절대평가 또는 상대평가를 실시할 수 있다.

이 평가의 목적은 다음과 같다. 첫째, 학생들의 성적을 산출하기 위한 것이다. 목표 달성도에 따라 또는 상대적 비교기준에 따라 성적을 매길 수 있다. 둘째, 자격을 인정하기 위해서다. 교육 목표의 성취기준을 통과한 학생에게 진급이나 진학 또는 자격을 인정하는 것이다. 이는 상대평가로도 결정할 수 있지만 위험을 초래할 수도 있다. 예컨대, 의사 자격시험에서 1등으로 선발된 사람이 목표 달성도 점수는 100점 만점에 20점일 수도 있기 때문이다. 셋째, 예언 · 선발 · 분류를 위해서다. 상급 학년 또는 상급 학교에서의 성적을 예측한다든지, 일정 정원을 선발한다든지, 일정 성취 수준에 따라 학생들을 분류하기 위해 총합평가를 실시한다. 넷째, 교육과정 또는 교수 프로그램에 관한 의사결정과 장기적인 질관리를 위해서다. 총합평가 결과에 따라 교육과정의 효과를 판단하고, 그 교육과정을 채택할 것인지, 수정할 것인지, 아니면 새로운 교육과정을 개발할 것인지에 대한 의사결정을 통해 장기적인 질관리를 할 수 있다.

3) 수행평가

21세기 정보사회는 사회의 모든 부문에서 변화가 매우 빠르고 그러한 변화에 적응하기 위해 필요한 지식이나 정보 또한 보다 빠르게 변화할 것이다. 그래서 평생에 걸쳐 자기주도적으로 학습할 수 있는 능력이 요구되며, 객관적 지식을 그대로 받아들이는 학습이 아니라 정보사회에서 효과적으로 적응하는 데 필요한 유용한 지식을 능동적으로 구성하여 창의적으로 문제를 해결하는 학습이 필요하다. 이러한 필요성에 따라 최근 전통적인 객관주의적 교육체제에서 새로운 교육체제로의 변화가 강조되고 있다. 이러한 맥락에서 최근 수행평가가 강조되면서 학교 현장에서도 수행평가가 실시되고 있다. 따라서 여기서는 수행평가에 관하여 간략히 살펴보기로 한다.

(1) 수행평가의 개념

수행이란 구체적인 상황에서 실제로 행동하는 과정이나 그 결과를 의미한다. 따라서 수행평가는 학생 스스로 자신의 지식이나 기능을 나타낼 수 있도록 산출물을 만들거나 행동으로 표현하거나 답을 구성하도록 요구하는 평가 방식이다(김대현, 김석우, 2006). 우리나라 교육부(1998)는 수행평가를 '평가자가 학습자들의 학습 과제 수행의 과정과 결과를 직접 관찰하고, 그 관찰 결과를 전문적으로 판단하는 평가 방식'으로 정의하였다.

수행평가는 실제 또는 모의 상황에서 실생활의 문제와 직접 관련된 과제를 수행하는 과정과 결과를 직접 관찰하여 학생들의 능력을 타당하게 평가하는 방법이다. 수행 과제가 실생활의 문제와 직접적으로 관련된다는 점에서 '참평가' 또는 '실제적 평가'라고도 하며, 과제 수행의 과정과 결과를 직접 관찰한다는 면에서 '직접적 평가'라고도 한다. 그리고 답을 선택하는 객관식 평가와는 달리 답을 구성하는 평가 형식이라는 면에서 객관식 평가에 대한 하나의 '대안적 평가'다.

(2) 수행평가의 절차

수행평가는 다음의 절차를 따른다(국립교육평가원, 1996).

① **평가 목적의 확인**: 누구를 대상(평가 대상의 수, 학년, 특성 등)으로 평가하여, 누가(교사, 평가자, 학생, 학부모, 교육청 등), 어떤 용도(학습자 능력별 배치, 선행학습 능력 진단 등)로 활용할 것인지를 기술한다.

② **평가 내용의 결정**: 다음과 같은 평가 내용을 결정한다.

- 평가 내용의 영역과 기능을 밝힌다. 내용 영역은 교과, 단원이나 제재가 되고, 기능은 블룸(B. S. Bloom) 등의 교육 목표 분류학을 참조할 수 있다.

- 수행 과제를 선정한다. 이때 과제가 의도하는 결과를 잘 나타내고 있는지를 고려해야 한다.
- 수행 준거를 열거한다. 이는 채점기준표가 되기 때문에 매우 중요하다. 수행 준거에는 수행 요소와 수행 수준이 포함된다. 수행의 주요 요소(예컨대, 구술 발표 과제에서 발표 내용, 구성, 화법, 언어 등)를 빠짐없이 열거하고, 요소별로 수행 수준(가장 높은 수준에서 가장 낮은 수준에 이르는)을 상세히 정의한다.

③ **평가방법의 설계**: 이 단계에서 성취 행동을 가장 적절하게 평가할 수 있는 방법을 결정한다. 연구 보고서, 구술시험, 실험실습, 관찰법, 면접법, 실기시험, 포트폴리오 등 다양한 방법이 있다.

- 피험자의 동기 유발이나 시험불안 등을 얼마나 일으킬 것인지 등을 고려하여 평가 시행의 공고 여부를 결정한다.
- 수집할 평가 자료의 양을 결정한다. 이때 평가 결과의 중요성, 수집된 자료의 대표성, 평가에 소요되는 시간과 비용에 따라 수집할 평가 자료의 양을 결정해야 한다.

④ **채점 계획의 수립**: 이 단계에서는 채점방법(총괄적 채점, 분석적 채점, 총괄적 채점 + 분석적 채점)과 채점자를 결정한 다음, 평가 결과의 기록방법(점수, 체크리스트, 평정척도 등)을 밝힌다.

(3) 수행평가의 문제점

수행평가의 문제점을 들면 다음과 같다. 첫째, 경제성의 문제다. 수행평가는 객관식 평가에 비해 평가의 실시와 채점하는 데 소요되는 시간과 노력 및 경비가 훨씬 더 많이 든다. 객관식 필답고사는 길어야 50분 정도 걸리고, 피검사자가 선택답지에서 답을 선택하여 OMR 카드에 기록하게 하면, 컴퓨터를 사용하여 짧은 시간 안에 수많은 답안을 채점할 수 있다. 그러나 수행평가는 과제 수행에 걸리는 시간과 여러 평가자나 채점자들이 그것을 관찰하고 채점하는 데 소요되는 시간과 경비가 만만치 않다.

둘째, 신뢰도의 문제다. 과제 수행에 대하여 채점하는 데 부분 점수가 주어지는데, 이 경우 채점기준이 명확하지 않으면 채점이 정확하지 않아 채점 결과의 신뢰도가 상당히 문제가 된다. 따라서 앞서 언급한 바와 같이 수행 준거를 상세하고 정확히 정의하여 채점기준표를 작성하고, 그 기준표에 따라 약 3명의 훈련받은 채점자들이 채점을 하여, 채점자 간 채점 결과의 신뢰도를 확립해야 한다.

셋째, 타당도의 문제다. 수행평가는 내용타당도 추정이 가능하다. 수행 과제의 내용을 세밀하게 논리적으로 분석함으로써 이 과제가 의도하는 성취 행동을 제대로 나타낸다고 판단할 수 있다. 그러나 경험적 타당도 추정은 매우 어렵다. 원래 과제 수행에 대한 점수 범위가 좁고, 게다가 한 과제를 통하여 여러 능력을 측정하려고 하기 때문에 점수 범위는 더욱 좁아져 구인타당도 검증이 어렵기 때문이다. 그리고 준거를 찾기도 어려워 준거타당도 검증도 어렵다. 예컨대, 수학 과제의 문제해결력이 뛰어난 학생의 미래 문제해결의 수행을 예측할 수 있어야 하는데, 그 미래의 수행을 어떻게 측정해야 할지 명확하지 않은 경우가 많다. 이런 이유 때문에 최근 결과타당도에 관한 관심이 제기되고 있다.

수행평가는 평가 결과의 활용에 있어서 사회적 가치와 윤리적 타당성을 중시하는 입장이다(Messick, 1989). 이런 입장에서 수행평가는 모든 학생들에게 공정하게 치러졌는지, 그 평가 결과가 모든 학생들에게 능력 신장을 위한 학습 기회를 균등하게 제공하였는지가 중요한 문제가 된다.

4) 정의적 평가

(1) 정의적 평가의 필요성

학교교육의 가장 주된 목적은 학생들의 자아실현에 있다. 자아실현이란 개인의 잠재력을 최대한 발현하는 것으로서 지적 · 정의적 · 신체적 발달의 조화로운 발달, 즉 전인적 발달을 이룰 때 가능하다. 매슬로(A. H. Maslow)가 자아실현을 정의

하는 데 '자아실현을 방해하는 심리적 갈등상태가 최소화되어 있는 상태'라는 조건을 포함시키고 있는 점에 비추어 볼 때 건강한 정서발달이 특히 중요하다.

또한 학생들의 자아실현을 위해 정의적 발달을 학교교육의 목적으로 해야 한다. 다른 한편 학생들의 정의적 발달은 지적 학습의 수단적 목표로서도 중요하다. 교과 학습에 대한 흥미, 호기심, 성취동기, 긍정적 자아개념 등은 지적 발달을 위한 중요한 정의적 특성이다. 지적 능력이 다소 떨어지는 학생이 다소 앞서는 학생보다 훨씬 더 높은 학업성취를 보이는 결과는 이러한 정의적 특성이 지능이 설명하지 못하는 부분을 설명해 주는 것이다.

이상의 논의에 비추어 볼 때, 학교교육에서 정의적 교육과 그 성과를 평가하는 일은 매우 중요하다. 그럼에도 불구하고 우리의 학교교육은 정의적 교육과 평가를 소홀히 해 왔다. 그 이유는, 첫째로 정의적 특성이라는 것이 애매모호할 뿐만 아니라 장기적인 교육의 성과로 나타나는 것이기 때문에 우리의 전형적인 학교 교수-학습 과정에는 적합하지 않다는 것이다. 둘째로, 올바르거나 사회적으로 바람직한 방향으로 반응하려는 경향성, 정의적 평가 또는 검사가 위협으로 느껴져 자기방어 기제를 사용하려는 경향성, 사생활을 보호하려는 경향성 등으로 인해 피험자가 허위 반응을 하기 때문에 정확히 정의적 특성을 측정할 수 없다는 것이다.

(2) 정의적 특성의 개념

앤더슨(Anderson, 1981)은 정의적 특성을 '인간이 지니고 있는 전형적인 감정과 정서의 표현 방식을 나타내는 특성 또는 특질'로 정의하였다. 전형적인 감정이란 변화하는 감정 속에서도 일정하게 지속되는 어떤 경향성을 뜻하는 것으로 한 개인의 정의적 특성이라고 말할 때는 무엇보다 개인이 가진 감정이 전형적이어야 한다는 것을 뜻한다(김대현, 김석우, 2006).

학교교육 및 학습과 관련 있는 정의적 특성의 정의를 살펴보면 〈표 8-1〉과 같다(김대현, 김석우, 2006). 정의적 특성은 방향과 밀도, 표적을 갖고 있다. 방향은 감정의 적극적 · 소극적 방위이고, 밀도는 감정의 강도이며, 표적은 감정이 지향

〈표 8-1〉 정의적 특성의 개념 정의

흥 미	개인이 특수한 대상, 활동, 이해, 기술 등에 관한 주의 집중이나 획득을 위한 목적을 탐색하려는 충동으로서, 경험을 통해 조직된 성향
불 안	자신의 안전을 위협하는 실제적이거나 상상적인 것에서 생겨나는 긴장된 경험
통제 소재	개인이 자신의 행동이나 그 행동 결과에 대해 책임감을 갖고 받아들이는 정도
학업적 자존감	학업적 자아개념의 정의적 구성요소로 학업적 상황에 있어서 개인이 학습자로서 스스로에 대해 가지고 있는 지각
가 치	바람직한 것의 개념, 즉 실제로 바람직해야만 하는 것과 행동의 선택에 영향을 주는 바람직한 것
태 도	어떤 대상에 대해서 일관성 있게 호의적 또는 비호의적으로 반응하는 학습된 기질
선 호	어떤 대상을 다른 대상에 반하여 받아들이려는 기질로 어떤 대상물, 활동 또는 아이디어를 다른 대상물, 활동, 아이디어에 반하여 선택하려는 경향성

하는 대상, 활동, 아이디어 등을 말한다.

(3) 정의적 특성의 측정 절차와 방법

정의적 특성의 측정 절차는 다음과 같이 다섯 단계로 나뉜다(성태제, 2009).

① 1단계: 측정하고자 하는 정의적 특성을 설정한다.

② 2단계: 규명된 정의적 특성을 갖고 있는 사람이 어떻게 행위할 것인지 구상하여야 한다. 반면 그 특성을 갖고 있지 않은 사람은 어떤 행위를 할 것인가도 구상하면 더 바람직하다.

③ 3단계: 측정하고자 하는 정의적 특성을 갖고 있는 사람, 갖고 있지 않은 사람, 즉 대비되는 두 개인이 자연적이거나 인위적인 상황에서 어떻게 반응하는지를 고려해야 한다.

④ 4단계: 3단계를 기초로 해서 실제적이고 타당한 상황을 선택한다.

⑤ 5단계: 중다 측정도구를 고안한다. 단일 측정도구로 개인의 정의적 특성을 측정할 수 있으나 보다 타당하고 신뢰롭게 정의적 특성을 평가하기 위하여 여러 가지 평가도구를 구안한다.

정의적 특성의 측정방법에는 질문지법, 평정법, 관찰법, 의미분석법, 투사법 등이 포함된다.

3. 평가도구의 조건

타당하고 신뢰할 만한 평가 결과를 얻기 위해서는 평가도구가 양호해야 한다. 따라서 이 절에서는 평가도구의 조건으로 타당도, 신뢰도, 객관도, 실용도에 관하여 논의하고자 한다. 그에 앞서 검사를 구성하는 문항을 제작해야 하는데, 좋은 문항이란 어떤 것인지 그 조건을 살펴보고, 그다음 제작한 문항이 좋은 문항인지 판별하기 위한 문항분석 방법을 논의하고자 한다.

1) 문항 제작과 문항분석

(1) 문항 제작

양호한 평가도구를 만들려면 그 도구를 구성하는 좋은 문항을 제작해야 하는데, 좋은 문항의 조건은 다음과 같다.

첫째, 문항 내용이 적절성을 가져야 한다. 즉, 문항 내용이 측정하고자 하는 내용과 행동을 잘 측정해야 한다. 둘째, 문항 내용이 복합성을 가져야 한다. 즉, 문항 내용이 단순 암기보다는 분석 · 종합 · 평가 등 고등정신 능력을 측정하는 것이어야 한다. 셋째, 문항 내용이 참신성을 가져야 한다. 이때의 참신한 문항이란 문항의 내용과 형식이 진부한 형태가 아닌 새로운 형태임을 의미한다. 넷째, 문항 내용이 일정한 추상성을 가져야 한다. 단순 사실을 열거하여 단편적인 지식을 평가하는 것이 아니라, 구체적인 사실들을 요약하고 일반화하며 추상화하여 답하도록 해야 한다. 다섯째, 문항 내용이 구조화되어야 한다. 문항 내용의 구조화 정도는 문항 내용의 의미가 피험자에게 모호하지 않으면서 일반적인 의미를 주는 정도를 말한다. 이는 객관식 검사보다 주관식 검사에서 유의해야 할 조건이다. 여섯째, 문항의 난이도가 적절해야 한다. 너무 쉽거나 어려운 문항은 학생들의 능력을 변별해 내지 못할 뿐만 아니라 교수 목표를 평가하는 데도 부적절하다. 일곱째, 문항은 학습 동기를 유발해야 한다. 문항에 대한 학생들의 반응 결과가 그들의 학습 동기를 촉진해야 한다.

(2) 문항분석

문항을 제작하고 나면, 그 문항이 좋은 문항인지 분석해야 한다. 즉, 문항의 난이도와 변별도를 분석해야 한다. 문항분석은 고전검사이론과 문항반응이론을 적용하여 분석할 수 있다.

① 고전검사이론을 적용한 문항분석

첫째, 상대평가의 경우 문항 난이도는 기본적으로 전체 피험자 중 그 문항에 정답을 한 피험자의 비율이 곧 정답률이 된다. 그러나 이러한 정답률에는 추측에 의한 정답률까지 포함되며, 미달항(어떤 피험자가 시간이 없어 답하지 못한 문항인데 오답 처리되는 문항) 피험자 수에 의한 오답률까지 포함된다. 그래서 추측에 의한 정답률과 미달항 피험자 수에 의한 오답률을 교정하는 문항 난이도를 계산하는 공식이 나와 있다. 미달항으로 남겨 놓은 피험자가 한 명도 없는 문항은 추측에 의한 정답률만을 교정하는 공식을 적용한다. 문항 난이도의 정답률이 30~70%가 되는 문항이 좋은 문항이다. 문항변별도는 검사 총점 상위 27%에 해당하는 상위 집단의 정답률과 하위 27%에 해당하는 하위 집단의 정답률 간의 차이로 계산된다. 변별도가 .40 이상인 문항이 좋은 문항이다.

둘째, 절대평가의 경우 문항 난이도 계산에 상대평가의 공식을 적용할 수 있다. 이때 문항이 어렵거나 쉬운 것은 문제가 되지 않는다. 왜냐하면, 어렵거나 쉽거나 학생들이 교수 목표를 얼마나 달성했는지를 확인하기 위한 문항이기 때문이다. 따라서 상대평가에서처럼 개인차를 변별하기 위해 문항의 난이도를 조정할 필요가 없다. 그러나 발달적 교육관에 입각하여 교수 프로그램을 설계하고자 할 경우에는 문항곤란도 지수가 중요한 의미를 갖는다. 너무 어렵거나 쉬운 문항에 상응하는 목표를 설정하지 말아야 하며, 그 목표에 대한 수업이 필요치 않다는 판단을 하는 데 활용되기 때문이다.

절대평가에 상대평가의 문항변별도 분석방법을 적용하게 되면 다음과 같은 문제가 생긴다. 절대평가가 적용되는 교수체제에서는 거의 모든 학생들이 교수 목표에 도달한다. 따라서 상대평가의 문항분석 방법을 적용하면 정답률이 90% 이상이 되어 목표에 도달할수록 변별도가 매우 낮아진다는 문제점이 생긴다. 이 경우 절대평가의 문항변별력이 과소평가된다. 따라서 상대평가 방법을 절대평가에 그대로 적용할 수 없다. 때문에 절대평가에서는 절대평가의 총점을 기준으로 목표 도달 집단과 목표 미달 집단으로 구분한 다음, 두 집단 간의 문항 정답률 차이를 변별도 지수로 사용하는 방법 등을 적용한다.

② 문항반응이론을 적용한 문항분석

고전검사이론을 적용한 문항분석은 문항 난이도, 변별도 등 문항 특성이 피험자 집단의 특성에 따라 변화하고, 피험자의 능력도 문항 특성에 따라 달라진다는 문제점을 갖고 있다. 즉, 피험자 집단의 능력이 탁월할 경우 아무리 어려운 문항도 쉬운 문항으로 규정되고, 피험자 집단의 능력이 낮을 경우 쉬운 문항도 어려운 문항으로 규정된다. 피험자의 능력도 문항이 쉬우면 높은 것으로, 어려우면 낮은 것으로 규정된다. 문항반응이론은 문항 특성인 문항 난이도, 변별도, 추측도가 피험자 집단의 특성에 따라 변화되지 않는다는 문항 특성의 불변성의 개념을 포함하고 있으며, 다른 한편 피험자 능력의 불변성의 개념도 포함하고 있다.

문항반응이론은 검사 총점으로 문항을 분석하는 것이 아니라, 문항의 고유한 속성을 나타내는 문항특성곡선에 의해 문항을 분석하는 검사이론으로, 이 이론을 전개하기 위해서는 일차원성 가정과 지역 독립성 가정이 충족되어야 한다. 문항 난이도, 변별도, 추측도를 추정하기 위해 문항특성곡선을 이용하기도 하고, 문항특성곡선의 특성을 수리적으로 표시한 문항반응 모형을 이용한다. 문항반응 모형에는 정규오자이브 모형과 이 모형보다 수리적 계산이 쉽고, 문항반응이론의 전개에 문제가 없는 로지스틱 모형이 있다. 로지스틱 모형을 사용하여 문항특성곡선을 추정할 때 문항 난이도만 포함하는 1모수 로지스틱 모형, 문항 난이도와 변별도를 포함하는 2모수 로지스틱 모형, 문항 난이도, 변별도와 추측도 모두를 포함하는 3모수 로지스틱 모형이 있다.

2) 타당도

타당도는 어떤 평가도구가 측정하고자 하는 것을 측정하는 정도를 말한다. 타당도를 추정하기 위해서는 반드시 준거(criterion)가 필요하다(김대현, 김석우, 2006). 준거란 '무엇에 비추어 타당한가?'라는 질문에서 '무엇'에 해당하는 것으로, 예컨대 지능검사는 지능을, 적성검사는 적성을, 학력검사는 학력을 준거로 하며, 이를 잘 측정했다면 타당도가 높은 것으로 추정된다. 상대평가와 절대평가의 타당도 분석방법을 보면 다음과 같다.

첫째, 상대평가에서는 검사 점수에 상당한 정도의 변량이 있다고 전제한다. 따라서 내용타당도 이외에 이러한 점수 변량에 기초하여 경험적 타당도를 분석할 수 있다. 경험적 타당도에는 구인타당도, 준거타당도(예언타당도와 공인타당도), 요인타당도 등이 포함된다. 준거타당도는 어떤 검사가 측정하고자 하는 행동(내적 준거)이 아니라 관련 있는 다른 행동(외적 준거)을 측정하는 검사 점수와 얼마나 관계되는지를 참조로 추정하는 것이다. 예컨대, 지능검사 점수가 외적 준거 변수인 학력검사 점수와의 상관이 높다면 그 지능검사는 타당도가 높다고 추정하는 것이다.

둘째, 절대평가에서는 거의 모든 학생들이 교수 목표를 달성하기 때문에 검사 점수의 변량이 상당히 작다. 따라서 절대평가에서 쉽게 이용될 수 있는 타당도는 내용타당도와 교과타당도다. 경험적 타당도에는 상관기대표가 많이 사용되고 있고, 브라운(Brown)의 의사결정 공식을 이용하여 노빅(Novick)이 개발한 절대평가의 타당도가 있다(변창진 외, 1996).

3) 신뢰도

신뢰도는 평가도구가 측정하고자 하는 것을 얼마나 오차 없이 정확히 측정하였는지를 말한다. 검사의 전체 점수 변량은 진점수 변량과 오차점수 변량을 포함한다. 신뢰도는 전체 점수 변량 가운데 진점수 변량이 차지하는 비율이 어느 정도인가를 의미한다.

평가도구의 신뢰도에 영향을 미치는 측정오차의 근원에는 세 가지 종류가 있다(이병승, 우영호, 배제현, 2008). 첫째로, 평가자의 오차다. 평가자의 주관, 성격, 심리 상태 등이 오차를 일으킨다. 둘째로, 평가도구의 오차다. 아무리 정밀한 도구라도 오차 없는 도구란 없다. 인간의 행동을 측정하는 교육평가에서는 더욱 그렇다. 셋째로, 피험자의 오차다. 피험자의 동기, 습관, 환경, 기분, 피로 등에 의해 오차가 발생한다.

신뢰도 추정방법 역시 상대평가와 절대평가로 구분할 수 있다. 첫째로, 상대평가에서는 검사 점수에 상당한 정도의 변량이 있다고 전제한다. 따라서 이러한 점수 변량에 기초하여 신뢰도를 분석할 수 있다. 상대평가에서의 신뢰도에는 검사-재검사 신뢰도, 동형검사 신뢰도, 반분검사 신뢰도, 문항내적합치도(K-R 20, K-R 21, Cronbach α 계수) 등이 있다. 둘째로, 절대평가의 검사 점수 변량은 너무 작기 때문에 상대평가에서 쓰고 있는 신뢰도 추정방법을 사용할 수 없다. 절대평가에서는 카버(Carver)의 일관성 지수와 리빙스턴(Livingston)의 신뢰도 계수를 사용하여 신뢰도를 추정한다(변창진 외, 1996).

4) 객관도

객관도란 특히 주관식 평가에서 채점자의 신뢰도라 할 수 있는데, 채점자가 편견 없이 얼마나 공정하게 채점하느냐의 문제다. 즉, 채점자의 채점 결과가 얼마나 일관성이 있느냐로 규정할 수 있다. 객관도를 높이기 위해서는 평가도구 및 평가기준을 객관화하여야 하고, 채점자가 평가에 대한 소양을 쌓아야 한다.

5) 실용도

실용도란 평가도구를 사용함에 있어서 시간과 비용, 노력을 적게 들이고도 목적을 달성할 수 있는 정도, 즉 실용성의 정도다. 어떤 검사가 타당도, 신뢰도, 객관도가 높아 필요한 결정을 내리는 데 아무리 좋은 정보를 제공해 준다 해도 실제로 그 검사를 이용하는 데 비용이나 노력이 많이 든다면 활용하기 어렵다.

4. 교육평가의 최근 동향

최근 교육평가가 어떤 방향으로 이루어지고 있는가를 살펴봄으로써, 평가 영역, 평가방법, 평가 내용 등에 있어서 어느 측면에 초점을 맞추어 평가해야 하는지를 파악할 수 있다. 여기서는 최근 교육평가 분야에서 탐구 양식, 탐구 대상, 탐구 내용 등이 어떻게 변화하고 있고, 어디에 초점을 맞추고 있는지를 논의하고자 한다.

1) 탐구 양식

교육평가 분야에서 탐구 양식은 양적 접근(실재론), 주관주의적 접근(관념론), 질적 접근(현상학) 등 세 가지 접근이 있다.

양적 접근은 프로그램의 기대된 결과를 검증하는 것으로(Cook & Reichardt, 1979), 과학적 검증을 통하여 객관적인 평가 정보를 얻을 수 있다고 가정한다. 합리성과 과학성을 강조하는 이 접근은 양적 분석, 즉 관찰을 수량화하여 객관성을 확보하고자 한다. 이 접근은 프로그램의 효과를 검증하기 위하여 가설 설정, 실험설계, 양적 측정, 다요인 분석법, 모수 통계분석 등의 과학적 방법을 사용한다. 이 접근은 엄격한 과학적 절차를 거쳐 객관적인 지식을 얻는 장점이 있는 반면 다음과 같은 제한점이 있다.

첫째, 평가 과정에서 평가자의 주관성 배제를 원칙으로 하고 있지만, 실제로 그렇지 못하다는 모순에 빠져 있다는 점이다(House, 1980). 평가 결과의 해석 및 연구의 전제 등에는 평가자의 주관이 스며들게 마련이다. 둘째, 자연과학적 방법이나 수학적 모형은 자연과학에서나 가능하지 사회과학에서는 제한이 따른다는 점이다. 실제적 문제를 수학적 용어로 정의하기도 곤란하며, 모형과 실제적 문제 간의 연결도 명확히 이루어질 수 없다. 셋째, 평가자나 의사결정자가 책임을 회피할 가능성이 크다는 점이다. 평가자에게 있어서 평가 결과는 그가 산출한 것이 아니라 방법이 산출한 것이며, 의사결정자에게 있어서 그의 결정은 과학적 연구 결과에 의한 것이다.

주관주의적 접근은 개인적 판단을 통하여 프로그램을 검증하고 이해하려 한다. 평가 정보의 객관성은 평가자의 내성(內省)에 따른 진리 도달 능력에 달려 있다. 즉, 평가자의 평가 표준의 적절성에 달려 있다. 개인적 판단은 평가자의 훈련 및 경험에 의존한다.

이 접근의 제한점은 평가자의 개인적 경험이나 지식에 의존하기 때문에 객관성이 문제가 된다는 점이다. 인간의 사고의 보편적 한계와 개인적 한계 때문에, 어떤 현상의 본질적 측면에 완전히 도달할 수 없으며, 그 현상의 본질 파악 준거도 개인의 마음의 조건에 따라 달라진다. 더욱 위험한 것은 평가자가 자신의 지식이나 경험을 토대로 평가방법이나 결과를 객관적이고 과학적이라고 단정하는 것이다.

질적 접근은 프로그램 참여자들이 구성하는 프로그램 장면에서의 공유된 의미나 이해로부터 분석을 시작하여 참여자들이 설명하는 의미를 파헤쳐 제시하고자 한다. 따라서 평가자의 과제는 자신들의 개별적 행동 및 총체적 행동에 대하여 프로그램의 참여자들이 설명하는 의미를 분석하여 제시하는 것이다. 참여자들의 행위와 의미가 연구 문제, 핵심 개념 및 연구 방향을 제시해 준다. 프로그램 활동이 프로그램 참여자들의 상호작용에 의해 이루어지므로 이들의 관점이나 의미 또는 이해를 분석하여 프로그램에 관한 '앎'의 기초로 활용하고, 평가 과정에서 발견되는 여러 사상(事象)들은 복합적인 원인에 기하므로 이를 기초로 구체적인 인과관계를 탐색할 수 있다. 따라서 이 접근의 평가는 주로 일상언어, 사상의 일반적 범주화, 비형식적 면접 및 질문지, 비형식적 관찰 및 참여자 관찰 등 질적 방법을 이용한다(Filstead, 1979; House, 1980).

이 접근은 프로그램 참여자들이 프로그램에 관하여 갖고 있는 의미를 깊이 파헤치고, 프로그램의 실행 과정에서 일어나는 여러 사상들의 구체적인 인과관계를 탐색함으로써, 프로그램에 관하여 깊이 이해하고 그 가치를 구체적으로 평가할 수 있다는 장점이 있다.

다른 한편으로 이 접근은 다음과 같은 제한점이 있을 수 있다. 첫째, 평가자가 프로그램의 전체 맥락을 민감하게 통찰할 수 있는 안목이 필요하다. 둘째, 평가의 표준적인 절차나 기준이 없기 때문에, 평가가 구체적인 장면에 국한될 수밖에 없으며, 따라서 평가 결과를 다른 장면에 일반화할 수 없다.

박도순(1995)이 조사한 결과는 최근 미국과 유럽 여러 나라의 교육평가 분야에서 '양적 접근' '주관주의적 접근' '질적 접근'이 공존하고 있음을 나타낸다. 양적 접근으로 40%, 예술비평적(주관주의적) 접근으로 30%, 질적 접근으로 30%가량 평가하고 있음에 비추어 교육 현상을 양적으로 검증하려 함과 동시에 다른 한편으로 질적으로 이해하려 하고 있음을 알 수 있다.

이미 1980년대에 접어들 무렵에 여러 교육평가 학자들(Cook & Reichardt, 1979; Patton, 1980; Paulston, 1979 등)은 교육 현상을 타당하게 평가하기 위해서는 탐구지향적, 과정지향적, 산출지향적, 확증적 평가 등을 포함하는 포괄적인 평가가 이루어져야 하며, 양적 접근과 질적 접근이 서로 단점을 보완하고 장점을 최대한 살리려면 양적 접근과 질적 접근의 평가방법을 결합하여 적용해야 한다고 제안하였다.

2) 탐구 대상

교육평가가 교육에 관련된 모든 변인을 탐구 대상으로 할 수 있다는 전제하에 탐구 대상을 학생, 교사, 교육 프로그램으로 구분할 수 있다. 이러한 분류 준거에 따라 1994년 일 년간 발표된 미국과 유럽 각국의 교육평가 연구 동향을 살펴보면(박도순, 1995), 탐구 대상을 '교육 프로그램'(약 55%)으로 한 평가가 전체 평가 연구의 과반수를 넘고 있다. 우리나라에서 가장 활발히 이루어지고 있는 '학생'을 대상으로 한 평가는 약 25%이며, '교사'에 대한 평가와 '학부모 및 지역사회'에 대한 평가도 각각 17%에 이르고 있다.

이와 같이 '교육 프로그램' 평가가 어떤 대상 영역보다 가장 활발히 이루어지고 있는 것은 외국의 경우 교육정책 결정자들의 다양한 의사결정에 평가 결과를 매우 크게 활용하고 있음을 나타내는 것으로 우리의 평가 현실과 대조적이다(박도순, 1995). 미국과 유럽 여러 나라의 최근 교육평가 동향에 비추어 볼 때, 우리도 이제 미시적인 '학생'에 대한 평가, 특히 학업성취도에 대한 평가를 넘어서서 교육에 대한 책무성을 고양시키고, 교육과정 또는 교수 프로그램에 관한 의사결정과 질관리를 촉진하는 거시적인 평가, 즉 '교육 프로그램' 평가를 확장시켜 나갈 필요가 있다.

3) 탐구 내용

탐구 내용은 교육평가가 탐구 대상의 어떤 측면을 평가하려고 하는가와 관련된다. 합리적이고 포괄적인 분류라고 할 수 없으나, 교육평가 연구의 탐구 내용을 검사방법, 교사 양성 및 교사교육, 교과목 및 교육과정, 교육정책과 환경 및 교육체제, 학력(국제 비교 포함), 평가방법 등으로 분류하여 최근 동향을 살펴볼 수 있다(박도순, 1995).

이상의 분류에 따라 1994년 일 년간 발표된 미국과 유럽 각국의 동향을 살펴보면(박도순, 1995), '교육정책과 환경 및 교육체제'에 대한 평가가 약 30%에 이르는 가장 큰 비중을 차지하고 있으며, 그다음이 '교사 양성 및 교사교육'과 '교육과정'에 대한 평가도 각각 17% 이상의 비중을 차지하고 있다. 이런 현상은 탐구 대상의 동향과 일치한다. 즉, '교육 프로그램' 평가는 교육정책과 교육 환경 및 교육체제에 관한 의사결정과 밀접히 연계되며, 교육과정 및 그와 관련하여 교사를 양성하고 교육하는 과정과 직결되기 때문이다. 이는 교육평가가 그 내용적인 측면에서 '학력'이나 '평가방법'과 같은 종래의 협의의 평가 관점에서 벗어나 광범위한 교육 상황으로 더욱 확대되고 있음을 보여 주는 것이다.

4) 외국과 우리나라의 최근 동향

이상에서 논의한 외국의 최근 동향을 종합해 보면, 양적 접근, 주관주의적 접근, 질적 접근을 통해 '교육 프로그램' 평가와 세부적으로 '교육정책, 교육 여건 및 교육체제' '교육과정' 평가가 활발히 이루어지고 있음을 볼 때, 교육을 양적으로 검증함과 동시에 다른 한편으로 교육을 '이해'하고자 하는 관점이 크게 부각되고 있음을 알 수 있다. 특히, 질적 평가, 주관주의적 평가 등 새로운 평가방법론이 크게 부상하고 있다.

우리나라의 경우도 학업성취도뿐만 아니라 학생들에게 적용된 교육 프로그램에 대한 평가까지 포함하는 보다 넓은 의미로 교육평가가 확대되는 시점에 와 있으며, 지금까지의 단순한 목표 달성도 평가에서 상황, 투입, 과정까지를 포함하는 광범위한 평가로 관심의 폭이 넓어지고 있다(박도순, 1995). 따라서 다양한 접근의 평가방법을 통해 교육을 위한 일체의 계획 및 프로그램, 즉 전반적인 교육체제로부터 교육 행정 및 재정 계획, 교육정책, 교육과정 및 수업에 이르기까지 모든 계획과 내용 및 실천을 평가하려는 '교육 프로그램' 평가로 평가 영역이 확대되어야 할 것이다.

참고문헌

교육부(1998). **수행평가의 이해**. 교육홍보자료.

국립교육평가원(1996). **수행평가의 이론과 실제**. 서울: 대한교과서주식회사.

김대현, 김석우(2006). **교육과정 및 교육평가**(개정 2판). 서울: 학지사.

김신자 역(1981). **교수설계**. 서울: 이화여자대학교 출판부.

박도순(1995). 교육평가 분야 연구의 최근 동향과 수행평가의 문제. **교육진흥**, 7(3), 중앙교육진흥연구소, 120-129.

박도순, 김영복(1988). 목표지향평가의 올바른 활용을 위한 적극적 · 부정적 논의. **교육공학연구**, 4(1), 한국교육공학연구회, 167-189.

박도순, 정택희, 김영복(1985). 교육평가모형의 비교분석 연구. **한국교육**, 12(2), 한국교육개발원, 123-162.

박도순, 홍후조(2006). **교육과정과 교육평가**. 서울: 문음사.

변창진, 최진승, 문수백, 김진규, 권대훈(1996). **교육평가**. 서울: 학지사.

성태제(2009). **교육평가의 기초**. 서울: 학지사.

이병승, 우영호, 배제현(2008). **쉽게 풀어 쓴 교육학**. 서울: 학지사.

이종숙, 이옥형, 강태훈(2000). **교육학의 이해**. 서울: 학이당.

황정규(1985). **학교학습과 교육평가**. 서울: 교육과학사.

Anderson, L. W. (1981). *Assessing Affective Characteristics in the Schools*. Boston: Allyn & Bacon, Inc.

Biehler, R. F. (1979). *Psychology Applied to Teaching*. Boston: Houghton Mifflin, Company.

Block, J. H. (1971). Criterion-referenced measurements: Potential. *School Review*, *79*(2), 289-298.

Bloom, B. S. (1968). Learning for mastery. *UCLA-CSEIP Evaluation Comment*, *1*(2).

Cook, T. D., & Reichardt, C. S. (1979). Beyond qualitative vs. quantitative methods. T. D. Cook & Reichardt, C. S. (eds.), *Qualitative and Quantitative Methods in Evaluation Research*. Beverly Hills, Calif.: Sage Publication.

Ebel, R. L. (1978). *The Case for Norm-Referenced Measurement* (pp. 3-5). In the

1978 Annual Meeting Presidential Debate.

Eisner, E .W. (1974). *Educational Imagination*. N. Y.: Macmillan Publishing Co.

Filstead, W. J. (1979). Qualitative methods. T. D. Cook & C. S. Reichardt (eds.), *Qualitative and Quantitative Methods in Evaluation Research*. Beverly Hills, Calif.: Sage Publication.

Glaser, R. (1962). *Training Research and Education*. N. Y.: John Wiley & Son.

House, E. R. (1980). *Evaluating with Validity*. Beverly Hills, Calif.: Sage Publication.

McNeil, J. D. (1981). Evaluating the curriculum. H. A. Giroux et al. (eds.), *Curriculum and Instruction*. Berkeley: McCutchan Publishing Co.

Messick, S. (1989). *Educational Measurement*. Washington D. C.: American Council on Education & National Council on Measurement in Education.

Ornstein, A. C., & Talmage, H. (1977). The rhetoric and the realities of accountability. H. F. Clarizio et al. (eds.), *Contemporary Issues in Educational Psychology*. Boston: Allyn & Bacon, Inc.

Patton, M. Q. (1980). *Qualitative Evaluation Methods*. Beverly Hills, Calif.: Sage Publication.

Paulston, R. G. (1979). *Multiple Approaches to the Evaluation of Educational Reform*. International and Development Education Program, School of Education, University of Pittsberg.

Popham, W. J. (1975). *Educational Evaluation*. Englewood Cliffs, NJ.: Prentice-Hall.

Stufflebeam, D. L., Foley, W. J., Gephart, W. J., Guba, E. G., Hammond, R. L., Merriman, H. O., & Provus, M. M. (1971). *Educational Evaluation and Decision Making*. Itasca: P. E. Peacook Publishers, Inc.

Tyler, R. W. (1949). *Basic Principles of Curriculum and Instruction*. Chicago: University of Chicago Press.

추천도서

권대훈(2008). 교육평가(2판). 서울: 학지사.

박도순(1984). 교육평가: 수업 프로그램 평가를 중심으로. 서울: 배영사.

배호순(1999). 프로그램 평가론. 서울: 원미사.

배호순(2000). 수행평가의 이론적 기초. 서울: 학지사.

성태제(2010). 현대교육평가(3판). 서울: 학지사.

황정규 편(1998). 교육 측정 · 평가의 새 지평. 서울: 교육과학사.

제9장

학교상담과 생활지도

-3차원 학교 예방상담-

1. 상담의 개념
2. 1차 예방상담: 적극적 예방상담
3. 2차 예방상담: 조기 발견과 조기 개입상담
4. 3차 예방상담: 문제 행동 교정상담

제9장

학교상담과 생활지도

-3차원 학교 예방상담-

이 장에서는 학생들이 직면하는 문제들을 체계적으로 예방하기 위한 방안을 중심으로 학교상담(혹은 생활지도)의 영역, 방법, 전략 등에 대해서 3단계로 구분하여 소개하고자 한다. 첫째, 학생들이 문제를 경험하기 전에 문제해결 능력을 육성하는 방법인 1차 예방상담의 핵심 과제와 적용 전략에 대해서 소개하겠다. 둘째, 문제에 직면해 있는 학생을 4주 이내에 발견하여 문제를 효과적으로 해결하도록 돕는 2차 예방상담의 핵심 과제와 적용 전략을 제시하겠다. 셋째, 직면한 문제를 해결하기 위해서 사용하고 있는 문제 행동을 중단하고, 적응적인 행동을 할 수 있도록 돕는 3차 예방상담의 핵심 과제와 적용 전략을 제시하겠다.

1. 상담의 개념

여기서는 학교상담의 상위 개념인 상담의 개념에 대해서 먼저 살펴보고자 한다. 상담은 학자에 따라서 매우 다양하게 정의되나, 이재규(2005)는 상담이란 '문제해결 조력 과정'이라고 정의하였다. 이 정의에서 중요한 개념은 문제, 문제해결 그리고 조력이다. 이들 각각을 자세히 살펴보면 다음과 같다.

1) 문 제

문제는 다양한 의미를 가진다. 문제는 때로는 풀어야 할 과제, 때로는 곤란 혹은 어려움, 때로는 불안이나 긴장을 유발하는 사태 등등을 지칭한다. 하지만 상담 장면에서 문제는 개인이 무엇인가 원하는 것이 있는데, 이것이 현실에서 실현되지 않아서 힘들고 고통스러운 상태를 말한다.

상담에서 다루어지는 몇 가지 문제를 제시해 보면 문제의 의미가 보다 명확해질 것이다.

✤ 상담에서 제기되는 문제들

- "곧 있으면 중간고사를 봅니다. 집중해서 공부하고 싶은데(원함) 집중이 되지 않고 자꾸 딴생각이 납니다(현실). 어떻게 하면 좋을까요?"
- "요즘 도무지 살맛이 나지 않습니다. 재미나는 일이 하나도 없고, 짜증만 자꾸 나고(현실), 살맛 나고 재미있게 지내려면(소망) 어떻게 해야 좋을까요?"
- "저는 잘하는 것이 없는 것 같아요(현실). 무엇이라도 잘해서 좀 더 당당하고 싶은데(원함) 어떻게 해야 할까요?"
- "선생님이 되어서 아이들을 가르치는 보람도 느끼고 싶고, 교수가 되어서 학문 영역을 발전시키고 싶기도 해요. 마음을 정하고 싶은데(원함) 둘 다 좋아

보여서 무엇을 해야 할지 결심이 안 서요(현실)."

이상 몇 가지 문제들에서 살펴본 바와 같이, 상담에서 문제는 개인이 원하는 뭔가가 있는데, 현실에서 이것이 충족되지 않은 상태를 말한다.

2) 문제해결

문제해결은 원하는 것과 현실의 격차가 해소된 상태를 의미한다. 그런데 상담에서의 문제해결은 특별한 형태의 문제해결을 의미한다. 문제해결의 양상은 세 가지 범주에 의해서 구분할 수 있다.

첫째, 문제해결의 방향성에 따라서 생산적 문제해결과 방어적 문제해결로 구분된다. 여기서 생산적 문제해결은 현실이 원함의 방향으로 이동한 형태를 말한다. 예컨대, 집중해서 공부하고 싶지만(원함) 산만했던(현실) 학생이 공부에 집중할 수 있게 되는 경우를 말한다. 반면, 방어적 문제해결은 원함이 현실의 방향으로 이동한 형태를 말한다. 예컨대, 위의 학생이 "행복은 성적순이 아니잖아요!"라고 말하면서 공부를 포기하게 되는 경우를 말한다. 상담에서는 방어적 문제해결을 지양하고, 생산적 문제해결을 지향한다.

둘째, 문제해결 과정에서 고려하는 개인 욕구의 수에 따라서 단편적 문제해결과 통합적 문제해결로 구분된다. 여기서 단편적 문제해결이란 개인이 지금 여기서 즉각적으로 중요하게 생각하는 욕구만을 충족하려는 것을 말한다. 예컨대, 방과 후에 전자오락을 하고 싶은 학생이 부모님과의 약속을 지키지 않고 늦게까지 전자오락을 하고 부모님께 거짓말을 하는 경우가 단편적 문제해결의 예다. 반면, 통합적 문제해결은 개인이 지금 여기서 즉각적으로 중요하게 생각하는 욕구뿐만 아니라 자신의 잠재의식 속에 있는 다른 욕구까지 동시에 충족하려는 것을 말한다. 예컨대, 위의 학생은 그 순간에는 전자오락을 하고 싶은 욕구를 느끼지만 그의 잠재의식 속에는 부모님과 좋은 관계를 유지하고 싶은 욕구도 있으므로, 이 둘을 동시에 고려해서 문제를 해결하려는 경우를 말한다. 상담에서는 단편적 문제해결을 지양하고, 종합적 문제해결을 지향한다.

셋째, 문제해결 과정에서 고려하는 개인의 수에 따라서 이기적 문제해결과 상호 존중적 문제해결로 구분된다. 여기서 이기적 문제해결이란 개인이 원함을 성취함에 있어서 주변 사람에게 미치는 영향은 고려하지 않고 오로지 자신의 욕구만 충족하려는 경우를 말한다. 예컨대, 학급에서 생활하는 동안 한 학생이 자신의 가까운 친구와 개인적인 이야기를 하고 싶다고 해 보자. 이때 학생이 자신과 친구와의 대화가 주변인에게 어떤 영향을 미칠지를 고려하지 않고 큰 소리로 떠들 듯이 대화할 수 있는데, 이런 행동은 공부를 하는 다른 학생들을 방해하게 된다. 이기적 문제해결이란 이처럼 자신의 문제해결 행동이 타인에게 미치는 영향을 고려하지 않고 오로지 자신의 욕구만을 충족하려는 방식으로 행동하는 경우를 말한다. 반면, 상호 존중적 문제해결은 이와 같은 상황에서 주변 사람들의 욕구를 생각하여 적어도 주변 사람들에게 방해가 되지 않는 방식으로 자신의 욕구를 충족하려는 것을 말한다. 예컨대, 위의 학생이 친구와 이야기하는 것이 다른 학생들의 학습에 방해가 된다는 것을 고려하여 친구와 복도에 나가서 조용히 이야기하는 것이 이에 해당한다. 상담에서는 이기적 문제해결을 지양하고, 상호 존중적 문제해결을 지향한다.

3) 조 력

상담이란 무엇인가? 이것을 이해하기 위해서는 '조력(助力)'이라는 용어를 이해할 필요가 있다.

첫째, 조력이라는 용어에는 상담이 내담자의 목표 달성이나 욕구 충족을 지원하는 방향으로 이루어져야 함을 내포하고 있다. 상담이 조력활동이라는 점을 분명하게 깨닫지 못하면, 상담자는 개인이 원하는 것을 성취하도록 돕기보다는 개인이 원하는 것을 포기하도록 조장하는 일이 흔히 발생한다.

꿈(목표 달성 혹은 욕구 충족)은 개인에게 노력과 고통을 요구한다. 꿈이 있는 사람은 꿈을 실현하기 위해서 쉬지 않고 노력해야 하며, 고통과 위험을 감내해야 한다. 내담자들이 고민하고 힘들어하는 것은 바로 그들이 꿈이 있기 때문이다. 개인이 무엇인가 원하는 것이 있는데 현실에서 그것이 성취되지 않았을 때 개인은 고민하고 애써야 한다. 이런 상황에서 문제가 해결되는 것은 적어도 두 가지로 가능하다. 하나는 현실이 원함에 가까워지는 것이다. 즉, 개인이 원하는 것을 얻기 위해서 현실을 변화시키는 것이다. 다른 하나는 원함이 현실에 가까워지는 것이다. 즉, 원함을 포기하는 것이다.

사람들은 꿈을 실현하고 싶어 하기도 하지만, 편안하게 지내고 싶어 하기도 한다. 또한 사람은 타인이 고통받는 것을 보고 싶어 하지 않는다. 다른 사람들이 편안한 상태에 있기를 바란다. 이런 이유로 인하여 조력하는 사람들은 부지불식간에 내담자들로 하여금 꿈을 실현하기 위해서 고통을 감내하도록 안내하기보다는 꿈을 포기하는 방향으로 안내하기도 한다. 즉, 상담자들은 내담자들이 힘들어할 때 힘들게 하는 꿈을 확인하고 그 꿈을 실현하기 위해서 함께 고민하기보다는 쉽게 "좋게 생각하라. 너무 심각하게 생각하지 마라."라고 말하는 경향이 많다.

어려움에 처한 사람을 돕는 입장에 있는 사람은, 그가 전문상담자든지 일반인이든지에 상관없이, 타인을 돕는 과정에서의 곤란함으로 인하여 상대에게 "좋게 생각하라. 편안하게 생각하라."라고 말하려고 하는 충동을 명확하게 인식하고 조절할 수 있어야 한다.

둘째, 조력이라는 용어에는 상담에서 문제해결의 주체가 누구여야 하는가에 대한 관점을 포함하고 있다. 즉, 상담에서 문제해결의 주체는 내담자이고, 상담자는 내담자의 문제해결을 돕는 조력자의 입장에 있다는 것을 강조하고 있다. 상담을 할 때 이 점을 분명하게 인식해야 한다. 상담자는 조력자에 불과하다는 것을 명확하게 이해하고 있는 상담자는 문제를 정의하는 과정에서 내담자가 진정으로 원하는 것이 무엇인지를 내담자에게 묻는다. 반면, 이 점을 분명하게 이해하지 못하는 상담자들은 내담자를 대신하여 내담자가 무엇을 원해야 하는지에 대해서 암시를 주고, 설득하려고 한다. 또한 상담자는 조력자에 불과하다는 것을 분명하게 이해하고 있는 상담자는 문제해결 과정에서 문제해결 방법을 내담자로 하여금 생각해 보게 한다. 반면에 이 점을 분명하게 이해하지 못한 상담자들은 내담자를 대신하여 자신들이 문제해결책을 제공해야 한다고 생각하고, 대신 문제를 해결하기 위해서 애쓰게 된다.

문제를 정의하고, 문제해결책을 찾는 과정에서 상담자가 조력자의 입장에 머무는 것은 상담의 목적과 밀접하게 관련되어 있다. 상담의 목적은 상담자가 내담자의 문제를 대신 해결해 주어서 내담자에게 존경과 찬탄을 받으려는 데 있지 않고, 내담자가 스스로 원하는 것을 깨닫고, 그것을 달성하기 위해서 방법을 구안하며, 그것을 실행함으로써 자신이 유능한 문제해결자임을 자각하도록 안내하는 것이 목적이다.

이 문제와 관련하여 프로이트(S. Freud)는 분석가의 역할을 산파에 비유하였다. 산파는 아이를 낳거나 아이가 무엇이 될 것인지 결정하지 못하듯이, 분석가도 한 영혼을 잉태하거나 변화시킬 수 없다. 변화하고자 하는 사람은 내담자 자신이다. 분석은 자아 기능에 가장 유익한 심리학적 조건을 가능하게 함으로써 그 임무를 완수한다(윤순임 외, 1995: 50). 또한 로저스(C. Rogers) 역시 상담자는 내담자가 자신의 문제를 해결하기 위해 상담과 상담자를 활용할 수 있는 분위기를 조성해 주는 것이 중요하다고 하였다.

2. 1차 예방상담: 적극적 예방상담

1차 예방상담은 학생이 겪을 수 있는 다양한 문제를 예측하고, 예측된 문제를 학생들이 미리 생각해 보고, 해결해 보는 경험을 통하여 문제 상황에 직면하기 전에 문제해결 능력을 육성하는 상담이다. 먼저, 1차 예방상담이 적용된 사례를 살펴본 후에 1차 예방상담을 실천하기 위한 두 가지 과제를 소개하겠다.

[사례 9-1] 시험공부를 체계적으로 가르쳐 준 선생님

중학교 2학년 때, 선생님은 우리에게 공부를 열심히 하는 것에 대해 대단히 강조하셨다. 그런데 선생님이 우리에게 공부를 강조하는 방법은 다른 선생님들과 다르셨다. 내가 경험했던 다른 선생님들은 공부를 열심히 하라고만 다그치셨고 시험 성적이 나오면 그것을 게시하고, 점수별로 종아리를 때리곤 하셨다. 하지만 중학교 2학년 때 선생님은 공부를 잘할 수 있는 방법을 가르쳐 주셨다.

1학기 중간고사 날짜를 발표하던 날, 선생님은 시험불안 증세 점검 목록을 나누어 주시며 점검하게 하셨다. 우리 반에는 나를 비롯해서 많은 학생들이 시험불안을 느끼고 있었다. 우리들에게 서로 어떻게 시험불안을 겪는지, 어떻게 하면 조금이라도 시험불안을 줄이고 시험공부에 집중할 수 있을지에 대해 짝과 이야기하게 하셨다. 그리고 우리가 표기한 시험불안 점검 목록을 제출하게 하신 후에 나를 비롯해 불안이 심했던 몇몇 아이들을 불러서 특별하게 이야기를 해 주셨다.

또한 다음 날에는 시험 준비 점검 목록을 나누어 주셨다. 그것은 시험공부를 얼마 동안 준비하는지, 과목당 시간 배분을 어떻게 하는지, 책을 읽고 어떻게 암기하는지에 대해 세세하게 점검해 볼 수 있는 점검 목록이었다. 선생님은 우리들에게 점검한 것을 가지고 앞뒤 네 사람씩 서로 모여서 하나하나 이야기해 보도록 하셨고, 어떻게 시험 준비를 하는 것이 좋을지에 대해 서로 의논하게 하셨다. 그리고 의논 결과를 표로 정리하여 매일매일 서로 점검하게 해 주셨다. 덕분에 2학년 때 우리들은 시험공부를 하면서 서로 경쟁을 하면서도 서로를 도와주게 되었다. 물론 많은 친구들의 시험 성적이 향상되기도 하였다.

시험 성적이 발표되는 날에도 선생님은 다른 선생님들과 다른 방식으로 우리들에게 시험 결과를 활용하는 방법에 대해 가르쳐 주셨다. 이때도 선생님은 점검 목록을 활용하셨는데, 기대했던 점수와 등수, 성취한 점수와 등수, 기대했던 것보다 더 높은 점수가 나왔다면 그 이유, 기대했던 것보다 더 낮은 점수가 나왔다면 그 이유, 이번 시험 준비 기간 동안 시험 준비 행동 중에서 자신에게 유익하였다고 생각되었던 점과 유익하지 못한 행동, 계획대로 했다면 어떻게 해서 그렇게 할 수 있었는지, 계획대로 하지 못했다면 왜 그렇게 되었는지를 생각해서 적게 하였다. 그런 후에 그것을 학생들 간에 이야기하게 하고 발표해 보도록 했고, 그런 후에는 몇몇 아이들을 불러서 상담해 주셨다.

그렇게 일 년 동안 네 번에 걸쳐서 시험불안 다루기, 시험 준비하기, 시험 결과 활용하기 등에 대해 검토하고 토론했는데, 그것을 통해서 나는 시험불안을 많이 줄일 수 있었고, 시험 준비를 보다 잘할 수 있었다. 또한 시험 결과를 활용하는 것에 대해 더 많이 배울 수 있었다. 물론 몇몇 학생들의 반발이 있었지만, 대부분의 우리 반 아이들은 이러한 과정을 통해서 많은 도움을 받았다고 말했다.

출처: 이재규(2007).

1) 문제의 예측

(1) 스트레스의 유형과 문제 예측

일상어로서 '스트레스'와 전문 학술 용어로서 '스트레스'는 의미상 중첩되는 부분이 있기는 하지만 서로 차이가 나는 부분이 있다. 일상어로서 '스트레스'는 과도한 긴장 혹은 부담을 일으키는 상황 혹은 그것으로 인하여 불안, 긴장, 피로 등을 느끼는 상태를 지칭한다. 하지만 이것은 전문용어로서 스트레스가 설명하고 있는 것의 일부분에 지나지 않는다. 전문용어로서 스트레스 개념은 훨씬 더 많은 현상을 설명해 주고 있다. 일상적인 스트레스는 전문적으로 '디스트레스(distress)'라고 부르는 현상이다.

전문 학술용어로서 '스트레스'란 내적 혹은 외적 자극(요구)과 개인의 대응 능력의 균형 정도를 기술하는 용어로서, 자극과 대응 능력 사이의 균형 정도와 정신건강, 문제 행동, 정서 문제, 신체질환 등의 관계를 탐색하기 위한 용어다. 여기서 내적 자극이란 무엇인가를 알고 싶어 하는 호기심, 무엇인가를 이루고 싶은 성취 욕구, 개인에게 중요한 가치를 지키려는 동기, 무엇인가에 대한 불안이나 죄책감에서 벗어나려는 욕구 등을 의미한다. 다시 말해서, 내적 자극이란 개인의 내부에서 발생하는 자극으로서 개인에게 대응을 요구하는 사건들을 말한다.

외적 자극이란 숙제를 언제까지 해야 한다는 어머니의 지시, 시간을 내어 달라는 친구의 요구, 설거지를 해 달라는 아내의 요구, 밤거리에서 만난 강도의 위협, 기온의 변화, 소음 강도의 변화, 조명 밝기의 변화, 화학적 자극의 변화 등을 의미한다. 즉, 외적 자극은 개인이 정체감을 유지하고, 적응을 위해 대응해야 하는 개인의 밖에서 일어나는 사건들을 말한다.

대응 능력이란 호기심을 해결하기 위한 지적 능력, 성취 욕구를 만족시키는 데 필요한 목표 설정 능력, 인내력, 외부의 소음에도 신체적 평형성을 유지할 수 있는 능력 등 다양한 능력을 말한다. 다시 말해서, 대응 능력이란 내적 혹은 외적 자극을 처리하기 위한 개인의 인지적 · 정서적 · 행동적 반응과 반응 과정을 말한다.

특정한 순간에 주어지는 자극과 대응 능력의 균형 정도에 따라서 개인은 다양한 생리적 · 정서적 · 인지적 반응을 보인다. 자극과 대응 능력이 균형을 이루는 경우에 개인은 몰입, 의욕, 활력 등을 느낀다(a). 반면 대응 능력에 비해 자극이 너무 클 때 부담, 긴장 등을 경험한다(b). 그리고 대응 능력에 비해 자극이 너무 작을 때 지루함, 멍함, 색다른 것을 해 보고 싶은 충동 등을 경험한다(c). 이때 (a)와 같은 상태를 eu-stress, (b)와 같은 상태를 distress라고 할 수 있고, (c)와 같은 상태를 '스트레스 없는 스트레스'라고 할 수 있다. 학생들이 문제를 경험하는 상황은 distress 상황과 '스트레스 없는 스트레스' 상황이다.

(2) 문제 예측의 실제

필자는 문제 예측 이론에 근거하여 초 · 중 · 고등학생들이 월별로 겪을 수 있는 문제를 조사할 수 있는 질문지를 만들어 실태 조사를 하였다. 이 실태 조사는 충남 N시에 소재하는 전문계열 여고생 180명을 대상으로 한 것이다. 학생들이 겪는 문제의 유형과 정도는 재학생의 특징, 재학생 부모의 경제적 수준 그리고 학교의 특징에 따라서 달라질 수 있다. 따라서 개별 학교 학생들이 겪는 문제의 유형과 정도를 알기 위해서는 〈표 9-1〉을 활용하여 새롭게 조사해야 할 것이다.

〈표 9-1〉 월별 스트레스 유형과 경험 정도(전문계열 여고생의 경우)

(단위: %)

월	번호	주요 문제 상황	1. 매우 그렇다	2. 그렇다	3. 아니다	4. 전혀 아니다	1+2의 비율
3월	1	3월에 낯선 친구와 짝이 되었을 때 친해지기가 어렵다.	5.9	28.6	53.0	12.4	34.5
	2	3월에 새로운 반 친구들과 사귀는 것이 어렵게 느껴진다.	4.9	37.8	49.2	8.1	42.7
	3	3월에 바뀐 새 담임선생님과 친해지는 것이 어렵게 느껴진다.	4.9	34.1	53.0	8.1	39.0
	4	3월에 새 학년 준비 때문에 부모님과 갈등이 있다.	2.2	8.1	56.8	33.0	10.3
	5	3월에 새 모둠에서 친구들과 친해지기가 힘들다.	3.8	22.8	62.5	10.9	26.6
	6	3월에 새 학년이 시작되면서 공부를 보다 더 열심히 하고 싶은 마음이 들지만 무엇을 어떻게 해야 할지 몰라서 힘이 들곤 한다.	14.1	55.7	27.6	2.7	69.8
	7	3월에 학년이 바뀌면서 학습 내용이 어려워져 힘이 들곤 한다.	9.7	47.6	38.4	4.3	57.3

	8	3월 초에 방학 중에 늦잠을 자다가 아침에 일찍 일어나 등교해야 하는데 그렇지 못해서 힘이 들곤 한다.	16.4	33.9	36.1	13.7	50.3
	9	3월 초에 낯선 친구들 때문에 발표할 때 더욱더 떨린다.	12.5	45.1	33.7	8.7	57.6
	10	3월에 반장 등 임원 선거에서 임원이 되고 싶은데 어떻게 해야 할지 몰라서 힘들다.	1.1	12.4	61.1	25.4	13.5
	11	3월에 환경미화 같은 것을 할 때 힘들다.	5.9	31.4	49.2	13.5	37.3
	12	3월에 새로운 친구들과 청소당번이 되어서 청소할 때 친구들과 갈등이 많아서 힘들다.	3.3	14.1	61.4	21.2	17.4
4월	13	4월에 좀 가까워진 짝과 크고 작은 일로 의견이 맞지 않아 다툴 때가 있다.	0.6	17.3	58.7	23.5	17.9
	14	4월이면 다른 친구들은 친구들이나 선생님과 친하게 지내는데 나만 그렇지 못해서 힘들다.	1.1	8.7	63.0	27.2	9.8
	15	4월에 중간고사 준비를 어떻게 해야 하는가에 대해 나와 부모님의 의견이 맞지 않아서 힘들다.	2.2	11.4	54.3	32.1	13.6
	16	4월에 중간고사를 대비해서 공부를 열심히 하고 싶은데 어떻게 해야 할지 몰라서 답답하고 힘이 든다.	11.5	41.5	35.0	12.0	53.0
	17	4월에 중간고사를 준비하는 과정에서 시험을 잘 못 볼 것 같아서 불안하고 힘이 든다.	16.3	47.3	28.8	7.6	63.6
	18	4월에 반장 및 임원 역할 등을 제대로 못해서 힘이 든다.	2.8	7.3	53.6	36.3	10.1
5월	19	5월에 중간고사 결과 때문에 선생님이나 부모님께 면목이 없어서 힘이 든다.	7.7	31.3	41.8	19.2	39.0
	20	5월에 중간고사 결과가 좋지 않아서 내 자신에게 실망하곤 한다.	19.2	41.8	31.9	7.1	61.0
	21	5월에 소풍, 체육대회 등을 할 때 힘이 든다.	8.8	18.2	51.4	21.5	27.0
6월	22	6월에 기말고사를 준비하는 과정에서 선생님이나 부모님과 의견이 맞지 않아서 힘이 든다.	3.9	13.4	58.7	24.0	17.3
	23	6월에 기말고사 준비를 어떻게 해야 할지 몰라서 힘이 든다.	11.5	32.8	45.4	10.4	44.3
	24	6월에 기말고사 준비 과정에서 시험을 잘 못 볼 것 같아서 힘이 든다.	14.9	47.0	28.7	9.4	61.9
7월	25	7월에 기말고사 결과 때문에 선생님과 부모님께 혼난다.	12.6	26.3	44.0	17.1	38.9
	26	7월에 기말고사 결과 때문에 나 자신에게 실망스럽다.	13.4	40.1	33.7	12.8	53.5
8월	27	8월 방학 때 친한 친구들과 자주 만나지 못해서 힘이 든다.	7.6	21.5	52.5	18.4	29.1
	28	8월 방학 때 부모님과 보다 많은 시간을 함께하면서 학교 다닐 때보다 더 자주 다툰다.	3.8	21.8	53.2	21.2	25.6

	29	8월 방학 중에 공부가 제대로 되지 않아서 힘이 든다.	7.1	29.5	48.7	14.7	36.6
	30	8월 방학 때 여러 학원들을 다니느라 학교 다닐 때보다 더 힘이 든다.	1.3	7.6	54.8	36.3	8.9
	31	8월 방학 중에 할 일이 없어서 심심하고 지루할 때가 있다.	17.3	43.6	23.1	16.0	60.9
9월	32	9월에 개학과 함께 일찍 자고 일찍 일어나야 해서 힘이 든다.	31.4	43.1	18.3	7.2	74.5
	33	9월에 2학기가 시작되면서 공부를 열심히 하고 싶은 마음이 들지만 어떻게 해야 할지 몰라 힘이 든다.	11.1	41.2	35.9	11.8	52.3
10월	34	10월에 2학기 중간고사를 준비하면서 힘이 든다.	9.7	47.4	33.1	9.7	57.1
	35	10월에 체육대회, 야외 체험학습 등에 참여하면서 힘이 든다.	5.8	19.5	53.9	20.8	25.3
11월	36	11월에 2학기 기말고사를 준비하면서 힘이 든다.	7.6	44.4	38.9	9.0	52.0
12월	37	12월에 기말고사 결과 때문에 힘이 든다.	12.8	31.1	45.9	10.1	43.9
1월	38	1월에 방학을 해서 친구들을 자주 보지 못해서 힘이 든다.	7.3	22.0	58.7	12.0	29.3
	39	1월 방학 중에 특별히 할 일이 없어서 심심하고 짜증 날 때가 많다.	11.9	33.1	38.4	16.6	45.0
	40	1월 방학 중에 시간관리를 제대로 못한다.	18.0	42.7	29.3	10.0	60.7
	41	1월 방학 중에 학원 등을 다니느라 학기 중보다 더욱더 바쁘다.	0.7	7.9	55.0	36.4	8.6
2월	42	2월에 새 학년 준비를 하느라 힘이 든다.	9.1	32.9	48.3	9.8	42.0
	43	2월 방학 중에 학원 등을 다니느라 학기 중보다 더욱더 바쁘다.	1.4	7.1	58.9	32.6	8.5

출처: 이재규, 정호규, 최영미(2007).

2) 문제해결 능력의 육성

(1) 문제해결 능력의 핵심 요소

학생들이 장차 직면할 문제를 보다 효과적이고 성공적으로 해결하기 위해서는 다음과 같은 다섯 가지 요소를 탐색할 수 있어야 한다.

첫째, 문제를 해결하기 위해서는 무엇보다도 문제 상황에 대한 정보가 필요하다. 그 문제 상황에서 자신이 원하는 바는 무엇인지, 자신이 원하는 것이 무엇에 의해서 어떻게 위협을 받고 있는지, 문제 상황에서 주변 사람들은 자신에게 무엇을 기대하는지 등 관련 정보를 알아야 한다.

문제해결 과정에서 정확한 정보의 영향에 대해서 앤더슨(Anderson, 1987)의 실험은 시사하는 바가 크다. 앤더슨(1987)은 사전에 상황이나 사건이 어떻게 전개되는지 정확히 아는 사람은 그렇지 못한 사람보다 문제 상황에 더 잘 대처할 수 있음을 실험을 통해서 증명하였다(김은정, 김향구, 황순택 공역, 2001). 앤더슨(1987)의 실험을 간략하게 살펴보자. 연구 대상은 심장수술을 받는 80명의 환자였는데, 이들은 조건이 다른 세 집단에 각각 배치되었다. A 집단은 수술 전 표준교육만 받았다. 이들은 수술 절차에 대한 안내문을 받고, 간호사에게 질문을 하고 대답을 들었다. B 집단은 이전의 환자들이 수술을 준비하고, 받고, 회복하는 과정에 대한 비디오 자료를 시청하였다. C 집단은 심호흡법과 수술 회복에 도움이 되는 물리치료 훈련 교육을 받았다. 이 세 집단에 대해 수술 전과 수술 중, 수술 후 세 시점에서 불안 정도, 쇼크 정도, 주변 사람들에 대한 태도 등을 측정하였다. 실험 결과 B 집단이 수술로 인한 불안을 관리하는 데 있어서 가장 우수하였다.

문제 상황에 대한 정확한 정보는 개인으로 하여금 그와 같은 상황에 직면했을 때 어떻게 대처할지에 대한 인지적 예행연습을 하게 하며, 인지적 예행연습은 문제 상황에 대해서 보다 기능적으로 대처하게 한다고 추측된다. 따라서 문제해결 능력을 증진시키는 프로그램은 개인이 직면하는 문제 상황에 대해서 구체적이고 정확한 정보를 제공하는 것을 포함해야 한다.

둘째, 문제를 해결하기 위해서는 문제가 해결될 수 있다는 믿음과 자신이 원하는 것을 성취할 수 있다는 믿음이 중요하다(최해림, 장성숙 공역, 2008). 즉, 자신이 원하는 것이 지금은 방해받고 있지만 실현될 수 있다는 믿음이 필요하다. 인간이 직면한 문제는 그 문제가 무엇이든지 해결이 가능하다. 때로는 실제적으로, 또 때로는 심리적으로 해결이 가능하다. 따라서 문제해결 능력 증진 프로그램에는 문제를 해결할 수 있는 신념을 고양하는 요소가 포함되어야 한다.

셋째, 개인이 문제를 해결하기 위해서는 자신이 원하는 것을 성취하기 위한 방법을 구성할 수 있어야 한다. 이성 친구를 사귀고 싶으면 자신이 원하는 이성 친구의 상을 확인하고, 그런 이성을 찾아 접근하는 일련의 해결방법을 구성할 수 있어야 한다. 공부에 집중하기 위해서는 그러한 방법을 구성할 수 있어야 하며, 일년 동안 보다 열심히 공부하기 위해서는 자신의 그런 결심을 유지하는 방법을 구성할 수 있어야 한다.

넷째, 문제를 해결하기 위해서는 구성한 문제해결 행동의 불확실성에도 불구하고 그 행동을 수행해 보는 것이 필요하다. 구성된 문제해결 행동을 실행하는 것이 항상 성공적인 해결을 보장하지는 않는다. 어떤 경우에는 자신이 구성한 문제해결 행동이 타당하고 적합한 것인지에 대해서 확신이 서지 않는 경우가 있다. 예컨대, 이성 친구를 사귀고 싶을 때 이성 친구에게 부담 없는 선물을 하겠다는 방안을 찾았다고 하자. 그런데 그 부담 없는 선물을 하는 것이 자신이 원하는 결과를 가져올지는 확신이 서지 않을 수 있다. 문제해결을 위해서는 개인이 실행 과정에서 겪는 불안과 불확실성의 문제를 극복해야 하는 것이다.

불확실성의 문제를 극복하는 효과적인 방법은 불확실함에도 불구하고 실천해 보는 것과 실천하지 않는 것의 결과를 비교해 보는 것이다. 우리가 구성한 문제해결책이 성공을 가져온다는 확실한 보장이 없을 때, 우리는 그것 때문에 주저할 수도 있고, 불확실하더라도 실천해 볼 수도 있다. 그리고 각각의 행동은 그에 따른 결과를 초래한다. 주저하는 경우에는 구성한 문제해결책이 어떤 결과를 초래할 수 있는지에 대해서 직접 경험할 수 없다. 하지만 불확실하지만 실천해 보는 경우에는 구성한 문제해결책이 초래할 수 있는 결과를 직접 체험할 수 있다. 그리고 부족한 부분에 대해서 보완하기 위한 작업을 가능하게 한다.

다섯째, 스트레스와 사회적 지지의 관계에 대한 연구들은 사회적 지지가 스트레스를 감소시키고, 적응적 행동의 증가와 관련이 있음을 보여 주었다. 사회적 지지는 부가적인 대응기술을 제공하고, 새로운 접근을 시도하는 데 필요한 안정감과 자기 확신감을 제공한다(김은정 외, 2001).

(2) 문제해결 능력의 육성방법

필자는 학생들이 장차 직면할 문제를 해결하는 능력을 육성하기 위한 다양한 방법을 그동안 실험해 왔다. 우리 교육 현장의 현실에 적합한 몇 가지 방법을 소개하면 다음과 같다.

첫째, 독서치료 방법이다. 독서치료는 학생들에게 앞에서 언급한 문제해결 능력의 요소들이 포함된 글을 읽게 하는 방법이다. 독서치료의 자료는 신문 기사, 자기관리 및 자기계발 관련 책, 문학 전집 등에서 찾을 수 있다.

둘째, 훈화상담의 방법이다. 학교에서 조례 및 종례 시간에 훈화를 통해서 학생들에게 직면하게 될 문제에 대해서 소개하고, 과거에 그 문제와 유사한 문제를 어떻게 해결하려고 노력하였고, 그 결과는 어떠했는지를 생각해 보게 한다. 그런 후에 교사가 알고 있는 보다 체계적인 문제해결 방법을 제공한다. 이런 과정을 통해서 학생들은 앞에서 언급한 문제해결 능력의 요소들을 경험할 수 있게 된다.

셋째, 학급 단위의 단회 집단상담이다. 학급 단위 단회 집단상담은 문제해결 능력 요소를 체계적으로 경험할 수 있도록 안내하는 상담방법이다. 학급 단위 단회 집단상담에 대한 보다 자세한 내용은 이재규(2007)를 참고하기 바란다. 여기서는 진행 절차를 〈표 9-2〉에 제시하였다.

〈표 9-2〉 3월 초 학습 의욕 다지기와 유지하기 프로그램

단 계	상담자의 과제	시기(시간)
마음 준비시키기	• 요구 조사를 통한 분위기 조성하기 • 예습 과제 부여하기 • 숙제 검사를 하고, 숙제를 완성하도록 독려하기	집단상담 진행 1~2주 전
집단상담 진행	• 모둠 편성(수업 시작 전까지 완료) • 사례분석과 자기 탐색에 대한 토론 및 발표(35분) • 집단상담 마무리(12분)	구조화(3분), 수업시간 (45분) 활용
추수 상담	• 웹상에서 소감 나누기 • 웹상에서 과제 수행을 통해 나누기 • 추수 상담	프로그램 적용 후 일정 기간

3. 2차 예방상담: 조기 발견과 조기 개입상담

2차 예방상담은 문제에 직면한 학생을 4주 이내에 발견하고, 문제를 조속히 해결할 수 있도록 안내하는 상담 모형이다. 관련된 사례를 먼저 제시하고 조기 발견 방법과 조기 개입방법에 대해서 간략하게 소개하겠다.

[사례 9-2] 조기 발견과 조기 개입의 성공 사례: 수련회 후유증

충남의 한 중학교에서 있었던 일이다. 5월경에 학급 단위로 수련회 행사를 하였다. 수련회 행사 도중 한 방을 사용하던 학생들이 진실게임을 하게 되었다. 진실게임의 주제는 우리 반에서 가장 좋아하는 친구와 싫어하는 친구였다. 처음에는 좋아하는 친구에 대해서만 말하다가 점차 분위기가 무르익어 싫어하는 친구에 대해서도 말하자고 서로 압력을 행사하였다. 가장 싫어하는 친구에 대해 말하면서 반 친구들 중 8명이 거론되었다.

다행스럽게도 담임선생님은 수련회를 다녀오면 긍정적인 경험을 하는 학생도 있고, 부정적인 경험을 하는 학생도 있다는 것을 알고 있었다. 그래서 수련회 후에 학생들을 유심히 살펴보았다. 선생님은 수련회에 다녀온 뒤부터 우울해하고 자주 한숨을 쉬는 3명의 학생을 발견하게 되었다. 선생님은 3명의 학생을 따로 불러 무슨 일인지 알아보았고, 수련회에서 가장 싫어하는 친구로 거명되었다는 사실을 알게 되었다. 더불어 선생님의 눈에 띄지 않았던 2명도 같은 경험을 했다는 것을 알게 되었다.

선생님은 이 문제를 어떻게 다루어야 할지 동료 선생님들과 의논하였다. 동료 선생님들은 수련회에서 있었던 일에 대해 허심탄회하게 이야기할 기회를 마련하는 것이 좋겠다고 조언해 주었다. 동료 선생님들의 조언에 따라서 선생님은 학생들에게 설문조사를 하였다.

'수련회를 하면서 친구와 더 가까워진 경험을 하였습니까?'
'수련회 동안 친구에게 화가 나거나 친구와 멀어진 경험을 하였습니까?'
'수련회 동안 친구에게 미안한 경험이 있었습니까?'

선생님이 알고 있었던 것처럼, 많은 학생들은 친구들과 밤을 지새우면서 이야기하는 과정을 통해 친구에 대해 많은 것을 알게 되었고, 그로 인하여 친구들과 더욱더 친해졌다고 응답하였다. 또한 8명의 학생은 가장 싫어하는 친구로 거명되었을 때 그것을 들었거나 다른 친구들을 통해 전해 들어서 우울하고 화가 난다고 응답하였다. 또 다른 친구들은 가장 싫어하는 친구로 학급에 있는 친구를 거명하여서 죄책감이 든다고 응답하였다.

선생님은 설문조사의 결과를 학생들에게 알려 주면서 수련회 과정에서 경험했던 것들에 대해 다시 이야기해 보는 시간을 갖자고 제안하였다. 또한 학생들이 작성한 설문지를 다시 돌려주면서 과제를 내 주었다.

싫어하는 친구를 말한 학생은 그 친구를 무엇 때문에 싫어하는지, 앞으로 어떻게 해 주었으면 좋겠는지 그 친구에게 원하는 바를 구체적으로 생각해 오도록 하였다. 싫어하는 친구로 지명된 학생에게는 친구들이 자신을 왜 싫어할까를 생각해 보고, 혹시 친구들이 오해한 것이 있다면 자신의 행동을 설명할 준비를 해 오도록 하였다. 또한 죄책감을 느끼는 학생에게는 친구들에게 해 주고 싶은 이야기를 준비해 오도록 하였다.

그런 후에 선생님은 담임 재량시간을 이용하여 각자가 생각해 온 것들을 발표하고 서로 응답하도록 하는 시간을 가졌다. 싫어하는 친구로 거명된 학생은 그동안 얼마나 속상하고 화가 났는지, 자신의 행동에 대해 친구들이 어떻게 오해할 수 있을 것 같은지 혹은 자신의 행동을 뉘우쳤는지 등에 대해 말했다. 그리고 다른 학생들은 이에 대한 자신의 의견을 말했다. 누구누구를 가장 싫어하는 친구라고 말한 학생도 일단 친구에게 미안함을 표현하고, 왜 싫었는지, 앞으로 어떻게 해 주었으면 좋겠는지 친구에 대한 바람을 이야기하였다. 거명된 친구는 이에 대해 자신의 생각을 이야기하였고 선생님이 적당하게 중재를 해 주었다. 또한 친구들에게 죄책감을 느끼는 학생도 자신의 감정을 이야기하였고, 다른 친구들이 이에 대한 자신의 견해를 말했다.

수련회 활동에 대해 이야기한 후에 학생들은 다른 친구들의 감정에 대해 더 잘 이해하게 되었고, 친구에 대한 감정을 이야기할 때 주의해야 한다는 점을 알게 되었다고 하였다. 또한 불편한 감정을 혼자 가슴에 담아 놓는 것보다는 선생님께 의논하고, 친구들에게 직접 말해 보는 것이 좋을 수 있다는 것을 배우게 되었다고 응답하였다. 이를 통해 수련회로 인해 우울해했던 학생도 점차 활기를 되찾았다.

출처: 이재규(2007).

1) 조기 발견

(1) 출석 부르기

수업시간에 출석을 부를 때 학생의 이름을 부르고 난 다음 학사 일정이나 학생들이 당면한 중요한 사안을 고려하여 다음과 같은 질문을 한다.

- 학년 초: '적응은 잘되니?'

- 평상시: '지금 기분은 어떠니?'
- 시험 치르기 전: '홍길동! 요즘 시험 준비는 어떻게 하고 있니?'
- 체육대회를 앞두고: '심순애! 체육대회 준비는 잘되고 있니?'
- 시험이 끝난 뒤: '이수일! 오늘은 좀 우울해 보이는구나!'

출석부에 잘 지내는 학생은 'ㅇ', 당분간 관찰을 필요로 하는 학생은 '△', 신속한 도움을 필요로 하는 학생은 '☆' 등의 기호를 사용하여 표기를 해 둔다. 그리고 신속한 도움을 필요로 하는 학생을 면담함으로써, 문제를 겪고 있는 학생을 조기에 발견할 수 있다.

(2) 일상생활에서의 행동 관찰

출결과 지각, 조례 및 종례 행동, 수업 중 행동, 점심시간의 행동 등을 체계적으로 관찰하고 기록해 두면, 문제를 겪고 있는 학생들을 쉽게 발견할 수 있다.

(3) 행사와 사건 평가회

반장 선거, 체육대회, 소풍, 시험 등과 같은 학교 혹은 학급의 행사, 물품 도난, 따돌림 사건, 전출 혹은 전입 사건 후 등 행사와 사건이 미치는 긍정적인 영향과 부정적인 영향을 확인한다. 이 과정을 통해서 곤란을 겪는 학생들을 발견할 수 있다.

2) 조기 개입방법 1: 즉각적 지도상담

(1) 의 미

수업 중, 쉬는 시간에, 조례 혹은 종례 시간에, 정문지도 시간에, 방과 후 거리에서 학생들의 문제 행동을 발견하였을 때, 5~30초 동안의 짧은 시간을 통해서 긍정적인 행동을 유도하거나 정식 상담을 위해 관계를 형성해 두는 것을 말한다.

(2) 절 차

① 1단계: 문제 행동의 발견

이 단계는 학생들의 문제 행동을 발견하는 단계다. 교사들이 수업 장면이나 조례 혹은 종례 장면, 자율학습 장면에서 발견할 수 있는 학생들의 문제 행동으로는 멍한 행동, 짝과 이야기하는 행동, 자거나 조는 행동, 맥락에 맞지 않는 질문을 하는 행동, 교실에 침을 뱉는 행동 등이 있다.

② 2단계: 잠시 멈추기

교사가 수업 중이나 조례 혹은 종례 중에 학생들이 문제 행동을 하는 것을 보게 되면 좌절, 분노 등과 같은 부정적인 감정을 경험하게 된다. 그러나 이처럼 부정적인 감정 상태에서 학생들을 지도하면 교사의 의도와 상관없이 표정, 눈빛, 말투에서 부정적인 감정이 전달되어 전문적인 개입을 할 수 없게 된다. 따라서 문제 행동을 발견했을 때 바로 개입하기보다는 자신의 감정을 다스리는 시간을 잠시 갖도록 노력해야 한다. 예컨대, 수업을 계속하면서 마음을 가다듬는다든지, 잠시 수업을 중단하고 10초 정도 창밖을 바라본다든지 하는 것이 잠시 멈추는 유용한 방법이다.

③ 3단계: 생각하기

이 단계에서는, 첫째 학생의 문제 행동이 교사가 개입해야 할 문제인지, 그렇지 않으면 교사의 과민반응인지에 대해서 판단해야 한다. 학생들이 수업시간에 잠깐씩 멍하게 있는 일은 흔히 있는 일이다. 대부분의 학생은 잠시 멍하게 있다가 다시 수업에 집중할 수 있다. 그럼에도 불구하고, 교사는 학생이 멍하게 있는 행동이 유독 거슬릴 수 있다. 그렇기 때문에 학생이 문제 행동을 보이는 경우, 그냥 넘어갈 정도의 수준임에도 불구하고 그날 교사의 기분에 따라서 그 행동이 매우 거슬리는지 아니면 개입할 만한 문제인지를 따져 볼 필요가 있다. 학생들의 문제 행동이 개입할 만한 것인지 아니면 교사의 과민반응 때문인지를 정확하게 판단하기 위해서는 평소에 교사 자신이 어떤 상태나 상황에서 민감하게 반응하는지를 정확하게 인식하고 있어야 한다.

둘째, 즉각적 지도상담에서 가능한 두 유형의 개입 방향 중 어떤 유형을 선택할 것인지를 판단해야 한다. 교육적 개입 목표는 즉각적으로 문제 행동 대신에 긍정적인 행동을 하도록 촉구하는 것이고, 다른 하나는 정식 상담을 위한 관계 형성을 해 두는 것이다. 판단 과정에서 중요한 것은 정식 상담을 위해 관계를 형성해야 하는 학생에게 긍정적인 행동을 섣불리 요구해서는 안 된다는 것이다.

셋째, 적절한 개입방법에 대해 생각해 보아야 한다. 긍정적인 행동을 요구하는 방법 중 한 가지는 '나-메시지'다. '나-메시지'는 학생의 행동이 교사에게 미치는 영향을 말하면서 교사의 바람을 말하는 표현 양식을 말한다. 예컨대, "영수가 졸고 있으니까 선생님이 맥이 빠지는구나. 영수가 집중해 준다면 선생님이 훨씬 더 신이 나서 수업을 할 수 있을 것 같아. 선생님을 도와줄 수 있지?"라고 말할 수 있다. '나-메시지'를 좀 더 강력하게 활용하기 위해서는 학생에게 다가가 어깨를 감싸 안아 주면서 이야기하는 것이다. 정식 상담을 위한 관계 형성을 위해서는 학생에 대한 관심과 염려를 표현해 주는 것이 필요하다. 예컨대, "영희야, 요즘 많이 힘들어 보이는구나. 수업 후에 잠시 이야기를 나누고 싶은데."라고 말한다. 이렇게 학생에게 관심과 염려를 표현한 후에 학생에게 긍정적인 행동을 요청한다면 학생은 그렇게 할 수도 있다.

④ 4단계: 실행하기

구상한 방법을 언어적으로 그리고 행동적으로 표현하는 단계다.

⑤ 5단계: 지켜보고 고마움 전하기

교사가 학생들을 이처럼 인격적으로 대하면 학생들은 교사의 요청에 순응하게 된다. 이때 교사가 그것을 지켜보다가 학생에게 고마움을 전하면 학생은 긍정적인 행동을 더욱더 오랫동안 지속할 수 있다.

(3) 즉각적 지도상담 사례

[사례 9-3] 교사의 말을 듣지 않는 학생을 효과적으로 다룬 선생님

고등학교에 근무하는 김 선생님은 수업을 하기 위해 교실로 들어갔다. 김 선생님이 교실에 들어갔음에도 불구하고 몇몇 여고생들이 계속해서 한자리에 몰려 있었다. 김 선생님은 학생들에게 제자리로 돌아가라고 지시하였지만 두 여학생이 머뭇거렸다. 선생님이 그들이 있는 곳으로 가려 하자 한 여학생이 "재수 없게……."라고 낮은 소리로 중얼거리면서 제자리로 돌아가려고 하였다. 선생님이 "너 지금 뭐라고 했어?"라고 말하자, 그 여학생은 살벌한 눈빛으로 선생님을 노려보았다. 선생님은 순간 머릿속으로 여러 가지 생각이 들었고, 학생들 앞에서 망신이나 당하지 않을까 하는 생각도 스쳐 갔다. 선생님은 학생을 더 이상 나무라는 것이 사태를 악화시킬 수 있다고 판단하여, "지금 이야기하면 너도 격앙되고 나도 격앙될 것 같구나. 수업 끝나고 교무실로 잠깐 와라. 이야기 좀 해야겠다."라고 지시하고 수업을 마친 후에 학생을 교무실로 데리고 가서 이야기하였다. 시간이 한참 흐른 뒤라서 학생도 뉘우침이 있었는지 선생님께 사과하였다.

출처: 구광현, 이정윤, 이재규, 이병임, 은혁기(2005).

3) 조기 개입방법 2: 생태학적 상담

(1) 의 미

생태학적 상담이란 대화로써 학생의 생각과 행동을 변화시키기보다는 학생의 생각과 행동을 변화시키는 데 유익한 지위나 역할을 부여하거나 활동을 하게 함으로써 혹은 주변 환경을 변화시켜서 학생의 문제를 해결하는 상담을 말한다.

[사례 9-4] 전학생에게 도서부장을 맡겨 다른 학생들과 친해지도록 도와주신 선생님

초등학교 3학년 초기에 서울에서 한 여학생이 전학을 왔다. 예쁘장한 얼굴에 새침한 표정의 그 아이는 우리 반 남학생들에게는 관심의 대상이 되었고, 여학생들에게는 시기와 질투의 대상이 되었다. 남학생들이야 관심을 가지기는 했지만 선뜻 가까워지지 못했고, 여학생들은 시기와 질투로 가까이 하지 않게 되어 그 아이는 외톨이가 되었다. 체육시간에도, 등·하굣길에도 그 아이는 늘 혼자였다. 그 여학생이 매우 애처로워 보였다.

나는 선생님이 그 학생을 좀 도와주었으면 하는 마음이 들었지만 선생님께 선뜻 건의하지는 못하고 머뭇거리기만 하였다. 나는 선생님이 이 문제를 어떻게 처리하느냐에 대해서 자연히 관심

을 가지게 되었다.

선생님은 그 여학생을 따돌리는 여학생들을 나무라지 않으셨다. 잘 지내라고 당부하지도 않으셨다. 대신에 선생님께서는 그 아이에게 도서부장이라는 역할을 주셨다. 그 당시 우리 반에서는 일주일에 두 권씩 책을 읽고 독후감을 쓰는 숙제가 있어서 아이들은 도서부장에게 말하고 책을 빌려 읽어야만 했다. 그런 상황이었으므로 도서부장인 그 여학생은 아이들과 많은 접촉을 해야만 했다. 도서부장이 된 그 아이는 항상 밝은 미소로 아이들을 맞이했고, 틈틈이 책장을 정리하는 등의 성실한 모습을 보였다. 남학생들도 자연스럽게 그 여학생에게 말을 붙일 수 있는 기회를 가지게 되었고, 여학생들도 그 아이와 접촉하면서 그 여학생에 대한 편견을 씻는 것 같았다. 같은 반 여학생들도 차츰 그 아이를 좋아하게 되었다. 2학기에 그 아이는 부반장으로 선출되었다.

만약 그 당시 선생님이 그 여학생이 그런 처지에 있다는 것을 알아차리지 못했다면, 그 여학생은 외롭게 학교생활을 했을 것 같다. 혹 선생님이 알아차렸을 때 다른 여학생들을 나무랐다면, 아마도 그 여학생은 더욱더 따돌림을 당했을 것이다. 그 당시를 회상해 보면, 확실히 담임선생님의 역할이 중요한 것 같다. 담임선생님은 학생들의 처지와 상황을 잘 분별하고 있어야 하며, 또한 문제가 발생하였을 때 그것을 지혜롭게 해결할 수 있어야 하지 않을까?

출처: 구광현 외(2005).

(2) 절 차

① 1단계: 문제의 발견

이 단계에서는 뭔가로 인해 어려움을 겪고 있어서 교사의 조력을 필요로 하는 학생을 발견하기 위해서 학생의 문제를 예측해 본다. 문제는 학생의 생활에 모종의 변화가 발생할 때 유발된다. 예컨대, 3월 초에 짝이 바뀐다든지, 담임선생님이 바뀐다든지, 배워야 할 교과서가 바뀔 때 학생은 어려움을 겪을 수 있다. 또한 일상적인 학습에서 평가가 이루어지는 시험 준비 기간 혹은 시험 결과가 발표될 때 학생은 스트레스를 받을 수 있다. 문제를 발견하는 방법으로, '출석 부르기'를 활용할 수 있다. 통상적인 출석 부르기는 빈자리를 확인하기 위한 것일 뿐이다. 하지만 한 달에 한 번 정도는 약 30분에 걸쳐 특별한 방식으로 출석을 부른다. 예컨대, 선생님이 학생의 이름을 부르고 "지금 기분이 어때?"라고 질문하면 학생은 자신의 기분을 말한다. 이렇게 출석을 부르면 선생님은 학생의 안색을 세세하게 살필 수 있고, 학생의 기분을 통해서 학생에 대해서 많은 정보를 얻을 수 있을 것이다. 이런 과정을 통해서 의기소침한 학생이나 안색이 좋지 않은 학생에 대해 추가적인 면담을 한다면 학생의 고민을 좀 더 잘 파악할 수 있을 것이다.

② 2단계: 문제와 학생에 대한 사전 조사

어려움을 겪고 있는 학생을 발견한 후에는 학생과 학생이 겪고 있는 문제에 대해 사전 조사할 필요가 있다. 여기서 학생을 조사한다는 것은 학생의 가정, 학교생활, 성적, 성격, 특기 등을 알아보는 것이며, 학생의 문제를 조사한다는 것은 학생이 겪고 있는 문제가 발생하는 원인과 그런 문제를 개선하기 위해 활용하는 방안 등에 대해 조사하는 것을 말한다.

③ 3단계: 개입방법 및 활용할 자원의 선정

학생과 문제에 대해 어느 정도 조사하였으면, 학생의 문제 행동 혹은 어려움을 극복하도록 돕는 방법을 선정하고, 또한 그 방법을 적용할 때 활용할 수 있는 자원을 선정한다. 앞서 언급한 사례에서 담임선생님은 전학생이 다른 학생들과 상호작용하는 것을 촉진하기 위해 학생들과의 접촉이 빈번한 도서부장을 맡겼다. 또한 선생님은 전학생에게 도서부장을 맡기면서 그 학생이 성실하다는 점과 다른 학생들과 상호 교류할 수 있는 능력이 있다는 점을 미리 고려했을 것이다. 만약 앞서 언급한 사례의 여학생이 사람들과 교류하는 데 어려움이 있거나, 책을 정리하고 분류하는 일에 어려움이 있었다면, 선생님의 시도는 다른 결과를 가져왔을 것이라는 추측을 하는 것은 어렵지 않다.

(3) 시 행

시행은 구상한 전략을 적용하는 과정이다.

(4) 평 가

평가는 적용한 전략이 목적했던 바를 어느 정도 달성하였는지를 평가하는 과정이다.

4. 3차 예방상담: 문제 행동 교정상담

3차 예방상담(문제 행동 교정상담)은 직면한 문제를 문제 행동(부적응 행동이나 비행 행동)을 통해서 대처하는 학생들을 돕는 방법이다. 즉, 그들이 문제 행동을 통해서 달성하고자 하는 목적이나 욕구를 찾아서 그것을 대안 행동을 통해서 달성하도록 안내하는 상담 모형이다. 문제 행동의 교정이 성공적으로 이루어지면, 이후의 다른 문제 행동을 예방하는 효과가 있다.

먼저 사례를 통해서 문제 행동 교정상담의 실제를 제시하겠다. 사례에 나타난 문제 행동 교정상담의 관점, 문제 행동에서 목적을 찾아내는 목적 분석 그리고 대안 행동의 육성 원리에 대해서 간단히 소개하기로 한다.

[사례 9-5] 깡패 오빠 지우가 천사 오빠가 되다

지우는 중학교 2학년 남학생이고, 영희는 초등학교 6학년 여학생이며, 이 둘은 남매간이었다. 지우는 영희에게 "라면 끓여 달라. 물 가져다 달라." 등 온갖 심부름을 시키고, 영희가 말을 듣지 않으면 때리곤 하였다.

어머니는 지우가 영희를 때릴 때마다 동생을 잘 보살펴야 한다고 타이르기도 하고, 한번 맞아 봐야 동생의 심정을 안다며 심하게 때리기도 하였다. 그러나 지우의 행동은 별반 달라지지 않았다.

상담자는 어머니에게 다음과 같이 권고하였다. "오빠는 동생에게 오빠 대접을 받고 싶어 하는 것 같습니다. 오빠가 어떻게 하면 오빠 대접을 잘 받을 수 있는지 지우와 이야기해 보세요. 오빠가 어떻게 하면 라면을 끓여 달라고 할 때 동생이 오빠를 존경하는 마음으로 끓여 줄 수 있을까 하는 점에 대해 의논해 보세요."

3주 후에 어머니를 다시 만났는데, 어머니는 오빠에게 동생을 때리지 말라는 말 대신에 오빠로서 대접받기 위해서는 무엇을 어떻게 해야 할지에 대해 의논하게 되었고, 결과적으로 오빠는 평소에 여동생의 부탁 들어주기, 동생이 거절할 때 때로는 수용하기, 여동생에게 부드럽게 말하기 등을 찾아내어 실천하게 되었고, 이제는 오빠와 여동생이 서로를 잘 도와주고 서로를 대접해 주게 되었다고 말했다.

출처: 이재규(2007).

[사례 9-6] 학급 찌질이에서 스타가 된 철수의 이야기

철수는 초등학교 4학년으로 다양한 문제 행동을 가졌던 학생이었다. 매주 평균 2~3회씩 지각을 하였고, 매월 4~5회 정도 결석하였다. 철수는 수업 준비를 제대로 하지 않은 상태에서 등교하였고, 수업 중에도 거의 집중하지 못했다. 당연히 학업성취도 수준은 매우 낮아서 특수반에 배치될 위험에 처해 있었다.

철수는 위생 상태와 용의관리에도 문제가 많았다. 자주 씻지 않고, 옷도 자주 세탁하지 않아서 몸에서 냄새가 날 정도였다. 불량한 용의 상태로 인하여 학생들은 철수와 짝이 되는 것을 꺼리는 형편이었다. 특별히 잘하는 것도 없어서 늘 친구들로부터 따돌림당하기 일쑤였다.

선생님은 철수의 학교생활에의 적응을 위해서 다양한 노력을 기울였다. 아침에 전화해서 깨워주기도 하였고, 근처에 사는 학생들에게 등교할 때 함께 오도록 부탁하기도 하였다. 하지만 철수의 행동은 근본적으로 달라지지 않았다. 선생님은 급기야 철수의 부모님을 학교에 오게 하여 철수의 지도를 함께하자고 제안하였다. 하지만 부모님 중 누구도 협조하지 않았다. 철수의 어머니는 우울증 증세가 있어서 늦게 자고 늦게 일어나기 때문에 철수를 도와줄 수 없었다.

선생님은 철수의 문제를 대학원 수업시간에 제시하면서 도움을 요청하였다. 대학원 수업과정에서 논의한 결과 철수를 돕기 위해서 해야 할 일을 다음과 같이 결정하였다. 첫째, 용의를 단정하게 하여 교우들의 거부감을 없애고, 친구들과 어울리게 하기, 둘째 존재감을 증가시키기 위한 방안을 찾아서 실행하기, 셋째 학습과 교우 관계에서 적응력 증가시키기, 넷째 학교에서의 변화를 가정으로 확장시키기 위한 전략을 구성하여 수행하기

이상의 목표를 달성하기 위해서 선생님은 다음과 같은 노력을 하였다. 첫째, 용의 단정을 지도하기 위해 등교하는 날 교사 화장실에서 씻기기, 용의 단정의 중요성 지도하기, 세탁법 가르치기, 둘째 존재감을 증가시키기 위해 철수가 잘하는 드럼을 음악시간에 연주하게 하기, 셋째 학습과 교우 관계에서 적응력을 증진시키기 위해서 또래 도우미 활용하기, 넷째 학교에서의 변화를 가정으로 확장시키기 위해서 담임 재량의 상장을 반복해서 제공하기가 그것이다.

상담의 결과는 다음과 같았다. 첫째, 용의가 단정해짐에 따라서 교우들의 거부감은 감소되고, 수용은 증가하였다. 둘째, 드럼 연주를 통해서 존재감이 증가되어 학급의 스타가 되었다. 셋째, 학습과 교우 관계를 도와주는 도우미를 통해서 교우 관계 개선과 학습에 의욕을 보였다. 넷째, 담임 상장이 전달되자 부모들이 철수의 학교생활에 관심을 가지고, 어머니의 기상 시간이 빨라졌으며, 아버지의 직장생활이 달라졌다.

출처: 이재규(2007).

1) 문제 행동에 대한 두 가지 관점

문제 행동의 의미는 어떤 입장에서 보는가에 따라서 전혀 다른 의미를 가진다. 다시 말해서, 관찰자의 입장(이하 '관찰자 관점'이라 칭함)에서 문제 행동을 볼 때와 행위자 입장(이하 '공감적 관점'이라 칭함)에서 문제 행동을 볼 때, 그 의미는 달라진다. 관찰자 관점과 공감적 관점에서는 문제 행동의 의미가 달라지기 때문에, 문제 행동 교정상담의 의미도 어떤 입장에서 접근하는지에 따라서 달라진다.

2) 문제 행동 교정상담에 대한 관찰자 관점

관찰자 관점에서 봤을 때, 문제 행동은 바람직성의 기준에서 벗어난 행동이다(박성수, 1994). 바람직성의 기준은 매우 다양할 수 있다. 바람직성의 기준은 때로는 법이 될 수도 있고, 때로는 도덕성이 될 수도 있으며, 때로는 성숙성이 될 수도 있고, 때로는 교칙이 될 수도 있으며, 때로는 학생다움이 될 수도 있다.

'사례 9-5'에서 지우의 행동은, 동생이나 부모의 입장에서 볼 때 동생을 괴롭히는 행동이 된다. 또한 '사례 9-6'에서 철수의 행동은, 선생님의 입장에서 볼 때 교칙을 위반하는 행동이자 자신의 의무를 소홀히 하는 태만 행동이다.

관찰자의 관점에서 볼 때, 문제 행동 중 비행 행동은 타인에게 부정적인 영향을 미치는 행동, 침해하는 행동, 방해하는 행동이다. 예컨대, 시험 부정행위를 저지르지 않는 학생들의 입장에서 볼 때 부정행위는 자신들의 노력을 비웃는 행동이며, 자신들이 얻을 수 있는 등수를 빼앗는 행동이다. 절도행위 역시 피해자의 입장에서 볼 때는 자신의 소중한 물건 혹은 돈을 빼앗는 행동이다. 문제 행동 중 부적응 행동은 행위자 자신의 건강, 성장, 안녕에 손상을 초래하는 행동이다. 예컨대, 학습 태만 행동은 자신의 성장을 저해하는 행동이고, 전자오락 과다 행동은 자신의 성장을 저해하고, 건강상의 위험을 초래하는 행동이다.

관찰자의 관점에서 볼 때, 비행 행동은 타인에게 손상을 초래하고, 부적응 행동은 자신에게 손상을 초래하는 행동이기 때문에, 이 관점에서 문제 행동 교정상담을 접근하면, 교사는 문제 행동의 중단 혹은 제거에 초점을 맞추게 된다.

물론 문제 행동을 중단 혹은 감소시키기 위한 방법은 다양할 수 있다. 설득이나 훈계, 어르기나 달래기, 때로는 처벌 등이 있을 수 있다. 시험 부정행위를 예로 들어서 생각해 보자. 어떤 선생님은 부정행위를 저지른 학생에게 그것은 결국 발각될 수 있고, 발각되면 더 큰 불이익을 당하게 된다는 점을 설명해 줌으로써 부정행위를 중단시키려고 할 것이다. 또 다른 선생님은 부정행위는 타인의 노력을 비웃는 행동이며, 타인이 정당한 노력을 통해서 성취할 수 있는 등수를 빼앗는 행동이기 때문에 나쁜 행동이라고 설명할 것이다. 어떤 선생님은 부정행위자를 처벌하여 다시는 그런 행동을 하지 못하도록 할 수도 있다. 또 어떤 선생님은 부정행위를 한 학생은 내버려 둔 채로 부정행위를 저지르지 않은 학생을 칭찬할 수도 있다. 그리고 부정행위를 하는 학생들에게 은근하게 부정행위를 하면 무시를 당하며, 부정행위를 하지 않으면 칭찬을 받을 수 있다는 메시지를 전달한다.

방법상의 차이는 있지만, 공통점은 문제 행동은 나쁜 행동이며, 해서는 안 된다는 것을 전달하는 것이다. 억제나 제거 지향적 문제 행동 교정상담은 경우에 따라서는 효과적이다. 하지만 그 효과는 논리적이고 필연적이지 않으며 우연적이다. 억제 혹은 제거 지향적 문제 행동 교정상담은 일시적으로 효과적인 경우가 많다. 하지만 장기적으로 볼 때는 문제 행동을 악화시키고, 파생적인 문제 행동을 야기하는 경우가 많다. 특히, 행위자와 상담자의 관계를 악화시킬 수 있다. 앞의 '사례 9-5'에서 부모가 지우의 행동을 단순히 동생을 괴롭히는 행위로 보고 동생을 괴롭히는 행동을 중단하도록 했을 때, 그 행동은 일시적으로 줄어들었지만 부모가 없을 때는 여동생에게 심부름을 시키고, 말을 듣지 않으면 큰소리로 혼을 내거나 때리는 행동을 계속하였다. 또한 '사례 9-6'에서도 지각이나 결석을 했을 경우, 그 행동을 단순히 잘못된 행동으로 보고 지적하고 혼냈을 때 학생의 지각 행동이나 결석 행동은 줄어들지 않았다.

3) 문제 행동 교정상담에 대한 공감적 관점

공감적 관점(즉, 행위자의 관점)에서 보면, 문제 행동은 목적 달성 혹은 욕구 충족 혹은 문제해결을 위한 행동이다. 몇 가지 예를 들어 이 점에 대해서 생각해 보자. 시험 부정행위는 학생이 기대하는 정도의 점수와 등수에 도달하고자 하는 행동이다. 돈을 훔치는 행동은 친구들의 오락비를 대 주어서 친구들의 인정과 관심을 받고자 하는 행동이거나 생필품을 사는 데 필요한 돈을 마련하기 위한 행동이다. 싸움은 자신이 중요하게 여기는 그 무엇인가를 지키거나 얻기 위한 행동이다. 폭력은 자신이 원하는 것을 얻고자 힘을 활용하는 행위다. '사례 9-5'에서 지우의 행동을 그 자신의 입장에서 보면, 오빠로서 대접받기 위한 행동이었다.

학습 의욕 상실에 따른 행동, 학습 태만 행동 등은 그렇다면 어떤 행동인가? 이런 행동을 보임으로써 학생들은 아무것도 얻지 못하는 것처럼 보인다. 오히려 무엇인가를 잃는 것처럼 보인다. 하지만 이런 생각을 해 보자. 열심히 공부했으나 성적이 좋지 않은 경우와 별로 공부하지 않았을 때 성적이 좋지 않은 경우에 어떤 상황에서 실망감이 적을 것인지를 생각해 보자. 답은 분명하다. 열심히 했는데 성적이 좋지 않은 경우보다는 공부를 별로 하지 않아서 성적이 좋지 않은 경우가 훨씬 실망감이 덜하다. 이런 것까지 고려해 볼 때 학습 의욕 상실에 따른 행동이나 학습 태만 행동은 좌절감이나 실망감을 덜 느끼기 위한 행동이라고 할 수 있다.

'사례 9-6'에서 철수의 행동은 그 자신의 입장에서 보면, 자신이 학교생활을 잘해 나가는 데 어려움을 겪고 있다는 것을 선생님에게 알리는 행동이었고, 선생님에게 자신을 도와 달라고 요청하는 행동이었다.

문제 행동은 행위자의 입장에서 볼 때, 목적 달성, 욕구 충족, 문제해결을 위한 행동이라고 할 수 있다. 따라서 단순히 문제 행동을 중단시키기보다는 문제 행동을 통해서 달성하고자 하는 목적을 달성하는 데 유용한, 충족하고자 했던 욕구를 충족하는 데 유익한, 해결하고자 했던 문제를 현명하게 해결하는 데 도움이 되는 대안적인 행동을 육성해 주는 것이 필요하다. '사례 9-5'에서 지우의 어머니가

지우의 행동을 오빠 대접을 받고 싶어 하는 행동으로 보고, 지우에게 오빠 대접을 잘 받기 위한 방안을 함께 찾아보자고 권유하였을 때, 지우는 이전의 문제 행동이 아니라 대안 행동을 통해서 자신의 욕구를 달성하려고 노력하게 되었다. 또한 '사례 9-6'에서 선생님은 철수의 지각, 결석, 과제 불이행, 수업 중 산만한 행동 등을 철수가 학교 적응상의 어려움을 호소하는 행동으로 해석하고, 철수가 학교 적응을 잘할 수 있도록 안내하자 철수의 행동은 근본적으로 변화되었다.

참고문헌

구광현, 이정윤, 이재규, 이병임, 은혁기(2005). **학교상담의 이론과 실제**. 서울: 학지사.

김은정, 김향구, 황순택 공역(2001). **이상심리학**. 서울: 학지사.

박성수(1994). **가정교육과 청소년비행의 관계분석**. 서울: 학술진흥재단.

윤순임, 이죽내, 김정희, 이형득, 이장호, 신희천, 이성진, 홍경자, 장혁표, 김정규, 김인자, 설기문, 전윤식, 김정택, 심혜숙(1995). **현대상담 · 심리치료의 이론과 실제**. 서울: 중앙적성출판사.

이재규(2005). **학교에서의 집단상담: 실제와 연구**. 서울: 교육과학사.

이재규(2007). **한국적 3차원 학교상담**. 서울: 학지사.

이재규, 정호규, 최영미(2007). 전문계열 여자고등학생들의 스트레스 예측 연구. **교육포럼**, 1-13.

최해림, 장성숙 공역(2008). **집단정신치료의 이론과 실제**. 서울: 하나의학사.

Anderson, E. A. (1987). Preoperative preparation for cardiac surgery facilitates recovery, reduces psychological distress, and reduce the incidence of acute postoperative hypertension. *Journal Consulting and Clinical Psychology, 55*, 513-520.

추천도서

강진령, 유형근(2009). 고등학생을 위한 학교상담 프로그램. 서울: 학지사.

김서규(2009). 현장교사를 위한 학교상담 12가지 사례: 인성편. 서울: 학지사.

김계현, 김동일, 김봉환, 김창대, 김혜숙, 남상인, 조한익(2009). 학교상담과 생활지도(제2판). 서울: 학지사.

노성덕(2010). 전문상담교사와 학교상담. 서울: 학지사.

연문희, 강진령(2009). 학교상담: 21세기의 학생생활지도(개정판). 서울: 양서원.

홍경자(2006). 자기이해와 자기지도력을 돕는 상담의 과정. 서울: 학지사.

제10장

교육행정학의 성격과 본질

1. 교육행정학의 학문적 성격
2. 교육행정의 관점
3. 고원의 거버넌스로서의 교육행정

제10장

교육행정학의 성격과 본질

교육행정학의 핵심 질문은 두 가지다. '교육행정이란 무엇인가?' '교육행정을 어떻게 해야 하는가?'가 바로 그것이다(임연기, 2003: 332). 결국 이 장은 우리나라에서 교육행정이란 무엇이며, 교육행정을 어떻게 해야 하는가에 대한 물음에 교육행정학자들이 직접 또는 간접적으로 무슨 답을 해 오고 있는가를 알아보는 작업이 될 것이다. 고윈(D. B. Gowin)의 '거버넌스(governance)로서의 교육행정'에 관한 논의는 교육행정학을 행정보다는 교육에 가깝게 자리 잡게 해 주는 중요한 함의를 가지고 있다고 보아 비중 있게 다루었다.

1. 교육행정학의 학문적 성격

교육행정학의 탐구 대상은 '교육행정의 현상 또는 문제'다. 탐구 대상으로서 교육행정의 현상 또는 문제는 교육행정의 실천 과정에서 발생하며, 이에 대한 연구 결과를 바탕으로 교육행정의 실천이 보다 세련되고 합리적인 실천으로 전환하게 된다. 교육행정의 실천은 교육행정학의 발생 근거인 동시에 봉사해야 할 목적이기도 하다. 교육행정학은 교육행정의 실천과 서로 의지하며 순환적으로 발전하는 관계이므로 우리의 학문적 업적이 교육행정의 실천과 어떠한 관계가 있는가 역시 주목할 만한 일이다.

교육행정학의 학문활동은 내적 · 외적 변화를 겪게 마련이므로 항상 검토해야 할 가치가 있다. (교육)[1]행정은 진공상태에 존재하는 것이 아니며, (교육)행정이 놓여 있는 환경과 밀접한 관련을 맺고 있다. 어느 나라에서든지 (교육)행정은 환경과 지속적이고도 역동적으로 상호작용하는 가운데 그 실체가 구성된다. (교육)행정의 실체와 역할은 현존하고 진화해 나가는 정치적 · 경제적 · 사회적 맥락에서 규정된다. 즉, (교육)행정 또는 정부는 그 존재 맥락을 제공하는 사회의 지배적인 행태와 특성에 의해 영향을 받는다(Farmer, 1995: 24). 학문은 계속해서 발전하고 있으며, 그것을 체험하는 사람들의 수준에 따라 그때그때 다른 양상으로 묘사될 수 있다(장상호, 1997: 6).

1) 교육학계의 입장

먼저 국내 교육학계에서 교육행정학의 성격을 어떻게 규정하고 있는가를 살펴보기로 한다. 정범모(1968: 266-277)는 일찍이 교육학의 일곱 가지 이론을 세 가지 영역으로 구분하여 제안하였다. 교사 · 교수 행동이론, 교과이론, 학생 · 학습이론으로 구성된 교수이론, 학교 환경이론과 사회 환경이론으로 구성된 교육상황이론, 교육목적이론과 교육평가이론으로 구성된 교육이론이 그것이다. 이 가운데 교수이론의 세 가지 이론은 가장 밀접하게 상호 연관되어 교육학의 가장 중핵적이고 기초적인 이론을 형성한다고 보았다. 그리고 주변 학문으로 교육철학, 교육사, 비교교육학, 교육정치학, 교육경제학, 교육행정학, 교육사회학, 교육심리학,

1) 괄호 안의 내용은 필자가 표기한 것임을 밝혀 둔다.

생리학 · 생물학 등을 제시하였다.

교육학의 주변 학문은 학문적 가치나 중요성 차원에서의 의미가 아니고, 교육학의 복판에 놓여 있는 학문이 아닌 곳에 놓여 있는 학문이라고 설명하고 있다. 이어서 학문과 학문과의 사이에 이름을 붙인 학문 영역은 두 학문을 합쳤다기보다는 도리어 한 학문이 덮는 한 사상 영역을 다른 학문의 시점에서 고찰해 보려는 관심과 그 사상 영역에 다른 학문 영역에서 발견된 개념, 법칙, 이론, 모형을 적용해 보려는 관심에서 생겨난다고 보았다. 교육사상 그 자체는 매우 다면적이어서 여러 학문의 관심의 대상이 될 수 있고, 이에 따라 여러 주변 학문이 생길 수 있다고 지적하였다. 이러한 입장에서 교육행정을 한 나라의 경제적, 정치적, 사회적인 여러 사정을 받아들이고, 그것을 여과하고 소화하여 교육에 흘려 넣는 대외적인 제일선이라 할 수 있다고 보았다.

이돈희(2002: 4-11)는 교육학의 유형을 규범적-공학적 교육학과 설명적-비판적 교육학으로 구분하여 설명하고 있다. 규범적-공학적 교육학은 공히 가치의 실현을 위한 탐구다. 그중 규범적 교육학은 교육의 이상적 조건과 당위적 규칙을 추구하는 이론적 활동이고, 공학적 교육학은 교육의 효율성을 높이는 원리와 기술을 개발하는 연구다. 설명적-비판적 교육학은 교육 실제의 이해를 위한 설명 또는 비판을 주된 과제로 한다. 그중 설명적 교육학은 현실적으로 전개되는 교육의 특징을 밝히는 데 주된 관심을 두고 있고, 비판적 교육학은 교육의 제도와 활동에 함축된 문제의 노출이나 비판을 주로 하는 연구다.

교육행정학은 공학적 교육학의 범주에 속하는 것이 보통이며, 공학적 교육학에서의 교육방법적 원리는 특정한 교육 목적론과의 연계에 의해서 정당화하는 것이 아니라, 여러 형태의 교육 목적론 혹은 가치체제에 개방적으로 봉사하는 이론으로서 그 자체가 이론적 가치와 기능적 특징을 지닌다. 공학적 교육학은 능률성을 가장 중요한 가치로 여기며, 여러 교육관이나 사회적 요구에 대하여 하나의 도구로서 봉사하는 것을 그 특징으로 하며, 응용과학적 성격을 띠고 있다. 교육학의 하부 구조에는 교육행정학을 비롯하여 교육사회학, 교육인류학, 교육통계학 등의 응용학문적 분야가 상존하고 있다.

이상에서와 같이 교육학계의 타 전공 분야에서 교육행정학은 교육학의 주변 또는 타 학문의 인접에 위치하고 있으며, 수단적이고 도구적인 응용과학적 성격을 띤 학문으로 분류되고 있다.

2) 교육행정학계의 입장

이제 교육행정학계에서 교육행정학의 성격을 어떻게 규정하여 왔는지 살펴보기로 한다. 김종철(1985: 6-9)은 이미 25년여 전에 '제10차 교육행정학회 연차 학술대회'에서 교육행정학의 성격에 대해 기조 발표한 바 있으며, 이 내용은 지금까지 학회 회원들에게 폭넓게 원용되고 있다. 교육행정학은 교육학의 한 분야로서 교육학의 학문적 성격과 마찬가지로 혼합적 성격을 지니고 있다고 전제하면서 크게 다음의 세 가지 성격을 제시하였다.

- 교육행정학은 여러 인접 학문의 종합과 다학문적 접근방법을 통하여 생성·발전되고 성립된 까닭으로 다양한 지식과 개념들을 그 안에 내포하고 있으며, 부분적으로는 체계화가 미흡하거나 또는 인접 학문과 공통된 개념을 계속 사용함으로써 개념의 외연이 명확하지 않다는 인상을 주는 경향이 있다.
- 교육행정학은 처음에는 교육행정의 기술에 대한 지식을 체계화하였고, 다음에는 교육법규나 교육행정의 원리 등에 대한 규범적 지식을 체계화하였다. 최근에 이르러서는 교육행정 현상과 교육행정 행위에 대한 객관적·실증적 지식을 체계화하고, 그것을 바탕으로 하는 이론의 정립에 역점을 두고 있다. 전체적으로 볼 때, 기술학, 규범과학, 실재과학의 삼면상을 모두 내포하고 있다.
- 교육행정학 개념의 외연에 대해서는 교육학 내부의 다른 분야, 인접 학문과의 관계에 있어서 분계선이 명확하지 않은 경우가 있음을 부인하기 어렵다. 교육행정학 영역에서의 독자적인 연구가 심화되고, 체계화됨에 따라 독자적인 것으로 정착될 수 있다.

3) 종 합

이상의 주장을 바탕으로 교육행정학의 성격을 종합해 보면(임연기, 2003: 338-339), 첫째 교육행정학은 종합적 학문(interdisciplinary)이라는 점을 지적할 수 있다. 교육학은 물론 교육행정학이 기초로 하고 있는 행정학도 인접의 다양한 학문의 지원을 받는 학제적 성격을 띠고 있다. 행정학은 정치학, 경영학, 법학, 관리과학, 경제학, 재정학, 심리학, 사회학, 인류학 등의 이론체계를 도입하여 발전해 오고 있다. 행정학의 학제적 특징을 살리기 위해 미국의 대학들은 행정학과를 학부 수준에서는 개설하지 않고 대학원에 설치하고 있다. 아무튼 교육행정학은 인접 학문인 행정학의 성격 때문에 같은 교육학 내에서도 교육철학이나 교육심리학, 교육사회학 등의 분야에 비해 학제적 성격이 가장 강한 특성을 지니고 있다 하겠다.

둘째, 교육행정학의 학문적 성격과 관련하여 교육행정학이 순수학문인가 아니면 응용학문인가, 사실과학인가 아니면 규범과학인가의 질문이 제기될 수 있다. 사실 이러한 질문은 오늘날 사회과학 전반에서 제기되고 있으며, 쉽게 답할 수 있는 성질의 것도 아니다. 그러나 어느 학문이나 두 가지 국면을 모두 지니고 있으며, 교육행정학은 특히 복합적인 성격이 강하다고 볼 수 있다. 다만 연구자의 의도나 태도에 따라 어느 한쪽을 선호할 수 있을 것으로 본다.

셋째, 교육행정학의 성격을 논할 때 교육행정(학)이 기술이냐 아니면 과학이냐의 논쟁이 있을 수 있다. 기술성이란 교육행정의 문제를 진단하고 처방하는 행위를 말하며, 과학성이란 교육행정 현상을 설명하고 예측하는 데 초점을 두는 객관적 지식을 말한다. 기술성을 주장하는 학자들도 과학성을 인정하고, 과학성을 강조하는 학자들도 기술성을 인정하는 추세다. 또한 교육행정학이 가치판단으로부터 자유로운 학문인가 역시 쟁점이 될 수 있다. 사회과학 연구에서 가치판단을 배제하고 몰가치적인 객관성을 가져야 한다는 주장과 더불어 사회과학의 연구에서 가치판단을 배제할 수도 없고, 배제하는 것이 바람직하지도 않다는 주장이 제기되고 있다. 과학으로서 교육행정학을 정립함에 있어서 경험적 사실관계에 관한 지식의 체계화를 위하여 객관성을 높이는 것이 요구되고, 다른 한편으로는 가치판단에 기초를 둔 규범지향적 연구도 필요하다고 볼 수 있다.

넷째, 교육행정학은 전문직업적 성격을 지니고 있음을 지적할 수 있다. 교육행정학의 학문적 태동에는 사실 전문 교육행정가의 고용의 필요성에 대한 인식도 중요하게 작용하였다고 볼 수 있다. 교육행정학의 체계적인 연구도 전문 능력을 갖춘 교육행정가의 양성과 불가분의 관계를 맺고 있다. 오늘날 의학, 약학, 법학, 경영학, 신학 등은 대표적인 전문직업적 성격을 띤 학문이다. 최근 교육행정의 복잡성이 증폭되고 있어서 학문적 체계를 갖춘 교육행정학이 전문직업인인 교육행정가를 양성하는 것을 주된 목표로 삼는 전문직업적 성격을 지녔다고 볼 수 있다.

다섯째, 교육행정학의 성격과 관련하여 보편성과 특수성의 문제를 짚고 넘어가지 않을 수 없다. 과학의 목적은 자연과학이든 사회과학이든 모종의 현상에 내재되어 있는 보편적 법칙과 규칙성을 발견하는 데 있다. 이론이 어떤 현상을 설명하고 예측하는 힘은 결국 이론 속에 내포되어 있는 보편성에 기인한다. 보편성이란 이론의 적용 범위를 말하는 것이다. 그런데 사회과학에서 시간과 공간을 초월하여 적용될 수 있는 보편적 법칙을 찾기란 매우 어려운 일이다. 더욱이 교육행정 현상은 특정한 역사적 상황이나 문화적 맥락에서 독특한 성격을 갖기 때문에 더욱 그러하다. 여기에 교육행정학의 토착화 문제가 개입된다. 토착화는 외국의 이론을 우리나라의 상황에 적합한 이론으로 발전시키는 작업을 말한다. 사회과학뿐만 아니라 심지어 자연과학 분야에서도 외국 이론의 무비판적인 수용에 대한 반성의 목소리가 커지고 있다.

여섯째, 독자적 학문으로서 교육행정학의 발전을 도모하기 위하여 교육행정학의 성격을 독자적 탐구 영역의 확보에 많은 관심을 기울여 규정하여 왔음을 지적할 수 있다. 교육행정학이 하나의 분과 학문(a discipline)으로 성립하려면 독자적인 대상이 있어야 한다. 독자적인 대상이 확립되면 그에 대한 방법론의 문제는 저절로 해결될 수 있다. 아직 탐구 대상의 독자성과 범위가 모호하고, 불분명한 부분이 없지 않아 교육행정학이 하나의 주제이고, 하나의 분야라는 회의적인 시각도 있다.

그러나 교육행정학은 국내에서 교육학 내의 다른 분야 및 행정학 등 인접 학문 분야와의 구획 정리가 비교적 명쾌한 편이다. 교육학 내 타 분야와의 차별성, 일반 행정으로부터의 분리와 독립이 어느 정도 이루어진 셈이다. 이제 이를 발판으로 독자적인 이론체계를 개발 · 정착시킴으로써 교육행정학의 정체성을 확고히 할 수 있는 단계에 와 있다.

2. 교육행정의 관점

현재 교육행정에 대한 다양한 관점이 상존하고 있다. 그 가운데 김종철의 '교육에 관한 행정'과 '교육을 위한 행정'의 구분, 서지오바니(Sergiovanni)의 교육행정의 정의, 교육행정의 세 가지 차원, 교육행정의 관점의 역사적 변화에 대해 살펴볼 것이다.

1) 교육에 관한 행정과 교육을 위한 행정

김종철(1982: 17)은 교육행정에 대한 두 가지 관점을 제시하고 있다. 교육행정은 자구상으로 보면 '교육에 관한 행정' 또는 '교육을 위한 행정'이라고 말할 수 있다고 보고, '교육에 관한 행정'이라 하면 '보건에 관한 행정' '군사에 관한 행정'이라는 말과 같이 행정활동이라는 커다란 덩어리의 한 부문으로서 교육이라는 한정된 분야에 관한 행정을 의미하는 것으로 행정의 종합성과 법규의 강제적인 집행을 강조하는 입장이고, '교육을 위한 행정'이라고 할 때는 교육활동을 특히 앞에 세우고 그것을 지원하는 활동으로서의 행정이라는 뜻을 강조하여 교육의 자주성을 중시하는 입장이라고 설명하고 있다.

이어서 교육행정을 사회적 · 공공적 · 조직적활동으로서의 교육을 대상으로 하여 교육 목표의 설정, 그 달성을 위한 인적 · 물적 및 기타 조건의 정비 확립, 목표 달성을 위한 계획과 결정, 집행과 지도, 통제와 평가 등을 포함하는 일련의 봉사

활동인 동시에 교육 조직 내에서의 집단적 협동행위를 위하여 효과적으로 지원하는 것을 본질로 하는 작용으로 정의하고 있다(김종철, 1986: 33).

이러한 정의에 대해 이종재(1987: 75)는 많은 내용이 포함된 포괄적인 개념의 규정이라고 평가하고 교육행정은, ① 교육을 위한 수단적 · 봉사적 활동이라는 교육행정의 성격과, ② 과정으로서 행정을 보는 입장, ③ 교육행정의 주된 이론적 탐구 대상을 교육 조직에서의 협동적 행위에 두고 있다는 중요한 의미를 추출할 수 있다고 지적하였다.

여기서 주목할 점은 교육행정의 개념 정의를 '교육에 관한 행정'과 '교육을 위한 행정'으로 구분 짓고, 교육행정의 발전 과정을 전자로부터 후자로의 이행으로 설명하는 것이다. 이는 한국교육행정학계가 지탱해 온 하나의 강령이다. 그런데 이 개념 정의를 자세히 들여다보면, 교육(학)과 교육행정(학) 그리고 교육행정(학)과 일반 행정(학)과의 관계에 대한 중요한 의미를 발견할 수 있다.

우선 교육(학)과 교육행정(학)과의 관계를 목적-수단으로 연결시키고 있다는 점을 지적할 수 있다. 교육행정은 봉사요, 조건 정비요, 협동행위라는 것이다. 이러한 관계에서 보면 교육행정(학)은 진정 교육(학)의 주변에 놓여 있다. 교육학 내 세부 분야인 교육철학, 교육과정, 교육방법, 교육사회학, 교육심리학과의 엄격한 구획 정리를 하고 보니 남는 것은 교육행정의 수단적 성격이다. 목표의 가치 탐색과 설정보다는 주어진 목표의 효율적 달성에 관심을 기울이고, 그리하여 교육행정의 본질은 교육과정과 수업, 교수-학습, 평가 영역보다는 정책과 제도, 조직 및 인사, 재정과 시설, 대외 관계 등에 초점이 맞추어질 수밖에 없다. 사실 교육행정의 고유 영역이라고 자부해 온 교육정책과 제도, 장학, 교사교육 등의 논의에서도 내용논리보다는 형식논리에 치우쳐 있을 수밖에 없다.

다음으로, 일반 행정과의 분리와 독립을 선언하고 있다. 이는 교육행정의 특수성을 강조한 것이다. 이로 인하여 복잡다기한 교육행정의 문제를 인접 학문과의 협동 작업으로부터 해결할 수 있는 기회를 협소하게 하는 측면이 없지 않다. 사실 교육의 실천은 인간을 통해서 특정 사회 속에서, 여러 현실적인 제약과 생산력과의 관계 속에서, 교육 외적인 여러 권력과의 견제와 균형 속에서 이루어지기 때문에 이들을 교육학적 시각에서 분석하고 음미하는 것도 필요하지만, 인접 학문과의 협동 작업을 통한 접근이 반드시 필요한 것이다. 교육학 또는 교육행정학은 그러한 협동 작업을 통해서 성장할 수 있을 것이며, 교육학과 교육행정학의 지위를 뽐낼 수 있을 것으로 판단된다. 조직 차원에서 일반 행정과의 분리와 독립을 고수하더라도 기능 차원에서 유기적 연계를 도모할 필요가 있다.

한편, 교육행정의 주된 관점으로 자리 잡고 있는 '교육을 위한 행정'이 추구하는 가치는 효율성이다. 이 관점의 핵심 질문은 제한된 자원의 범위 내에서 어떻게 하면 보다 더 양질의 교육 서비스를 제공할 수 있을 것인가 하는 것이다. 이 질문은 교육행정에 있어서 모든 국민을 편의상 하나의 단일체로 가정할 뿐, 국민들의 사회적 · 경제적 차이와 변산에는 관심을 기울이지 않는다. 그러나 수요자 중심의 교육과 학습자의 다양한 잠재력의 계발 등이 요구되면서 효율적 관리로는 해결되지 않는 중요한 문제가 부각되고 있다. 즉, 누구를 위한 효율적 관리인가 하는 문제다.

이종재(1987: 82)는 '교육을 위한 행정'의 대안적 관점으로서 '거버넌스(governance)로서의 교육행정'을 제안한 바 있다. 거버넌스로서의 교육행정은 아직 체계적으로 정립되지 않은 상태지만 교육행정의 관점 변화를 위한 이론적 기반을 제공하고 있다고 판단된다. 사실 거버넌스란 의사결정의 정치적 · 행정적 차원을 포함하는 복잡한 용어다.

ERIC(1988: 100)에서는 거버넌스를 조직과 기관의 정책 결정, 목표 설정 그리고 권위의 행사이며, 정책과 권위의 집행과 어느 정도 관련을 갖는 행정적 · 경영적 기능으로 정의하고 있다. 이에 따르면 거버넌스는 교수-학습 과정에서의 직접적인 개입을 통해서가 아니라 간접적 · 원격적 통제로서 규정의 제정, 목표 설정, 정치적 · 행정적 권력의 행사를 통하여 작용한다. 그리고 전문 교육자가 적절한 행위의 기초에 대해서 어떻게 생각하든지 간에 궁극적인 권위의 원천은 정책과 거버넌스의 법적 기제에 있다. 아울러 거버넌스는 공식적 정부기구에 의해 행사되는 권력뿐만 아니라 행정적 · 전문적 권위를 의미한다(Alkin, 1992: 549).

거버넌스는 정부라는 제도적 장치에 의해 전적으로 의존하기보다는 정부와 민간 부문, 비영리 부문 간의 협력적 네트워크를 적극 활용한다. 이는 사회적 형평성을 제고하기 위해서다. 모든 정책과 공적 기준은 누가, 누구를 위하여 결정했는가의 차원에서 검토된다. 거버넌스는 거버넌스 주체(국민 또는 주민)의 행정 당국에 대한 통제와 그러한 통제를 가능하게 하는 장치와 거버넌스 속에서의 다양한 단위들 간의 관계와 역할을 강조한다. 교육행정이 학교 운영의 효율성을 중점적으로 고려하는 데 비하여 거버넌스는 학교 운영의 합법성과 관련되며, 교육을 좀 더 민주적인 방식으로 이끌어 나가는 것을 고려한다(김태완, 2002: 7). 거버넌스는 교육행정의 형평성을 추구하는 정치적 관점인 것이다.

2) 서지오바니의 교육행정의 차원과 관점

서지오바니(Sergiovanni, 1987: 57)는 행정이란 '일반적으로 조직의 목적을 효율적으로 달성하기 위하여 다른 사람과 함께 그리고 다른 사람을 통하여 일을 수행하는 과정'이라고 정의하고 있다. 이러한 행정의 정의에는, 행정은 우선적으로 모종의 성취해야 할 목표가 있다는 것과 자원이란 항상 제한적이어서 자원을 배분하기 위한 최선의 결정이 필요함을 추가적으로 함축하고 있다.

이어서 교육행정을 세 가지 차원으로 설명하고 있다. 행정의 책임 영역 또는 과업으로서의 목표 설정, 조직 문화 패턴의 유지, 조직의 내적 유지, 외부 환경에의 적응 그리고 행정기술 차원에서의 전체 파악(conceptual), 인간관계, 실무기술을 행정의 핵심 과정으로서 기획하기, 조직하기, 지도하기, 통제하기를 제시하고 있다. 실제로 행정을 행정의 과업, 행정의 과정, 행정의 기술로 설명하는 입장도 있다(Sergiovanni, 1987: 69-70).

행정의 강조점은 '법규의 구체적이고 체계적인 집행'(Wilson, 1887)에서 '의사결정'(Barnard, 1938; Simon, 1945; Griffith, 1959)으로 변천하였음을 지적하였다. 아울러 전통적으로 행정과 리더십은 구분되고 있는데, 그 차이는 행정은 일상적인 일의 수행을, 리더십은 새로움과 변화를 강조하는 데 있다고 분석하였다. 교육지도성으로서의 행정은 성과 지향, 재정적 효율성의 극대화를 지향하는 '경영'의 역할과 교육에 대한 다양한 요구와 기대 그리고 입장을 조정하는 '정치'의 역할이 강조되기도 하였지만, 역시 교육행정의 중심은 교육이 추구하는 목적과 방향의 설정에 있음을 주장하였다. 특히, 교육 리더십의 본질은 교육 조직의 특수성과 관련하여 교육 프로그램, 교육과정과 수업, 교수-학습, 장학과 평가에 있다고 강조하였다(Sergiovanni, 1987: 56-75).

서지오바니(1987: 130-131)는 교육행정의 주요 관점을 효율성, 인간, 의사결정, 문화로 구분하였다. 효율성(efficiency)은 작업 효율성으로서 과학적 관리와 조직 효율성으로서의 관료제, 인간(person)은 사회적 존재로서 인간에 대한 인간관계 관점과 성취 지향적 존재로서 인간에 대한 인간자원론적 관점, 의사결정(decision-making)은 학교 내 의사결정, 교육행정기관에서의 정책 개발, 문화(culture)는 조직 내 문화, 문화로서의 조직, 사회구성체 또는 의미의 재구성을 말한다. 이러한 분류 차원에서 보면 교육행정의 정의로서 오랫동안 학계에서 원용해 온 김종철의 정의는 효율성과 인간의 관점을 포괄한 것이다. 거버넌스는 의사결정의 관점에 속한다.

3. 고윈의 거버넌스로서의 교육행정[2)]

고윈(Gowin, 1981)에 따르면, 거버넌스는 사회적 환경에서 수업, 교육과정, 학습을 한데 묶는 데 요구되는 영향력이다. 그는 거버넌스가 교육활동에 개입하는 공적 기준으로서 모종의 통제라고 설명하고 있다. 이와 같은 입장에서 보면 교육행정은 단순히 목표 달성을 위한 수단적 성격이 있다기보다는 목표와 방향 설정 그 자체에 일차적인 존재 이유가 있으며, 교육과정과 교수-학습 등 교육의 본질과 유리될 수 없는 성격을 지닌다. 거버넌스로서의 교육행정은 여러 분야로 분리된 교육학을 통합하고, 교육(학)과 교육행정(학)을 연계시키면서 교육행정과 일반

2) 임연기 역(2005). pp. 219-243 재구성.

행정을 의미 있게 구분 짓는 기능을 할 수 있을 것으로 본다. 교육행정학의 정체성을 바로 세우기 위해서 교육학 내 타 분야와의 사이에 드리워진 장벽을 무너뜨릴 필요가 있다.

1) 교육의 기본 요소로서의 교육행정

고윈은 교육의 핵심적인 네 가지 요소가 교수(teaching), 교육과정(curriculum), 학습(learning) 그리고 사회적 환경(social milieu)이라고 설명한다. 흔히 교육 현상을 교사와 학생 간의 교육과정을 매개로 한 상호작용이라고 보는데, 사회적 환경을 중요한 요소의 하나로 덧붙여 꼽고 있다. 그는 교육의 네 가지 요소는 교육 현상을 가장 잘 나타내고, 네 가지 요소는 서로 중복되지 않고 동등한 비중을 갖고 있다고 보았다.

교육은 진공 속에서 이루어지지 않는다. 교육 현상은 사회적 환경 속에서 나타난다. 기실 교육은 의미를 공유하는 사회적 현상이다. 의미가 개인들 간에 공유될 수 있다는 사실은 교육이라는 현상을 가능하게 한다. 경험, 의미, 목적을 공유하는 것은 모두 사회적 상황을 반드시 필요로 한다. 사회적 상황은 교육과정에 결정적인 영향을 미친다.

교육의 기본 요소의 하나로서 사회적 환경은 개방적일 수도 있고 폐쇄적일 수도 있으며, 교육을 자유롭게 하기도 하고 교육을 억압하기도 하며, 교육의 품위를 떨어뜨리기도 하고, 교육과 서로 도움을 주고받는 관계이기도 하다. 사회질서의 특성이 무엇이든지 간에, 사회적 환경에는 어떤 특성이 함축되어 있으며, 한 상황을 다른 상황과 구분하는 데 기여할 것이다. 교육이 사회적 환경 속에서 이루어지려면 행정을 필요로 한다.

예를 들어 보자. 최근에 한 초등학교 교장이 학생 체벌에 관한 학교 정책을 발표했다. 그는 학생 인권과 관련하여 상반된 관점들이 갈등상태에 있어 이에 대한 적절한 결정을 내리기가 어렵다고 불평하면서, 직접적이든 간접적이든 학생 체벌을 일절 금지한다는 방침을 결정했다고 공표하였다. 이것은 행정활동이 구성원들의 노력을 통제하는 의미를 어떻게 통제하는지를 보여 주는 사례다. 대부분의 사회적 통제 장치는 이와 같은 방식으로 작용한다. 노력을 통제하는 의미를 통제하는 식이다. 교사들이 잘 알고 있는 바와 같이, 학급관리 또한 사회적 통제를 필요로 한다. 예를 들면, 교사는 학생들에게 다음과 같이 말할 수 있다. "현장학습을 나가기 전에 예습해야 할 읽을거리가 있어요. 그것을 미리 읽어야 여러분이 현장에서 볼 수 있는 것에 대하여 어떤 아이디어를 떠올릴 수 있을 거예요." 그리고 한 학생이 다음과 같이 질문할 수 있다. "제가 이 내용을 단지 개략적으로 정리해도 괜찮겠습니까?" 그 학생은 어떤 의미가 그의 노력을 통제할 것인지에 대해 질문하고 있다. 그래서 행정은 행정가들에게만 국한되지 않는다. 교사들은 행정가로서 활동한다. 심지어 학생들도 일정 부분 사회적 통제를 행사하는 방법을 찾는다.

우리는 올바른 사회적 통제에 대하여 어떻게 생각할 수 있을까? 사회통제의 문제에서 가장 핵심적인 개념은 사회정의다. 사회정의의 핵심 원리는 모든 사람의 맥락에서 각 개인의 주장을 판단하도록 요구한다. 어떤 의미에서 행정은 균형을 맞추는 행위다. 교사, 학생, 행정가, 부모, 지역사회 인사들이 교육활동에 적절한 관련을 맺고 있는 한, 행정은 그러한 사람들의 주장을 고려한다. 또한 교육과정은 매우 특별한 방식으로 교육에서 주의를 기울여야 할 주장을 제기한다. 이들 주장 간에 갈등하게 될 때, 무엇이 공정한가에 대한 결정이 내려져야 한다.

예컨대, 실제적 자원의 부족으로 인하여 교사가 모든 학생에게 충분한 관심을 갖지 못할 수도 있다. 교사는 동등한 것을 동등하게 대하려고 할 수 있다. 왜냐하면, 그들을 동등하게 대하는 것이 공정하다고 믿기 때문이다. 그리고 동등하지 않은 것을 동등하지 않게 대하려고 할 수 있다. 왜냐하면, 일부 학생에게는 보상적 대우가 공정하다고 믿기 때문이다. 사회정의의 원리는 행정의 실제적 문제에 필요한 지식체계를 제공해 준다.

어떤 사회적 통제는 자비롭고, 또 어떤 사회적 통제는 가혹하다. 우리는 교육과정에 효과적인 통제를 발휘할 행정의 개념과 원리를 필요로 한다. 추상적으로 진술하자면, 교육 현상에 적합한 행정은 교사, 교육과정, 학습자 사이를 의도적으로 연계하여 학습자의 경험의 의미가 눈에 띄게 변화하도록 하는 것이다. 교육 현상의 의미를 통제하는 것은 자유롭게 하는 동시에 억압적일 수 있다.

요컨대, 교사, 학생, 교육과정이 상호작용하는 사회적 환경에서는 행정이 필요하다. 교사, 학생, 교육과정은 특수하고 특별한 주장을 하며, 이러한 주장들이 갈등을 일으킬 때, 교육이 진행될 수 있도록 이를 해결하기 위한 어떤 합리적이고 인도적인 방법을 찾아야 한다. 학생들이 행정에서의 특별한 역할이 있는가? 그렇다. 핵심적 아이디어는 학생 개개인이 자신의 학습을 책임져야 한다는 것이다. 학생에게 책임이 있다고 말하는 것은 쉬운 것 같지만, 우리는 학생들이 어떻게 책임질 수 있는지를 알 필요가 있다. 교사 또한 특별한 책임이 있다. 교사는 지식에 대한 지식과 학습에 대한 지식을 갖추어야 할 필요가 있다. 교사는 당연히 가르치는 교과에 대하여 책임져야 할 것이다.

2) 교육행정의 본질: 의미 통제

행정이 교육의 맥락 속에 포함되는 이유는 한 현상이 교육 현상이 되기 위해서는 의미를 조정할 필요가 있기 때문이다. 행정은 수업, 교육과정, 학습을 통합하기 위해 요구되는 사회적 환경에서의 영향력이다. 행정의 관심사는 영향력이다. 교육을 통해 우리는 힘을 갖게 되며, 물론 이 힘에는 교육 현상에 대한 힘도 포함된다. 의식적으로 신중하게 교육 현상을 일으킬 때, 우리는 이 현상에 대한 영향력을 갖는다.

교육 현상은 교사, 학습자 및 그 밖의 사람들이 관련된 사회적 현상이며, 관련 당사자들은 영향력을 공유한다. 일반적으로 교사는 학생에 대한 영향력을 가지고 있지만, 교육과정은 교사에 대한 영향력을 가지고 있다. 만일 학생들의 학습이 참으로 학생 자신의 학습일 때, 학생들은 학습에 대한 영향력을 갖는다. 교사와 학생 그리고 교육과정 사이의 의미 공유는 각 당사자들 간의 협력을 필요로 한다. 교육 현상을 일으키고자 한다면, 이 각각의 세 요소는 조화를 유지해야 한다. 교육 현상을 가능하게 하는 이 각각의 세 요소의 주장과 영향력을 알맞게 드러내고 보호하는 것이 교육 현상의 네 번째 요소인 행정의 특별한 영향력이다.

행정은 그 자체가 하나의 특별한 현상이다. 우리는 행정의 규칙성을 생각할 수 있다. 우리는 두 가지 현상, 즉 행정 현상과 교육 현상을 보게 된다. 비록 이 두 현상은 서로 뒤섞여 같은 것처럼 보일 수도 있으나, 적절한 개념을 사용함으로써 이 두 가지 현상을 구분할 수 있다. 마치 수업, 교육과정, 학습을 구분하여 분석할 수 있듯이, 행정 역시 다른 개념과 분리하여 분석할 수 있다.

다음과 같은 간단한 정의로부터 논의를 발전시켜 보자. 행정은 교육 관련 당사자들이 조율하는 의미를 조정하는 것이다. 행정 현상은 수업, 교육과정, 학습활동에 대한 의미를 조정한다. 의미는 관련 당사자들이 기울이는 노력을 조정한다. 교사와 학생은 의미의 일치를 이룰 때까지 교육 내용을 파악하기 위한 노력을 함께 기울여야 한다. 만일 학습자들이 의미의 공유를 달성하기 위해 그들이 반드시 해야 할 역할의 필요성을 인식한다면, 이 아이디어(의미 일치의 달성)가 그들의 구체적인 행동을 안내한다. 의미의 공유를 달성하기 위해 '의미를 이해'하고, '요점을 파악'하고, '의의를 알게 된' 학습자들은 교육이 수반해야 할 이러한 관점을 이해하지 못한 학습자들과는 매우 다르다. 지식의 구조, 특히 적절한 수월성의 준거를 드러내는 교육과정은 교사와 학생이 받아들일 수 있는 특별한 의미를 제공하며, 그 결과 교사와 학생들이 기울이는 노력을 조정한다. 이 네 가지 각각의 일반적인 요소들(수업, 교육과정, 학습, 행정)은 다른 요소들을 조정하는 역할을 한다. 어떤 요소도 다른 요소를 전적으로 무시할 수 없다. 이 각각의 요소들은 서로 상호작용하는데, 그 이유는 각 요소들은 다른 요소들을 동등하게 필요로 하기 때문이다.

현상을 지배하는 힘은 의미를 통제하는 데서 나온다. 우리는 보통 중재된 의미를 통해 어떤 대상을 지배한다. 우리는 우리 자신과 타인들에게 현상이 무엇을 의미하는지 이야기함으로써 경험을 이해하게 되며, 자연과 경험을 지배하는 힘을 갖게 된다. 의미는 사회적인 것이다. 의미가 구성되고 요점이 파악될 때, 힘을 얻고, 흥미를 일으키며, 새로운 현상으로 자신을 이끌고 갈 수 있다. 우리는 현상에 내재한 관련성을 볼 수 있다. 다시 말해, 의미는 사회적 구성물이어서 우리로 하여금 추론하고, 자신을 이해하고, 사려 깊은 행동을 할 수 있게 하며, 이러한 모든 행동을 통해 합의를 도출하고, 목적을 공유하고, 어떤 현상이 원래 지닌 의미대로 그 현상을 통제할 수 있다. 행정은 의미의 공유에서 나온 것이며, 공유된 의미는 또한 통제의 대상이기도 하다.

교육 현상을 조정하고자 한다면 교육 현상이 갖고 있는 의미를 통제하기 위해 무엇을 생각하고, 무엇을 해야 할지 살펴봐야 한다. 행정은 인사(人事)에 관한 문제든, 절차에 관한 문제든지 간에 모든 주장들을 교육과정과 결부시켜야 한다. 행정가와 같은 교육자가 알아야 할 가장 중요한 것은 어떤 주장의 정당성을 인정하는 방법에 관한 것이다. 만일 교육과정이 행정의 안내 없이 제멋대로 진행된다면, 행정가들은 할 일이 없다. 교육과정은 인공적인 것이어서 의미에 의존하여 존재한다. 물론 인위적인 것일지라도 교육과정은 규칙성을 가지고 있다. 그 결과 교육과정에 대한 합리적 주장이 보장될 수 있다. 교육은 어떤 문화에서나 나름의 형식을 갖고 있는 조정의 과정으로 간주될 수 있다.

3) 교육행정의 실천

교육행정의 실천에 있어서 핵심 질문(telling question: TQ)은 무엇일까? 첫째, 사람들 상호 간에 공유된 목적을 달성하기 위한 협력을 어떻게 담보할 것인가? 둘째, 교육 상황 내에서 어떤 개념과 절차로 갈등 중인 주장을 해결할 것인가? 첫 번째 질문은 타인에 대한 영향력은 공유된 경험으로부터 도출된다는 가정을 받아들이고 있다. 두 번째 질문은 이러한 타인에 대한 영향력은 교육 현상이 계속 일어날 수 있도록 결정을 내리고, 주장을 하고, 이후의 경험을 안내하는 데 사용될 수 있다.

교육행정은 정당한 교육적 주장에 비추어 모든 사람을 만족시키기 위한 합리적인 노력이다. 이 점은 교육 실제에서는 종종 그렇지 않을지라도, 교육행정은 마땅히 교육 현상 그 자체에 관심을 가져야 함을 가정하고 있다. 그 밖의 다른 관심사는 바로 이 일차적인 문제에서 도출되어야 한다. 학교교육의 주된 목적은 교육하는 것이라는 관점으로 돌아가지 않으면 행정은 계속해서 우리를 잘못 인도할 것이다.

세 번째 핵심 질문(TQ)은 행정의 실제적 작용에 좀 더 가까이 다가가게 하는 것이다. 즉, 행정가가 어떻게 방향감을 얻는가? 달리 말해서, 행정가들은 마땅히 그들이 해야 하고, 생각하고, 느껴야 할 바를 어떻게 아는가? 하늘에도 여정을 안내할 고정된 별이 없다고 치자. 그리고 우리는 자연적인 것이 아닌 인공적인 규칙을 다루고 있다고 치자. 그럼에도 불구하고 방향감을 발달시키는 일은 행정가들과 행정의 가장 중요한 과업이다. 뿐만 아니라 이 과업은 끝이 없는 과업인데, 그 이유는 마치 살아 있는 유기체를 다루고 있는 것처럼 교육의 조건과 결과가 너무나 개방적이고, 창조적이며, 창의적으로 변하고, 또 교육과정에 의해 변화되기 때문이다.

무엇보다 중요한 것은 행정가들이 행정과 관련된 개념을 정확하게 파악하고 적절하게 적용할 수 있어야 한다는 것이다. 행정가들이 그들의 사고를 향상시키고자 한다면 개념을 직접 활용할 수 있는 방법을 배워야 한다. 적절히 개념화되지 않은 사실과 자료는 쓸모가 없다. 겉으로 드러나는 사실은 우리에게 어떻게 생각해야 하는가에 대해 알려 주는 바가 없다. 따라서 개념이 요구된다. 감히 말하건대, 행정의 실제의 발전은 그 어떤 단일 접근방법보다 지식의 개념적 측면에 대해 체계적인 관심을 집중시킴으로써 이루어진다. 여기서 덧붙여 말할 수 있는 것은 비록 널리 알려진 관점은 아니지만, 행정과 가장 관련이 있는 지식 영역은 윤리학과 사회철학이다. 사회정의의 구성 요인에 관한 지식은 행정가에게 지극히 중요한 지식이다. 평등성(equality)의 개념을 둘러싼 개념적 특징에 대한 지식 역시 마찬가지로 매우 중요하다. 철학과 교육이론에서 찾아볼 수 있는 교육에 대한 지식은 교육 상황의 책임을 지고 있는 이들에게는 반드시 필요한 것들이다. 만일 행정가를 교육시키고자 한다면 합당한 지식원을 접할 수 있게 해야 한다.

'행정은 교육 현상의 조정'이라는 입장에서 볼 때, 하나의 실제적 문제로서 모든 교육활동을 구성하는 각 부분의 특수한 주장을 드러내고, 보호하며, 장려하는 일이다. 특별한 힘은 특별한 주장을 가지고 있다. 특별한 주장은 또 다른 특별한 주장과 갈등을 일으키기 마련이다. 행정가는 다양한 주장을 조절하는 사람이다. 사회정의라는 보다 큰 틀 내에서 행정가들은 모든 주장을 조망하면서 각각의 주장을 판단해야 한다.

다시금 강조하건대, 서로 엇갈리는 주장을 조정하는 데 있어서 핵심 사항은 주된 관심을 교육 논리에 두는 것이다. 교육의 핵심 가치는 힘을 보태 주거나 덜어내는 것이다. 교육에서 가치가 있는 것은 무엇인가라는 문제는 여러 주장을 해결하는 첫 번째 준거를 제공해 준다. 다른 주장에 비해 어떤 주장이 선택되는 이유는 그 주장이 학생들로 하여금 힘을 갖도록 도와주기 때문이다. 초등학교에서 학생에게 읽기를 가르치기를 원하는 교사와 교사가 학생들에게 우유 값을 걷기를 원하는 행정가가 갈등을 일으킬 때, 읽기가 학생들의 힘을 길러 주는 보다 중요한 방법이기 때문에 이 갈등 상황은 읽기를 우선시하는 방향으로 해결되어야 한다.

힘을 갖게끔 하고, 지속적으로 현상을 지배할 수 있는 힘을 제공하는 현상은 근본적으로 교육적 현상이다. 교육적 현상은 자유롭게 생각하고, 느끼고, 행동하게 하는 것이다. 교육적 현상은 세계(사회적 세계와 자연적 세계 모두)를 경험할 수 있게끔 도와준다.

4) 함 의

고윈의 거버넌스로서의 교육행정은 많은 시사점을 던져 주고 있다. 행정은 교육의 필수 기본 요소 중 하나라는 점, 교육의 3요소인 수업, 교육과정, 학습과 밀접한 연관성을 가지고 있다는 점, 교육행정가 또는 교육행정 당국의 전유물이 아니라, 교사 또는 학생들이 그 주체라는 점, 교육행정에서 행정이냐 아니냐를 따지기보다는 교육이냐 아니냐를 따지는 것이 중요하다는 점, 교육 이해 당사자들의 다양한 의견 조정이 필요하고, 이때 각자의 권리와 의무 그리고 책임을 분명히 해야 할 필요가 있다는 점, 교육행정의 형평성을 담보하기 위하여 행정가의 자질과 윤리의식이 중요하다는 점 등이다. 이러한 관점을 체계화하는 작업은 우리에게 남겨진 과제라고 생각한다.

참고문헌

강신택 역(1999). 행정학의 언어. 서울: 박영사.

김종철(1982). 교육행정의 이론과 실제. 서울: 교육과학사.

김종철(1985). 교육행정학의 학문적 성격. 교육행정의 연구와 과제. 서울: 대한교과서주식회사.

김종철(1986). 교육행정신강. 서울: 세영사.

김태완(2002). 국민의 정부 교육재정정책의 평가와 전망. 한국교육재정경제학회 2002년 제35차 학술대회 발표 자료집.

이돈희(2002). 교육학의 학문적 이론 수립의 현황과 발전 좌표. 한국교육학회 2002년도 추계학술대회 기조발표 논문.

이종재(1987). 교육행정학의 연구 과제. 교육학연구, 25, 71-87.

이종재(2002). 교육행정학의 학문적 이론 수립의 현황과 발전 좌표. 한국교육학회 추계학술대회 논문집.

임연기 역(2005). 교육학의 이해. 공주: 공주대학교 출판부.

임연기(2003). 한국 교육행정학의 학문적 특성과 과제. 교육행정학연구, 21(1), 331-353.

장상호(1997). 학문과 교육(상). 서울: 서울대학교 출판부.

정범모(1968). 교육과 교육학. 서울: 배영사.

Alkin, M. C. (1992). *Encyclopedia of Educational Research*. NY: Macmillan Publishing.

ERIC (1988). *Thesaurus of ERIC Discripters*. Phoenix, AZ: Oryx Press.

Farmer, D. J. (1995). *The Language of Public Administration: Bureaucracy, Modernity, and Postmodernity*. Tuscaloosa, Alabama: The University of Alabama Press.

Gowin, D. B. (1981). *Educating*. London: Cornell University Press.

Greenfield, T., & Ribbins, P. (eds.) (1993). *Greenfield on Educational Administration*. London: Routledge.

Sergiovanni, T. J., Burlingame, M., Coombs F. S., & Thurston, P. W. (1987). *Educational Governance and Administration* (2nd ed.). Englewood Cliffs, N. J.: Prentice-Hall.

추천도서

노종희(1992). 교육행정학. 서울: 문음사.

윤정일(2008). 교육행정학원론(5판). 서울: 학지사.

임연기, 최준렬(2010). 교육행정 및 경영 탐구. 경기: 공동체.

정일환(2003). 교육행정학의 탐구. 서울: 원미사.

정태범(1998). 교육행정학. 서울: 양서원.

제11장

교육의 재정 · 경제적 의미

1. 교육재정의 의미와 기능
2. 교육의 경제적 의미와 기능
3. 교육재정 · 경제학의 학문적 성격

제11장

교육의 재정 · 경제적 의미

교육활동을 원활히 수행하고, 추구하고자 하는 목적을 달성하기 위해 예산을 편성하고, 집행하며, 결산을 한다. 교육활동을 위해 소요되는 비용을 조달하고 관리하며, 그것의 효과성을 파악하고 분석하는 활동을 '재정'과 '경제'라 한다. 재정이 예산을 확보하고 관리하는 활동에 초점을 둔다면, 경제는 조달된 재원이 어떻게 투입되고 산출되는가를 강조한다.

전통적으로 교육에서 재정과 경제는 중요한 영역으로 여겨지면서도 관심을 받지 못했다. 특히, 학교에서 학생을 가르치는 교사들은 학교 예산에 관심을 갖지 않았다. 예산은 행정실에서 담당해야 할 고유 업무라고 여겨져 예산을 요구하고, 집행 과정에 참여하는 일을 금기시하였다.

2001년부터 학교 회계제도가 도입되면서 예산 과정에 교사의 참여를 독려하여 왔다. 교육활동의 중심부에 교사가 있고, 학교에 배분되는 예산도 교육을 활성화하기 위한 것이라면 예산 과정에 교사가 주도적으로 참여하여 교육활동을 원활하게 하기 위해 적극적으로 노력해야 할 필요가 강하게 제기되었기 때문이다.

지금까지 크게 관심을 가져오지 않았던 학교의 재정활동과 경제활동의 의미와 기능을 살펴보고, 교사로서 교육활동을 촉진하기 위해 활용해야 할 재정과 경제의 기능을 알아보고자 한다.

1. 교육재정의 의미와 기능

1) 교육재정의 의미

재정은 국가 및 공공단체가 공공의 욕구를 충족시키기 위해 필요한 수단을 조달하고 관리 및 사용하는 경제활동 또는 정부의 경제라 하며(차병권, 1986: 3), 교육재정은 이런 재정의 의미를 교육에 한정한 것이다.

교육재정은 재정의 일반적인 의미를 교육에 한정한 것으로서 교육을 위해 재원을 조달하고 관리하는 국가나 지방자치단체의 경제활동이라 할 수 있다. 이런 의미에서, 첫째 교육재정은 공경제 활동이라 할 수 있다. 공경제는 사경제와 구분되는 경제활동으로 경제활동의 주체가 국가와 지방자치단체 등 공공단체다. 공경제는 국가나 지방의 공공단체가 국민 모두의 공공복리 증진을 위해 예산을 조달하고 집행한다. 이런 의미에서 이익 창출을 목적으로 하는 사경제와는 다르다. 사립학교의 경우 국가나 지방의 공공단체에 포함되지 않지만 영리 추구를 목적으로 하지 않고 국민의 공공복리 증진을 추구하기 때문에 준공경제 활동으로 간주하여 교육재정의 영역에 포함시킨다.

둘째, 교육재정은 수단적 의미를 지닌다. 수단은 목적과 대비되는 말로 본래적 기능보다는 보조적 기능을 갖는다. 즉, 목적을 달성하기 위해 지원하고 보조해 주는 기능이 수단적 기능이다. 교육재정은 교육의 본래적 기능인 목적이라기보다는 교육활동을 촉진하도록 지원하는 보조적 기능을 갖는다.

셋째, 교육재정은 교육활동의 현황을 파악하는 정보 제공의 의미를 지닌다. 교육활동을 수행하기 위해 사업 계획서를 작성하고 예산을 편성한다. 편성된 예산이 얼마나 집행되었는가를 중심으로 사업의 진행 정도를 알 수 있으며, 이를 토대로 사업 계획의 수정 · 보완 등을 조정할 수 있다.

교육재정은 재정 운영의 주체가 누구냐에 따라 국가교육재정, 지방교육재정, 학교교육재정으로 구분될 수 있다. 국가교육재정은 중앙정부에서 수행하는 교육재정으로 교육과학기술부 및 직속 기관의 교육재정이라 할 수 있다. 지방교육재정은 시 · 도 교육청의 교육재정으로 시 · 도 교육청, 직속 기관, 교육지원청, 학교가 포함된 모든 재정을 의미한다. 학교교육재정은 학교에 한정된 교육재정으로 교육활동이 이루어지는 교육 현장의 교육재정이라 할 수 있다.

2) 교육재정의 기능

교육재정이 수행하는 기능은 교육을 위한 재원을 확보하고 배분하는 과정을 통해 교육과 사회를 위해 어떤 역할을 수행하느냐에 관련된다. 일반적으로 교육재원을 확보하고 배분하는 과정을 통해 자원과 소득을 분배하며, 경제를 안정화하는 기능을 수행한다(차병권, 1986: 22-30). 아울러 모든 사람에게 동등하게 교육기회를 제공하는 교육 기회균등을 실현하고, 최소의 비용으로 최대의 효과를 산출하며, 교육활동을 활성화하는 기능을 수행한다(Guthrie et al., 1988). 이들 내용을 중심으로 교육재정의 기능을 살펴본다.

(1) 자원 배분 기능

공공재정은 세금을 통해 재원을 확보하고, 확보된 재원을 부문별로 배분한다. 국가적인 차원에서 보면 산업 부문, 교육 부문, 복지 부문, 정치 부문 등 재원을 배분해야 할 분야가 많다. 어떤 분야에 얼마의 재원을 배분하느냐에 따라 각 부문의 발전 정도가 달라진다. 교육재정은 교육을 위해 확보한 재원을 교육 대상별로는 유치원교육, 초등교육, 중등교육, 고등교육, 평생교육 등으로 배분하고, 교육 영역별로는 교육과정, 교육시설, 교육행정 등으로 배분한다.

자원을 배분하는 기준은 시점에 따라, 국민의 요청에 따라, 정치적 요구에 따라 달라진다. 그렇지만 자원을 어떻게 배분하느냐에 따라 대상이나 영역의 교육이 활성화되는 정도가 달라진다.

교육재정은 교육 대상이나 교육 영역이 형평성 있게 발전하고, 국가가 지향하는 교육이 이루어지도록 재원을 배분하는 기능을 수행한다.

(2) 소득분배 기능

교육재정은 일반 재정과 같이 소득분배 기능을 수행한다. 일반 재정에서는 국민에게 세금을 부과하고, 부과된 세금을 배분함으로써 소득분배 기능을 수행한다. 누진세제도를 활용하여 소득이 많은 국민에게는 높은 세율을 부과하고, 소득이 적은 국민에게는 낮은 세율을 부과하거나 면제함으로써 소득분배 기능을 수행한다. 그렇지만 교육재정에서는 소득분배의 기능은 크지 않다. 국가에 따라 교육재원을 확보하기 위해 직접 세금을 부과하는 경우도 있지만, 우리나라는 교육재원을 확보하기 위해 세금을 직접 부과하지 않기 때문에 이런 기능은 크지 않다.

다만 자동차세에 부과하는 지방교육세의 경우는 비싼 차를 가진 사람에게 높은 세금을 부과함으로써 소득분배 기능을 일부 수행하기도 한다.

(3) 경제 안정화 기능

교육재정은 경제를 안정화하는 기능을 수행한다. 교육예산은 경기의 변동에 크게 영향을 받지 않는다. 경기가 좋아 국가의 세입이 많든, 경기가 나빠 세입이 적든 교육활동을 위해 필요한 경비는 크게 변동이 없다. 교육활동을 위해 소요되는 인건비, 건물 유지비, 교육활동 경비 등이 경기의 변동에 크게 영향을 받지 않고 지속적으로 지출되는 경비다.

이와 같이 지속적으로 지출되는 경비는 국가의 경제를 안정화하는 기능을 수행한다. 그런데 국가의 경제활동이 활성화되어 세입이 많은 경우에는 문제가 없지만 경기가 좋지 않아 세입이 줄어들 경우에는 많은 문제가 발생한다. 세입이 줄었기 때문에 각종 예산을 삭감하고 지출을 줄여야 한다. 지출이 줄어듦에 따라 각종 경제활동이 축소될 수밖에 없어 경제가 불안해진다. 다만 다른 부문의 경제활동과 달리 교육재정은 비교적 경기의 영향을 적게 받기 때문에 지속적으로 지출을 유지하고 경제활동을 가능하게 한다.

(4) 교육 기회균등의 실현

교육재정은 교육의 기회균등을 실현하게 한다. 교육의 기회균등은 모든 사람에게 동등한 기회를 제공하는 것으로, 교육의 중요한 목표이자 이상이다. 교육의 기회균등(educational equality)은 개념의 정의에 따라, 교육에 대한 균등 접근, 동등한 교육적 취급, 교육 산출의 평등으로 구분된다(Guthrie et al., 1988: 26-28).

교육에 대한 균등 접근은 모든 국민에게 성별이나 인종, 경제적 능력 등에 차별을 두지 않고 동등하게 교육을 제공해야 하는 기회균등을 말한다. 이런 의미의 기회균등은 개인의 여건에 따라 차별을 두지 않고, 더불어 국가는 개인이 필요로 하는 최저 수준의 교육 기회를 제공해야 하는 의무교육을 포함한다. 우리나라에서도 「헌법」 제34조에 의무교육과 무상교육을 규정하고 있어 교육에 대한 균등 접근을 실현하려고 노력하고 있다.

동등한 교육적 취급은 교육활동을 수행하는 과정에서 이루어지는 기회균등의 의미로, 개인의 학습 능력이나 교육 기회의 결핍으로 인해 나타나는 부족함을 지원하여 동등한 교육이 이루어지도록 하는 기회균등을 말한다. 개인의 기초학력이 미달될 경우 이들 학생에게 별도의 교육활동을 지원하여 기초학력을 닦도록 하는 방안이나 개인의 학습 능력이 결핍되어 특별 지원을 하는 경우 등이 동등한 교육적 취급을 실현하기 위한 기회균등이다. 미국에서 저소득층 자녀에게 무상 유아교육을 실시하였던 헤드 스타트(Head Start) 운동이나 보상교육(compensatory education), 우리나라에서 실시하고 있는 기초학력 미달 학생 지원 프로그램 등이 이런 목표를 실현하기 위한 정책이다.

교육 산출의 평등은 교육을 마친 결과가 동등해야 한다는 기회균등을 말한다. 개인의 능력과 학업에 대한 흥미도, 노력 정도 등이 각기 다르기 때문에 교육과정을 마친 결과가 동등할 수는 없다. 그렇지만 이런 기회균등의 의미를 적용하려고 시도하는 것은 교육과정을 마친 결과, 교육이 추구하는 최소한의 목적을 모두 달성해야 할 필요가 있기 때문이다. 초등학교의 기본 목표는 읽고, 쓰고, 셈할 수 있는 능력을 기르는 것이다. 이 목표는 공부를 잘하건 못하건 간에 초등학교를 졸업한 학생이라면 누구나 달성해야 할 목표다. 이와 같이 교육활동을 수행하는 최소한의 기본 목표를 모두가 달성하도록 하는 기회균등의 개념이 교육 산출의 평등이다. 미국에서 블룸(B. S. Bloom)을 중심으로 시도했던 완전학습이 교육 산출의 평등을 실현하기 위한 구체적인 방법이었다.

(5) 효율성 증대

최소의 비용으로 최대의 효과를 산출하려고 하는 효율성은 재정이 추구하는 기본 목표다. 그렇지만 교육재정에서의 효율성은 상반된 상황에 자주 직면하게 된다.

효율성을 추구하기 위해서는 동일한 비용으로 산출을 증대시키거나, 동일한 산출을 내는 데 비용을 줄여야 한다. 이와 같이 효율성을 추구하기 위해서는 비용이 많이 들거나, 산출이 많이 나지 않는 사업은 축소하여야 한다. 이는 기업이라면 당연히 추구해야 할 목표이고 과정이지만, 교육은 반드시 그렇지는 않다. 동일한 여건이라면 효율성을 추구하는 것이 당연하지만, 여건과 상황이 다른 경우에는 그렇지 않다. 기회균등을 증진시키기 위해서는 효율성을 희생해야 한다. 예컨대, 장애우에게 더 많은 비용을 투입하더라도 그 산출은 높지 않다. 이것은 효율성 차원에서 보면 문제가 있지만, 교육적 차원에서 보면 의미가 있는 것이다.

(6) 교육 활성화

교육재정의 핵심적인 기능이 교육 활성화다. 교육활동이 원활하게 이루어지기 위해서 재원을 확보하고 배분하며, 예산을 편성하고 집행하며 결산을 한다.

교육을 위해 투입되는 재원이 교육 활성화에 기여할 수 있도록 하기 위해 2001년부터 학교 회계제도를 도입하여 시행하고 있다. 학교 회계제도는 다음 절에서 자세히 논하겠지만 학교가 자체적으로 예산을 운용하도록 하는 제도다.

학교가 자체적으로 예산을 운용하도록 하는 것은 학교가 예산 운용의 독립기관이 되어 교육청으로부터 총액으로 배분된 예산을 학교의 실정에 맞게 편성하여 집행하고 결산하도록 하는 일이다. 이와 같은 예산 과정은 의회가 있는 기관이 아니면 허용되지 않는다. 학교가 이런 기능을 갖게 된 것은 학교의 각기 다른 여건을 고려하여 교육활동을 다양하게 운영하도록 하기 위해서다. 초등학교, 중학교, 고등학교, 도시 학교, 산골 학교 등 학교의 서로 다른 여건을 고려하여 다양한 교육활동을 지원하고 활성화하기 위해 마련한 재정 지원 방안이 학교 회계제도다. 이러한 학교 회계제도를 활용하여 교육 활성화를 추진하고 있다.

3) 학교에서의 교육재정의 활용

학교에서 교육재정을 효율적으로 활용하기 위해 학교 회계제도를 2001년부터 도입하여 시행하고 있다. 학교 회계제도는 예산 과정에 교원의 참여를 의무화하고, 학교 예산을 공개적으로 운용하여 교육을 활성화하기 위해 도입된 제도다. 이들 제도를 통해 학교에서 교육재정이 어떻게 적용되고 있는가를 알아본다.

(1) 학교 회계제도

학교 회계제도는 학교에서 예산을 운용하는 제도다. 원래 학교 회계는 학교의 경제활동을 체계적으로 분석하여 정리하는 활동을 의미한다. 학교에서 이루어지는 세입과 세출을 분석하여 자산, 채무, 수익 등을 체계적으로 분석하여 정리하는 활동을 '회계'라 한다(다음백과사전, 2011). 이런 의미의 회계는 기업에서 주로 활용된다. 기업의 경영활동을 분석하여 주주, 채권자, 중개인, 공무원들이 사용할 수 있도록 문서화하는 일을 '재무회계'라 하고, 조직관리를 계획하고 조정하기 위해 문서화하는 것을 '관리회계'라 한다. 이런 의미의 일부분이 학교의 예산 과정에 적용되어 제도화한 것이 학교 회계제도다.

학교 회계제도는 기업에서 이루어지는 재무회계와 관리회계의 복잡한 과정과 절차를 생략하고, 학교가 독자적인 예산 운용 기관이 되어 자체적으로 예산을 편성하여 집행하고 결산하는 기능을 부여하였다.

2001년 학교 회계제도가 도입되기 이전에 학교에서는 도급경비제도가 도입되어 적용되고 있었다. 도급경비제도는 도서 지역이나 재외공관과 같이 행정력이 미치지 않는 원거리 행정기관에 자율적으로 예산을 운용하도록 예산을 총액(도급)으로 지급하여 운영하도록 한 제도였다. 학교의 자율성을 확대하기 위해 1996년부터 전 학교에 도입하였는데, 도시 지역이나 대규모 학교에는 맞지 않아 이를 개정하여 학교 회계제도를 도입하게 되었다.

학교 회계제도는 단위 학교가 예산 운용의 독립기관이 되어 교육청으로부터 총액으로 배분받은 교육비특별회계전입금을 학교의 실정에 맞게 예산을 편성하고, 학교운영위원회의 심의를 거쳐 집행하고, 집행이 종료된 후에는 결산을 하도록 한다. 학교에서 자체적으로 예산을 편성하기 때문에 학교의 실정에 맞는 예산을 편성할 수 있으며, 예산편성 과정에 교직원의 의견을 충분히 반영할 수 있다. 예산을 집행하는 과정에서도 예산을 편성한 교직원의 의견이 충분히 반영되며, 집행한 후에는 결산을 통해 남은 예산을 이월하여 사용할 수 있다. 학교 회계제도가 도입되기 전에는 남은 예산을 교육청에 반납하도록 되어 있어, 반납을 하지 않기 위해 학기 말에 예산이 집중적으로 지출되어 낭비적인 문제가 있었다.

(2) 학교 회계의 기록

학교 예산을 운용하는 과정에서 재화와 용역이 이동하게 되는데, 이들 재화와 용역의 이동을 기록하는 일을 '부기'라 한다. 부기는 재화와 용역의 이동을 장부에 기입하는 활동을 의미하는데, 기록하는 방식에 따라 단식부기와 복식부기로 나뉜다. 단식부기는 금전출납부와 같이 단일 항목의 증감 변화를 기록하는 부기이고, 복식부기는 단식부기와 같은 거래의 일원적인 인식(즉, 단순한 현금의 증감)이 아니라, 거래를 이원적(자금의 원천별 조달과 자금의 구체적 운용)으로 파악하여 차변 · 대변이라고 불리는 좌우 양면에 거래를 분석하여 기록함으로써, 차변 · 대변 합계가 일치하는가에 따라 회계 처리의 정확성 여부를 자동적으로 검정할 수 있는 부기방법이다. 단식부기는 현금의 수지 증감 변화의 기록에 그치며, 증감 변화의 이유는 각 거래의 적요란에서 개별적으로 알 수 있다. 따라서 단식부기는 비용 및 수익의 기록이 행해지지 않고, 타인과의 채권 · 채무 관계를 기록하는 단순

〈표 11-1〉 단식부기의 예

(단위: 원)

2001년		적 요	수입액 ①	지출액 ②	잔 액 (①-②)
월	일				
4	1	전월 이월	50,000		50,000
	2	사무용품 구입		25,000	25,000
	5	과운영비 수령	150,000		175,000
	9	전화 요금 납부		45,000	130,000
	⋮	⋮	⋮	⋮	⋮
	25	복사기 수리비 지급		27,000	160,000
		합계	380,000	270,000	
		전월 이월액	50,000		
		당월 잔액		160,000	
		총계	430,000	430,000	
5	1	전월 이월			160,000

〈표 11-2〉 복식부기의 예: 대차대조표

(단위: 원)

현금	150,000	외상 매입금	200,000
받을 어음	200,000	지급 어음	100,000
외상 매출금	300,000	차입금	150,000
상품	800,000	자본금	1,100,000
비품	100,000		
합계	1,550,000	합계	1,550,000

한 기록법으로, 현금 거래를 주로 하는 비영리기관의 부기방법으로 주로 이용된다(교육부, 한국교육개발원, 2001: 16-18).

또한 부기를 기록하는 시점에 따라 현금주의와 발생주의로 구분된다. 부기를 기록하는 시점은 재정 운용에서 중요하다. 어느 시점을 기준으로 장부에 기록하느냐에 따라 기관의 재정 현황이 크게 달라지기 때문이다. 현금주의는 현금이 지출될 때 장부에 기록한다. 그렇기 때문에 현금 보유 현황을 쉽게 파악할 수 있다. 그렇지만 부채 등을 명확히 볼 수 없어 기관의 자산 현황을 제대로 파악할 수 없는 문제가 발생한다. 예컨대, 외상으로 물품을 구입한 경우에 장부에 기록되지 않기 때문에 부채가 얼마나 있는가를 알 수 없다. 반면에 발생주의는 재화와 용역의 이동이 일어난 시점을 기준으로 장부에 기록하기 때문에 자산 현황을 명확히 파악할 수 있다. 외상으로 물건을 구입한 경우에도 재화와 용역의 이동이 일어났기 때문에 장부에 기입하여 자산의 이동을 알게 한다.

2010년부터 교육과학기술부는 모든 교육기관에 복식부기와 발생주의를 도입하여 적용하고 있다. 이는 자산 현황을 명확히 파악하기 위해서다.

(3) 학교재정에의 교원의 참여

학교 회계제도는 예산 과정에 교원의 참여를 전제로 한다. 교원이 교육활동의 주체이기 때문에 교육 현장에 맞게 능동적으로 참여하기 위해서는 교육예산을 편성하고 집행하는 데 적극적으로 참여해야 한다. 참여 과정을 구체적으로 제시하면 다음과 같다.

첫째, 예산 과정에 교원이 참여하는 첫 단계는 교직원의 예산 요구서 작성이다. 예산이 확정되고 교육청의 예산 운용 지침이 완성되면 이 같은 기준에 따라 교원은 차기 연도 예산을 요구할 수 있다. 학교 회계규칙 제11조에도 교직원은 학교 운영 및 교육활동에 필요한 예산 요구서를 작성하여 학교장에게 제출할 수 있도록 규정하고 있다. 예산 요구서 작성은 재정활동에 교원이 참여하는 중요한 과정이다. 교육활동을 원활히 하고, 필요로 하는 교육사업을 추진하기 위해서는 예산을 적정하게 편성하여야 한다.

둘째, 예산을 심의하는 과정에 참여할 수 있다. 예산 심의는 예산심사소위원회나 학교운영위원회에서 이루어지기 때문에 이 과정에는 소수의 교직원만 참여하게 된다. 이때도 교원들이 참여하여 의견을 피력할 수 있다.

셋째, 예산을 집행하는 과정에 교원이 참여할 수 있다. 일반적으로 교원이 편성한 예산은 교원이 집행하도록 하고 있기 때문에 편성된 예산을 집행하는 과정에 참여하게 된다.

넷째, 결산서를 작성하고 사업 성과를 분석하는 과정에 참여할 수 있다. 편성된 예산을 집행하고 사업의 성과를 분석하는 과정에 교원이 참여하여 사업을 반성하고 차기 사업을 구상할 수 있다.

예산을 요구하고, 심의 · 집행 · 결산을 하며, 성과를 분석하는 과정에 교원이 참여하도록 하고 있다. 교육활동을 담당하고 있는 교원들이 학교 예산 과정에 참여함으로써 교육활동을 원활하게 수행하고, 성과와 문제점을 파악하기 위해 교원 참여를 장려하고 있는 것이다. 교원들도 예산 과정에 적극 참여함으로써 교육이 성공적으로 이루어지도록 적극적으로 노력하여야 할 것이다.

2. 교육의 경제적 의미와 기능

1) 교육의 경제적 의미

교육을 경제학적 관점에서 분석하고 연구할 수 있는가? 이는 교육경제학을 연구하는 학자의 주요 관심사이며, 교육을 경제적 관점으로 논의하기 위해서 선결되어야 할 과제다. 교육은 인간이 가진 잠재력을 도야하여 사회에 적응하도록 하는 과정이다. 이런 과정에서 교육을 보는 관점은 둘로 나누어진다. 하나는 교육이 인간의 잠재력을 계발시켜 더 유능한 인간으로 변화시킨다는 교육의 '투자적 관점'이고, 다른 하나는 교육은 인간의 삶의 한 과정으로 여가와 같이 즐기고 향유한다는 '소비적 관점'이다. 소비적 관점은 교육을 통해 생산력을 증진시키기보다는, 인생의 의미를 깨닫고 지적 만족을 증진시키며 삶의 의미를 향상시키는 데 중점을 둔다.

애덤 스미스(Adam Smith)의 『국부론(*The Wealth of Nations*)』이 나오기 전의 교육에 대한 관점은 소비적이었다. 교육을 받는 계층이 주로 여유 있고 노동을 하지 않는 상류층이었기 때문에, 교육을 받아 개인의 능력을 키워 생산성을 증진시키기보다는 여유 있는 시간을 의미 있게 활용하기 위해 교육을 받았다. 당시에는 시와 문학을 즐기고, 상류사회의 문화를 공유하기 위해 교육을 받았다.

그러나 교육에 대한 소비적 관점은 애덤 스미스의 『국부론』을 계기로 변하기 시작하였다. 애덤 스미스는 『국부론』에서 교육과 훈련의 효과가 생산성을 증대시킨다는 이론을 제기함으로써 교육의 투자적 측면을 제기하였으며, 이런 견해는 마셜(Marshall), 피구(Pigou), 슘페터(Schumpeter) 등에 의해 발전되어 오다가 1960년대 미국의 베커(Becker)와 슐츠(Schultz) 등에 의해 체계적인 이론으로 정립되었다(곽영우, 1983: 19-38).

베커와 슐츠 등에 의해 체계화된 교육의 투자적 관점은 교육을 경제적으로 분석하는 기반을 마련하였다. 교육에 투자함으로써 얼마나 효과를 가져올 수 있는가를 분석할 수 있는 이론적 기틀을 마련한 것이다.

교육은 소비적 성격과 투자적 성격을 동시에 지닌다. 교육을 통해 즐거움을 느끼고, 독서를 하고, 연구하는 것 자체가 인생의 보람이 될 수 있다. 더불어 교육을 받음으로써 알지 못했던 세계를 알게 되고, 주어진 상황에서 보다 현명하게 판단하고 행동함으로써 더 좋은 결과를 가져올 수 있다. 더불어 새로운 기술을 배워 생산성을 높일 수도 있다. 이런 요소들이 교육과정에 복합적으로 작용하기 때문에 교육에서 소비적 요소와 투자적 요소를 엄격하게 구분하는 일은 쉽지 않다. 그럼에도 불구하고 교육의 투자적 성격은 결코 무시할 수 없다. 현대 산업사회의 발전의 기반을 마련한 것이 교육의 힘이라는 것은 누구도 부인할 수 없는 사실이다. 패전 후의 일본과 독일의 발전, 한강의 기적이라 할 수 있는 우리나라의 발전은 교육의 투자적 영향력에 기인하였다고 할 것이다. 이러한 교육의 투자적 성격을 분석하고, 효과를 검증하려고 하는 활동이 교육의 경제적 의미다.

2) 교육의 경제적 기능

교육을 통해 변화될 수 있는 것, 즉 경제 발전, 노동시장의 변화, 국민경제의 변화, 교육의 투자 효과 등이 교육의 경제적 기능이라 할 수 있다.

(1) 교육과 경제성장

교육이 국가의 경제성장에 기여하느냐는 교육을 담당하고 있는 교육자나 교육에 투자를 결정하는 정부의 관료에게 중요한 관심사다. 교육이 경제성장에 기여했는가를 인과관계를 설정하여 파악하기는 쉽지 않다. 교육을 받은 사람이 산업의 어느 부문에 어떻게 참여하여 경제 발전에 기여했는가를 명확히 파악하는 일은 거의 불가능하다. 그렇지만 이처럼 불가능한 구조를 몇몇의 가정을 전제하여 분석하고 있다. 대표적인 사람이 슐츠와 데니슨(Denison)이다(백일우, 2007: 294-303).

슐츠는 생산함수를 이용하여 교육의 경제성장에 대한 기여도를 분석하였다. 생산량은 자본, 토지, 노동의 3요소에 의해 결정된다. 자본, 토지, 노동의 증감에 따라 생산량이 증감하는 것이 생산함수다. 그런데 생산의 3요소에 의해 설명하지 못하는 부분이 있다. 예컨대, 자본과 토지, 노동을 2배로 증가시켰는데 생산은 2.5배가 증가되었다. 추가로 증가된 0.5배는 생산함수로 설명할 수 없다. 단지 달라진 부분이 있다면 교육의 질이다. 과거에 투입된 교육 기간이 7년이라면, 현재 투입된 교육 기간은 9년이다. 2년의 교육 기간이 길어진 부분이 경제성장에 영향을 미쳤다고 분석하는 것이 슐츠가 택한 방법이다.

데니슨도 유사한 방법을 적용하였다. 경제성장에 미치는 자본, 토지, 노동의 영향력을 분석하고, 이들 요소에 의해 설명되지 못하는 잔여 부분을 교육이 경제성장에 미친 결과라고 분석하였다.

교육이 경제성장에 미친 영향력을 정확히 분석하지는 못하였지만 주어진 여건 내에서 과학적으로 접근하려는 시도였다. 이런 과정을 통해 1960년대에 미국의 교육이 경제성장에 미친 기여도는 약 21~27%다.

(2) 교육과 노동시장

교육이 노동시장에 영향을 미치느냐가 교육의 경제적 기능을 설명하는 또 하나의 요인이다. 노동시장은 노동력의 수요와 공급이 결합하는 장소로서, 노동력을 파는 노동자와 노동력을 사는 사용자 간에 노동력에 관해 일정한 조건의 거래를 하는 곳이다(곽영우 외, 2003: 153). 노동시장과 교육이 관련성이 있느냐는 교육을 통해 개발된 능력이 노동시장에서 대우를 받을 수 있느냐와 관련된다. 교육을 받아 기술이 향상되고 능력이 개발됨에 따라 더 높은 임금과 대우를 받을 수 있다면 교육은 노동시장에서 중요한 기능을 수행한 것이다. 교육을 통해 개인의 능력이 개발됨으로써 더 나은 대우, 더 높은 임금을 받을 수 있기 때문이다.

노동시장에서 교육이 수행하는 기능에 대해 상반된 두 가지 견해가 있다. 하나는 인적자본론적 관점으로 교육을 통해 개발된 능력은 생산성의 향상을 가져오기 때문에 더 좋은 대우를 받는다는 견해이고, 다른 하나는 교육이 개인의 능력을 개발하기보다는 높은 자격을 갖춘 사람이 자격을 갖추지 않은 사람을 제치고 선발되기 때문에 그런 대우를 받는다는 견해다.

두 견해 모두 의미가 있다. 높은 자격, 상급 학교의 졸업장을 취득함으로써 더 많은 능력을 갖추었기 때문에 높은 임금을 받기도 하지만 단지 자격증 때문에 임금을 더 주는 경향도 있다. 실질적으로 일을 수행하는 능력은 고등학교 졸업생이 대학교 졸업생보다 더 나은데 직장 내에서의 대우는 대학교 졸업생이 더 좋다. 개인의 능력보다 자격증 때문에 더 높은 대우를 하는 경우와 다르지 않다. 그렇지만 새로운 기술과 지식을 습득하기 위해 현직 연수를 하고, 상급 학교에 진학하기도 한다. 이는 교육이 개인의 능력을 개발하여 생산성을 증진시키는 요인으로 작용하는 예다.

교육은 갈등론자들의 많은 비판에도 불구하고 개인의 능력을 개발하여 생산성을 증진시키는 기능을 수행한다. 이런 기능을 수행하기 때문에 노동시장에서 더 좋은 대우를 받을 가치가 있는 것이다.

(3) 교육투자와 국민경제

교육투자는 국민경제에 지대한 영향을 미친다. 교육에 종사하는 인력이 적지 않기 때문에 고용에 미치는 영향이 크고, 정부 예산에서 교육이 차지하는 비중이 크기 때문에 국민의 소비에 미치는 영향이 적지 않다. 교육에 투자되는 비용이 경기의 변동에 영향을 적게 받기 때문에 경제 안정화에 기여하고 있다. 이들을 중심으로 교육투자와 국민경제 간의 관계를 살펴보기로 한다.

먼저, 교육투자가 고용에 미치는 영향을 살펴보자. 2010년 4월 현재 학교에 근무하는 교원이 518,666명, 사무직원이 94,818명으로, 61만 명 이상이 학교에 근무하고 있다(교육과학기술부, 한국교육개발원, 2010). 학교 이외의 교육과학기술부, 직속기관, 산하기관, 출연기관의 직원까지 합친다면 그 숫자는 더 증가될 것이다. 여기에 학생까지 포함한다면 우리나라 인구의 1/4이 교육에 종사하거나 교육과 관련되어 활동하고 있다. 교육을 받는 동안은 고용이 크게 문제가 되지 않기 때문에 교육에 대한 투자는 국가의 고용을 안정화하는 데 기여하고 있다.

다음으로, 국민의 소비에 미치는 영향을 살펴보자. 교육을 위해 국민에게 세금을 부과하기 때문에 개인의 가처분 소득을 줄여 소비를 위축할 수 있으나, 학교의 건물을 짓는 것과 같이 공공재원이 새로운 가치를 창출하여 국민의 소비를 촉진하는 기능을 수행한다. 예컨대, 50억 원어치의 미사일과 학교를 비교한다면 미사일은 한 번 발사하면 그것으로 효용이 끝나지만, 학교는 한 번 건축하면 50년가량 사용할 수 있으며, 학생들에게 새로운 배움의 기회를 제공하고 지역사회에 문화 창달의 장이 될 수 있다(곽영우 외, 2003: 196). 이와 같이 교육에 대한 투자는 투자로 끝나는 것이 아니라 투자의 효과가 장기적으로 나타나며 새로운 가치를 창출하는 기반이 된다.

끝으로, 교육에 대한 투자는 경제 안정화 기능을 수행한다. 앞에서도 논의되었듯이 교육은 경기 변동에 크게 영향을 받지 않기 때문에 경기가 어려울 때 소비를 촉진하고, 경제 기능을 지속시키는 경제 안정화 기능을 담당한다.

3. 교육재정 · 경제학의 학문적 성격

교육재정과 교육경제학을 연구 대상으로 삼고 연구한 학자의 학문적 성격은 학문의 영역에 따라 다르다. 이를 교육재정과 교육경제 영역으로 나누어 살펴보기로 한다.

1) 교육재정학의 학문적 성격

교육재정은 예산을 어떻게 확보하고 집행하느냐에 관심을 둔 학문 영역이다. 교육활동을 지원하기 위해 누가 재정을 부담해야 하고, 어떻게 배분하느냐가 주요 관심사였다. 교육재정을 누가 부담하고, 어떻게 배분해야 하는가에 관한 연구는 1906년 미국 컬럼비아 대학교 커벌리(Cubberley)의 학위 논문에서 시작되었으며, 교육의 형평성을 실현하기 위해 주 정부에서 역할을 분담할 것을 제안하였다. 이러한 논의는 업데그래프(Updegraff), 스트레이어(Strayer), 모트(Mort), 모리슨(Morrison), 거스리(Guthrie), 감스(Garms), 피어스(Pierce), 알렉산더(Alexsander), 오든(Odden) 등으로 발전하여 현재 미국 교육재정의 틀을 구축하였다(Johns et al., 1983: 205-212; Guthrie et al., 1988; Alexander & Salmon, 1995; Odden & Picus, 2008). 우리나라에서도 배종근, 윤정일, 김영철, 공은배 등의 학자들에 의해 교육재원을 어떻게 확보하고, 배분하느냐를 연구의 대상으로 삼고 이론적 틀을 발전시켜 왔다.

교육재정의 문제는 재원을 확보하는 방법과 배분하는 과정에 초점을 둔다. 얼마의 재원을 어떻게 확보하느냐가 첫 번째 주요 과제다. 즉, 국가가 부담하느냐, 개인이 부담하느냐, 중앙정부가 부담하느냐, 지방정부가 부담하느냐에 따라 교육재정이 수행하는 기능과 역할이 달라진다. 국가가 부담할수록 개인의 선택은 축소될 수 있으며, 마찬가지로 중앙정부의 부담이 줄수록 지방정부의 자율권은 확대된다. 중앙정부의 부담이 커지면 지역 간, 개인 간의 불균형과 차별을 줄일 수 있다. 반대로 그 역도 성립할 수 있다.

교육재정은 교육을 위한 재원관리의 실제적 문제로 정부와 학자의 지속적인 관심사이며, 효과적이고 능률적인 재원 활용을 위해 꾸준히 연구되고 발전되어야 할 영역이다.

2) 교육경제학의 학문적 성격

교육경제학은 교육 재화의 생산 및 분배에 관한 경제행위를 연구하는 학문이다(백일우, 2007: 19). 교육을 위해 지출되는 비용을 투자로, 교육을 통해 나타난 효과를 산출로 간주하여 투자와 산출을 비교하여 선택을 결정하는 과정을 분석하고 연구하는 학문 영역이다.

교육에 대한 투자적 관점은 1700년대 애덤 스미스에 의해 제기된 『국부론』에서 비롯되었다(유인호 역, 2008). 그는 이 책에서 교육은 소비가 아니라 개인의 능력을 증진시켜 생산성을 향상시키는 '투자'라는 개념을 최초로 도입하였다. 이러한 교육의 투자적 개념은 마셜, 피구, 슘페터 등에 의해 계승되어 왔으나 이론적으로 크게 확립되지는 못하였다(곽영우, 1983).

교육의 투자적 개념이 학문적으로 대두된 것은 슐츠에 의해서였다. 1963년에 출판한 『교육의 경제적 가치(*The Economic Value of Education*)』에서 그는 교육의 경제적 가치를 논하면서 인적자본론을 제안하였다. 인적자본(human capital)이란 물적자본과 같이 자본적 성격을 지닌다. 교육을 위해 인간에게 투자된 비용은 인간의 능력을 향상시키는 자본과 같은 성격을 지닌다는 이론을 전개함으로써 교육의 투자적 성격을 명확히 하였다. 이런 슐츠의 인적자본의 개념을 정교하게 이론적으로 개발하고, 투자의 효과를 측정하려고 시도한 학자가 베커였다. 그는 수리경제학적 틀을 이용하여 교육의 수익률을 산출하였다. 베커 이후 사카로폴로스(Psacharopoulos), 벤슨(Benson), 콘(Cohn) 등이 교육의 경제적 가치를 분석하려고 노력하였다(백일우, 2007).

교육의 경제적 가치를 분석하려는 연구는 1960년대와 1970년대에 활성화되었으나 그 후 연구가 크게 진전을 보이지 못하고 있다. 교육 현상을 경제적으로 분석하는 일 자체가 어렵기 때문이다. 교육은 경제적 효율성뿐만 아니라 교육적 가치도 중요하다. 교육은 경제적 효율성이라는 하나의 기준에 의해 평가하고 판단하기 어렵다. 복지, 기회균등, 교육적 가치 등 다양한 기준이 적용되어야 하기 때문이다. 이런 요소들이 교육을 경제적으로 분석하는 데 어려움을 주는 요인이다.

이런 어려움에도 불구하고 교육을 경제적으로 분석하려는 노력은 필요하다. 주어진 자원을 어떻게 효율적으로 활용하느냐 하는 것은 우리 모두가 노력해야 할 과제이기 때문이다. 많은 제약과 한계를 가지지만 이런 한계 속에서도 효율성을 찾기 위한 노력이 지속적으로 이루어져야 한다.

참고문헌

곽영우(1983) 인적 자본론에 관한 연구(Ⅰ)-T.W. Schultz 이전의 제이론을 중심으로. **교육행정학연구**, 1(1), 19-38.

곽영우, 김명수, 반상진, 최준렬(2003). **교육경제학**. 서울: 한국교육행정학회.

교육과학기술부, 한국교육개발원(2010). **교육통계연도 2010**.

교육부, 한국교육개발원(2001). **학교회계길잡이 행정실용**.

김경환, 김종석 공역(2010). **맨큐의 경제학**. 서울: 교보문고.

다음백과사전(2011). http://enc.daum.net/dic100/contents.do?query1=b25h2867a.

백일우(2007). **교육경제학**. 서울: 학지사.

유인호 역(2008). **국부론**. 서울: 동서문화사.

윤정일(1992). **교육재정학**. 서울: 세영사.

윤정일(2004). **교육재정학원론**. 서울: 세영사.

임연기, 최준렬(2010). **교육행정 및 경영 탐구**. 경기: 공동체.

차병권(1986). **재정학원론**. 서울: 박영사.

Alexander, K., & Salmon, R. G. (1995). *Public School Finance*. Boston: Allyn and Bacon.

Burrup, P. E., Brimley, V. Jr., & Garfield, R. R. (1999). *Financing Education in A Climate of Change* (7th ed.). Boston: Allyn and Bacon.

Guthrie, J. W., Garms, W. I., & Pierce, L. C. (1988). *School Finance and Education Policy: Enhancing Educational Efficiency, Equality, and Choice* (2nd ed.). New Jersey: Prentice Hall.

Johns, R. L., Morphet, E. L., & Alexander, K. (1983). *The Economics & Financing of Education* (4th ed.). New Jersey: Prentice Hall.

Odden, A. R., & Picus, L. O. (2008). *School Finance: A Policy Perspective* (4th ed.). Boston: McGraw Hill.

Schultz, T. W. (1977). Investment in human capital. In J. Karabel & A. H. Halsey (ed.). *Power and Ideology in Education*. New York: Oxford University Press.

추천도서

곽영우, 김명수, 반상진, 최준렬(2003). **교육경제학**. 서울: 한국교육행정학회.

김경환, 김종석 공역(2010). **맨큐의 경제학**. 서울: 교보문고.

반상진(2008). **고등교육경제학**. 서울: 집문당.

백일우(2007). **교육경제학(2판)**. 서울: 학지사.

유인호 역(2008). **국부론**. 서울: 동서문화사.

윤정일(2004). **교육재정학원론**. 서울: 세영사.

최청일 역(1990). **교육경제학**. 서울: 문음사.

한국교육행정학회 편(2003). **교육경제학**. 서울: 한국교육행정학회.

제12장

평생교육의 과제와 전망

1. 미래 교육개혁의 방향
2. 평생교육의 원리
3. 평생교육 · 학교교육 · 사회교육의 관계
4. 평생교육의 체제화

제12장 평생교육의 과제와 전망

21세기에 들어서면서 미래 사회의 불확실한 예견들은 세계화, 양극화, 저출산 · 고령화, 지식기반사회 등의 모습으로 그 실체를 드러내고 있다. 그러나 우리의 교육 시스템은 아직 이에 대응할 준비를 갖추지 못한 상태다. 여전히 입시제도와 학력 사회의 굴레에 묶여 있는 것이 우리나라 교육의 현실이다. 이러한 상황 속에서 미래 사회에 적합한 교육체제는 무엇인가? 현재와 같은 경직된 학교 교육제도를 그대로 유지하면서 입시제도 변화 등 일부를 개선하는 방식으로 미래 사회에 대응할 수 있을까? 대답은 회의적이다. 미래 사회에 적합한 교육은 학교교육을 평생교육의 일부로 보고, 교육 시스템을 총체적으로 재편한다는 관점에서 그 개혁 방향을 제시해야 한다.

1. 미래 교육개혁의 방향

미래 사회의 변화와 관련하여 세계 교육개혁의 방향을 선도하였던 UNESCO(국제연합교육과학문화기구)와 OECD(경제협력개발기구) 등의 국제기구들은 교육개혁의 끌개(master) 개념으로 평생교육을 제시하였다. 1965년 유네스코에 의해 평생교육 이념이 처음 제창된 이후, 이는 국내외의 정책 입안자들과 학자들에 의해 지속적으로 논의되어 왔던 핵심 의제였다. 1970년대 서구의 많은 평생교육론자들(Lengrand, Faure, Dave, Parkyn 등)이 평생교육 이념에 기초한 학교 개혁의 필요성을 강조하였다.

이로 인해 많은 국가들이 공교육제도 개혁의 핵심 개념으로 평생교육 원리를 채택하고 있다. 우리나라의 경우는 황종건, 김승한, 김종서 등의 초기 사회교육학자들로부터 시작하여 이후 김도수(1994), 김신일 등(2003), 한숭희(2004), 양병찬(2007) 등에 의해 지속적인 교육개혁 논의가 이어지고 있다. 이 논의들은 그동안 학제 개혁의 한계는 기존의 학교체제 안에서 그 문제를 해결하려는 데 있었다고 지적하면서 평생교육 개념에서 미래의 교육개혁을 논의해야 할 것을 강조하고 있다.

1) 평생교육의 요청

1965년 유네스코 성인교육추진 국제회의에서 랑그랑(P. Lengrand)이 발표한 「평생교육」이라는 기조 논문이 미래의 교육개혁의 논의의 기점이 되었다고 할 수 있다. 여기서 그는 평생교육의 이념을 중심으로 교육 구조를 재편성해야 한다는 것에 대해서 다음과 같이 기술하였다.

> "교육 현상을 통합적으로 편성할 수 있는 전혀 새로운 교육의 개념이 필요하다. 이러한 개념에 의해서만이 교육의 체제를 본질적으로 변화시킬 수 있을 것

이다. 그리고 오늘날 청소년을 위한 교육과 성인을 위한 교육이 분절되어 있어 상호 의존 관계가 성립되고 있지 않으므로 이들의 역할 분담을 분명히 하여 교육의 구조를 변화시킬 원리가 필요하다"(김도수, 1994: 68-69 재인용).

이 논문이 평생교육에 대한 국제적 관심을 촉발하는 계기가 되었지만 이미 평생교육에 대한 요구는 시대적 분위기에 의해 조성되고 있었다고 할 수 있다. 그 요청은 시대적 · 사회적 변화라는 교육 외적 원인과 학교교육에 대한 반성이라는 교육 내적 원인으로 나누어서 볼 수 있다. 평생교육 요청의 배경을 교육 안팎의 두 측면에서 살펴보면 다음과 같다.

(1) 교육 외부의 시대적 · 사회적 요청

평생교육 요청의 주된 배경은 교육 외적 요인인 급격한 사회 변화에 대응하기 위한 교육적 대처였다. 다베(Dave, 1976)에 의하면, 평생교육은 '현대사회 변화에 대한 교육적 도전'으로 '오래된 생각에 대해 새로운 의미를 부여하는 것'이라고 설명하고 있다. 즉, 급속한 사회 변화에 교육적 대응이 필요했던 것이며, 이에 오래전부터 인류가 공감해 왔던 '요람에서 무덤까지'의 교육 원리가 새롭게 부각되고, 사회 전반에 걸쳐 폭넓게 수용되고 있음을 의미하는 것이다. 사회 변화와 교육과의 관계는 무관할 수가 없다. 사회의 변화 속도가 빨라질수록 교육은 그로부터 받는 충격이 크며, 그에 대응하기 위해 교육적 변화도 뒤따를 수밖에 없다.

보다 구체적으로 평생교육이 요청되었던 시대적 배경이 무엇인지 살펴보자. 평생교육의 제창자인 랑그랑은 인간의 삶을 '도전의 연속'이라고 규정하고, 도전의 성격을 띠고 있는 새로운 요소들 중 오늘날 가장 중요하다고 생각되는 사회적 변화를 다음과 같이 지적하고 있다(Lengrand, 1975).

- 사회 변화의 가속화
- 인구의 증가(평균수명의 연장)
- 과학 지식 및 기술의 진보(급속한 진부화)

- 정치적 도전(혁명, 전쟁, 체제 변혁)
- 정보(통신매체의 발달과 정보량의 증가)
- 여가(자유시간의 증가 및 일과 여가의 분리)
- 생활양식의 다양화와 인간관계의 위기(남녀, 부부, 부모 자녀 간, 노소, 빈부, 사회적 지위의 관계 등)
- 육체(정신과 육체의 불일치 및 성적 표현의 부조화)
- 이데올로기의 위기(가치관의 다양화, 신념의 약화)

오늘날 통신매체의 발달과 정보량의 폭증은 더욱 가속화되고 있다. 따라서 기존의 지식과 정보의 가치가 급속하게 진부화되고 있으며, 인간은 교육적으로 커다란 도전에 직면하게 되었다. 수십 년 전만 해도 학교에서 배웠던 지식을 가지고 평생 동안 삶을 영위했다고 해도 크게 틀린 말은 아니었다. 그러나 오늘날 우리가 학교에서 배운 지식과 정보가 직장생활이나 실생활에서 얼마나 오랫동안 유용하게 사용될 수 있을까? 지식과 정보의 습득이 개인의 직업 능력으로 평가되고 있는 지식정보화 시대에 개인의 삶의 질 보장과 국가 경쟁력의 필수 기제로서 평생교육이 강조되고 있는 것이다. 더욱이 지식기반사회로 명명되고 있는 최근의 급격하면서도 총체적인 사회 변화는 평생교육의 필요성을 사회 전반에서 인식하기 시작하였다(OECD, 1996). 개인적으로는 우리의 학습 관점을 평생교육적으로 전환해야 하며, 사회적으로는 평생교육적 교육체제로의 전환에 힘써야 하는 것이다.

(2) 교육 내부의 요청: 학교교육의 한계

한편 교육 내부에서 평생교육이 요청되는 요인을 찾아보면, 그것은 학교교육의 한계에 대한 인식에서 비롯된다. 그동안 학교는 개인의 성장과 사회 발전에 크게 기여해 왔고, 앞으로도 사회가 필요로 하는 지식과 기술을 전수하는 교육기관으로서, 또한 국가 발전의 원동력으로서 공헌할 것이다. 그러나 교육 팽창의 시대를 맞이하면서 학교교육은 극도의 위기를 맞고 있다. 교육의 기회균등과 교육 수준의 향상에도 불구하고 학교교육에 대한 불신은 고조되고 있고, 교육 부재, 학교 붕괴라는 비판과 함께 비행, 폭력, 일탈, 학력 저하 등 교육 병리는 더욱 심화되고 있다.

이러한 시대적 상황에서 분명히 드러나고 있는 것은 학교교육에 대한 반성이라고 할 수 있다. 이에 오늘날 학교교육의 한계로 언급되고 있는 특징을 크게 네 가지로 나누어 설명할 수 있다(김도수, 1994).

첫째, 학력(學歷) 중심의 교육에서 오는 사회 병폐다. 과열된 시험 경쟁에서 탈락한 청소년들은 무기력, 비행, 폭력 등의 병리 현상이 증가하고 있으며, 이러한 현상은 학교를 포함하여 교육 전체를 위협하고 있다. 더욱이 학력 취득 이후의 개인의 노력이나 능력의 개발 정도까지 증명되는 것이 아님에도 불구하고 일단 학력을 취득한 이후에는 어떠한 계층에 귀속되는 신분적인 기능을 가진다는 데 문제가 있다.

둘째, 지식 중심의 교육으로 인한 한계다. 학교교육의 대부분은 지식과 기술을 중심으로 편성된 교과교육이며 지식 중심 교육이다. 따라서 지적 편중의 학교교육만으로는 전인(全人)적 발달, 즉 사회적 · 도덕적 · 협동적 · 실천적 인간의 양성이 불가능하다.

셋째, 학교교육은 획일주의의 틀에서 벗어나지 못하고 있다. 취학연령, 교육과정, 수업시수까지도 법 규정에 명시되어 있어 획일화 · 규격화되어 있다. 교육은 다양한 학습자의 요구를 충족시켜야 함에도 불구하고, 지금과 같이 획일화되어 있는 학교교육만으로는 불가능하며, 개성 신장의 교육은 더욱 어렵다.

넷째, 학교교육은 권위적이며 강제적이다. 사실 학교교육은 교과 지식의 전문가인 교사가 위에서 가르치는 교육이며, 그로 인하여 필연적으로 권위주의적인 성격을 가지게 마련이다. 따라서 권위주의적인 교육 구조에서는 강제성이 수반될 수밖에 없다.

이렇듯 교육의 위기는 근원적으로 학교교육의 한계로부터 비롯된 것이므로 학교교육의 반성과 개혁 없이는 해결되기 어렵다는 것이 개혁론자들의 주장이다. 학교교육 중심으로 형성되고 있는 학교 제일주의 교육체제는 무엇보다도 학교 밖의 교육을 경시하는 결과를 가져오게 되었고, 그로 인해서 교육의 균형이 깨졌으며, 교육의 위기를 초래하고 있는 것이다. 따라서 교육의 위기를 해결하는 길은 단순히 학교교육을 개혁하는 것만으로는 불가능하며, 학교교육과 학교 이외의 교육의 통합·재편성, 즉 양자의 역할 분담과 유기적인 협력 관계를 조화롭게 유지할 수 있는 새로운 교육체제를 창출해야만 한다. 평생교육은 이와 같은 학교교육의 모순을 해결하기 위해서 등장한 교육개혁론이다.

2) 평생에 걸친 학습권의 보장

교육은 모든 사람에게 보장된 기본적 권리다. 더욱이 우리의 「헌법」은 모든 국민에게 평생에 걸친 교육권을 보장하고 있다(제31조). 그러나 현행의 교육제도는 어떤 이들에게는 폐쇄적이고 융통성이 없으며 오히려 차별적이기까지 하다. 즉, 기존의 교육제도는 평생에 걸친 학습권을 보장하지 못하고 있다. 이에 언제 어디서나 누구나 평생교육이 가능한 교육 시스템이 요청된다. 유네스코는 1985년 '학습권(Right to Learn) 선언'을 통해 누구나 학습할 권리가 있음을 천명하였다.

이러한 학습권 이념을 교육개혁 구상에 반영하여 공교육의 개념을 평생교육의 차원에서 재개념화해야 한다. 특히, 교육 격차, 세대 간 격차, 지역 간 격차, 계층 간 격차가 심화되고 있는 상황에서 모든 이를 위한 평생에 걸친 학습권이 보장되어야 한다. 구체적으로 말하면 교육개혁 논의에서는 저소득층의 새로운 학습 기회와 학교를 떠난 이들과 성인 학습자들을 위한 부활전의 기회를 제공할 수 있는 미래의 교육체제가 마련되어야 한다.

우선 계층 간 격차에 따른 문제를 교육적으로 해결하기 위해서, 빈곤의 세습화를 차단하는 평생교육 지원 정책이 시급하게 요구된다. 한국개발연구원(2006)은 국민기초생활보장제도의 틀을 유지하면서 수급 대상을 확대하고, 근로 능력이 있는 저소득층은 근로장려세제(EITC)를 통해 지원해야 한다고 주장하고 있다. 또한 교육 분야에서는 그동안 평생교육 분야의 교육 격차를 해소하기 위한 정책적 노력이 거의 없었다고 강조하면서 국민의 평생에 걸친 학습권 보장을 위한 교육 격차 해소 대책을 마련해야 한다고 주장하였다. 이처럼 소외계층이 직면하고 있는 문제를 해결하는 새로운 해법으로 평생교육이 부각되고 있다.

여기서 학교 중퇴자들에 대해서 살펴보면, 1985~2002년 동안 중 · 고등학교 재학생의 1.4~2.1%가 중퇴하여, 2002년 중 · 고등학교 중퇴자 수는 67,974명에 이른다. 중퇴자의 통계에는 잡히지 않지만 실제 학교 부적응 상황은 훨씬 심각해서 많은 교사들이 10% 이상의 학생들이 학교에 적응하지 못하고 있다고 대답하였다. 이는 수치상으로는 선진국에 비해 낮은 수준이지만, 학교교육 체계에 아직도 많은 학생들이 부적응하고 있음을 보여 준다.

학업 중단 청소년은 학교를 떠난 후에 학력을 보완할 수 있는 기회가 거의 주어지지 않아 집중적인 배려가 요청된다. 이에 대해 대안교육을 법제화하고 있기는 하지만, 이에 대한 본질적인 대안으로서 평생교육 이념에 입각하여 지역의 사회교육기관을 학교제도와 연계하려는 노력이 학제 개편 논의에서 반영되어야 한다. 호주는 '학교 부적응자를 위한 매뉴얼'을 제공할 정도로 공적 지원을 통해 그들을 교육 및 훈련제도로 복귀시키기 위해 노력하고 있다. 이를 위해서 지역에 문화교육기관을 설립하고, 그들을 불러들여 문화산업의 인재로 키운다. 이는 우리나라의 '하자센터'[1]와 같은 곳이다. 여기서 특이한 점은 그러한 사회교육기관의 교육과정도 학력으로 인정하여 상급 학교 진학이 가능하다는 것이다.

또한 성인 저학력자를 대상으로 하는 평생교육 지원체제를 구축하기 위한 개방적 교육 시스템이 요청된다. 6세 이상 전체 인구 중 초등 학력 미만 2,907,113명, 중등 학력 미만 4,248,864명, 고등 학력 미만 3,983,376명 등 총 11,139,353명이 고졸 미만의 학력인 것으로 나타나 우리나라의 저학력 인구는 전체 인구의 26.4%에 이른다. 국민들이 지식기반사회에 대처할 수 있는 능력을 갖추도록 지원하는 것이 국가의 책무라면, 이들을 위한 학제적 검토는 시급하다고 하겠다. 방송통신고등학교 및 학력인정 평생교육시설 등에 이어 최근 초등학력 인정기관과 교육과정 · 교과서 개발 등의 제도적 · 정책적 노력이 추진되고 있으나, 기존의 학제 안

1) 서울시의 대안교육센터인 하자센터의 공식 명칭은 '서울시립청소년직업체험센터'로서 '스스로의 삶을 업그레이드 하자.' '하고 싶은 일을 하면서 해야 하는 일도 하자.' 등을 신조로 운영되고 있다.

의 공민학교 등의 제도와의 연계 가능성에 대한 논의가 추가적으로 이루어져야 할 것으로 보인다.

한편, 사회 변화에 따라 고등교육이 대중화되면서 세대 간 고등 학력의 격차가 심화되고 있다. 15세 이상 성인 인구 중 3,572,000명 이상(9.39%)의 인구가 고등학교 교육을 필요로 하고 있고, 12,726,000명(33.44%)에 다다르는 인구가 대학(교) 교육을 필요로 하고 있어, 42.83%의 성인 학습자가 계속교육의 잠재적 수요자임을 알 수 있다(통계청, 2005). 이에 따라 15세 이상 성인 학습자의 추가적인 교육(성인의 계속교육)의 필요성이 강조되며, 이와 같은 세대 간의 학력 격차를 극복하기 위한 대안적인 미래 교육체제가 마련되어야 한다. 이러한 상황에서 모든 이에게 평생에 걸친 학습권을 보장해야 한다는 평생교육의 원리는 분명 중요한 개혁 방향으로 작용하게 될 것이다.

2. 평생교육의 원리

1) 평생교육의 통합 이념

그렇다면 평생교육이란 대체 무엇인가? 평생교육을 사전적으로 해석한다면 '요람에서 무덤에 이르는 전 생애에 걸쳐서 행해지는 교육'을 의미한다고 할 수 있다. 혹은 인간은 죽을 때까지 교육받아야 하는 존재라는 당위론적 의미로 해석할 수도 있다. 그러나 실제로 평생교육은 이와 같이 추상적이고 규범적 이념에 그치는 것만은 아니다.

평생교육을 보다 구체적이고 체계적으로 이해하기 위하여 현대적 의미의 평생교육을 주창한 랑그랑의 정의를 살펴보기로 한다. 그는 앞에서 언급한 1965년 국제회의의 기조 논문에서 급속한 시대적 · 사회적 변화에 대응하기 위하여 평생교육이 요청된다고 주장하면서 그 개념을 교육의 통합 원리로 설명하였다. 즉, 평생교육이란 태어나서 죽을 때까지 '유아기 → 청소년기 → 청년기 → 성인기 → 노년기' 라는 발달단계에 따른 연속적인 과정의 통합(수직적 통합)과 '가정–학교–사회' 라는 교육이 제공되는 여러 장(場)들이 긴밀하게 협력 · 연계하는 통합(수평적 통합)이 요구된다고 주장하였다.

한편 다베(1976)는 평생교육을 "삶의 질의 향상을 위하여 개인의 전 생애를 통해서 개인적 · 사회적 · 직업적 발달을 성취하는 모든 형태의 학습활동" 이라고 정의하였다. 따라서 이 두 사람의 정의에 의하면 평생교육은, ① 유아기, 청소년기의 교육에서부터 성인기와 노년기에 이르는 전 생애에 걸친 교육활동이며(생애 각 시기), ② 기초교육 위에 생활 향상 · 자아실현, 지역사회의 발전, 직업적 능력 신장을 위하여(학습 내용), ③ 학교와 같은 정규 교육기관을 비롯하여 가정이나 사회라는 공간에서 여러 교육기관이 가지고 있는 다양한 교육 기능을 통해서(학습 공간) 개인의 학습 요구와 사회적 기대에 부응하기 위해 자발적 의사에 의해서 행해지는 교육이다.

이렇게 정의를 내리고 나면 평생교육은 우리 삶의 시간적 · 내용적 · 공간적 측면에서 구체적으로 작용할 수 있는 큰 추진력을 가진 실천적 개념으로 받아들일 수 있을 것이다. 랑그랑의 기조 논문 이후에 유네스코는 1970년을 '세계 교육의 해' 로 선정하고, 그 지도 이념으로서 평생교육을 제창하였으며, 1972년 도쿄에서 열린 '제3차 세계 성인교육 대회' 에서 세계 각국들이 평생교육을 교육정책 이념으로 받아들일 것을 권고하였다. 이 제안을 받아들여 유네스코 한국위원회는 1973년 춘천에서 '평생교육 발전 세미나' 를 개최하면서 공식적으로 평생교육 개념을 수용하였다. 물론 이전에도 사회교육 학계에서 평생교육 이념은 계속해서 논의되고 있었지만 우리나라에서 공식적이고 국가적인 논의를 시작한 것은 이때부터라고 할 수 있을 것이다.

2) 평생교육의 개념

(1) 평생교육에 내포된 개념

앞에서 평생교육의 이념적 개념을 논의하였지만, 실제 실천이나 연구 혹은 법령 등에서 다양하게 사용되는 평생교육 용어로 인하여 개념적인 혼선을 가지게 되었다. 이것은 우리나라뿐만 아니라 다른 나라에서도 마찬가지의 현상이 나타나고 있다. 우리나라 상황에서 다의적으로 해석되는 평생교육 개념에 내포된 다양한 개념을 정리해 보면 다음과 같다(김종서 외, 1992).

첫째, 평생교육을 교육과 동의어로 보는 견해다. 평생교육은 교육의 본래 모습(삶 = 교육)을 찾아가는 것이라는 주장이다. 즉, 교육을 학교교육으로서 제한적으로 인식하고 있는 잘못된 교육의 개념을 올바른 개념으로 환원시키는 일이 바로 평생교육의 개념 탐색이라고 할 수 있다.

둘째, 평생교육의 개념에는 교육의 이념이 내포되어 있다. 이는 앞서 말하고 있는 견해처럼 '평생교육'을 '교육'과 동의어로 인식하는 수준을 넘어서서 평생교육을 교육의 이념적 측면으로 인식하는 견해다. 진원중(1981)은 "평생교육을 생각할 때 주의해야 할 일은 그것은 실로 장구한 인류의 당위적 교육 이념이며 존재적 실체가 아니라는 점"이라고 말하고 있다. 또한 장진호(1985)도 평생교육의 이론적 틀로서 휴머니즘(인간 강조)과 생(life)을 강조하면서 실존적 인간이나 역사적 · 공동체적 삶 등과 연결하여 평생교육을 이념적으로 인식하였다.

셋째, 평생교육의 목표는 지속적인 자아실현과 사회 발전 능력의 신장에 두고 있다. 평생교육의 주창자인 랑그랑이 바로 이러한 관점을 취하였는데, 그는 평생교육을 "모든 국민들에게 평생을 통해 각기 자신이 가진 다방면에 걸친 소질을 계속적으로 발전시키고 사회의 발전에 충분히 기여할 수 있게 하는 교육을 말한다."라고 그 개념을 밝히고 있다.

넷째, 평생교육을 모든 교육을 포섭하는 상위 개념으로 파악하려는 견해가 있다. 즉, 평생교육은 가정교육, 학교교육, 사회교육 전체를 아우르는 포괄적인 교육을 의미하는 것으로서, 평생교육을 종(species) 개념으로 각각의 교육을 유(genus) 개념으로 인식하는 입장이다. 이와 같은 맥락의 견해로서, 장진호는 과일 바구니와 과일에 비유했고, 많은 서구 학자들은 교육의 우선 개념으로서 평생교육을 설명하기도 하였다.

다섯째, 평생교육을 교육의 통합 개념으로 본다. 평생교육에서는 교육을 통합하려는 의지가 있다. 교육의 통합은 앞에서 말하는 상위 개념과는 다르다. 교육의 상위 개념으로서의 평생교육은 포섭 개념으로서 정태적 개념이지만, 통합 개념으로서의 평생교육은 보다 적극적인 의지가 있는 동태적 성격을 가질 뿐만 아니라 교육과 생활의 각 장면을 연계 · 보완 · 조직화하는 의미를 함축하고 있다. 앞서 평생교육의 이념에서 제시한 수평적 통합과 수직적 통합은 그러한 의미에서 강조되었다.

여섯째, 평생교육은 새로운 교육의 통합체제를 의미한다. 종래의 교육체제는 개별체제였기에 유치원, 학교, 대학, 기업교육 등 각각의 체제 간의 유기성이나 통합성에 대한 논의가 없었다. 따라서 평생교육의 관점에서 소홀히 취급되었던 교육체제가 있다거나 또는 어떤 교육체제는 정책이나 재정 면으로 너무 많은 관심이 치중되었던 것도 사실이다. 그런데 이와 같이 종합적인 교육체제를 어떻게 갖출 것인지에 대한 구체적인 방안이 제시된 적이 없었다. 물론 파킨(G. W. Parkyn)이나 황종건 등은 종합적인 교육체제로서의 평생교육에 대한 모형을 제안한 바 있다. 또한 최근 학제 개편과 관련해서 양병찬(2007)의 제안이 있었는데, 이 경우도 평생교육을 교육의 통합체제로서의 가능성을 제시하는 입장이라고 할 수 있다.

일곱째, 평생교육의 개념에는 국민에 대한 교육권의 보장이 내포되어 있다. 이는 앞 절에서 학습권적 관점에서 평생교육의 필요성을 제시한 입장과도 같은 것이다. 종래의 교육권은 학교교육에 한정하여 논의되어 왔던 것이 사실이다. 그러나 오늘날 평생교육 개념이 발달하고 그 실천이 보편화됨에 따라 국민들의 교육권은 평생 동안 보장되어야 한다는 이론이 대두되고 있다. 「헌법」(제31조)이나 「교육기본법」(제3조)에서 볼 수 있듯이, 법적으로는 모든 국민에게 차별 없이 기본적인 인권으로서의 교육권 보장을 천명하고 있지만, 현실적으로는 학교교육을 많이 받을수록 교육을 더 받으려는 경향이 있어 모든 이를 위한 평생교육권 보장에는 어려움이 있는 것이 오늘날 평생교육의 과제가 되고 있다.

마지막으로, 평생교육의 개념은 교육개혁의 촉진 의지를 담고 있다. 즉, 앞서 통합의 개념에서 기존의 가정교육, 학교교육, 사회교육의 통합을 의미하였던 바가 있지만, 그 통합이라 함은 과연 무엇을 의미하는가? 통합은 기존의 교육 간의 모순과 갈등을 줄이고 상호 보충적 기능을 수행하는 것이라고 규정한다면, 오늘날의 교육개혁의 가능성을 새롭게 발견할 수 있을 것이다. 오늘날과 같이 지식이나 기술이 폭증하고 있는 시대적 상황에서 학교교육은 과연 무엇을, 어떻게 가르치는 것이 요구되는지 심각하게 생각해 보아야 한다. 이렇게 볼 때 평생교육은 교육개혁적 의지를 담고 있다고 할 수 있다.

이상과 같이 평생교육에 내포된 개념은 다양하며, 이들은 서로 상충되기도 하고, 서로 상보적으로 점진적 가능성을 만들어 내기도 한다. 특히, 통합 개념과 새로운 교육의 통합체제, 교육개혁의 촉진 등의 개념은 이념적 측면의 평생교육 개념에서 점차 현실적 실체 개념으로 점진적 진화를 할 수 있는 개념이라고 볼 수 있다. 향후 교육개혁의 지도 이념으로서 그리고 실체 개념으로서의 평생교육의 가능성은 점차 커지고 있다고 할 수 있다.

(2) 평생교육의 유사 개념

평생교육 개념에 대해 보다 자세하게 이해하기 위해 관련 용어를 살펴보기로 한다. 평생교육에 대한 다양한 접근과 역사적 조건이 다르기 때문에 사회교육(social education), 성인교육(adult education), 계속교육(further education), 비공식교육(nonformal education), 학습사회(learning society), 순환교육(recurrent education) 등의 용어를 사용하고 있다.

우선 우리나라에서 오랫동안 사용해 오던 '사회교육'이라는 용어는 중국, 일본, 대만, 인도 등의 국가에서도 사용하는 용어로서 학교 밖의 사회에서 전개되는 모든 교육적 활동을 지칭하는 것으로, 학습이 전개되는 장소의 특성을 강조하고 있다. 이에 비하여 서구에서는 대상 중심의 용어인 '성인교육'을 주로 사용한다. 이는 성인을 대상으로 하는 모든 교육적 활동을 지칭하는 것으로 '안드라고지(andragogy)' 개념과 연결된다.

안드라고지는 전통적인 학교교육의 '페다고지(pedagogy)'와 구별하여 성인교육의 특성을 명확히 나타내기 위하여 사용되고 있다. 페다고지가 '아동(child)'을 의미하는 'paid'와 '지도하다(leading)'를 의미하는 'agogos'라는 희랍어에서 유래되어, 아동 · 청소년을 가르치는 기술 또는 과학을 의미하는 데 반해, 안드라고지는 'andros(man)'와 'agogos(to lead)'에서 유래되어 성인을 가르치는 기술 또는 과학을 의미한다. 페다고지와 안드라고지 사이에는 학습자에 대한 관점과 이에 따른 교육방법에 차이가 있다. 페다고지적 접근에서는 권위적이고 형식적이며 경쟁적인 수업 분위기를 지지한다. 교육 계획, 요구 진단, 교육 목표의 설정 및 평가 등 모든 교육과정에서 교사의 주도권을 인정한다. 따라서 수업은 교과목 및 내용의 논리에 따라 진행된다. 이와는 대조적으로 안드라고지적 접근에서는 상호존중과 비형식적이고 협동적인 학습 분위기를 조성한다. 교육 계획, 요구 진단, 교육 목표의 설정 및 평가의 전 과정에서 교육자와 학습자의 상호 협력이 강조된다. 교육자는 지식 전달자라기보다는 학습 촉진자의 역할이 강조된다.

계속교육이라는 용어는 영국에서 주로 사용되는 것으로서 성인교육이 주로 인문교양 교육(liberal arts education)이었던 데 비하여 직업교육 중심의 성인교육을 계속교육이라고 하여 강조하였던 것이다. 비공식교육은 형식교육인 학교교육에 대칭되는 개념으로 동남아시아 등의 저개발 국가에서 성인을 대상으로 하는 기초교육을 지칭하던 것이다.

한편 학습사회 개념은 '언제, 어디서나, 누구나' 원하는 교육을 받을 수 있는 평생교육 이념이 구현되는 사회를 지칭하는 것으로 허친스(R. M. Hutchins)의 『학습사회(*The Learning Society*)』(1968)에서 처음으로 소개되었다. 그가 말하는 학습사회란 "모든 성인 남녀에게 언제라도 정시제의 성인교육을 제공할 뿐만 아니라, 학습, 자기충족(fulfillment), 인간 됨을 목표로 하여 모든 제도가 그 목적의 실현을 지향할 수 있도록 가치의 전환에 성공한 사회"라고 정의되고 있다. 물론 그가 제안한 학습사회는 단순히 교육 기회가 모든 성인에게 개방된 사회라든지, 교육제도가 발달된 사회를 의미하는 것만은 아니었으며, 자신의 능력을 최대한도로 발달시키는 것을 목표로 하는 사회인 것이다. 그 후 유네스코와 많은 국가들 사이에서 허친스의 학습사회 개념을 원용하여 21세기 사회를 학습사회로 상정하여 사용하고 있다. 그 대표적인 것이 '포르 보고서'(Faure et al., 1972)인데, 앞으로 다가오는 사회가 직면하게 될 다양한 교육 문제를 논하면서 모든 사람들이 일생을 통하여 교육을 받아야 하며, 모든 사회가 학습하는 사회가 되어야 한다고 역설하였다. 이 보고서는 학습사회의 구현을 위해서 평생교육 체제를 갖추어야 한다고 주장하였다.

마지막으로, 1970년 OECD에서 주창하였던 순환교육은 사회 변화에 유연하게 대응할 수 있도록 교육을 순환적으로 제공하여야 한다고 설명하고 있다. 이는 지금의 생활주기는 '교육기 → 노동기 → 은퇴기'가 고정되어 있는 모델(front-end model)이기 때문에 시대 변화에 적절하게 대응할 수 없으므로, 이를 상호 순환할 수 있는 교육체제로 변혁해야 한다고 주장하였다. 평생교육의 구체적인 방식으로 제시된 순환교육은 가정, 직업, 노동, 여가 등과 같은 활동과 더불어 사회경제적인 세력과 긴밀한 관계를 갖는 것이기 때문에 순수한 교육정책만으로 성립되는 것이 아니며, 특히 사회경제 정책의 변화에 따라 그 영향을 받을 가능성이 크다. 다시 말하면, 순환교육은 교육활동과 다른 사회활동과의 협력과 연계를 통해서 평생교육 정책을 수립하고자 한다.

3) 평생교육의 특성

그렇다면 평생교육은 어떤 특성을 가진 교육인가? 이에 대해서 랑그랑이 제시한 평생교육의 목표를 살펴보자. 그는 평생교육의 특성을 다음과 같이 제시하였다.

- 사람이 태어나서 죽을 때까지 일생 동안 교육(학습)의 기회를 제공한다.
- 인간발달의 종합적인 통일성이라는 시각에서 다양한 교육을 조화시키고 통합시킨다.
- 노동하는 날을 조정하며, 교육휴가, 문화휴가 등의 조치를 촉진한다.
- 초 · 중 · 고등학교와 대학 모두가 지역사회 학교로서 그리고 지역문화센터로서의 역할을 수행하기를 권장한다.
- 교육에 대한 과거의 생각을 근본적으로 바꾸어 교육 본래의 자세로 돌아가기

위하여 그 이념을 확산시키도록 노력한다.

여기서 평생교육을 제도적으로나 재정적으로 공교육으로 개편할 것을 제안하고 있으나, 랑그랑 자신은 그보다는 당시의 교육에 대한 고정관념을 바꾸는 데 더 큰 관심을 두고 있었다.

한편, 다베는 1972년 유네스코 본부에서 열린 '평생교육에 관한 심포지엄'에서 다음과 같이 평생교육의 개념적 특성을 제시하였다(김도수, 1994 재인용).

① 전체성(totality): 학교교육뿐만 아니라 가정, 사회 등 모든 교육이 연계와 협력을 강화함으로써 종합적인 교육체제를 마련함
② 통합성(integration): 다양한 형태의 모든 교육(형식교육, 비형식교육, 무형식교육 등)이 각각 별개로 이루어지는 것이 아니라 상호 통합을 지향함
③ 유연성(flexibility): 학습자와 학습 내용의 다양성을 바탕으로 교육방법과 기술을 다양하게 선택함으로써 유연성을 보장함
④ 민주성(democratization): 현재의 교육이 일부 엘리트를 위한 것인 데 반하여 다양한 능력을 가진 일반 대중이 평등하게 교육 기회에 접근할 수 있도록 함
⑤ 기회 제공과 동기화(opportunity and motivation): 학습활동은 사람들의 호기심, 학습 탐구력에 기초하여 개인과 집단의 성장을 도모함
⑥ 교육력(educability): 학습자의 학습이 효율적으로 전개되도록 학습방법, 체험의 부여, 평가방법, 변화 개선의 방법 등에 주목하고, 교육과 학습의 자주적 편성 능력의 향상을 도모함
⑦ 다양한 전개 형태(modes of operation): 삶의 다양한 양식 속에서 교육과 학습의 형태와 방법도 그에 상응하도록 다양함
⑧ 삶의 질과 학습(quality of life and learning): 평생교육의 궁극적 목적은 개인의 삶의 질의 향상에 있음. 개인이 내적·외적 변화에 대처하면서 사회의 존속과 발전에 창조적으로 참여할 수 있도록 능력을 향상시키는 데 기여하려는 것

이상에서 살펴본 평생교육의 특성에서 알 수 있듯이 평생교육은 기존의 교육과는 다른 성격을 가지고 있으며, 그러한 성격을 기초로 학교교육을 포함한 모든 교육체제의 종합적 개혁을 지향하고 있다.

3. 평생교육 · 학교교육 · 사회교육의 관계

평생교육은 실천적으로 말하자면 학교교육과 사회교육을 통합하는 개념이다. 이제 교육이 학교라는 공간적 제한과 아동 · 청소년이라는 대상의 제한에서 벗어나서 언제, 어디서나, 누구나 배울 수 있고, 교육적 주체로서 참여할 수 있는 통합적 교육 개념이 요구된다. 이는 평생교육이 교육 전체를 아우르는 '관점'으로서의 의미를 지닌다고 볼 수 있다. 이제 교육은 평생교육이라는 큰 틀의 교육 구상이나 교육 시스템 개념에서 출발하여 논의되어야 할 것이다.

1) 평생교육의 기초로서 학교교육

앞에서 보았듯이 평생교육은 학교교육을 포함한 교육 전체를 포괄하는 개념으로 설명되면서도 학교교육과는 본질적으로 성격을 달리하고 있다는 데 난해한 점이 있다. 그러나 분명한 것은 학교교육은 평생교육의 핵심적 부분이라는 것과 학교교육이 평생교육적 이념에 의해 개혁되어야 한다는 것이다.

평생교육의 관점에서 보면 학교교육은 기초교육에 불과하다. 그러나 평생교육이 학습사회를 구현하기 위해서는 학교교육은 무시될 수 없다. 만일 학교가 평생교육을 위한 준비나 수단을 갖춰 주지 못한다면 성공적인 계속교육, 즉 평생교육은 그에 부응하여 실현될 가능성이 약해질 것이다. 학교교육은 평생교육의 실현을 위한 도약판(spring board)이 된다고 할 수 있을 것이다(Skager & Dave, 1977).

우리가 모든 것을 학교에서 배운다는 생각은 이제 더 이상 옳지 못한 것이다. 이렇게 볼 때 학교교육은 평생교육 체제의 일환으로 이루어질 뿐만 아니라 평생교육의 기초가 된다는 점에서 그 의미가 재정립되어야 한다. 이처럼 학교를 평생교육적 맥락에서 논의하게 될 때, 학교교육의 방향이 전면적으로 수정되어야 할 것이다. 학교교육에 있어서 교육 목표, 내용 선정, 학습 경험, 평가 등 전면적인 개혁이 요구되겠지만, 여기서는 그 변화를 모두 검토할 수 없기 때문에 그 변화의 핵심인 학습자 중심의 학습 전개, 즉 자기주도적 학습에 대해서 살펴보고자 한다.

평생학습의 과정으로서의 학교교육에 있어서는 학습의 주체가 교사가 아닌 학습자 자신이라는 것을 분명히 해야 한다. 따라서 교사의 일방적인 교수가 아닌 학생의 자율적인 학습을 촉진하기 위해서는 학생으로 하여금 흥미를 가지게 하고, 스스로 학습할 수 있는 능력을 갖추도록 해야 할 것이다. 여기서 학습하는 방법을 학습하는 것(learning how to learn)이 가능하도록 자기주도적 학습(self-directed learning)이 요청된다.

자기주도적 학습은 평생학습의 핵심 원리로서 교사가 주도하는 전통적 교육과는 달리, 학습자 본인이 학습의 주도권을 가지고, '계획 → 운영 → 실행 → 평가'의 전 과정을 자기 스스로 관리할 수 있다고 보는 것이다. 즉, 학습 과정에서 학습자의 자율성과 주도성을 인정하는 것이 자기주도적 학습의 본질이다. '자기결정적 학습' '자기관리적 학습' '자기지시적 학습' 등으로도 일컬어지는 이 개념은 타인의 도움을 받지 않고 개인 스스로의 학습 욕구를 진단하고, 목표를 설정하며, 그것을 달성하기 위해 필요한 인적 · 물적 자원을 선택하고, 스스로 학습 성과를 평가하는 과정이다. 물론 여기서도 교사의 역할은 분명히 중요하게 유지된다. 현재와 같이 강사로서의 역할이 아니라 학습 욕구를 촉진하는 촉진자(facilitator) 혹은 안내자, 조력자(helper)의 기능을 하게 된다.

2) 새로운 교육체제로서 사회교육의 제도화

일반적으로 교육개혁 논의에서 '평생교육'은 이념적 수사로 활용되는 경우가 많은데, 이런 경우는 미래 교육의 구상에서 실제적인 진전을 보기 어렵다. 이는 지도 이념으로서의 평생교육과 실제 교육제도로서의 사회교육(혹은 성인교육)이 교육개혁 방안에서 서로 다른 영향을 미칠 것으로 보기 때문에 구분하여 논의되어야 할 필요성을 갖는다. 현재 '평생교육'은 법적으로 이중적 의미를 가진다. 우선 「헌법」(제31조)에서는 "국가는 평생교육을 진흥해야 한다."라고 규정하면서 학교교육과 평생교육을 구분하고 있다. 이를 근거로 하여 「평생교육법」(기존의 「사회교육법」, 1982년 제정, 1999년 전면 개정, 2007년 재개정)에서도 학교교육을 제외한 교육을 평생교육으로 칭하였다. 반면에 「교육기본법」(제10조 1항)은 "국민의 평생교육을 위한 모든 형태의 사회교육은 장려되어야 한다."라고 규정하여 학교교육과 사회교육을 포괄하는 개념으로 평생교육을 사용하고 있다. 이는 「사회교육법」이 「평생교육법」으로 개정되는 과정에서 '정책 용어'를 과도하게 통일시키려는 과정에서 나온 결과라고 할 수 있다.

따라서 향후 미래 교육에 대한 비전 논의에서는 평생교육과 사회교육을 분화해서 사용해야 한다. 앞에서 강조한 정책 마스터 개념으로서의 평생교육은 교육체제 개편의 방향타 역할을 하는 것이며, 여기서 논의하는 사회교육은 실제 교육실천 영역으로서의 기관 및 제도 등을 의미한다. 이를 위해서는 우선 「교육기본법」의 사회교육 장려 조항에 대한 행정 지원체제가 정비되어야 한다. 또한 학교 밖에서 이미 존재하는 교육 영역을 새로운 교육제도 개념으로 개척하여 제도화해야 한다. 대안교육, 학점은행제, 교육복지, 방과 후 교육 영역 등으로 현재화되고 있는 이들 영역은 사회교육 영역의 제도화라고 할 수 있다. 그러나 실제 우리나라의 사회교육 영역은 제도화 과정이 일천하여 이에 대한 행정적 · 재정적 지원이 미약하다. 「평생교육법」에 의거하여 평생학습관(평생교육 전담 시설)의 설치가 명시되어 있으나 아직 충분히 설치된 상황은 아니다.

독일과 북구의 시민대학(VHS, Folk High School), 일본의 공민관이나 생애학습센터, 호주의 지역사회성인교육센터, 프랑스의 문화의 집 등 사회교육기관이 이미 제도화되어 학교교육과 긴밀히 연계하고 있는 국가들과는 대조를 이룬다. 일본의 학사 연계(학교교육과 사회교육 간의 연계)나 미국의 학교와 지역의 협동(21세기 지역사회학습센터) 사업 등과 같이 학교 교육과정을 보완할 수 있는 사회교육기관이 체계화되어 학제와의 연계를 가져야 한다. 현재 주 5일제의 도입이나 현장 중심의 학습, 다양한 문화적 욕구 충족, 학교 부적응 학생, 방과 후 교육 등에 대한 대안이 없는 상황에서 학교의 부담을 줄일 수 있는 해법으로 사회교육기관의 설치 · 운영을 제시할 수 있다.

이를 위해 우선적으로 필요한 것이 평생교육 전담 기구(지역평생교육진흥원과 평생학습관)의 정비다. 이들 기관은 설치 당시 IMF라는 경제적 위기 상황으로 인하여 기존의 시설에 관련 기능이 부가되는 식의 응급조치식으로 설치 · 운영되고 있는 형편이다. 그러나 이제는 더 이상 이런 식으로 운영되어서는 학교와의 협력적인 관계를 형성하는 데 한계가 있다. 이에 대해서는 제4절에서 자세히 논의하겠다. 오늘날 다양화되는 교육적 요구를 학교교육만으로 대응하기란 어려운 현실이다. 따라서 미래 교육제도의 개편 논의에서 학교 밖 교육제도인 사회교육제도를 어떻게 활용할 것인지 고민해야 한다.

3) 학교교육과 사회교육의 연계

평생교육적 측면에서 학교를 재검토할 때 우리는 학습 공간의 통합, 즉 학교 · 가정 · 지역사회의 연계(수평적 통합)를 이야기한다. 이를 구체적으로 현실화하기 위한 하나의 구체적인 방법이 학교 개방인데, 그 본질이 무엇인지 고찰해 보기 위해서 우리가 생각해야 하는 개념은 지역사회와 학교와의 관계다. 즉, 지역에서 학교란 어떤 의미를 가지며, 지역사회와 학교와의 관계는 어떻게 형성되어야 하는가? 등의 질문을 해결하는 것이 기본적인 과제다. 그런데 학교는 오랫동안 담장 밖 지역사회와의 관계에 소홀하였다.

학교는 지역과는 전혀 상관없는 일을 한다고 여기면서 독자적인 성역으로 인식하였던 것이다. 학교와 지역사회와의 단절 상황은 현대 교육 문제의 하나로 제기되지만, 오늘날 그 상황을 극복하려는 구체적인 방안은 찾아보기 힘들다. 올센(Olsen, 1973)은 "학교는 지역이라는 본토(本土)에서 떨어져 있는 고독한 섬(孤島)"이라며 이 문제를 지적하고 있다. 올센은 지역사회 학교를 제창하면서 이러한 학교와 사회와의 관계에 몇 개의 교육적 다리를 만들어 학교의 사회화와 사회의 교육화를 이루자고 주장하였다. 오늘날 우리가 직면하고 있는 지역사회의 교육력 약화를 비롯하여 학교 붕괴, 학교와 지역사회의 단절, 학교교육과 사회교육의 분단 현상 등을 고려해 볼 때, 올센의 이러한 정신은 재조명되어야 한다.

지역사회 속에서 학교를 놓고 보면 학교 개방의 개념은 크게 두 가지 방향으로 이해할 수 있다. 하나는 학생들이 학교에서의 학습을 한층 더 충실하게 하기 위하여 학교 이외의 장소에서 배우거나 학교 교사 이외의 사람들로부터 지도받을 수 있는 것과 같이 지역의 교육 자원을 적극적으로 받아들이는 것이다. 다른 하나는 지역의 성인들이 학습을 하기 위해서 학교에 자유롭게 드나들 수 있도록 하는 것이다.

전자의 학교 개방은 학생들이 폭넓은 체험(자연 체험, 사회 체험, 자원봉사 체험 등)을 하며 시야를 넓히기 위하여 지역사회 시설이나 지역 인사를 활용하는 것이다. 또한 인근 학교와 자연캠프나 축제 등을 공동으로 개최 · 운영한다든지, 도시와 농촌 학교 간의 교류사업과 같이 주변의 자연과 생활 환경이 다른 지역을 방문하는 프로그램을 운영하는 등 학교의 정규 과정을 지역과 교류하면서 제공하고자 하는 관점을 말한다. 후자는 최근 많은 초 · 중등학교에서 실시하고 있는 지역사회 주민을 위한 학교 평생교육 프로그램 제공 사업을 일컫는 것이다. 이 두 방향은 서로 상보적인 관계를 가지고 있으며, 하나의 지역을 학습사회로 만드는 데 크게 기여할 것이다. 결국 지역 교육의 핵심 주체인 학교와 가정 그리고 사회가 지역의 교육을 어떻게 분담하고 보완할 것인가를 검토할 필요가 있다.

4. 평생교육의 체제화

초기 평생교육론은 이념적 차원에서 출발하였다. 그러나 최근 각국에서는 평생교육을 교육정책의 지도 이념은 물론이고 실제 정책으로 받아들이고 있다. 우리나라도 1995년 교육개혁의 이념으로 평생교육을 채택하였다. 일명 '5 · 31 교육개혁'은 "21세기 급변하는 세계화 · 정보화 사회에서 언제, 어디서나, 누구나 원하는 교육을 받을 수 있는 '열린 교육사회 · 평생학습사회'를 구축하여 교육복지 국가(Edutopia)를 건설함으로써 국민의 삶의 질의 향상과 사회 발전에 기여" 하는 것을 기본 목표로 하면서 추진되었다.

이와 관련하여 1982년에 제정되었지만 실효성이 없던 기존의 「사회교육법」을 「평생교육법」으로 개정하는 등 새로운 관련 법과 제도를 정비하였고, 이와 함께 실제 소외계층을 대상으로 하는 평생교육사업이나 평생학습 중심 대학, 평생학습 도시사업 등 다양한 사업들을 전개하여 실제적인 평생교육 체제가 구현되는 단계에 이르게 되었다.

1) 평생교육법의 제정

우리나라는 「헌법」에 "국가는 평생교육을 진흥해야 한다."(제31조 5항)라고 규정하고 있으며, 이에 근거하여 1982년에 「사회교육법」이 제정되었다. 그러나 이 법은 실효적인 사회교육 제도화에 실패하였고, 명목상의 법률에 머물러 오다가 1999년 8월 31일, 「평생교육법」으로 전면 개정 · 공포하였다. 이 법은 2000년 이후 평생교육 전담 기구인 평생교육센터, 지역평생교육정보센터, 평생학습관의 설치와 관련 사업의 전개, 평생교육 전문 인력의 배치 등에 나름의 역할을 하였다. 이후 그동안의 시행 과정에서 도출되었던 문제를 보완하여 2007년에 다시 개정 · 공포되어 새로운 법체제를 갖추게 되었다.

새로 개정된 「평생교육법」의 내용을 보면 총 8장 46조로 구성되어 있다. 우선 「평생교육법」에 명시된 평생교육의 이념을 보면 다음과 같다. 첫째, 모든 국민은 평생교육의 기회를 균등하게 보장받는다. 둘째, 평생교육은 학습자의 자유로운 참여와 자발적인 학습을 기초로 이루어져야 한다. 셋째, 평생교육은 정치적 · 개인적 편견의 선전을 위한 방편으로 이용되어서는 안 된다. 넷째, 일정한 평생교육 과정을 이수한 자에게는 그에 상응하는 자격 및 학력 인정 등 사회적 대우를 부여하여야 한다.

「평생교육법」에서 몇 가지 특기할 만한 내용을 보면 다음과 같다. 첫째, 평생교육을 학교의 정규교육을 제외한 모든 형태의 조직적인 교육활동으로 규정하고 있다. 둘째, 국가 및 지방자치단체는 평생교육진흥정책을 수립·추진하도록 하고 있으며, 이를 위해 교육과학기술부 장관은 '평생교육 진흥 기본계획'을, 시·도지사는 '평생교육 진흥 시행계획'을 수립·시행하도록 하고 있다. 셋째, 평생교육진흥정책에 관한 주요 사항을 심의하기 위하여 교육과학기술부 장관 소속으로 '평생교육진흥위원회'를 두고, 시행 계획의 수립·시행에 필요한 사항을 심의하기 위하여 시·도에 '시·도 평생교육협의회'를, 시·군 및 자치구에 '시·군·자치구 평생교육협의회'를 두도록 하고 있다. 넷째, 이전의 「평생교육법」에 비해 크게 다른 점은 과거에는 평생교육 관련 업무를 교육 관련 기관이 주관하던 것을 제1조(목적)에서도 밝힌 바와 같이 평생교육의 진흥에 대한 국가 및 지방자치단체의 책임을 명시했다는 점이다. 이와 관련하여 추진체제의 변화가 뒤따르고 있는데, 우선 국가 수준의 평생교육 관련 업무를 지원하기 위한 독립된 '평생교육진흥원'의 설립을 법제화하였다. 지역 차원에서는 시·도 지사 소속의 평생교육진흥원을 설치하고, 지역의 평생학습관 등 시·도 교육감 및 시·군·구 기초자치단체장의 책무가 강조되고 있는 점이 큰 특징이라 할 수 있다.

개정된 「평생교육법」의 주요 내용 중에서 '중앙-시·도-시·군·구'의 평생교육 정책의 주요 변화에 대한 사항을 요약·정리하면 다음과 같다. 평생교육 운영을 위한 조직체계를 보면, 시·도 단위의 '시·도 평생교육진흥원'은 시·도 지사가 설치 또는 지정 ·운영을, 시·군·자치구 단위의 '시·군·구 평생학습관'은 시·도 교육감이 설치 또는 지정·운영하도록 하고 있다. 여기서 특기할 만한 사항은 '시·도 평생교육진흥원'의 경우(제20조), "시·도 지사는 ……시·도 평생교육진흥원을 설치 또는 지정·운영할 수 있다."라고 명시하고 있어 구속력이 없는 것으로 보이나, 이는 각 지자체의 여건이 다르기 때문에 재량권을 주기 위한 것으로 보인다. 그렇다고 법에 명시된 활동을 수행하지 않을 수는 없을 것이다.

2011년 1월 현재까지 시·도 단위의 평생교육진흥원은 설치되지 않고 있으나 서울시나 경기도, 대전시, 부산시를 비롯한 몇몇 광역 지자체가 진흥원 설립을 계획하고 있다. 아직까지는 교육감이 관할하고 있는 기존의 시·도 평생교육정보센

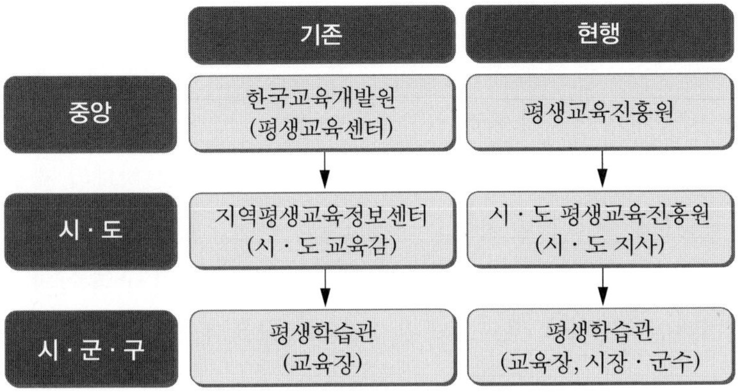

[그림 12-1] 「평생교육법」 개정에 따른 추진체제의 변화

터들이 그와 관련된 기능을 수행하고 있다고 할 수 있다.

2) 평생교육 관련 제도

「평생교육법」 제정과 함께 다양한 관련 제도들이 시행되고 있다. 평생교육 전담 기관을 비롯하여 학점은행제, 독학사제도, 학습계좌제, 평생교육사 등을 간략하게 살펴보기로 하자.

(1) 평생교육 전담 기관(평생교육진흥원, 시 · 도 평생교육진흥원, 평생학습관)

영국의 성인교육센터, 호주의 지역사회성인교육센터, 이스라엘의 성인교육관, 일본의 공민관 등 선진국의 공적 평생교육 인프라가 오랜 역사를 가지고 있는 것과는 달리, 우리나라는 오랫동안 공적 평생교육 전담 기관이 없었다. 그러나 「평생교육법」이 개정되면서 중앙에 평생교육진흥원이, 16개 시 · 도에 시 · 도 평생교육진흥원, 각 시 · 군 · 구 단위에 평생학습관이 지정되었다.

「평생교육법」에 명시된 각 기관의 기능을 살펴보면 다음과 같다. 평생교육진흥원에서는 평생교육 진흥을 위한 지원 및 조사, 진흥위원회가 심의하는 기본 계획 수립의 지원, 평생교육 프로그램 개발의 지원, 평생교육 종사자의 양성 · 연수, 평생교육기관 간 연계체제 구축, 시·도 평생교육진흥원에 대한 지원, 평생교육 종합정보시스템 운영, 학점 인정 및 독학 학위 취득에 따른 학점 또는 학력 인정에 관한 사항, 학습계좌의 통합 관리·운영 등이다.

시·도 평생교육진흥원은 해당 지역의 평생교육 기회 및 정보의 제공, 평생교육 상담, 평생교육 프로그램 운영, 해당 지역의 평생교육 기관 간 연계체제 구축 등의 업무를 수행한다. 또한 시·군·구 평생학습관은 관할 구역 안의 주민을 대상으로 실제적인 평생교육 프로그램 운영과 평생교육의 기회를 제공한다.

(2) 학점은행제와 독학사제도

학점은행제는 학점은행제도 운영에 관한 법률에 의거하여 시행되고 있는 고등교육 단계에서의 학력 인정 제도다. 이는 소정의 기준에 의해 인정된 교육기관의 교육 프로그램을 이수하거나 자격의 학점 인정 등의 방법으로 대학 밖에서 학위 취득에 필요한 학점을 취득하여 대학의 학위를 받을 수 있는 제도다. 이 제도는 학력 중심 사회에서 능력 중심 사회로 전환하는 데 중요한 메커니즘이 될 수 있다고 평가되고 있다.

한편 독학사제도는 시험을 통한 학위 취득 제도로서 독학으로 취득한 지식을 국가시험을 통해 학점으로 전환함으로써 4단계 평가를 거쳐 학위를 받을 수 있다. 이 제도는 현재 학점은행제와 연계하여 운영되고 있으며, 기존에 한국방송통신대학교에서 주관하고 있던 것을 학점은행제도와 함께 평생교육진흥원에서 통합하여 관리하고 있다.

(3) 학습계좌제

학습계좌제는 국민의 평생교육, 특히 취업자의 계속교육을 촉진하기 위해 개별적으로 취득한 학력, 자격 등 인증된 학습 경험과 학교교육 등에서 얻은 학습 경험을 종합적으로 누적 기록·관리하고, 이를 객관적으로 인증받기 위한 제도적 장치로서 성인용 '종합생활기록부'라고 할 수 있다. 학습계좌 정보망을 통해 개인별 평생학습 경력을 누적·관리하여 학점·학력 인정, 취업 및 인사 자료 등으로 활용할 수 있으며, 개인의 생애 학습 설계를 지원할 수 있다. 이러한 종합적인 인력관리를 통해 국가의 인적자본 축적 강화, 국민의 실질적 학습권 보장 및 교육복지 수준 향상에 기여할 수 있을 것이다.

(4) 평생교육사

학교에 교사가 있듯이 사회교육기관에는 '평생교육사(lifelong educators)'라는 교육 전문가가 있다. 과거 「사회교육법」에서는 '사회교육 전문요원'이라고 칭했으나 법 개정 이후 '평생교육사'로 개칭되었다. 평생교육사는 대학 등의 양성기관에서 소정의 학점을 이수한 자에게 부여되는 국가 자격으로, 그 역할은 '평생교육의 기획 · 진행 · 분석 · 평가 및 교수 업무'를 담당하는 것이다. 이들은 평생교육진흥원이나 평생학습관에 필수적으로 배치되어야 하며, 그 밖의 평생교육기관 · 단체 등에도 배치되고 있다.

3) 통합적 평생교육 체제

인간의 삶의 질을 향상시킨다는 교육의 궁극적인 목적을 달성하기 위하여 학교교육과 사회교육을 통합한 평생교육 체제가 요청된다. 이는 한 개인의 전 생애에 걸친 다양한 교육활동을 제공할 수 있는 종합적인 체제인 것이다. 이를 평생교육체제라고 하는데, 이 개념은 학교 중심의 교육관에서 벗어나 평생학습 체제로의 이행을 도모하기 위한 것으로, 교육시설과 학습자 사이의 연계망(network) 구축에 관심을 가지고 있다.

평생교육은 그 사회의 정치, 경제, 사회, 문화 등의 조건에 의하여 결정된다고 할 수 있다. 이러한 환경적 기초 위에서 개인의 교육은 출발하는 것이기 때문에 평생교육 체제의 하부 구조를 형성한다. 이제 교육체제 내부로 들어와서, 유아로부터 노인에 이르기까지 다양한 학습 주체가 교육체제의 지층을 형성하게 된다. 이들의 학습을 위하여 다양한 학습방법이 제시되는데, 강의식 방법을 비롯하여 매스미디어를 이용한 방법, 실제 경험을 중시하는 방법에 이르기까지 각종 방법이 활용될 수 있다. 이상과 같은 개인의 학습 요구는 학습 장면으로 들어오게 되는데, 학습기관 · 단체는 학교를 포함하여 각종 교육기관과 네트워크를 형성한다. 이들 교육기관은 개인의 평생학습과 평생교육 체제를 위하여 정비 · 확장되어야 할 것이다. 즉, 평생교육 체제의 하위 체제라고 할 수 있는 학교교육과 사회교육으로 대별되어 형식적 교육 부문은 학교교육 체제로, 무형식 · 비형식 교육은 사회교육 체제로 구성되어야 한다.

학교교육과 사회교육을 두 중심축으로 하는 평생교육 체제가 있지만, 이 체제를 행정적 · 재정적으로 지원하는 공공 부문과 인적 · 물적 자원을 원조하는 민간 부문이 필요할 것이다. 이는 평생학습을 지원 · 원조하는 체제를 의미하는 것으로 사회에 존재하고 있는 다양한 교육 · 훈련 자원 및 기구들을 유기적으로 통합시키는 틀이라고 할 수 있다.

이 개념의 도입으로 인하여 이전과 같이 각 교육 시스템에 대한 독립적 사고에서 탈피하여 지역사회의 여러 교육 자원과 기능이 통합적으로 평생학습을 지원하는 시스템화의 사고방식으로 변화할 수 있다. 즉, 주민들이 평생학습에 참여할 수 있도록 다양한 학습 기회와 장을 제공하기 위해서는 사회교육과 학교교육뿐만 아니라 일반 행정과 민간의 참여 또한 필연적이다. 의회와 정당, 중앙정부, 지방자치단체 등의 공공 부문에서 행정적 · 재정적 지원을 담당하고, 지역의 인적 · 물적 자원, 시민단체, 산업체, 대학, 연구소, 병원 등이 민간 부문의 원조체제로 참여해야 할 것이다. 이는 평생학습을 지원 · 원조하는 체제를 의미하는 것으로 사회에 존재하고 있는 다양한 교육 자원 및 기구들을 통합시키는 구조라고 할 수 있다.

이렇게 1960년대 중반 교육개혁의 아이디어로 강조되기 시작하였던 평생교육 이념은 구체적인 정책으로 변화하면서 하나의 종합적인 평생교육 체제를 구성하고 있다. 따라서 평생교육은 교육의 마스터 개념으로서의 정책 이념임과 동시에, 교육정책의 한 실천이기도 하다(김도수, 1994). 평생교육은 실제 교육체제 전반의 개혁의 지향점인 동시에, 구체적인 제도로 구현되기 시작하였다. 전 세계적 차원에서 미래 교육개혁의 구상은 교육과 노동의 연계나 학력과 자격의 연계 문제를 비롯하여, 학교교육과 사회교육의 연계, 소외계층을 위한 교육복지, 대학의 지역사회 공헌 등의 새로운 교육적 과제를 평생교육의 개념 속에서 논의하고 있는 추세다. 향후 미래 교육의 변화에서 평생교육이 어떠한 영향을 미치게 될지, 그리고 실제 교육실천 현장에서 평생교육 체제가 어떠한 위치에 놓이게 될지 유의하여 살펴보아야 할 것이다.

참고문헌

김도수(1994). **평생교육**. 서울: 양서원.

김신일, 권두승, 한숭희, 양병찬, 오혁진, 이지혜(2003). **평생학습지원체제 구축 방안 연구**. 서울: 한국교육개발원 평생교육센터.

김신일, 박부권 편저(2005). **학습사회의 교육학**. 서울: 학지사.

김은우 역(1973). **학교와 지역사회**. 서울: 현대사상사.

김용주, 김재웅, 정두용, 천세영 공역(1997). **21세기 교육을 위한 새로운 관점과 전망**. 서울: 오름.

김종서, 김승한, 황종건, 정지웅, 김신일(1992). **평생교육원론**. 서울: 교육과학사.

양병찬(2004). 도시가 시민을 가르친다: 한국 평생학습도시의 가능성. **교육개발, 13(1)**. 한국교육개발원.

양병찬(2007). 미래 교육 비전에 대한 토론 : 평생교육의 이념과 실천을 중심으로. 미래 교육 비전과 전략(전문가 토론회 미간행 자료집), 65-72.

이혜영(2005). "소외집단을 위한 평생학습 기회 확충. **교육정책포럼, 통권 118호**. 한국교육개발원.

최운실, 이종만, 양병찬, 양흥권(2005). **평생교육법 개정 방안 연구**. 서울: 한국교육개발원.

한국개발연구원 편(2006). **양극화 극복과 사회 통합을 위한 사회경제 정책 대안**. 서울: 한국개발연구원.

한숭희(2004). **평생교육론: 평생학습사회의 교육학**. 서울: 학지사.

통계청(2005). 통계연보.

Dave, R. H. (ed.) (1976). *Foundations of Lifelong Education*. Oxford: Pergamon.

Faure, E. et al. (1972). *Learning to Be: The World of Education Today and Tomorrow*. Paris: UNESCO Press.

Lengrand, P. (1975). *An Introduction to Lifelong Education*. Paris: UNESCO Press.

OECD (1996). *Lifelong Learning for All: Meeting of The Education Committee at Ministerial Level*. Paris: OECD.

Skager, R., & Dave, R. H. (1977). *Curriculum Evaluation for Lifelong Education*. Oxford: Pergamon Press.

추천도서

김도수(1994). **평생교육**. 서울: 양서원.

김한별(2010). **평생교육론**. 서울: 학지사.

정민승(2010). **성인학습의 이해**. 서울: 에피스테메.

제13장

교직의 위기와 교사의 길

1. 교직 위기의 원인
2. 교직 위기의 극복 방안
3. 교사의 교육철학

제13장 교직의 위기와 교사의 길

이 땅에서 교사로서 살아간다는 것은 보람된 일이기도 하지만 때로는 고달프고 힘든 일이기도 하다. 왜냐하면, 가르치는 일이 언제나 즐겁고 행복한 일만은 아니기 때문이다. 특히, 본래적인 길(authentic way)을 걸어가고자 하는 교사들에게 교직은 힘들고도 고달픈 여정이기도 하다. 게다가 최근 신자유주의의 논리를 기반으로 하는 교육개혁이 착수됨에 따라 교사들의 심기가 이만저만 불편한 것이 아니다. 또한 극성맞은 학부모들의 지나친 간섭으로 인해 교사들은 나름대로의 소신과 철학을 제대로 펴지 못하고 있다. 이러다 보니 교사로서의 존재감, 소명의식, 사명감, 정체성이 이리저리 흔들리고 있다. 최근의 이러한 상황을 '교사의 위기' 혹은 '교직의 위기'라고 불러도 지나친 표현은 아닐 것이다.

이제 우리 사회에서 교직의 위기는 그 누구도 부인할 수 없는 하나의 사회적 사실(social fact)이 되어 가고 있다. 이 같은 일이 생긴 근본적인 원인은 무엇인가? 그 원인은 교사들 밖에 있을 수도 있고, 교사들 안에 있을 수도 있다. 이 시점에서 중요한 것은 이러한 위기의 원인을 어떻게 직시하고, 이를 어떻게 극복해 갈 것이냐 하는 점이다. 어떤 측면에서 교직의 위기가 그릇된 교육정책 혹은 교육제도의 강행으로부터 비롯되었다고 말할 수 있겠지만, 우리의 교육 현장을 보다 찬찬히 들여다보면 위기의 원인이 교사들 안에 있음을 발견하게 된다. 이러한 관점에서 교직의 위기를 극복할 해법은 교사 이외의 사람들에게 주어져 있는 것이 아니라 바로 교사 자신에게 주어져 있다고 봐야 할 것이다. 이 장에서는 교직 위기의 원인이 무엇이며, 이를 극복하기 위해 교사들이 어떠한 노력을 해야 할 것인지를 생각해 보고자 한다.

1. 교직 위기의 원인

오늘날 많은 교사들이 자신들의 소신대로 교육활동을 해 나가기가 어렵다는 불만을 토로하고 있다. 이러한 불만은 정치인, 경제인, 학부모 등 그들의 요구가 점점 커지면서 더욱 증폭되고 있다. 오늘날 정치인, 경제인, 학부모의 요구는 하나의 사회적 압력으로 작용하고 있다. 이러한 압력은 매너리즘에 빠져 있는 교사들에게 하나의 자극제가 될 수 있겠지만, 이것이 지나치면 적절치 못한 간섭 및 강요로 교사들의 본래적인 교육활동을 어렵게 하는 요인으로 작용할 수 있다.

1) 외부 세력

교사들의 본래적인 교육활동을 어렵게 만드는 외부 세력 중 하나는 국가권력(national power)이라고 할 수 있다. 19세기 유럽에서 공교육(公敎育)이 시작된 이래 정부가 국민의 기초학력 증진이라든지, 인재를 양성함으로써 국력 및 국격(國格)을 높이는 데 기여했다는 점은 부인할 수 없는 일이다. 하지만 동서양을 막론하고 부정한 방법으로 정권을 쥔 독재자들은 아주 교묘하고도 은밀한 방법으로 교사들의 교육활동을 간섭 및 통제하거나 필요에 따라 악용해 왔다는 것도 부인할 수 없는 사실이다. 대체로 정권을 쥔 사람들은 예외 없이 교육을 정권 유지를 위한 도구로 이용하거나 지배 이데올로기를 주입하기 위한 수단으로 악용해 왔다. 이처럼 부당한 정치적 간섭 및 통제에 소수의 교사들만이 맞서 싸웠을 뿐 대다수의 교사들은 침묵하였다. 국가가 교육활동을 지나치게 간섭하게 되면 교육은 획일화될 수밖에 없으며, 결국 획일적으로 생각하고 행동하는 사람들을 양산해 낼 수밖에 없다. 이럴 경우 교사의 교육활동은 교육이 본래 실현하고자 하는 목적으로부터 멀어질 수밖에 없다. 이때의 교육은 합리적으로 생각하고, 비판적으로 판단하며, 자율적으로 행동할 수 있는 인간을 길러 내는 일과는 거리가 점점 더 멀어질 수밖에 없다. 국가의 지나친 간섭은 교사를 무기력하고 타율 지향적인 존재로 만들어 버린다. 타율적인 교사가 타율적인 학생을 길러 낸다는 점을 생각해 보면 끔찍한 일이 아닐 수 없다.

교사의 교육활동을 가로막는 또 다른 외적 요인은 학부모들의 압력이다. 학부모들이 교육활동에 참여함으로써 학교 경영을 합리화하고 민주화하는 데 부분적으로 기여했음을 부인할 수 없다. 하지만 이제 학부모들은 교사들의 고유한 영역까지 침범하여 교사들의 일거수일투족을 감시하거나 간섭하고 있다. 이러한 감시와 간섭이 교사들을 무기력하게 만들고 때로는 분노하게 한다. 교과부가 2010년부터 교원평가제를 전면적으로 실시함에 따라 교사는 학부모를 비롯한 여러 사람들에게서 다면적 평가를 받도록 되어 있다. 교원평가가 시행되기까지 많은 사회적 논의들이 있어 왔지만, 이 평가가 과연 긍정적인 결과를 낳을 것인가에 대해서는 아직 회의적이다. 사회 일각에서는 이 평가 시스템이 교사들의 교육활동을 활성화하기보다는 오히려 그것을 위축시키고 학교의 분위기를 가라앉게 할 가능성이 높다는 우려를 낳고 있다. 특히, 평가가 교육 전문가가 아닌 학생 및 학부모들로부터 이루어진다는 점에 대해 평가의 신뢰성과 객관성에 대한 의문이 끊임없이 제기되고 있다. 평가의 주체로서 학부모의 힘이 커지면 커질수록 교사에게 주어지는 부담과 중압감 역시 커질 수밖에 없을 것이다. 주시하고, 감시하고, 평가하는 일이 가속화될수록 교사의 행동은 위축될 수밖에 없기 때문이다. 힘을 가진 학부모들이 학교 경영뿐만 아니라 교과지도와 평가까지 간섭하면서 유능한 교사와 무능한 교사를 선별해 내겠다고 나서는 웃지 못할 일들이 생겨날 것이다. 자칫 잘못하면 교원평가가 학부모와 교사를 갈라놓거나, 교사와 교사 그리고 경영자와 교사를 반목하게 만들어 학교 분위기를 살벌하게 만드는 결과를 초래할 수도 있다.

교사의 본래적인 교육활동을 힘들게 하는 또 다른 외적 요인이 있다면, 그것은 바로 대중매체다. 때로 신문과 방송을 비롯한 각종 대중매체들은 인기에 영합한 나머지 사실과는 거리가 먼 보도를 하거나 교사 한 사람의 실수를 과대 포장하여 보도함으로써 교사 집단 전체를 '나쁜 집단'으로 몰고 가는 그릇된 경향이 있다. 공정하고 신중하지 못한 보도를 함으로써 교권(教權)을 실추시키고, 나아가 교사를 죽음으로 몰아가고 있다. 마치 마녀사냥을 하듯이 교사들을 막다른 골목으로 몰아가고 있는 것이다. 매스컴은 하루가 멀다 하고 교직의 문제점, 교사의 비리를 들추어내어 고발하는 데 열을 올리고 있다. 교사를 마치 죄인 취급하듯 하고 있는 것이다. 매스컴의 압력은 교사들이 설 수 있는 운신의 폭을 좁히고 있을 뿐 아니라 자신감을 가지지 못하도록 하고 있다. 따라서 매스컴은 교단의 어두운 측면만을 들춰내고 고발하고 비판해서는 안 된다. 이렇게 교사가 고발과 비판의 대상이 되어서는 자신의 소신대로 학생들을 가르치고 지도할 수 없다. 교사를 의기소침하게 만들어서는 교육의 미래를 장담할 수 없다. 매스컴은 고발과 비판만을 가할 것이 아니라 교사들이 본래적인 길을 걸어가도록 용기와 희망을 주는 역할도 해야 한다. 교사들의 사기(士氣)가 꺾여서는 나라의 미래가 있을 수 없기 때문이다.

2) 내부의 적

앞서 소개한 외부의 요인들은 교사의 본래적인 길을 방해하는 것들이기는 하지만 교사의 마음속에 상존하는 내부의 적(inner enemies)에 비하면 그리 심각하거나 무서운 것이 아니다. 왜냐하면, 외적 요인은 밖으로 드러나서 어느 정도 감지할 수 있고, 따라서 어느 정도 통제하거나 사전에 예방할 수 있기 때문이다. 하지만 내부의 적은 잘 드러나지 않을뿐더러 드러난다고 하더라도 그것을 통제하는 일이 결코 쉽지가 않다. 그렇다면 교사들이 경계해야 할 내부의 적은 무엇인가? 그 종류가 너무 많아서 일일이 열거할 수는 없지만 대체로 매너리즘(mannerism), 무사안일주의(無事安逸主義), 보신주의(保身主義), 권위주의(權威主義), 방임주의(放任主義) 등을 들 수 있을 것이다. 이러한 것들은 교사 내부에서 독립적으로 작용하는 것이 아니라 서로 상호작용하며 때로는 상승 작용한다. 예컨대, 매너리즘에 빠져 있는 교사는 무사안일하고, 보신주의적인 태도를 취하는 경향이 강한 편이다. 자기 보신적인 교사는 시류(時流)에 따라서 살아가려고 하기 때문에 자연히 무사안일한 태도를 가지고 교직생활을 이어 간다. 그에게 교육 본질에 대한 고뇌와 교육 발전에 대한 논의는 별로 중요한 것이 아니다.

권위주의와 방임주의 또한 교사가 경계해야 할 내부의 적이다. 현장의 교사들은 늘 이 두 가지 유혹에 빠져 본래적인 길을 걷지 못하는 경우가 있다. 권위주의적인 교사(authoritarian teacher)에게서 나타나는 가장 큰 문제점은 의사를 일방적으로 결정하고 그것을 학생들에게 강요한다는 점이다. 이러한 교사에게서 나타나는 두드러진 행동 양식은 일방적 지시, 무조건적 명령, 물리적 압력, 신체적 위협 등이다. 권위주의적인 교사는 아이들에게 무엇을 가르치기보다는 자신의 생각과 결정을 따르도록 하는 데 관심이 많다. 이런 교사가 가져올 수 있는 가장 큰 해악은 아이들의 합리적 · 민주적 사고를 불허하고, 자율적인 의사결정 능력을 말살한다는 점이다. 이러한 점에서 권위주의적인 교사의 행동은 비도덕적이고 비민주적이며 나아가 비교육적이다. 권위주의 못지않게 나쁜 태도는 방임주의적(permissive) 태도다. 무관심, 방관, 비참여, 불간섭 등은 방임주의적인 교사에게서 나타나는 주요 행동 특징이다. 우리가 이러한 교사들을 비난하는 가장 큰 이유는 학생들을 방임함으로써 그들에게 자율적으로 생각하고, 판단하며, 행동할 수 있는 능력을 제때에 길러 주지 않는다는 점 때문이다. 이러한 방임주의적 태도는 자신의 교육활동의 결과에 대해 책임지지 않으려는 기만적인 행동이며, 교육의지를 포기한다는 점에서 권위주의적 태도보다 그 해악이 더 크고 깊다고 할 수 있다.

교사들이 자신들의 마음속에 상존하는 이러한 내부의 적을 정확히 직시하고 이것을 물리치기 위해 노력하지 않는다면, 우리 교육의 미래는 결코 밝을 수 없을 것이다. 이러한 내부의 적을 단호하게 물리치지 않는다면 외부의 간섭과 통제는 더욱더 커지고 거세질 것이다. 그렇게 되면 교육의 비주체적인 세력들이 학교를 뒤흔들 것이고, 결국 교사는 정체성을 잃고 방황하게 될 것이다. 이 시대 교사들의 고뇌는 외부 세력뿐만 아니라 내부의 적과 맞서 싸워야 한다는 데 있다. 교사에게 이러한 싸움은 하나의 운명이요, 숙명이다. 하지만 교사는 외부의 세력과 맞서 싸우기 이전에 내부의 적과 맞서 싸워 이겨야 한다. 따라서 거창한 교육개혁 프로그램이나 교육개혁 운동에 참여할 수도 있겠지만, 내부의 적을 먼저 극복해야 한다. 이제 교사에게 필요한 것은 부단한 자기탐구(self-inquiry), 자기성찰(self-reflection), 자기비판(self-criticism)이다. 이것들이야말로 내부의 적을 물리칠 수 있는 강력한 무기이며, 외부의 부당한 간섭으로부터 교단을 굳건히 지켜 나갈 수 있는 처방전이다.

2. 교직 위기의 극복 방안

앞 절에서 살펴본 바와 같이 오늘날 교직 위기의 원인이 교사의 외부에 있다기보다는 교사의 내부에 있다면, 교사들은 이것을 극복하기 위해서 어떤 노력을 해야 할 것인가? 여기서 몇 가지 방안을 제시해 보고자 한다.

1) 목적의 교사 되기

교직의 위기를 극복하기 위해서 교사는 무엇보다 교육을 통해 실현하고자 하는 것이 무엇인지를 끊임없이 물어야 한다. 그들은 가르치는 기술과 기법의 측면에서 탁월함을 보여 주기도 해야 하지만, 동시에 교수기술과 기법을 통해 실현하고자 하는 것이 궁극적으로 무엇인지를 항상 염두에 두면서 교육활동을 전개해 나가야 한다. 말하자면 '방법의 교사(teacher of method)'만으로서가 아니라 '목적의 교사(teacher of aim)'로서 지위를 확보해야 한다.

흔히 우리 주변에는 기발한 아이디어와 창의적인 방법으로 주어진 교재의 내용을 전달하는 데 탁월한 솜씨를 발휘하는 사람들이 얼마든지 있다. 이들은 소위 '방법의 교사'라고 부를 수 있는 사람들이다. 이들은 가르치는 기술, 기법, 기교의 전문가다. 이들은 아이들의 성적을 끌어올리는 데 크게 기여하고 있으며, 자연히 학교와 학부모로부터 칭송과 존경을 한 몸에 받고 있다. 이러한 자질을 가진 교사들은 '수업의 명사(明師)' 혹은 '수업의 달인(達人)'이라는 영예를 얻었다. 그러나 우리는 가르치는 기교와 기법이 탁월하다는 이유 하나만으로 그들을 '훌륭한 교사'라고 부를 수 있을까?

물론 교사는 교재를 잘 가르치는 전문가여야 한다. 소위 지적 전문성을 가지고 가르치는 교과 내용에 정통해야 하며, 동시에 가르치는 방법에도 정통해야 한다. 그러나 우리는 이러한 능력 혹은 자질을 갖추고 있다고 하더라도 그를 '훌륭한 교사'라고 부르기를 주저할 수밖에 없다. 왜냐하면, 교재 내용 및 교육방법의 전문성은 훌륭한 교사가 되기 위한 충분조건이라기보다는 필요조건에 지나지 않기 때문이다.

그렇다면 교사에게는 가르치는 내용 및 방법의 전문성 이외에 어떤 자질과 능력이 더 요구되는가? 그것은 바로 교육 목적(educational aim)의 전문성이다. 교육 목적의 전문성이란 '왜 교육을 해야 하는가?' 혹은 '왜 교육을 받아야 하는가?'라는 일반적인 질문에 대해 충분하고도 설득력 있는 답을 제시하는 능력을 말한다. 또 이것은 특정한 교과목, 예컨대 '영어나 수학을 왜 가르쳐야 하는가?' 하는 특수한 질문에 대해서 충분하고 타당한 설명을 해낼 수 있는 능력을 말한다. 이러한 능력은 교사를 비전문가로부터 구별해 줄 뿐만 아니라, 그를 학원 강사로부터 구별해 주는 중요한 자질이다.

실제로 현장의 교사들은 때때로 학생으로부터 '왜 영어를 배워야 합니까?' 혹은 '왜 수학을 배워야 합니까?'라는 당혹스러운 질문을 받을 때가 있는데, 이 경우 교사는 충분하고도 합리적인 대답 혹은 설득력 있는 대답을 해 줄 수 있어야 한다. 많은 교사들이 이러한 질문에 대한 답을 회피하거나 무시해 버린다. 혹은 기껏해야 "영어와 수학은 대학 입시의 주요 과목이잖아!"라고 답한다. 이러한 대답은 결코 충분하고도 설득력 있는 답이 아니다. 그러나 불행하게도 현장의 많은 교사들이 이렇게 답하고 있다. 이러한 답은 교사가 아닌 비전문가 혹은 학원 강사도 할 수 있는 답이다.

교육활동의 목적 혹은 이유에 대해 심각하게 생각해 본 교사라면 충분하고도 합리적인 답을 제시하려는 활동, 즉 정당화(justification)를 시도할 것이다. 정당화란 어떤 활동 혹은 행위에 대해 합리적인 이유를 제시하는 것을 말하는데, 교사에게 이러한 정당화는 매우 중요한 의미를 가진다. 왜냐하면, 자신이 내린 선택, 판단, 결정이 왜 교육적인가를 합리적으로 설명하지 못하게 되면 학생이나 학부모로부터 비난을 받거나 불신을 당하는 일이 생겨나기 때문이다. 문제는 이러한 정당화가 아무리 중요하더라도 그것을 할 수 있는 능력이 하루아침에 길러지는 것이 아니라는 점이다. 그것은 오랜 철학적 훈련과 경륜을 요구하는 활동이기 때문이다.

요컨대, 훌륭한 교사가 되기 위해서는 교과 내용과 방법의 전문성뿐만 아니라 목적의 전문성을 확보해야 한다. 목적의 교사가 될 때 비로소 자신의 교육활동을 교육 본래의 목적에 비추어 평가해 볼 수 있을 것이고, 그것을 교육활동에 피드백(feedback)할 수 있을 것이다. 교육 목적에 비추어 보지 않는 교육활동은 방향을 잃기 쉬우며 때로는 위험하다. 이제 교사는 기술, 기법, 기교의 교사만이 아니라 목적의 교사로서 거듭나기 위해 노력해야 한다.

2) 실질적 권위의 회복

교단의 위기를 막고 우리의 교육을 바로 세우기 위해서는 여러 가지 조치들이 취해져야 하지만, 교실을 움직이고 학교를 경영하는 주체로서의 교사들이 스스로 정체성과 권위를 확보하지 않고는 그 어떤 제도적인 조치와 정책적인 노력도 성과를 거두기 힘들 것이다. 교단과 교실의 붕괴는 교사의 권위 붕괴와 직결된다. 가르치는 학생에게 권위가 서지 않고 학부모로부터 권위가 침식당하는 교사의 현실에서는 학교교육이 바로 설 수 없다. 따라서 실추된 교사의 권위를 회복하는 일이 무엇보다 선행되어야 한다.

교직사회에서 '권위를 가진 교사(authoritative teacher)'가 되는 일은 결코 쉬운 일이 아니다. 자칫 잘못하면 '권위주의적인 교사(authoritarian teacher)'로 전락할 가능성이 높기 때문이다. '권위'와 '권위주의'는 개념적으로 구별될 뿐만 아니라 실제적으로 구별된다. '권위'는 교사가 갖추어야 할 바람직한 자질인 데 반해 '권위주의'는 교사가 경계하거나 버려야 할 그릇된 태도다. 물론 권위주의 못지않게 나쁜 태도는 방임주의다. 이 두 가지 태도는 본래적인 길을 가고자 하는 교사를 유혹하거나 위험에 빠뜨린다. 교단에서 학생들을 가르치고 지도하는 교사는 항상 이러한 위험에 노출되어 있다. 어떤 의미에서 교사는 교단에 서는 순간부터 권위주의와 방임주의의 유혹 사이를 걸어가야만 하는 운명을 지닌 존재라고 할 수도 있다. 교직생활의 성패는 바로 이 유혹을 어떻게 뿌리치고 본래적인 길을 걸어갈 것인가에 달려 있다고 해도 과언은 아닐 것이다. 내시(P. Nash)는 권위주의적인 교사와 방임적인 교사가 가져올 수 있는 해악을 다음과 같은 비유를 들어 설명한 바 있다.

> 교사가 너무 많은 안내와 지도력을 발휘하려 하거나, 학생들이 알 필요가 있는 모든 것을 말하려고 하거나, 교사가 명백하고 무거운 권위를 행사하려고 한다면 학생은 눈앞을 가리는 태양 때문에 시야가 가려지고, 스스로 그의 길을 가는 데 방해를 받을 것이다. 다른 한편 교사가 안내나 지도력을 발휘하지 않거나, 아동에게 아무것도 말하지 않아서 아무 도움 없이 스스로 그의 길을 가게 한다면, 이번에는 자신의 길을 발견하는 데 필요한 최소한의 빛도 없는 완전한 암흑 속에 있게 될 것이다(Nash, 1966: 108).

권위주의적인 교사에게서 나타나는 행동 유형은 카리스마적인 것이다. 특히, 그들은 의사결정 과정에서 일방적이고 강압적이다. 대체로 권위주의적인 교사는 자신의 신념과 사상을 완벽한 것으로 생각하며, 일체의 비판을 허용하지 않는다.

그들은 모든 분야와 활동에서 자신의 주장이 중요시되어야 한다고 믿는다. 그들은 또한 학생들에게 자신의 사고방식과 가치관을 주입시켜 세뇌된 젊은이로 만들어 버린다(신득렬, 1997: 486).

교단에서 매일같이 권위를 행사하는 교사의 입장에서 볼 때 권위주의와 방임주의 사이를 걸어가면서 민주적인 교사(democratic teacher)로서 소임을 다하는 일은 결코 쉬운 일이 아니다. 오늘도 일선 학교에서 많은 교사들이 자신의 권위를 남용하거나 악용하고 있다. 이러한 일이 일어나게 된 이유는 교사의 권위 개념에 대한 명확한 인식이 부족해서다. 따라서 권위 있는 교사가 되기 위해서는 어느 정도는 교사의 권위의 개념, 종류, 권위 행사의 조건에 대한 이해가 있어야 한다.

권위의 개념을 분석한 학자들에 의하면, 권위는 크게 형식적 권위(formal authority)와 실질적 권위(actual authority)로 나뉜다. 전자는 법적 절차에 의해서 부여되는 권위로서 일정한 사회적 지위를 획득했을 때 행사할 수 있는 권위다. 교사도 교육대학이나 사범대학의 과정을 이수하고 교원으로서의 자격을 취득했다는 점에서 형식적 권위를 가지고 있다. 후자는 당사자가 가지고 있는 능력, 자질 등에 의하여 행해지는 권위를 말한다. 그러나 교사들 모두가 실질적 권위를 가졌다고는 볼 수 없다. 왜냐하면, 교단에서 가르친다고 해서 모두 유능하고 영향력이 있는 교사라고 할 수는 없기 때문이다.

영국의 교육철학자 피터스(R. S. Peters)는 교사의 권위를 '직위상의 권위'와 '전문지식의 권위'로 구별한 바 있다(Peters, 1966: 240). 전자는 교사가 되려는 사람이 법적 절차를 거쳐 가르칠 권리를 획득함으로써 가지게 되는 것으로서 '권리상의 권위'라고 할 수 있다. 교사 자격증을 가진 사람들은 예외 없이 권리상의 권위를 가진다고 할 수 있다. 그러나 권리상의 권위를 가졌다고 해서 교사와 학생 간의 권위 관계가 바르게 정립된 것은 아니다. 왜냐하면, 교사가 지적 권위 및 교육방법에 있어서 권위를 제대로 행사하지 못할 때는 직위상의 권위(권리상의 권위) 마저 의심받게 되기 때문이다. 이것은 교사의 직위에 있기만 하면 누구나 훌륭한 교사가 될 수 있는 것은 아니라는 점을 말해 준다. 같은 교단에서 동일한 교과를 가르치고 있으면서도 탁월성을 보이는 교사가 있는가 하면 그렇지 못한 교사도 있다. 그래서 피터스는 교사가 실질적인 권위를 가지기 위해서는 직위상의 권위 이외에도 그가 가르치는 교과목에 정통해야 한다고 역설하였다(Peters, 1966: 256).

교과목에 정통해야 한다는 것은 두 가지 의미를 지닌다. 하나는 교과목에 담긴 지식 자체에 해박해야 하며, 다른 하나는 그 지식을 효과적으로 전달할 수 있는 방법에 능통해야 한다는 것이다. 이 같은 교과목의 권위자가 되기 위해서는 교사들에게 어떠한 태도가 요구되는가?

교과목의 권위자가 되기 위해서는 끊임없는 지적 탐구가 있어야 한다. 교사교육기관에서 받은 교과교육만으로는 충분하다고 할 수 없다. 교사가 된 이후에도 담당 교과목에 대한 연구와 교과교육학에 대한 탐구가 계속되어야 하며, 이 분야에 종사하는 사람들과 전문적인 관계를 가져야 한다(신득렬, 1997: 476). 그러나 안타깝게도 소수의 교사들만이 이 길을 가고 있다. 많은 교사들이 지적 성장을 위한 자기교육(self-education)에 충실하기보다는 여가활동에 더 큰 관심을 기울이고 있다.

그렇다면 전문교과에 대한 해박한 지식과 전달기술을 가졌다고 해서 지적 권위(intellectual authority)를 가졌다고 할 수 있는가? 교사들은 법적 절차를 통해 직위상의 권위를 가지게 되고, 오랜 경륜을 통해 교과목에 대한 권위를 가질 수 있을 것이다. 그러나 교육 내용과 방법상의 전문가라고 해서 그가 반드시 훌륭한 교사라고는 할 수 없을 것이다. 앞에서 지적한 바와 같이 교사는 교육 목적의 권위를 가져야 한다. 이 권위는 인지적 안목을 넓힘으로써 얻을 수 있는 것이다. 예컨대, 숲 속에 들어가서 나무 한 그루씩을 관찰하고 만져 보고 조사해 보는 것도 중요하지만, 숲 밖으로 나와 숲 전체를 바라볼 수 있는 안목을 가질 때 비로소 숲을 안다고 할 수 있듯이, 교육 현상과 교육활동을 거시적인 안목을 가지고 바라볼 때 우리 교육이 제대로 된 방향으로 나아가고 있는지를 이해할 수 있게 된다. 이처럼 교육 목적의 권위는 전문적인 교사를 비전문가나 학원 강사와 구별해 주는 중요한 기준이 된다.

따라서 교사는 단지 가르치는 기술에만 몰두해서는 안 된다. 이런 교사는 유능한 교사인지는 몰라도 훌륭한 교사라고는 할 수 없다. 그들은 교육의 궁극적인 목적이 무엇인지에 대해서 끊임없이 자문해야 하며, 자신의 교수활동이 과연 교육의 본질과 합치되는 것인지에 대한 통찰과 이해가 있어야 한다. 중등교육이 대학입시의 도구로 전락해 버린 오늘날 많은 교사들이 국어와 수학과 영어를 가르치는 데 전념하고 있지만, 자신들의 활동이 과연 교육적인 것인지, 교육의 본질에 합치하는 것인지에 대해 충분히 반성하거나 성찰하고 있지 않다.

훌륭한 교사가 되기 위해서는 도덕적 권위(moral authority)를 확보해야 한다. 직위상의 권위, 교과목의 권위, 교육 목적의 권위를 가지고 있다고 하더라도 도덕적 권위를 확보하지 못한다면 교사들은 외적 유혹과 압력에서 벗어나 도덕적 원리와 의무에 따라 의연하게 살아가기 힘들 것이다. 교사가 가지는 도덕적 권위는 도덕 분야에 있어서 지적 권위와 규범적 권위를 포함한다. 여기서 지적 권위란 도덕적 지식, 관습, 전통에 정통했을 때 얻을 수 있는 권위다. 그러나 이러한 지적 권위를 확보했다고 해서 반드시 도덕적인 교사라고 할 수는 없다. 왜냐하면, 도덕적 지식의 소유는 도덕적인 삶의 충분조건이 아니라 필요조건이기 때문이다. 따라서 일선 학교에서 도덕 교과목을 가르치는 교사가 반드시 도덕적 권위자라고 말할 수는 없다.

교사들이 직위상의 권위를 남용했을 때 문제가 발생하듯이, 자신이 가르치는 교과목의 교수를 소홀히 했을 때 교사와 학생 간의 권위 관계가 흔들리거나 파괴되기 쉽다. 마찬가지로 교사들이 부, 권력, 명예 등과 같은 세속적인 가치의 유혹에 넘어갈 때 교직의 권위가 훼손되기 쉽다. 이러한 유혹에 빠지지 않고 교직의 본래적인 소명을 감당해 나가기 위해서는 교사로서의 정체성과 철학을 확립해야 한다.

3) 부단한 연구와 탐구

오늘날 많은 교사들이 교과부가 정해 준 4년간의 교육과정을 이수한 후에 임용고시를 거쳐 교단에 서서 학생들을 가르치고 있다. 부임 초 대부분의 교사들은 교과 연구와 학생지도를 위해 열(熱)과 성(誠)을 다한다. 그러나 안타깝게도 시간이 흐르면서 교사들은 초심을 잃기 시작한다. 즉, 많은 교사들이 교육 본래의 길로부터 일탈하기 시작한다. 무엇보다도 안타까운 일은 그들이 스스로 연구하고 탐구하는 일을 소홀히 한다는 점이다. 그렇다면 교사들이 연구하고 탐구하는 일을 소홀히 하는 까닭은 무엇인가? 여러 가지 이유가 있겠지만 가장 근본적인 이유는 연구에 대한 그릇된 인식과 편견 때문이다.

우선 오늘날까지도 일선 학교의 많은 교사들이 연구란 대학에서나 할 일이지 일선 학교에서 할 일은 아니라고 생각하고 있다. 말하자면 연구란 대학교수(professor)의 몫이지 교사의 몫은 아니라는 것이다. 모르기는 해도 이러한 이분법적 사고가 학교의 연구 분위기를 침체시키고 있다. 이런 이유로 공부하고 연구하는 교사가 대접받지 못하거나 심지어 따돌림을 당하는 웃지 못할 일들이 학교 현장에서 생겨나고 있다. 특히, 학교 경영자들 중에 공부하는 교사를 못마땅하게 생각하거나 불이익을 주는 경영자가 있다는 점은 실소를 금치 못할 일이다. 물건을 생산하는 공장이 아닌, 학생들의 영혼에 생기를 불어넣고 가치 있는 삶의 방식을 가르치는 교육기관에서 연구하는 교사를 푸대접하는 일은 아이러니한 일이 아닐 수 없다.

또 어떤 교사들은 4년간의 전공 공부로도 학생들을 가르치는 데 손색이 없으며, 지난 수년간의 교과지도에 대한 경력만으로도 가르치는 데 어려움이 없다고 생각하면서 연구의 필요성과 의의를 폄하하는 경우가 있다. 어떤 이들은 일선 학교에서의 연구를 하나의 '사치'로 간주하기도 한다. 또 어떤 교사들은 연구의 필요성은 인정하면서도 연구의 범위를 교과 연구에만 국한시켜, 교사란 교과 연구를 통해 수업만 잘하면 된다는 편협한 주장을 내세우기도 한다. 물론 이러한 주장은 부분적으로 맞는 이야기라고 할 수 있지만, 교과 연구만이 좋은 수업을 보장해 주는 것은 아니며, 훌륭한 교사의 자질을 보장해 주는 것은 더더욱 아니다.

연구에 대한 이처럼 그릇된 생각들이 교단을 지배하면서 가르치는 일과 연구하는 일이 분리되고 괴리되는 불행한 일이 일어나고 있다. 교사의 교육활동은 대체로 연구와 수업으로 이루어진다. 수업이 주된 업무라 하여 연구를 소홀히 하면 수업은 생기와 생동감을 잃기 쉽다. 연구란 어디까지나 좋은 수업을 위한 활동으로 이것의 넓이와 깊이가 수업의 질을 결정하기 때문이다. 연구와 수업은 상호 의존적 관계에 있지만, 논리적으로 말하자면 연구가 수업에 선행해야 한다. 따라서 연구가 수업의 질을 결정한다고 하는 말은 너무나 상식적이어서 재론의 여지가 없어 보인다. 여기서 지적해야 할 점은 교사는 수업을 위한 연구에만 관심을 가져서는 안 된다는 것이다. 교사의 연구는 교과 연구, 수업 연구를 넘어서는 것이어야 한다. 교과 연구 및 수업 연구란 교사를 교사답게 하는 필요조건일 뿐 충분조건은 아니기 때문이다.

따라서 교사의 연구는 교과 연구 및 수업 연구를 넘어서 학생의 심리에 대한 연구, 사회성에 대한 연구, 도덕성에 대한 연구로 확대되어야 한다. 학습자 심리 연구, 사회성 연구, 도덕성 연구는 대학 교수들만의 전유물이 아니다. 현장의 교사들은 학생들을 직접 가르치고 지도하는 연구의 주체로서 살아 있는 연구, 실천적이고 실제적인 연구를 해낼 수 있는 충분한 연구 자료를 가지고 있다. 이미 학교 공동체 안에는 다양한 방법으로 접근할 수 있는 주제와 대상들이 무궁무진해서 교사들이 마음만 먹으면 의미 있는 연구를 해낼 수 있는 여건이 마련되어 있다. 하지만 현실적으로 교사들은 수업 부담을 안고 있다는 점에서 독자적인 연구 혹은 개인적인 연구를 감행하는 일이 결코 쉽지 않다. 그러므로 개인 연구보다는 교사들과의 협동 연구(cooperative research) 혹은 대학 교수들과의 공동 연구가 바람직할 것이다.

교사들의 현장 연구(action research)는 이론 연구의 기반이 된다는 점에서 대단히 중요한 의미를 가지고 있다. 교사들의 연구는 자신들이 직접 가르치고 지도하는 학생들을 대상으로 한다는 점에서 실제적이고 구체적이며 실증적이다. 연구의 결과가 오랫동안의 직접적인 관찰, 세밀한 조사, 면밀한 실험 과정을 통해 얻어진 것이기 때문에 양적으로나 질적으로 수준 높은 것일 수 있다. 이러한 점들이 바로 대학 연구자들이 가질 수 없는 강점이라고 할 수 있다. 특히, 학생들의 심층심리, 학생들 간의 역동적 인간관계, 학교의 조직 풍토, 수업 내용 및 방법, 교과서의 가치, 교사의 가치관 및 행동양식 등은 대학 연구자들이 구조적으로 혹은 여건상 깊이 있게 다룰 수 없는 연구 주제라는 점에서 교사들의 현장 연구 및 질적 연구는 대단히 중요한 의미를 던져 준다.

앞에서 지적하였듯이, 교사의 연구는 좋은 수업을 위한 조건인 동시에 훌륭한 교사가 되기 위해 요구되는 중요한 자질이다. 물론 교사는 교과를 연구하지 않고도 가르칠 수 있으며, 학생의 심리를 연구하지 않고도 학생의 행동을 이해할 수 있을 것이다. 그러나 연구하지 않고 이루어지는 수업과 이해는 피상적일 수밖에 없고, 따라서 전문성을 가지기 어렵다. 이러한 점에서 교사의 연구는 교직의 전문성, 구체적으로 말해 수업 내용과 수업방법의 전문성을 높여 주는 촉매제요, 기폭제다. 연구 없이 이루어지는 수업은 죽은 지식(dead knowledge)과 정보의 전달과정일 뿐이다.

이러한 점에서 교사에게 연구는 순간적이고 일시적인 작업이 아니라 생애적이고 항구적인 활동으로 인식되어야 하며, 하나의 운명으로 받아들여져야 한다. 나아가 연구는 교사의 존재 근거요, 하나의 미덕으로 받아들여져야 한다. 학교 공동체에는 연구하는 교사가 더욱더 많아져야 한다.

3. 교사의 교육철학

앞 절에서 소개한 바 있는 교육의 목적의식, 교과 내용과 교육방법의 전문성 그리고 도덕적 권위 등은 교사를 교사답게 하는 중요한 자질임에 틀림없다. 문제는 교사들이 이러한 자질을 갖추고 있음에도 불구하고 외압에 흔들리거나 시류에 편승하는 경향이 있다는 점이다. 그렇다면 외압과 시류에 흔들리지 않으면서 교사로서의 정체성을 지키고 본래적인 길을 걸어가려는 교사에게 필요한 또 다른 자질은 무엇인가? 오랜 기간 동안 교단에서 가르쳤던 교사들의 주장과 필자의 경험에 비추어 말하자면, 그것은 바로 '교사의 교육철학(educational philosophy of teacher)'이다.

1) 교사의 교육철학의 의미

교사의 교육철학이란 무엇인가? 교사의 교육철학이라는 말은 크게 세 가지로 표현될 수 있다. 즉, '교사에 관한 교육철학' '교사를 위한 교육철학' 그리고 '교사에 의한 교육철학'으로 표현될 수 있다. '교사에 관한 교육철학'과 '교사를 위한 교육철학'의 경우 철학함의 주체가 주로 대학의 교수들이라면, '교사에 의한 교육철학'의 경우 철학함의 주체는 현장의 교사다. 필자가 말하고자 하는 '교사의 교육철학'은 바로 현장의 교사에 의해 이루어지는 철학, 즉 '교사에 의한 교육철학(educational philosophy by teacher)'이다. 교사에 의해 주도된다는 점에서 이것은 교육대학이나 사범대학의 교수들에 의해 이루어지는 강단철학(講壇哲學)이나 캠퍼스 철학과 구별된다. 오히려 이것은 교육 현장에서 활동하고 있는 교사들에 의해 이루어지는 '학교의 철학' 혹은 '교실의 철학'이라고 할 수 있다.

'교사에 의한 교육철학'은 교사 자신에 의해 체득되고 체화되었다는 점에서 대학에서 다루어지는 철학과는 사뭇 다르다고 할 수 있다. 대학에서 교수들에 의해 연구되고 교수되는 교육철학이 아무리 정교하고 체계적이라고 할지라도 그것은 어디까지나 교육 현장과 거리가 멀 수밖에 없고 교실 및 학교와 괴리될 수밖에 없다. 실제로 대학에서 교수되고 있는 교육철학은 교사의 삶 속에 깊이 파고들어 가기 어려우며, 결국 교육 현장에 미치는 영향 역시 미미할 수밖에 없다.

'교사에 의한 교육철학'은 교사 자신의 실제적인 교육활동이 탐구의 기반이 된다는 점에서 실천적이며 실제적이다. 그러므로 이것은 교육 현상이나 교육활동을 이론적으로 접근하려는 대학의 이론적인 교육철학과는 구별된다. 교사 자신이 몸담고 있는 학교의 기능과 역할, 자신이 매일같이 펼쳐 가는 다양한 교육활동, 즉 자신이 담당하고 있는 교재에 대한 연구, 자신이 매일같이 만나 지도하고 가르치는 학생에 대한 이해와 상담 등 모든 교육활동이 철학적 사유의 원천이며 철학적 탐구의 토양이다.

이러한 의미에서 '교사에 의한 교육철학'은 교사들이 교사와 관련된 책을 통해 얻어 낸 텍스트의 철학이 아니라, 자신들의 가르침 과정에서 몸으로 체득해 낸 현장의 철학이요, 체험의 철학이다. 그것이 텍스트가 아닌 체험으로 성취한 철학이라는 점에서 이것은 단순한 지식체계 혹은 지식의 덩어리가 아니라 살아 움직이는 하나의 지적 탐구활동으로 이해될 수밖에 없다. 이렇다 보니 '교사에 의한 교육철학'은 지식체계를 가르치는 데 관심을 가지기보다는 교육을 철학해 가는 과정에 더 큰 관심을 가지게 된다. 일찍이 칸트(I. Kant)가 "철학을 공부할 것이 아니라 철학함(philosophieren)을 행해야 한다."라고 강조한 바 있듯이, '교사에 의한 교육철학'은 교사가 학교 현장에서 제반 교육활동을 철학적인 눈과 마음으로 바라보고 해석하며 비판하는 일에 관심을 가진다.

이러한 점에서 교사가 교육을 철학해 간다는 것은 방대한 체계를 갖춘 교육철학 관련 서적을 읽고 음미해 가는 것이 아니라, 자신이 몸담고 있는 학교 현장에서 이루어지고 있는 이러저러한 교육활동을 철학적으로 다루어 간다는 것을 의미한다. 그렇다면 '교육을 철학적으로 다룬다는 것'은 무엇을 의미하는가? 그것은 일찍이 위대한 교육사상가나 교육실천가들이 그랬던 것처럼, 교육 문제에 대해 깊이 숙고하고 분석하며 비판하고 반성해 간다는 것을 의미한다. 즉, 교육에 대해 끊임없이 질문을 던지고 진지하게 생각해 보는 것, 교육에 대한 기존의 가설이나 주장이 무엇을 의미하는지를 분석해 보는 것, 현재 학교에서 이루어지고 있는 모종의 교육활동이 본질적이고 본래적인 방향으로 나아가고 있는가를 비판적으로 검토하고 그것을 반추해 보는 것을 의미한다. 말하자면, 교육을 철학한다는 것은 교육 현상이나 교육활동을 사색 · 분석 · 비판 · 해석해 가는 것을 의미한다.

그러나 학교 현장에서 교사가 이 같은 방식으로 교육을 철학해 간다는 것은 결코 쉬운 일이 아니다. 왜냐하면, 교사에게는 이러한 방식으로 교육을 다룰 만한 시간적 여유가 주어지지 않거니와 시간적 여유가 있다고 하더라도 극소수의 교사들만이 철학적인 탐구의 길을 걸어가고 있다. 사실 교사의 최우선 과업이 가르치는 일이라는 점을 감안해 볼 때, 그의 철학적 탐구는 이차적인 것일 수밖에 없을 것이다. 또한 교사가 교육을 철학해 간다는 것은 필연적으로 모종의 선택과 결단 그리고 책임을 요구한다는 점에서 그것은 교사들에게 부담스러운 일이다. 그리하여 많은 교사들이 이러한 길을 걷기를 포기하고 있으며, 때에 따라서는 비철학적인 삶을 살아가고 있다. 교육이 본래적인 길에서 점차 멀어지고 있는 우리의 교육 현실 속에서 현장의 교사가 철학적 삶을 살아간다는 것은 대단한 용기와 헌신을 요구한다. 그것은 언제나 실존적 결단과 책임을 요구한다는 점에서 하나의 모험이기도 하다.

2) 철학적 태도

교사로서 '교육철학을 해 나간다는 것'은 단지 대학 시절 교직 시간에 배운 교육철학에 관한 이론이나 학설을 정리하고 체계화한다는 것이 아니라, 지금 학교 현장에서 몸으로 직접 경험하고 있는 교육활동을 철학적으로 이모저모 따져 보고 음미해 보며 성찰해 본다는 것을 의미한다. 즉, 지식의 덩어리 혹은 이론체계로서 교육철학을 공부하는 것이 아니라, 매일같이 학교와 교실에서 전개되는 교육활동이나 교육 현상을 철학적인 마음과 태도를 가지고 분석하고 해석하며 비판해 본다는 것을 의미한다. 그렇다면 교사들이 교육을 철학적으로 다루어 가기 위해서는 어떤 마음과 태도를 가져야 하는가?

첫째, 진부한 표현 같지만 교사는 우선 합리적인 태도를 가지고 교육 사태를 바라봐야 한다. 철학은 무엇보다도 합리성을 존중하는 학문이다. 일찍이 고대 그리스의 철학자 소크라테스(Socrates)는 이러한 태도를 극명하게 보여 준 인물이었다. 일반적으로 합리성이란 무슨 일이든지 이치에 맞도록 생각하고 판단하며 결정하고 실행하는 능력을 말하는데, 현장의 교사들이 전통 및 관습에 얽매이거나 사회적 압력에 굴복하게 되면 비합리적이고 불합리한 결정을 내리게 된다. 이런 경우 교사는 공정성과 객관성을 잃게 되고 결국 신뢰를 잃게 된다. 선입견, 편견, 속견(速見), 자의성은 교사 모두가 경계해야 할 태도다. 따라서 교사는 어느 경우이건 합리적인 마음을 잃지 않도록 노력해야 한다. 그들의 선택과 판단이 어떻게 내려지는가에 따라 교실은 천국이 될 수도 있고, 지옥이 될 수 있다는 점을 항상 마음에 새겨야 한다.

둘째, 교사는 교육적 진리 혹은 진실에 헌신하는 태도를 가져야 한다. 위대한 교육자들은 예외 없이 교육적 진리 혹은 진실에 헌신해 왔다. 무엇인가에 헌신한다는 것은 자신의 몸과 마음을 모두 바치는 행위를 말하는데, 이른바 성심성의를 다하는 자세를 말한다. 교사는 이미 교단에 서는 순간 평생 교육하는 일에 헌신하기로 마음먹은 사람이다. 교사는 학생을 사랑하는 일에 성심을 다해야 하고, 가르치는 일에 성심을 다해야 하며, 탐구하는 일에 성심을 다해야 한다. 영국의 교육철학자 리드(L. A. Reid)는 한때 '헌신(commitment)'을 훌륭한 교사의 징표로 기술한 바 있는데, 이것은 바로 이를 두고 한 말이다(Reid, 1962: 37). 학생들 개개인에게서 일어나는 지적 성장과 행동의 변화는 대체로 교사가 보여 주는 헌신과 열정의 소산이라고 할 수 있다.

셋째, 교사는 끊임없이 탐구하는 태도를 가져야 한다. 동서양을 막론하고 위대한 교사들은 인간과 자연 및 사회를 탐구하는 일을 즐겼으며, 그것을 생애적인 과업으로 생각했다. 예컨대, 소크라테스는 죽는 순간까지 진정한 의미의 선이 무엇인지, 정의가 무엇인지, 용기가 무엇인지를 줄기차게 묻고 탐구했다. 탐구는 새로운 사실을 밝혀내려는 데 목적을 두기도 하지만, 이미 알고 있는 것을 비판적으로 음미해 보는 데 목적이 있다. 교사가 비판적으로 음미해 봐야 할 것은 한두 가지가 아니다. 하지만 교사는 무엇보다 교육의 본질적인 것을 탐구해야 한다. 즉, 무엇을, 어떻게, 왜 가르쳐야 하는가 하는 것들에 대해 보다 깊은 관심을 가지고 탐구해야 한다. 그들의 탐구의 폭이 보다 넓어지고 깊이가 깊어질수록 가르침의 질과 수준도 높아질 것이다. 이러한 점에서 탐구는 교사를 교사답게 만드는 자질 혹은 능력이라고 봐야 할 것이다.

넷째, 교사의 탐구하는 태도는 교사의 안목을 넓혀 주기도 하지만, 교사의 시각을 다르게 만들어 주기도 한다. 즉, 학교 현장에서 일어나는 일들을 비판적인 태도를 가지고 바라볼 수 있게 해 준다. 교사가 본래적인 길을 걸어가기 위해서는 단지 주어진 교재의 내용을 잘 가르치는 일에만 자족해서는 곤란하다. 지금까지 당연한 것으로 받아들여졌던 것들을 비판적으로 음미해 봐야 하며, 은닉(隱匿)된 교육적 진실을 드러낼 수 있어야 한다. 교사가 비판해 봐야 할 것들은 한두 가지가 아니다. 교사는 우선 자신이 행하는 이런저런 활동들이 과연 교육적인지를 비판해 봐야 한다. 예컨대, 자신의 가르침이 교육의 목적과 부합하는지, 가르치는 교재의 내용이 정말 아이들에게 가치가 있는 것인지, 자신이 행하는 수업이 과연 아이들에게 도움을 주는 것인지 깊이 생각해 봐야 한다. 그러나 교사의 비판은 가르치는 일에만 관련되어서는 안 된다. 그의 비판의 대상은 보다 확대되어야 한다. 즉, 학습이 이루어지고 있는 외부 환경과 제도 및 구조에 대해서도 비판적인 안목을 가져야 한다. 교과부의 정책, 교육청의 각종 프로그램, 지역사회 단체들이 학교와 교사 및 학생에게 미치는 영향력에 대해서도 관심을 가져야 한다.

다섯째, 교사의 비판활동이 자기 자신에게 향할 때 철저한 반성이 시작된다. 교사가 본래적인 길을 걸어가기 위해서는 자신의 교육활동을 끊임없이 반추해 보는 반성적 태도를 가져야 한다. 교사가 수업 준비를 아무리 철저하게 한다고 할지라도 반드시 만족스러운 수업을 할 수 있는 것은 아니다. 또 교사가 성심을 다하여 학생을 지도한다고 하더라도 항상 의도하는 바대로 바람직한 결과를 낼 수 있는 것도 아니다. 끊임없이 역동적으로 움직이고 있는 학습자를 가르치는 그들에게 실수와 오류는 필연적인 것일지도 모른다. 하지만 이러한 실수와 오류는 자기반성(self-reflection)을 통해 어느 정도 극복될 수 있다. 최근의 교사 관련 연구들은 반성이 교사를 교사답게 만드는 중요한 자질이라는 점을 누누이 강조하고 있다(김병찬, 2000; Schön, 1983; Colton & Spark-Langer, 1993). 이미 이루어진 교육활동에 대한 철저한 반성 없이 자기 성장과 발전을 기대할 수 없기 때문이다. 반성은 교사 자신이 본래적인 길을 걸어왔는가를 확인하는 작업이며, 궤도 이탈을 하였다면 본궤도로 복귀하려는 강한 의지를 드러내는 태도다.

이상에서 언급한 합리적 태도, 헌신하는 태도, 탐구하는 태도, 비판적 태도 그리고 반성하는 태도는 교사를 교사답게 만드는 중요한 자질들이다. 이러한 자질은 과학적 훈련이 아닌 오랫동안의 철학적 훈련을 통해 획득될 수 있는 것들이다. 아쉽게도 우리 사회의 교사들은 이러한 자질을 기르는 일에 큰 관심을 보이지 않는 것 같다. 이렇다 보니 교직사회에 입문한 지 얼마 안 된 교사들이 정체성을 잃고 표류하는, 심히 우려할 만한 일들이 일어나는 것이다. 이러한 점들을 고려해 볼 때 장차 교사교육의 초점이 어떠한 방향으로 맞추어져야 할지 보다 분명해진다.

참고문헌

김병찬(2000). 교사교육의 패러다임 변화. 한국교사교육, 17(3), 113-141. 한국교원교육학회.

신득렬(1997). 권위, 자율 그리고 교육. 대구: 계명대학교 출판부.

이병승(2009). 훌륭한 교사의 철학적 자질 탐구. 교육철학, 제36집, 117-143. 한국교육철학회.

Colton, A. B., & Spark-Langer, G. M. (1993). A Conceptual framework to guide the development of teacher reflection and decision making. *Journal of Teacher Education*, *44*(1), 45-54.

Nash, P. (1966). *Authority and Freedom in Education: An Introduction to The Philosophy of Education*. New York: John Wiley and Sons.

Peters, R. S. (1966). *Ethics and Education*. London: George Allen and Unwin.

Reid, L. A. (1962). *Philosophy and Education: An Introduction*. London: Heinemann.

Schön, D. A. (1983). *The Reflective Practitioner: How Professionals Think in Action*. New York: Basic Books.

추천도서

교육문화연구회 역(2000). 프레이리의 교사론. 서울: 아침이슬.

김호권, 이성진, 이상주 공편(2004). 학교가 무너지면 미래는 없다. 서울: 교육과학사.

송형호 역(2009). 훌륭한 교사는 무엇이 다른가: 그들의 14가지 특성에 대한 연구. 서울: 지식의 날개.

오욱환(2005). 교사전문성: 교육전문가로서의 교사에 대한 논의. 서울: 교육과학사.

이창신 역(2003). 훌륭한 교사는 이렇게 가르친다. 서울: 풀빛.

장세진(2001). 학교가 무너져야 나라가 산다. 서울: 일송북.

최광렬 역(2010). 핀란드 교사는 무엇이 다른가. 서울: 시대의 창.

찾아보기

인명

| 내 용 |

저자 소개

▶▷ **이명기**(제5장 집필)

공주대학교 사범대학 교육학과 교수로 교육과정을 강의하고 있으며, 주요 관심 분야는 '교육과정 및 교육방법'이다. 주요 저서로는 『교육과정이론의 쟁점』(공저, 교육과학사, 1987)이 있으며, 논문으로는 「논어에 나타난 인의 성격」(1982)이 있다.

▶▷ **홍재호**(제4장 집필)

공주대학교 사범대학 교육학과 교수로 교육사회학을 강의하고 있으며, 주요 관심 분야는 '학교문화 및 교사문화'다. 주요 저서로는 『교육사회학』(대문사, 2003)이 있으며, 논문으로는 「교사문화와 효과적인 학교의 관계 분석」(1995)이 있다.

▶▷ **이영재**(제3장 집필)

공주대학교 사범대학 교육학과 교수로 교육심리학을 강의하고 있으며, 주요 관심 분야는 '특수아동교육'이다. 주요 저서로는 『교육심리학』(공저, 공주대학교 출판부, 2002)이 있으며, 논문으로는 「정신지체아동의 학습과 인지」(2009)가 있다.

▶▷ **한승록**(제7장 집필)

공주대학교 사범대학 교육학과 교수로 교육공학을 강의하고 있으며, 주요 관심 분야는 '교육방법 및 교육공학'이다. 주요 저서로는 『교육방법 및 교육공학(3판)』(공저, 학지사, 2010)이 있으며, 논문으로는 「위키 기반 협동학습 과제수행에서 혼합학습 유형과 협동학습 구조화 전략이 학습태도에 미치는 효과」(2009)가 있다.

▶▷ **이달우**(제1장 집필)

공주대학교 사범대학 교육학과 교수로 교육사를 강의하고 있으며, 주요 관심 분야는 '한국교육사'다. 주요 저서로는 『잡초교육론』(양서원, 2006)이 있으며, 논문으로는 「율곡의 성리학적 인간이해」(2004)가 있다.

▶▷ **임연기**(제10장 집필)

공주대학교 사범대학 교육학과 교수로 교육행정학을 강의하고 있으며, 주요 관심 분야는 '농산어촌 교육'이다. 또 한국교육행정학회 회장이다. 주요 저서로는 『교육행정 및 경영』(공저, 공동체, 2010)이 있으며, 논문으로는 「한국 교육행정학의 학문적 특성과 과제」(2003)가 있다.

▶▷ **양병찬**(제12장 집필)

공주대학교 사범대학 교육학과 교수로 교육사회학을 강의하고 있으며, 주요 관심 분야는 '평생교육 및 교육복지'다. 또 한국평생교육학회 부회장이다. 주요 저서로는 『교육복지의 이론과 실제』(공저, 학이시습, 2010)가 있으며, 논문으로는 「학습도시에서의 주민교육공동체 운동의 전개」(2007)가 있다.

▶▷ **이병승**(제2장, 제13장 집필)

공주대학교 사범대학 교육학과 교수로 교육철학을 강의하고 있으며, 주요 관심 분야는 '서양교육철학 및 교육사상'이다. 주요 저서로는 『교육에 관한 철학적 담론』(원미사, 2006)이 있으며, 논문으로는 「훌륭한 교사의 철학적 자질 탐색」(2008)이 있다.

▶▷ **이재규**(제9장 집필)

공주대학교 사범대학 교육학과 교수로 교육심리학을 강의하고 있으며, 주요 관심 분야는 '학교상담'이다. 주요 저서로는 『학교상담의 이론과 실제』(공저, 학지사, 2005)가 있으며, 논문으로는 「학급단위 단회 집단상담이 시험 준비행동에 미치는 효과」(2009)가 있다.

▶▷ **최준렬**(제11장 집필)

공주대학교 사범대학 교육학과 교수로 교육행정을 강의하고 있으며, 주요 관심 분야는 '교육재정'이다. 주요 저서로는 『교육경제학』(공저, 한국교육행정학회, 2003)이 있으며, 논문으로는 「이명박 정부의 중등교육 특성화에 따른 재정정책」(2008)이 있다.

▶▷ **우종하**(제6장 집필)

공주대학교 교직부 강의교수로 교육심리학을 강의하고 있으며, 주요 관심 분야는 '인지행동수정'이다. 주요 저서로는 『생활 속의 인간심리』(교육과학사, 2010)가 있으며, 논문으로는 「인지적-행동 수정이 아동의 충동성 및 학업 성적에 미치는 영향」(1989)이 있다.

▶▷ **김영복**(제8장 집필)

공주대학교 교직부 강의교수로 교육과정을 강의하고 있으며, 주요 관심 분야는 '교육평가모형개발'이다. 주요 저서로는 『교육학 종합연구』(공저, 집문당, 1987)가 있으며, 논문으로는 「문제해결 수업 프로그램의 구성 방안」(2004)이 있다.

교육적 사유와 안목을 넓히기 위한
교육학개론

2011년 9월 10일 1판 1쇄 발행
2019년 2월 18일 1판 7쇄 발행

지은이 • 이명기 · 홍재호 · 이영재 · 한승록 · 이달우 · 임연기
양병찬 · 이병승 · 이재규 · 최준렬 · 우종하 · 김영복

펴낸이 • 김 진 환

펴낸곳 • (주) 학지사
04031 서울특별시 마포구 양화로 15길 20 마인드월드빌딩 5층

대표전화 • 02) 330-5114 팩스 • 02) 324-2345

등록번호 • 제313-2006-000265호

홈페이지 • http://www.hakjisa.co.kr
페이스북 • https://www.facebook.com/hakjisabook

ISBN 978-89-6330-649-0 93370

정가 18,000원

저자와의 협약으로 인지는 생략합니다.
파본은 구입처에서 교환하여 드립니다.